GUILLAUME II
LE DERNIER
EMPEREUR ALLEMAND

DU MÊME AUTEUR

Wilson, Presses de Sciences-Po, 1998.

Theodor Herzl, Tallandier, 2000.

Delcassé, Olbia, 2001.

L'avenir de la sécurité internationale, Presses de Sciences-Po, 2003.

Histoire de l'Union européenne, Albin Michel, 2005. (Ouvrage couronné par l'Académie des Sciences morales et politiques.)

Mirabeau, Éd. de Fallois, 2008.

Metternich, le séducteur diplomate, Éd. de Fallois, 2009. (Prix Maurice Baumont.)

Paix et guerres en Afrique, 2 vol., François Bourin, 2009 et 2010.

Kipling, Éd. de Fallois, 2010.

Talleyrand et l'invention de la diplomatie française, Éd. de Fallois, 2012.

Le Choc des Empires. Napoléon et le tsar Alexandre, Éd. de Fallois, 2012.

CHARLES ZORGBIBE

GUILLAUME II

LE DERNIER
EMPEREUR ALLEMAND

Éditions de Fallois

PARIS

© Éditions de Fallois, 2013
22, rue La Boétie, 75008 Paris

ISBN 978-2-87706-833-8

PREMIÈRE PARTIE

UN HOHENZOLLERN
À DEMI ANGLAIS

LES DEUX DÉFIS DU JEUNE GUILLAUME

Ce 27 janvier 1859, en début d'après-midi, le canon installé au Lustgarten, ce «jardin des plaisirs» et place d'armes en face de la masse grise du château royal, commence à tonner sur Berlin. La foule, qui semblait attendre en bas de l'Unter den Linden, la grande avenue «sous les tilleuls», dans ce froid sec qui insuffle leur énergie et leur sens de la repartie aux Berlinois et sous une neige légère, crie sa joie puis se dirige vers le palais, sur la Wilhelmstrasse, pour acclamer le prince-régent Guillaume, grand-père pour la première fois. De l'autre côté de l'Europe, à Londres, la Chambre des Communes salue un «heureux présage de paix». Au château de Windsor, la reine Victoria et son époux Albert se réjouissent, eux aussi, de la naissance – le nouveau-né est aussi leur premier petit-fils. Ignorant cette allégresse générale, le bébé, Frédéric-Guillaume Albert Victor, «Willy» pour son entourage, l'héritier des Hohenzollern, lutte pour sa survie. Sa mère, la «princesse anglaise» Vicky, une autre Victoria, fille aînée de la reine d'Angleterre, a beaucoup souffert; l'accouchement a été long et difficile et des notices nécrologiques ont même été discrètement préparées par la presse. Le nouveau-né semblait ne pas respirer jusqu'à une forte tape, salutaire, de la sage-femme allemande: «Quand la princesse retrouva ses esprits, je m'agenouillai devant la couche où l'on avait déposé l'enfant et quelle ne fut pas ma frayeur! Il n'avait pas poussé un cri, il n'avait pas esquissé le moindre geste!» Les médecins réaliseront, deux jours plus tard, que son bras gauche est atrophié et paralysé, qu'il a une blessure au cou et que son oreille interne a été touchée.

Ce sera le premier défi à affronter par Guillaume, adolescent puis jeune adulte: comment surmonter une infirmité aux conséquences physiques et psychologiques incontestables? L'un de ses rares camarades de jeu, Poultney Bigelow, fils d'un diplomate américain, évoquera le regard triste de Guillaume, observant les manœuvres des matelots sur une petite embarcation sur un lac de Potsdam, alors qu'il est dans l'incapacité de tenir le gouvernail. Sa jeune mère – elle a dix-huit ans à sa naissance – se lamente : «Cela me fend le cœur de le voir ainsi à moitié couvert pour cacher son bras qui pend, inutile et sans force.» Plus tard, l'un de ses rares amis intimes, son «ami de cœur», Eulenburg, décrit ses difficultés : «Le pauvre prince est très gêné par son bras paralysé. À la chasse, son garde du corps est obligé d'étendre le bras droit, appuyé sur un long bâton pour servir de support au fusil du prince.» Guillaume fera, lui-même, allusion à son handicap dans ses *Mémoires* : «Tout au long de ma vie, j'ai souffert d'une seule infirmité irrémédiable... une lésion du bras gauche à laquelle on ne prêta pas attention sur le moment mais qui se révéla incurable par la suite, m'interdisant une liberté totale de mouvement.» Un handicap aux conséquences politiques : comment régner sur un État militaire tel que la Prusse, dont Mirabeau écrivait dans son grand livre sur *La Monarchie prussienne* qu'elle n'était pas un État qui avait une armée mais une armée qui avait un État, comment mener une carrière militaire dans la tradition des Hohenzollern quand on est affligé d'une infirmité qui semble vous empêcher de devenir un brillant cavalier ou un bon tireur? Selon son précepteur, George Hinzpeter, «jamais l'armée prussienne n'avait compté dans ses rangs un jeune homme aussi peu apte physiquement.» Ce sera le premier combat de Guillaume qui parviendra, grâce à une volonté et à une dépense nerveuse de tous les instants, à dissimuler ses défauts physiques, à surmonter en partie son handicap et son complexe d'infériorité. Quelle satisfaction infinie quand il pourra chevaucher, à côté de son père, sous la porte de Brandebourg, ou quand son grand-père le félicitera après avoir assisté à son premier exercice de jeune officier : «Je ne m'attendais pas à une telle démonstration de sa part! Après tout, ce n'est pas si mal pour lui.»

Le jeune Guillaume s'invente un second défi à affronter : il est à moitié anglais et, dans un grand élan de romantisme, il se veut complètement prussien. Il est parfois tenté de nier son sang anglais, de rejeter la part d'Angleterre qui est en lui, au nom de l'esprit prussien, ce composé d'exaltation de la puissance militaire et d'affirmation du droit divin monarchique. Il ne cessera d'affronter sa mère, Vicky, l'incarnation, pour lui, du libéralisme politique, «la princesse anglaise», dont le chancelier Bülow a brossé le portrait : «Princesse royale de Grande-Bretagne et d'Irlande, elle grandit dans l'éclat de la cour d'Angleterre, entourée de la tendresse de ses parents, de ses frères et sœurs et aussi de l'immense popularité attachée à la royauté anglaise. Son père, le prince consort, lui inculqua sa conception du monde et de la politique, celle du libéralisme modéré accommodé à l'esprit anglais.» Après la mort de son père en 1861, trois ans à peine après son mariage, elle en resta au point de vue qu'il lui avait inculqué. À Berlin et plus encore à Potsdam, elle ne trouvait que «pauvreté et mesquinerie». Elle s'entendit peu avec ses beaux-parents, mais elle conquit rapidement une grande influence sur son mari. «Il faut ajouter qu'intellectuellement la princesse était supérieure à son mari, avait de plus larges vues, moins de gêne, la conception plus prompte, une mobilité d'esprit plus grande.» La princesse est en mission : elle doit convertir la Prusse militarisée à la monarchie constitutionnelle et au parlementarisme. Le prince Frédéric, son époux, est sincère, fidèle, avec un caractère chevaleresque et intrépide. Aurait-il pu changer la Prusse et l'Allemagne si le destin lui avait accordé un règne moins éphémère que ces trois mois et sept jours engloutis dans la maladie? Certains l'ont contesté : Gustav Freytag, qui l'accompagne pendant la guerre franco-prussienne de 1870, décrit un futur monarque de droit divin, plus imbu que son père Guillaume Ier des futures prérogatives impériales ; il l'interroge sur les réticences des États de l'Allemagne du Sud face à la proclamation du Reich et l'entend répondre que «ces résistances seront brisées à coups de canon». Ce témoignage n'est pas décisif : patriote prussien, pénétré de la majesté impériale, Frédéric était en même temps un libéral, à la manière de ces «junkers» qui se voulaient, en 1848, des «whigs allemands». N'est-ce pas la raison de son exclusion des affaires de gouvernement sous le règne de Guillaume Ier?

Le jeune prince Guillaume, malgré les philippiques par lesquelles il pourfend, chez sa mère, l'esprit du libéralisme anglais, et les vitupérations qu'il adressera à sa patrie maternelle lorsqu'il adoptera une posture prussienne maximaliste, aura avec l'Angleterre une relation toujours très complexe. Il est le petit-fils préféré de Victoria, qui l'a tenu dans ses bras alors qu'il n'avait encore que vingt mois, lors d'un séjour de la reine à Cobourg, dans ce duché de Saxe-Cobourg d'où est originaire le prince consort ; puis le couple royal anglais accueille, en août 1861, Guillaume, âgé de deux ans et demi, au château d'Osborne, sur l'île de Wight – un séjour qui s'inscrira dans les premiers souvenirs de l'enfant et d'où naîtra sa passion pour la mer, à la vue des bâtiments de la Royal Navy qui entrent dans le port militaire de Portsmouth. Il est, alors, le «petit-fils intelligent» d'Albert, le seul petit-fils que l'époux de Victoria ait connu avant sa mort, ce qui renforcera l'attachement de la reine pour Guillaume. Plus tard, il ne cessera de passer ses vacances à Windsor, à Osborne, à Balmoral, de participer aux régates de Cowes, d'assister aux matchs de cricket à Lords... et de se prévaloir de sa distinction exceptionnelle de chevalier de la Jarretière. On comprend que l'auteur de *Mein Kampf* ait vu en Guillaume un «gentleman anglais».

L'HÉRITAGE DES HOHENZOLLERN

Encore adolescent, Guillaume est fasciné par l'épopée des Hohenzollern, ses ancêtres. Et, d'abord, par l'esprit de la Prusse : la colonisation d'une terre slave par des Germains est commencée par ces chevaliers Teutoniques qui imposent leur domination, de la «Nouvelle marche» polonaise à l'Estonie – jusqu'au désastre de Tannenberg, en 1410, une bataille présente dans le subconscient collectif allemand puisque sera ainsi baptisée la victoire remportée, approximativement en ces mêmes lieux, par le maréchal Hindenburg sur les armées russes, au début du premier conflit mondial, les 26-29 août 1914.

Guillaume part, à travers les livres, à la découverte des faits et gestes de cette succession de Hohenzollern qui ont fait la Prusse. Une dynastie, une armée, un État. Une dynastie ambitieuse et remuante qui, à l'opposé de l'autre pôle germanique, l'Autriche, monarchie cosmopolite, a tendu à créer une nation compacte. Le premier Hohenzollern, déjà un homme d'énergie, venu du sud de l'Allemagne, de Franconie, apparaît au début du XVe siècle : Frédéric, burgrave de Nuremberg et margrave d'Ansbach, pacifie la Marche de Brandebourg – entre l'Elbe et l'Oder –, dont il devient le prince-électeur, avec l'appui de l'empereur Sigismond, dont il est le neveu, et grâce au soutien des villes, qu'il finira par combattre afin de les soumettre politiquement et de les contraindre au paiement de taxes qui lui permettront de financer ses futures guerres. Une ascension continue, une constante extension des ambitions : en 1618, l'extinction d'une branche cadette des Hohenzollern permet l'union du duché de Prusse avec les possessions de l'électeur de Brandebourg, Jean-Sigismond, qui, entre-temps, a élargi ses ambitions à l'Allemagne rhénane – en 1614, la paix de Xanten lui a attribué le duché de Clèves, mais non ceux de Juliers et de Berg qui vont au comte Palatin. Un nouvel ensemble politique prend forme, mais il est territorialement éclaté, de Clèves à Königsberg, et les terres des Hohenzollern ont des statuts juridiques divers : le Brandebourg est l'un des électorats du Saint-Empire alors que la Prusse est sous la suzeraineté du roi de Pologne-Lituanie, dont le duc de Prusse est donc le vassal.

Après la guerre de Trente Ans, qui ravage le Brandebourg et soumet l'électeur Georges-Guillaume aux pressions alternées du Saint-Empire et de la Suède de Gustave-Adolphe, la dynastie prend son véritable essor en 1640, huit ans avant la paix de Westphalie, avec le Grand Électeur, Frédéric-Guillaume, l'un des ancêtres préférés du jeune prince Guillaume qui le citera souvent dans ses discours, après son accession au trône. Formé à l'université de Leyde, dans les Provinces-Unies, où il suit des enseignements de droit et d'histoire et où il s'ouvre à des préoccupations maritimes – un autre point de proximité avec le futur Kaiser – le Grand Électeur, au cours d'un règne de quarante-huit années, dissout ses bandes armées indisciplinées, qui ne protégeaient guère le Brandebourg des invasions, pour créer une armée permanente, recrutée en Rhénanie et d'abord stationnée dans le duché de Clèves pour ne pas alerter la Suède. Il jette les fondations d'un État, afin de financer son armée ; il triomphe, par la force, de la Diète de Prusse qui refusait de lui prêter serment – une autre leçon pour le futur Kaiser, dans ses rapports avec le Reichstag ; il obtient, par une diplomatie retenue et habile, la levée de toute suzeraineté, polonaise ou suédoise, sur le duché de Prusse. Le 18 juin 1675, la jeune armée du Grand Électeur remporte, à Fehrbellin, une éclatante victoire sur la Suède, l'une des principales puissances militaires d'Europe : l'armée prussienne est née. Dès l'édit de Potsdam du 8 novembre 1685, Frédéric-Guillaume, prince protestant, répond à l'édit de Fontainebleau de Louis XIV qui a provoqué l'expulsion des huguenots, le 17 octobre précédent : il accorde à ses coreligionnaires une «retraite sûre et libre», que symboliseront les deux églises baroques jumelles, édifiées par Frédéric III sur Gendarmenmarkt, la place du marché des «Gens d'Armes», à Berlin. L'arrivée des huguenots contribuera, de manière décisive, au développement de l'économie et des arts à Berlin et au Brandebourg. L'héritage du Grand Électeur est tel qu'il est relativement aisé à son fils et successeur, Frédéric, d'accéder, avec le soutien de l'empereur Léopold Ier, à la dignité royale à laquelle il aspirait : il est couronné le 18 janvier 1701 – avec le titre de «roi en Prusse», et non «de Prusse», afin de ménager la susceptibilité du roi de Pologne qui exerce sa souveraineté sur une partie de l'ancienne Prusse des chevaliers Teutoniques.

Le premier roi prussien ne sera guère loué par sa postérité : selon le Grand Frédéric, il n'est flatté que «des dehors de la royauté et confond les choses vaines avec la véritable grandeur». Il s'abandonne au gouvernement des favoris et à un système de cour, qui absorbe plus de la moitié de la cassette du royaume, au détriment des ambitions militaires. Après lui, l'armée est à reconstruire: ce sera la tâche du «roi-soldat», Frédéric-Guillaume Ier, un «ogre couronné» selon Voltaire, qui taille dans les dépenses de l'État prussien, examine lui-même les comptes, renonce à la magnificence dont s'entourait son père, renvoie le personnel de cour et réorganise un instrument militaire efficace, libéré de toute tutelle étrangère. Le roi-soldat fait lui-même manœuvrer à Potsdam son unité de grenadiers préférée; il reconnaît que «rien au monde ne lui procure autant de plaisir que de belles et bonnes troupes». Le royaume est devenu une vaste place d'armes, comme le souligne Wilhelmine, la fille aînée du monarque: «Ceux qui voulurent conserver les bonnes grâces du nouveau roi endossèrent le casque et la cuirasse.» Mais c'est son fils Frédéric II, le Grand Frédéric, qui imposera l'entrée de la Prusse dans le cercle des grandes puissances européennes.

Un roi-philosophe... et conquérant. Un prince éclairé, adulé par les philosophes des Lumières, comme étant «l'Unique»: peu avant son accession au trône, en 1740, il rédige et publie l'*Anti-Machiavel* et expose ainsi sa conception du gouvernement à l'opinion européenne. Le pouvoir de décision est le monopole du prince; «les ministres sont proprement des instruments dans les mains d'un sage et habile maître». De fait, il poussera très loin son omnipotence: il joue, seul, sur tous les ressorts de l'État, ses ministres demandent ses ordres par écrit et, depuis son cabinet, il fixe, par une note brève et non motivée, la conduite à tenir sur les affaires les plus importantes et il tranche sur les moindres détails. Mais, en même temps, Frédéric condamne l'appétit de conquête: «Je demande ce qui peut porter un homme à s'agrandir, à former le dessein d'élever sa puissance sur la misère et la destruction d'autres hommes.» Il stigmatise Machiavel, ce «docteur de scélératesse», inspirateur des «conquérants-voleurs», et soutient que le prince doit honorer ses engagements, respecter la parole donnée, le serment, la bonne foi, «garants de la fidélité des hommes». Autant de principes qui seront érodés par ce roi très prussien: sept mois après la publication de l'*Anti-Machiavel*, Frédéric envahit la Silésie, la province la plus riche de la monarchie autrichienne, lors de la guerre de succession d'Autriche. Il explique alors: «Je prends et j'annexe, après quoi mes pédants [ainsi désigne-t-il ses conseillers juridiques] prouvent que j'étais dans mon droit.» Dix-sept ans plus tard, lorsque l'étau se resserre sur la Prusse pendant la guerre de Sept Ans, il parvient finalement à déjouer le désir de reconquête de Marie-Thérèse d'Autriche; en 1772, il entraîne la Pologne et la Russie dans le dépeçage du royaume de Pologne, et il gagne la Prusse-Occidentale – les deux tronçons primitifs de l'État prussien sont ainsi soudés l'un à l'autre!

Despote éclairé, se considérant comme le «premier serviteur de l'État», Frédéric lance l'élaboration d'un *Code général pour les États prussiens*, qui règle les rapports entre le souverain et ses sujets – une déclaration des droits implicite, «une constitution qui ne dit pas son nom» selon Tocqueville. Réformant le système judiciaire, il se dit résolu à ne jamais troubler le cours de la procédure... mais il lui arrive de se déchaîner contre un arrêt qu'il a estimé trop rapidement injuste, de démettre les juges et de les jeter en prison. Prophète à ses heures, il aura prédit l'expulsion de l'Autriche par la Prusse de l'ensemble allemand, la présence de l'une étant incompatible avec celle de l'autre – et la formation de cette «Confédération des princes allemands» qui naîtra en 1871. De ce règne, qu'il ne cessera d'exalter, le jeune prince Guillaume retiendra surtout la pratique absolutiste du pouvoir et une action internationale par coups de force et coups de boutoir – qui relèveront surtout, chez le futur Kaiser, de l'art oratoire et de la diplomatie déclaratoire.

La succession du Grand Frédéric ne pouvait qu'être difficile; elle l'est d'autant plus avec le neveu du Grand Roi, Frédéric-Guillaume II, que son oncle décrit comme un «animal incorrigible, grossu, têtu, capricieux, débauché, dépravé, sans mœurs, sot et désagréable»! Tout oppose le nouveau souverain à Frédéric: des petites phrases hachées au lieu d'une ironie implacable, un regard plein de candeur au lieu des grands yeux qui portaient la séduction ou la terreur. Une taille et une corpulence gigantesques, très sanguin, Frédéric-Guillaume II se laisse gouverner par ses passions et, se fondant sur les libertés des prophètes de l'Ancien Testament, obtient des complaisances de son entourage de pouvoir multiplier les mariages dits «morganatiques» en marge de ses épouses légitimes et reléguées ou répudiées. La décadence prussienne s'esquisse lorsque Frédéric-Guillaume II se joint à la «croisade des rois» contre la Révolution française et court à la catastrophe de Valmy; elle s'accélère avec Frédéric-Guillaume III, écrasé à Iéna, vaincu et humilié par Napoléon. Heureusement, la légende des Hohenzollern va masquer, au jeune Guillaume et futur Kaiser, la gravité de l'effondrement de ses ancêtres: elle érige le roi de Prusse en artisan du redressement des Alliés contre «le Corse aux cheveux plats», elle le montre faisant sortir de terre des légions... alors que les stratèges, ministres et universitaires prussiens, aidés par le souvenir de l'héroïque reine Louise, furent les vrais artisans de la guerre de libération. Puis viendront les succès : Waterloo et les récompenses du Congrès de Vienne, les pays rhénans et une partie de la Saxe.

«Dieu ne se serait pas donné tant de peine avec nous s'il n'avait nourri à notre égard de grands desseins» : le jeune Guillaume croit profondément en l'intervention de la Providence dans le destin des Hohenzollern et de la Prusse. Tout l'y incite, et d'abord les événements qui rythment les douze premières années de sa vie : l'extraordinaire montée en puissance de la Prusse, qui s'impose au premier rang en Europe avec la création d'un Empire allemand.

À la naissance de Guillaume, son grand-oncle Frédéric-Guillaume IV, fils aîné de la reine Louise, un autocrate romantique, d'une grande culture, porte encore la couronne de Prusse : il se veut, comme se voudra le jeune prince, un monarque de droit divin, sa fonction est d'origine divine – «Ma maison et moi, nous entendons servir le Seigneur!» Il a cherché son modèle dans le Moyen Âge chrétien et l'image idéalisée d'une société solidaire, d'une relation naturelle entre le souverain et son peuple – mais une relation qui ne saurait devenir constitutionnelle. Il refusera comme autant de «feuilles de papier» les propositions de constitutions de la Diète prussienne, le «Landtag uni», qu'il a été contraint de convoquer, et même celles du parlement de Francfort, né du «printemps des peuples» de 1848, qui lui offrait déjà la couronne impériale d'Allemagne... une «couronne de boue et d'argile», qu'il n'aurait pu accepter sans se renier. Par contre, il est prêt à accepter la couronne que lui offrirait l'ensemble des princes allemands : il propose de constituer une «Union allemande», qui serait composée de l'Empire d'Autriche, d'une part, et d'un Empire allemand dont il serait le chef, d'autre part. L'Autriche serait ainsi exclue d'une union restreinte des princes allemands : un parlement de l'Union restreinte se réunit à Erfurt et vote, en avril 1850, la constitution préparée par le roi de Prusse. La réaction autrichienne, une opposition catégorique, n'a pas été prévue : le prince Felix Schwartzenberg, chancelier depuis 1848, neveu du commandant des armées alliées dans la campagne de France contre Napoléon, veut «avilir la Prusse puis la détruire» ; à l'entrevue d'Olmütz, en Moravie, le souverain prussien capitule devant un ultimatum de Vienne ; l'Union restreinte est dissoute et la Confédération germanique est reconstituée, telle qu'elle existait en 1848, sous la présidence de l'Autriche. Mais Frédéric-Guillaume IV n'est bientôt plus que l'ombre d'un monarque : le 12 juillet 1857, il a été victime d'une attaque cérébrale alors qu'il séjournait à Pillnitz, en Saxe, et son frère cadet Guillaume a déjà hérité de tous ses pouvoirs avec le titre de prince-régent.

Le 2 janvier 1861, le jeune prince Guillaume est âgé de deux ans quand son grand-oncle meurt : son «inoubliable grand-père», Guillaume Ier, est couronné à Königsberg – «Je reçois cette couronne de la main de Dieu et de nul autre». Le nouveau roi de Prusse a connu son baptême du feu en mars 1814, contre les armées de Napoléon ; il a été accusé, le 18 mars 1848, d'avoir donné l'ordre d'ouvrir le feu sur les manifestants berlinois et il a dû s'exiler à Londres avant de rentrer au printemps 1849... pour rétablir l'ordre dans le Palatinat et le grand-duché de Bade. Dès le début de son règne, il est confronté à une épreuve de force avec le Landtag de Prusse. Il veut réformer l'armée prussienne, dont les effectifs sont trois fois inférieurs à ceux de la France ou de l'Autriche. L'efficacité militaire, il veut l'atteindre, appuyé sur son ministre de la Guerre, Roon, en réduisant le rôle de la «Landwehr», la garde territoriale formée de «bourgeois» qu'il croit impossible de transformer en «vrais soldats», et en augmentant l'enrôlement des conscrits dans l'armée active. Les libéraux, qui dominent la chambre basse du Landtag, sont indignés par l'annonce de la dissolution de trente-six régiments territoriaux : la Landwehr représente le «peuple en armes», symbolise le soulèvement patriotique de la guerre de libération contre Napoléon. Le conflit est à nu : Guillaume Ier entend que les affaires militaires relèvent de sa seule prérogative ; le Landtag refuse de reconnaître un domaine réservé à la Couronne. Aux élections de décembre 1861, les libéraux et le nouveau parti allemand du progrès triomphent. Le roi se refuse à accepter un régime parlementaire ; il dissout de nouveau l'assemblée, le 18 mars 1862, et son échec est encore plus net ; les députés refusant de voter des crédits, il envisage d'abdiquer en faveur de son fils Frédéric, dont les sympathies libérales sont connues. C'est alors que son ministre Roon lui suggère d'appeler à la tête du gouvernement Otto von Bismarck : il le reçoit, le 22 septembre 1862, au château de Babelsberg, aux portes de Berlin.

Bismarck, un aristocrate poméranien, un «junker» qui s'est consacré à l'exploitation de ses terres après quelques années dans l'administration prussienne, a quarante-sept ans. Élu au Landtag de Prusse, il a été l'un des deux députés qui ont refusé, en mars 1848, de féliciter Frédéric-Guillaume IV pour la nomination d'un cabinet libéral et la promesse de doter le royaume d'une constitution. Il a acquis la réputation d'un réactionnaire non conformiste, un «réactionnaire rouge» note le roi à son sujet – qui précise qu'il «ne pourra être ministre que lorsque les baïonnettes seront maîtresses absolues». Un temps admirateur de l'Autriche pour l'énergie avec laquelle elle a brisé le «Printemps des peuples», il a représenté la Prusse à la Diète de Francfort avant d'être nommé ambassadeur à Saint-Pétersbourg, puis à Paris. Ne s'embarrassant d'aucun scrupule, armé de sa lucidité et de son esprit pratique, il s'applique à séduire Guillaume Ier: il s'engage à réorganiser l'armée contre la volonté du Landtag; et il donne à son combat un sens plus large – il s'agit d'affirmer la primauté du pouvoir monarchique, s'il le faut en brisant le cadre parlementaire. Au-delà, il a la conviction que la question allemande ne sera pas réglée par des négociations diplomatiques, voire par des discours et le vote de motions dans un parlement, comme en 1847 et 1848. La création d'une Allemagne unifiée se fera « par le fer et le sang... comme sont tranchées toutes les grandes questions de notre temps ». Ainsi commence une collaboration de vingt-six années entre le nouveau ministre-président du royaume de Prusse et Guillaume Ier.

Suivent sept années d'extraordinaire ascension de la Prusse au premier rang en Europe. En trois temps :
– En 1863, rebondit l'affaire des duchés du Slesvig et du Holstein, de population mi-allemande mi-danoise pour le premier, totalement allemande pour le second. La convention de Londres de 1852, conclue avec la participation de l'Angleterre et de la Russie, a confirmé la souveraineté personnelle du roi du Danemark sur les deux duchés mais a interdit leur intégration au royaume ou l'atteinte à leurs lois propres. Le 30 mai, une patente de Frédéric VII du Danemark annonce l'incorporation du Slesvig; son successeur, Christian IX, est contesté par la Diète de Francfort, l'Autriche et la Prusse. Une rapide intervention militaire austro-prussienne a raison du Danemark. Par la convention négociée à Gastein en août 1865, Berlin et Vienne se partagent les duchés : à l'Autriche, le Holstein moins le port de Kiel, qui revient à la Prusse, avec le Slesvig.
– En 1866, le compromis très provisoire de Gastein tourne à l'affrontement armé entre la Prusse et l'Autriche : Vienne a décidé unilatéralement de remettre le sort des duchés à la Confédération germanique. Bismarck saisit l'occasion de trancher la question de la suprématie au sein du corps germanique. Il noue une alliance de revers avec l'Italie, à laquelle il promet la Vénétie encore autrichienne; il obtient la neutralité de la France – car Napoléon III considère avec sympathie l'aspiration prussienne à l'unité allemande et voit dans l'Autriche le symbole de l'Europe de la Sainte-Alliance de 1815... La campagne est très rapide et, contre toute attente, l'Autriche est défaite. Grâce aux qualités de stratège de leur commandant en chef Moltke, au sens de l'offensive et à l'esprit d'initiative de leurs officiers, à leur technique de l'armement

supérieure, les armées prussiennes remportent une brillante victoire à Sadowa, en Moravie, le 3 juillet. Sur le front de revers, l'Autriche a vaincu l'Italie mais ses succès n'auront eu aucun effet. Par le traité de Prague du 23 août, l'Autriche est exclue de l'espace allemand, la Confédération germanique est dissoute. La Prusse sanctionne les princes allemands qui se sont alliés à l'Autriche : en plus des anciens duchés unis au Danemark, elle annexe le Hanovre, l'électorat de Hesse-Cassel, le duché de Nassau, la ville libre de Francfort, la vieille cité du Saint-Empire devenue le siège de la Diète en cours de dissolution mais surtout le principal centre financier et commercial de l'Europe centrale. Par contre, malgré les exigences de Guillaume Ier et des généraux prussiens, Bismarck s'oppose à toute amputation territoriale de l'Autriche : ainsi préserve-t-il, pour l'avenir, les chances d'une alliance entre la Prusse et une Autriche diminuée.

– En 1870, la guerre franco-prussienne va cristalliser un antagonisme croissant. Alors qu'il n'a posé aucune condition à la Prusse avant Sadowa, Napoléon III revendique, au lendemain des succès prussiens, le Palatinat bavarois et la partie de la Hesse située sur la rive gauche du Rhin : il se heurte à un refus catégorique de Bismarck et déchaîne l'indignation dans l'opinion allemande. Il a des visées sur le Luxembourg qu'il voudrait acheter au roi de Hollande ; Bismarck réplique qu'une «terre allemande ne tombera pas sous la coupe de la France» ; une conférence «des puissances» tranche en érigeant le Luxembourg en État neutre. Le Second Empire est isolé diplomatiquement : il a aidé à l'unification de la péninsule italienne par son alliance avec Cavour et il vient de contribuer à l'acquisition de la Vénétie par le nouveau royaume d'Italie mais la présence d'une garnison française à Rome, pour préserver la souveraineté du pape, blesse le sentiment national italien. L'armée impériale est désorganisée depuis la malheureuse campagne du Mexique et la fin du rêve de la création d'un empire satellite dans le Nouveau Monde ; la réforme militaire projetée, avec la mise en place en seconde ligne d'une «garde mobile», est très mal accueillie... En juillet 1870, la tension franco-prussienne resurgit : la candidature au trône d'Espagne d'un prince de la lignée collatérale des Hohenzollern de l'Allemagne du Sud, Léopold, frère de Charles de Roumanie, est considérée à Paris comme une machination contre la France ; Bismarck a convaincu Guillaume Ier de l'avantage qu'aurait la Prusse à compter sur les arrières de la France, «un pays dont les sympathies lui seraient assurées» – ne serait-ce pas revenir aux Habsbourg de Charles Quint, présents à Vienne et à Madrid ? Sous la pression de la France puis des principales puissances, le prince

Hohenzollern se désiste – «c'est la plus belle des victoires diplomatiques», selon Guizot; mais la fameuse dépêche, adressée par Guillaume Ier de la ville d'eaux d'Ems, puis falsifiée par Bismarck afin de lui donner la forme d'un affront à la France, provoque la déclaration de guerre française du 19 juillet. Les autres États allemands se joignent à la Prusse, qui semble agressée.

Le combat s'avère immédiatement inégal: côté français, la mobilisation s'est faite dans le désordre, la préparation est médiocre, l'armement et le commandement inférieurs. Au début du conflit, la France ne peut mettre en ligne que 265 000 hommes, alors que les armées prussiennes sont deux fois plus nombreuses: elles rassemblent un demi-million d'hommes, sous les ordres de Moltke, et avancent sur un front de deux cent cinquante kilomètres, de Thionville à Bâle. Dès le 6 août, l'Alsace est perdue par la défaite de Mac-Mahon à Froeschwiller; suit une série de victoires éclairs des troupes prussiennes, auxquelles se sont jointes les armées des autres États allemands; le 2 septembre, Napoléon III, encerclé à Sedan, capitule. La République est proclamée, le 4 septembre, à l'hôtel de ville. Les armées de la Défense nationale, reconstituées par Gambetta, tentent vainement de retourner le sort des armes. Après la capitulation de Paris et un armistice négocié par Jules Favre, une Assemblée nationale est élue et se réunit à Bordeaux pendant que Paris connaît les convulsions insurrectionnelles de la Commune. Le 10 mai 1871, le traité de paix de Francfort ampute la France de l'Alsace moins Belfort et du nord de la Lorraine avec Metz; il lui impose une indemnité de guerre de cinq milliards de francs et l'occupation temporaire d'une partie du territoire.

Le 18 juillet 1871, les Hohenzollern sont à leur apogée: en ce jour anniversaire du couronnement du premier roi de Prusse à Königsberg, Guillaume Ier est proclamé, dans la galerie des Glaces du château de Versailles, empereur allemand. Son petit-fils, le jeune Guillaume, avait cinq ans lorsqu'il a assisté à son premier défilé de la victoire – sous la porte de Brandebourg, avec les étendards pris aux Danois, dans les combats du Slesvig et du Jutland. À sept ans, il a accueilli avec enthousiasme les vainqueurs de l'Autriche, parmi lesquels son père, le prince héritier Frédéric, dont l'intervention dans la bataille de Königgraetz a été décisive. À douze ans, il a admiré le nouvel empereur, en tête de la parade des armées retour de France – et son père, devenu l'un des plus brillants chefs de guerre de la dynastie par son comportement à Froeschwiller puis à Sedan. Douze années d'exaltation dans le cliquetis des armes, le martèlement sourd des chevaux d'escorte et au son des fanfares et des tambours.

UNE ÉDUCATION EUROPÉENNE

On l'imagine sous les traits du très solennel professeur Unrat d'Heinrich Mann, immortalisé par Emil Jannings dans *L'Ange bleu* de Josef von Sternberg au côté de Marlène Dietrich... à cela près que George Hinzpeter, tel que nous le décrit Guillaume, s'il est «un personnage sec et pédant», n'est tout de même pas un tyran frustré, honni par ses élèves, et n'a pas d'embonpoint: «Il avait une silhouette presque décharnée à force de maigreur et un visage qui ressemblait à un vieux parchemin.» Dans ses *Mémoires*, le Kaiser lui consacre quelques lignes, pour un bilan plutôt minimaliste de ce que son «excellent précepteur» lui a apporté: grâce à lui, il a pu traiter «les questions de religion et d'Église en toute objectivité», il a pu se comporter en croyant apaisé. «Il a voulu que son élève grandît et vécût avec la Bible. Toutefois il a évité d'aborder avec lui les querelles dogmatiques, si bien que la polémique religieuse m'est demeurée inconnue et que toute idée absolue, toute opinion ortho-doxe me choque toujours.» Relevons que notre moderne profes-seur Unrat peut faire preuve d'humour: des années plus tard, lors de la confirmation de l'un des jeunes fils du Kaiser, Guillaume se perd dans un toast sans fin sur sa foi ardente dans le Sauveur. Et Hinzpeter, qui figure parmi les invités, de commenter: «J'ai cru que le toast impérial se finirait par: Pour notre Seigneur Jésus-Christ, hurrah, hurrah!»

George Hinzpeter est le «premier précepteur civil» de Guillaume – et de son cadet, Henri, plus jeune de trois ans et demi – pendant onze années, de l'été 1866 à son accession à la majorité légale, en 1877. Il a été choisi par le Kronprinz Frédéric et son épouse Vicky sur la recommandation d'un diplomate britannique, Sir Robert Morier, ministre d'Angleterre à Darmstadt. Ironie du destin: Morier sera, plus tard, ambassadeur à Saint-Pétersbourg et l'un des adver-saires les plus déterminés de l'Allemagne de Guillaume... mais il aura «lancé» l'homme qui va assurer la formation du futur Kaiser. Il a rencontré Hinzpeter chez le comte Goertz, qui l'a déjà recruté comme précepteur de ses enfants, et il s'est pris d'admiration pour ce calviniste de Bielefeld, en Westphalie, très austère, homme de principes et de méthodes. Vicky a tout de même hésité : elle le juge peu brillant, dépourvu de sens artistique et d'imagination créatrice, avec une culture limitée. Un personnage plutôt embarrassant... Mais elle va être gagnée par sa réserve et sa rigueur, sa droiture, son sens du devoir, sa conception très spartiate de l'éducation, son assurance tranquille face à toutes les demandes qui lui sont adressées. Frédéric souhaite que son fils puisse «rivaliser avec l'élite intellectuelle du royaume de Prusse»? Qu'il acquière une excellente connaissance des grandes langues européennes? Qu'il soit imprégné de l'histoire et des traditions militaires allemandes? Le précepteur organisera, à ces fins, la vie de Guillaume – pendant huit années au Nouveau Palais de Potsdam – avec réveil à six heures, sept en hiver, et douze heures de cours par jour, seulement interrompues pour le déjeuner et les leçons de gymnastique, six jours par semaine.

Le portrait que lui consacre Bernard Bülow, futur chancelier de Guillaume II, n'est pas enthousiaste, même s'il comporte une grande part d'ambiguïté, comme souvent chez Bülow : Hinzpeter était «avant tout dominateur et voulait partout mettre la main à la pâte. Il n'était pas sans vanité, mais attachait moins de prix aux honneurs extérieurs qu'à une influence réelle». Bülow le qualifie de «jésuite protestant, si on voit les jésuites tels qu'ils paraissent à leurs adversaires». Et de reconnaître qu'il entretenait l'intérêt de son élève pour «les questions sociales et le socialisme» – mais sur un fond de pessimisme devant la marche de l'Histoire : il était convaincu que «la victoire de la social-démocratie était aussi inévitable qu'un orage prédit par les météorologues, ou une éclipse de soleil calculée depuis des siècles par les astronomes».

Une personnalité originale : «Lorsqu'il se promenait avec le jeune prince Guillaume, il l'invitait à formuler tout de go un jugement sur chaque passant. Cette sorte de pédagogie n'avait que trop réussi car le jeune Guillaume était déjà enclin à juger a priori des hommes et des choses» et il fortifiait ainsi une «confiance en soi-même qui était déjà passablement développée». Un côté antipathique, toujours selon Bülow : un double discours sur les qualités de son élève – «en arrière de l'empereur, il parlait de lui de façon mordante, et en même temps lui adressait des lettres... sans pareilles en fait de flagornerie». Avec l'expression d'un doute sur «l'aptitude philosophique, supérieure, profonde» de son élève – qui pourrait apparaître comme une contestation fondamentale de l'aptitude de Guillaume à gouverner... «Il n'était doué que pour des choses mécaniques, techniques; il aurait dû être constructeur de machines. Tout officier de marine dirait que personne ne connaît mieux que Guillaume II les signaux maritimes, que pas un capitaine de vaisseau n'est aussi ferré sur le vocabulaire technique de la marine, mais qu'avec cela l'empereur ne saurait conduire le plus petit bateau...»

Bülow n'a pas considéré l'essentiel: Hinzpeter a été, pour Guillaume, un très grand professeur d'énergie. Il l'a aidé à surmonter son infirmité en lui imposant des méthodes brutales que n'aurait pas osé préconiser son instructeur militaire, le capitaine von Schotte, un officier de la Garde, plein de compassion... Guillaume ne parvient pas à se hisser sur un cheval sans l'aide d'un écuyer, qui conduira ensuite l'animal par les rênes? Hinzpeter brave le maître de manège, s'interpose, contraint son élève à monter sans étriers et à tenir lui-même les rênes de sa main droite, sans se laisser troubler par les nombreuses chutes, les pleurs et les supplications. Au demeurant, le précepteur rendra hommage au volontarisme du jeune Guillaume dans un essai qu'il fera paraître lors de l'accession au trône du «jeune Kaiser»... «Aucune science médicale, aucun soin n'aurait pu le guérir si, dès son plus jeune âge, l'enfant n'avait consacré à l'amélioration de son état une énergie et une volonté extraordinaires. Le problème pour lui était d'arriver à maîtriser sa gaucherie physique et la timidité qu'elle entraînait forcément. Il remporta donc une victoire morale exceptionnelle en parvenant à devenir un tireur de première classe, un nageur et un cavalier émérites.»

En septembre 1874, Guillaume et son cadet Henri sont inscrits, comme simples élèves, au lycée ou «gymnasium» de Cassel, l'ancienne résidence des landgraves de Hesse. Leur grand-père Guillaume Ier mettra longtemps à se remettre de cette extravagance: des princes impériaux dans un établissement public, éduqués avec des élèves ordinaires, pour la plupart des enfants de la bourgeoisie de Hesse-Nassau! Mais le Kronprinz et Vicky tenaient à éloigner leurs deux garçons de «l'atmosphère délétère» de la cour. L'hiver, Guillaume et Henri résident dans le palais de la ville, l'été au château de Wilhelmshöhe, marqué par les vicissitudes de l'Histoire: c'est ici que régna Jérôme Bonaparte, au milieu de ses favorites, ici aussi – revanche du destin – que fut interné Napoléon III, pendant sept mois, après Sedan; le château lui-même avait été bâti par les princes-électeurs de Hesse avec les capitaux que leur rapportait la vente de leurs sujets en âge de porter les armes à l'Angleterre en guerre contre les insurgés d'Amérique du Nord... à l'indignation de Mirabeau, qui consacra un pamphlet à cette affaire... Guillaume et Henri font alors, à cheval, en compagnie d'Hinzpeter, les quatre kilomètres qui séparent Wilhelmshöhe du gymnasium.

Les deux princes semblent avoir apprécié d'être placés sur le même rang que leurs condisciples. Ils manifestent peu d'intérêt pour les visites de musées et les autres activités culturelles que leur propose Hinzpeter, mais sont fascinés par les visites d'usines et la découverte du monde ouvrier – qui inspireront plus tard la courte phase «sociale» du jeune Kaiser. Les classements auxquels ils sont soumis semblent avoir été loyaux: le jeune Henri se retrouve, une année, avant-dernier de sa classe; Guillaume se comporte avec brio, mais il n'obtient qu'une mention passable aux épreuves terminales de l'examen de «maturité». L'un des enseignants, atteint de courtisanerie, glisse discrètement à Guillaume un texte de Xénophon, qui fera l'objet d'une version grecque le lendemain – Guillaume l'inscrit au tableau noir et devient le héros de la classe!

Au mois d'octobre 1875, un jeune précepteur français rejoint Hinzpeter et ses deux élèves à Cassel: François Ayme a vingt-cinq ans; il est de souche savoyarde mais habite Givet, dans les Ardennes, la ville natale de Méhul, le compositeur du *Chant du départ*; il a étudié la langue et la littérature allemandes à l'université de Bonn, mais son séjour rhénan a été interrompu par la guerre franco-prussienne. Vicky, la future impératrice Frédéric, a écrit à Thiers pour lui demander de choisir un professeur de français pour Guillaume et Henri. Par le hasard des réseaux de relations du premier chef d'État de la IIIᵉ République, et par un pied-de-nez du destin, le choix est tombé sur un jacobin, un républicain passionné, sympathisant des communards et patriote sourcilleux comme on pouvait l'être alors à l'extrême-gauche.

Ayme est immédiatement séduit par la personnalité de Guillaume: une intelligence «ouverte, souple, déliée», une curiosité sans limites. Il ne voit pas, chez son élève, ce dilettantisme qu'on lui attribue souvent: Guillaume serait «un travailleur infatigable, n'épargnant ni peines, ni efforts». Des qualités complétées par «une prédilection pour la mise en scène, les phrases sonores, les actes chevaleresques», l'ambition de s'inscrire dans le droit fil du Grand Frédéric et de Guillaume Iᵉʳ. Puis il porte son regard sur le Kaiser qu'il est devenu – Ayme rédige ses souvenirs en 1897: «Intelligent, il l'est au plus haut degré. Doué d'une grande puissance de travail et d'assimilation, il peut aborder sans ridicule les sujets les plus divers dans le champ des connaissances humaines. Il est militaire, homme d'État, orateur, musicien… S'il n'était souverain, sa véritable vocation serait celle de journaliste. Avec quelle ardeur il combattrait! Comme il étaierait ses arguments de preuves historiques ou autres! Je m'imagine même qu'il lui en cuirait plus d'une fois d'écrire dans un pays où n'existerait pas la liberté de la presse.»

Retour à l'élève: aime-t-il la France? La réponse du jeune précepteur est aussi enthousiaste: «Comment n'apprécierait-il pas l'élan, la spontanéité généreuse de notre nation? Il lit nos poètes et nos écrivains avec amour. Il parle notre langue avec une aisance et une pureté irréprochable.» Et la République? «Si j'étais Français, je serais nécessairement républicain. Oui, je suis monarchiste en Allemagne, mais aux États-Unis, en France, en Suisse, je serais républicain.» Une utopie européenne? «Le jour où le pantalon rouge et le casque à pointe marcheront ensemble, que deviendra Carthage?» Mais où situe-t-il Carthage? Et comment faire la part de la sincérité et de la volonté de charmer l'interlocuteur français? Ayme le reconnaît: «Dans l'intimité, il cherche à séduire et il y réussit sans peine. Aux dons naturels, il ajoute le tact et la simplicité qui attirent l'affection... Avec son regard franc, son bon sourire, sa courtoisie, son maintien modeste, il captive et attache ses entours.» Mais le précepteur penche pour la sincérité: «Son langage et ses actes sont en harmonie avec ses convictions de jeune homme.» On lui a inculqué l'idée que «la paresse, la colère, la vanité et autres vices sont incompatibles avec le rang d'un héritier de la Couronne». La conviction qu'il est chargé d'une mission d'ordre supérieur l'a donc pénétré, ainsi que l'acceptation des contraintes et obligations qui lui permettront d'être digne de cette mission.

Peu après l'installation de François Ayme, le Kronprinz Frédéric et son épouse, Vicky, sont venus à Cassel pour examiner ce Français dont ils avaient demandé le concours à M. Thiers... Le précepteur est sensible à l'absence d'étiquette dans le cercle familial, à l'aspect paisible des relations entre parents et enfants. Les vraies tensions n'ont pas encore surgi entre Guillaume et sa mère, à moins qu'il ne s'agisse d'une éclaircie passagère dans l'effusion des retrouvailles. Le Kronprinz est en tenue de général bavarois; il s'ingénie à ne parler que de la France et de l'admiration qu'il lui porte; il égrène ses souvenirs de chasse à courre dans la forêt de Fontainebleau à l'invitation de Napoléon III ou de l'inauguration du canal de Suez, au côté de l'impératrice Eugénie. Une anecdote prussienne, tout de même: lors d'une cérémonie, un junker l'aborde pour lui dire que sa famille est plus ancienne que celle des Hohenzollern. Et Frédéric de répliquer, sans s'émouvoir:

— C'est possible mais, dans tous les cas, ma famille a eu plus d'avancement que la vôtre.

Victoria, Vicky, la princesse royale, ne tarit pas d'éloges sur Guillaume:

— Il est vraiment bien, ce grand garçon, n'est-ce pas? Ses aptitudes ne sont-elles pas remarquables? Et sa conduite irréprochable? Je pense qu'il fait honneur à ses parents.

Ayme tente d'arracher à Vicky quelques mots sur le cadet, le prince Henri. En vain. Il est vrai qu'Henri se distingue surtout par son indolence. «Mes efforts demeuraient stériles. Dès qu'il était obligé de se donner le moindre mal, il n'y avait plus personne.» Mais comment résister à son immense gentillesse, sa candeur, l'indulgence qu'il réclame avec tant de douceur? Par contre, il aurait sacrifié déjeuners et dîners pour la lecture de Jules Verne... Il s'exprime, comme son aîné, très purement en français, mais à l'écrit, ses fautes s'accumulent «avec un luxe tout princier». On le menace de la colère de Guillaume?

— Je ne le crains pas! Que voulez-vous qu'il me fasse? Jadis, il aurait eu des droits sur moi. Mais, depuis la Révolution française, il n'en a plus aucun.

Son jacobin de précepteur en est saisi:

— Bravo, mon prince!

Une brisure au sein de la famille impériale? Le professeur de français la percevra, à la dérobée ou presque, lors de son séjour, au mois d'août 1876, à Coblence. Il a été appelé, pour trois semaines d'été, comme lecteur auprès de l'impératrice Augusta, épouse de Guillaume Ier... dont il admire l'élégance, le goût sûr, avant d'écrire cruellement: «Elle avait dû être remarquablement jolie. Comme elle avait toujours été orgueilleuse de sa beauté, elle en entretenait religieusement les restes.» Le matin, il rédige, sous sa dictée, le courrier qu'elle adresse, en français, à tous les souverains d'Europe; le soir, il lit, devant l'impératrice et ses dames d'honneur, les articles les plus importants du *Figaro*, des *Débats*, de *L'Indépendance belge* et de la *Revue des Deux-Mondes*. L'étiquette est plus sensible qu'à Cassel, mais l'atmosphère tout à fait «française»: Augusta a une prédilection marquée pour la France, sa littérature, ses arts; elle interdit l'usage, en sa présence, d'une autre langue que le français.

— C'est un instrument enchanteur que votre langue, Monsieur. Elle permet de définir tous les sentiments avec précision et douceur. Elle est si fine, si déliée, si riche dans ses tours qu'on peut réellement critiquer une personne ou un ouvrage sous la couleur d'un compliment.

— Ce genre d'éloge a un nom, Madame: un compliment à rebrousse-poil.

Un autre jour, elle l'aborde, l'air embarrassé, avec des minauderies de jeune fille:

— Je vais vous faire une confidence, bien humiliante pour moi: j'ai oublié quelques-unes des règles régissant les participes passés. C'est impardonnable. Je vais me remettre à l'étude, si vous voulez bien me guider...

Ayme n'a jamais rencontré une adepte aussi fervente des participes passés. Il va les passer en revue avec l'impératrice, dans toutes leurs couleurs et leurs nuances, des participes passés sans auxiliaire à ceux des verbes pronominaux, à ceux suivis d'un infinitif, à ceux conjugués avec les auxiliaires être et avoir... et découvrir toutes les merveilles grammaticales qu'il ignorait, jusqu'à se demander, devant une telle foi ardente, une telle passion Hohenzollern pour la langue française, comment les deux nations ont pu s'affronter sur le champ de bataille! Mais le thème préféré d'Augusta tourne autour des appréciations à porter sur ses deux petit-fils...

— Quels braves garçons, Monsieur, n'est-ce pas? Quelle intelligence et quel sens du travail chez Guillaume! Et quelle douceur et quelle beauté chez Henri!

Et, soudain, le trait assassin:

— Quel malheur, n'est-ce pas, Monsieur, qu'ils aient une telle mère!

L'intimité du jeune précepteur avec ses deux élèves grandit. Avec Guillaume, il passe maintenant une partie de sa leçon quotidienne à discuter l'événement du jour, politique ou littéraire. Au risque d'aborder le sujet brûlant – la guerre franco-prussienne de 1870...

— C'est vous qui l'avez déclarée.

— C'est vous qui l'avez rendue inévitable.

— Écoutez-moi, Monsieur. Vous savez que mon père est incapable d'une dissimulation. Le jour où la guerre fut déclarée officiellement, je me rappelle la scène... Nous étions à Potsdam, prêts à prendre place à table pour le dîner. Mon père entre brusquement, pâle et défait. C'est fini, nous dit-il, la France veut la guerre. Quel affreux malheur! Et je vous assure qu'il n'y avait aucune allégresse dans cette annonce.

Mais l'Allemagne, comme l'Europe, en vient à admirer, en 1876, le relèvement économique de la France, son redressement moral, son expansion coloniale, sa puissance retrouvée. Guillaume, lui aussi, développe ce thème:

— Tout le monde s'est trompé sur vous, votre volonté, votre richesse, nous comme les autres... Aussi n'est-ce pas cinq milliards qu'on aurait dû vous réclamer, mais dix ou quinze.

— Vous le pouviez, vous étiez les maîtres !

— Ce sera pour une autre fois, lance Guillaume en souriant.

Le précepteur ne sourit pas :

— Une autre fois, ce n'est peut-être pas nous qui paierons.

— Alors tant pis pour vous car, lorsque nous devrons payer une telle somme, nous serons dans l'impossibilité de la réunir.

— Permettez-moi alors de vous faire remarquer l'inégalité de la partie. Vous gagnez et vous empochez une grande somme. Vous perdez et vous assurez qu'il n'y a rien pour nous...

Le visage de Guillaume se contracte :

— Vous avez mal interprété ma boutade. Il ne m'est jamais venu à l'esprit que je serais capable d'entreprendre une guerre dans le but de vous dépouiller. Une telle guerre ne serait pas autre chose qu'un vol organisé. Cette façon de penser et d'agir est opposée à tout ce que je ressens.

Suit une étonnante profession de foi pacifiste, dans laquelle sont reconnaissables des fragments du *Projet de paix perpétuelle* de Kant...

— Je suis persuadé que la plupart des conflits entre nations sont le résultat des manœuvres et de l'ambition de quelques ministres qui usent de ces moyens criminels à seule fin de conserver le pouvoir et d'accroître leur popularité. Sauf le cas où une armée se rue brutalement sur un peuple, je désirerais que les ministres fussent seuls obligés de terminer par les armes les différends qu'ils ont provoqués. Ils seraient certainement plus circonspects et le sang des innocents ne serait pas répandu à leur profit.

Une conclusion des plus froides :

— À l'avenir, je m'interdirai avec vous tout badinage de ce genre.

La brouille se prolonge pendant cinq jours. Le précepteur se sent coupable : pourquoi avoir froissé un jeune homme dont il apprécie les qualités ? Et pourquoi l'avoir traité en égal, s'être engagé dans une polémique avec lui, alors que le jeune âge de l'élève aurait dû le préserver de l'agressivité du jeune professeur ? Mais Ayme se trouve des circonstances atténuantes : après tout, il est le ressortissant d'un État vaincu, et un simple citoyen... alors que l'élève fait partie du camp des vainqueurs et est un prince, un membre de la famille régnante. Finalement, c'est Guillaume qui exprime ses regrets après une longue réflexion et qui opère la réconciliation :

— Je regrette vivement que vous ayez pris au sérieux un jeu d'esprit sans portée aucune, et que vous ayez pu en être affligé. J'en suis d'autant plus fâché que j'ai froissé chez vous un des sentiments que je respecte le plus : l'amour de la patrie.

— Je vous remercie de vos paroles. Je suis revenu de cette affaire depuis longtemps déjà...

De nouveau, l'utopie européenne, brossée d'un ton grave par Guillaume :

— Ce qui n'est point une plaisanterie, c'est le rêve d'assister à l'union des forces de nos deux pays. Que de prodiges les deux nations pourraient accomplir ensemble ! Elles deviendraient logiquement les maîtresses de la planète. Elles freineraient l'essor des pays exclusivement mercantiles. Elles se mettraient au service de la justice et du progrès et feraient avancer l'humanité à pas de géant sur la voie de la civilisation ! Une telle politique serait plus constructive et plus noble que cette haine irréconciliable qui ne nous est d'aucun profit...

— C'est un beau rêve, mais qui n'est pas près de se réaliser. Cette brillante perspective sera énergiquement écartée par mes compatriotes tant que le fossé creusé en 1871 n'aura pas été comblé. On dit mes compatriotes frivoles et légers... On se trompe sur eux. Ils ont voulu cette «république» dont le nom avait été prononcé par leurs pères il y a un siècle... Ils l'ont obtenue malgré les Bonaparte, les Bourbons, les Orléans. La nation a poursuivi son but avec une ténacité inlassable...

Le précepteur est décidé à ne pas ménager son élève :

— L'action commune que vous imaginez ressemblerait à une trahison de notre part. Ne nous demandez pas de nous avilir jusqu'à jouer les courtisans internationaux. Ce n'est pas l'histoire de nos milliards perdus. On dit chez nous que les pertes d'argent ne sont pas des plaies mortelles. Ce qui survit dans notre cœur ce sont nos frères arrachés à leur patrie, malgré leur volonté. Cela, c'est l'inoubliable.

La grandiloquence patriotique est dans le ton de l'époque... Ayme va habilement ouvrir, à son tour, le chemin d'une réconciliation franco-allemande, mais aux conditions de la France :

— Remarquez que je ne souhaite pas la guerre. Ce serait une nouvelle boucherie, aux conséquences effroyables. Quelque chose me dit que nous devons espérer dans un prochain règne de justice...

Un sourire entendu vers Guillaume, mais le jeune prince ne se compromet pas.

— Qui vivra verra, conclut-il, en serrant la main du professeur de français.

LA PRISE DU NOUVEAU PALAIS

Guillaume, le prince héritier de la Couronne, le «Kronprinz», entre au Nouveau Palais de Potsdam, ce 14 juin 1888 en fin de matinée: il vient assister son père, Frédéric III, qui est mourant. L'empereur s'éteint le lendemain, à 11 heures. Guillaume, en uniforme rouge de hussard, a donné ordre au régiment de la Garde qu'il commande d'encercler le palais: les membres de la famille régnante eux-mêmes doivent présenter un laissez-passer pour entrer ou sortir. Guillaume dirige personnellement les recherches, d'une pièce à l'autre des appartements de l'empereur. Il veut découvrir la preuve d'un «complot des libéraux». Il sera déçu:

— Nous n'avons rien trouvé. Aucun écrit. Tout a été emporté.

En guise de complot des libéraux, Guillaume entendait saisir les papiers personnels de sa mère, la «princesse anglaise», et la preuve de son allégeance à la couronne britannique... Mais «Vicky» a déjà confié à l'ambassadeur d'Angleterre une mallette, qui sera remise, trois jours plus tard, à Balmoral, à la reine Victoria.

En onze années, Guillaume est passé du lycée de Cassel au pouvoir absolu d'un empereur allemand. Après avoir obtenu son diplôme de fin d'études secondaires – la «maturité» – au gymnasium de Cassel en 1877, il est de retour à Potsdam pour compléter sa formation militaire pendant six mois. Puis il part pour l'université de Bonn, où il étudie le droit, l'économie et les finances. Il vit parmi ses admirateurs, des courtisans en herbe, et devient membre de la corporation d'étudiants «Borussia»: il chante les hymnes patriotiques et les lieder romantiques, mais il se tient à une certaine distance des duels à la rapière et des chopes de bière à répétition. C'est une première plongée dans le chauvinisme prussien. Après un saignement de nez bénin dans une brasserie de Bonn, il se serait exclamé: «J'espère avoir perdu ma dernière goutte de sang anglais!» Une escapade à Paris, en 1878 : il aurait déjeuné à Bagatelle et applaudi Sarah Bernhardt au théâtre et il serait monté dans un ballon captif – ce sera le seul séjour de sa vie à Paris. Dans *La Dame de Potsdam*, Henri de Noussanne lui prête, à cette époque, deux maîtresses, dont une danseuse viennoise, et ces aventures auraient «occupé» la société allemande... mais l'auteur reconnaît que son récit, baptisé «chronique», est romancé.

En 1881 – il a vingt-deux ans – il épouse «par inclination» Augusta-Victoria, dite Dona. Un acte politique ? Dona est la fille du duc de Slesvig-Holstein, Frédéric d'Augustenburg, dépossédé par la Prusse lors du règlement de l'affaire des duchés danois. Guillaume a été séduit par son allure d'aristocrate alliée à la simplicité de la *Hausfrau* germanique, l'épouse fervente et contenue, effacée et rayonnante. Un couple prussien exemplaire : il l'aime fidèlement, elle déborde d'amour pour lui et accouchera périodiquement de garçons. Ils s'installent au «palais de marbre» de Potsdam, construit un siècle plus tôt par Frédéric-Guillaume II – une villa à l'italienne au bord d'un lac, le Heiligersee, avec des jardins en terrasses, un pavillon mauresque, une bibliothèque de style gothique.

Il jouit de l'affection de l'empereur, son grand-père, de la caste militaire, des conservateurs. Il poursuit avec passion et enthousiasme sa carrière militaire – et un courage et un volontarisme qui lui permettent de surmonter la gêne de son bras atrophié. En septembre 1881, il est commandant, en octobre 1883 colonel, en janvier 1888 général : des promotions évidemment accélérées pour l'héritier des Hohenzollern. Par contre, ses rapports avec ses parents se sont dégradés : le Kronprinz Frédéric et Vicky ne se reconnaissent plus dans leur fils – ils voient en lui un pur produit de cette Allemagne traditionnelle, autoritaire, qu'ils veulent réformer. L'Allemagne dont ils rêvent, explique Vicky, «sera grande non seulement par l'épée mais aussi par la culture, le progrès et la liberté». Guillaume veut faire oublier son côté «demi-anglais»; il se lie, à la cour, avec les coteries anglophobes, celles qui travaillent à isoler Vicky et à élever un mur de méfiance autour d'elle. Il finit par être convaincu que sa mère travaille «contre les intérêts allemands, en faveur des intérêts anglais». Au retour d'un voyage à Saint-Pétersbourg, il écrit au tsar Alexandre III pour le mettre en garde contre les orientations politiques de ses parents : «Mon père est sous l'influence de ma mère qui est, elle-même, manœuvrée par la reine d'Angleterre, qui lui fait tout analyser d'un point de vue britannique.» Vicky se lamente dans ses courriers à sa mère, la reine Victoria : «Ce garçon n'a jamais vraiment été le mien, il est tout prussien.» Le Kronprinz parle de son fils, lors d'un dîner de la Garde en 1885, comme d'un «écervelé, dépourvu de tout jugement». Lorsque Bismarck suggère que le jeune Guillaume fasse un stage au ministère des Affaires étrangères, auprès du secrétaire d'État, son fils Herbert, pour s'initier aux questions diplomatiques qu'il aura un jour à traiter, Frédéric éclate :

— Ce serait une initiative très dangereuse ! Mon fils aîné n'a aucunement la maturité nécessaire ! Ajoutez à cela qu'il va fanfaronner et en rajouter sur sa vanité et son outrecuidance !

Survient un coup du destin – d'un destin inexorable – qui va transformer les dissentiments familiaux en une hostilité proche de la haine de la part de Frédéric et de Vicky. Le couple est indigné par l'extrême froideur et l'apparente absence de compassion dont fait montre le prince Guillaume face à la tragédie qui va briser son père.

En mars 1887, l'empereur Guillaume Ier a célébré son quatre-vingt-dixième anniversaire, mais sa santé est chancelante. Le prince héritier Frédéric voit, enfin, arriver l'heure de son accession au trône, après une très longue attente – il a cinquante-sept ans et Vicky lui reproche de ne pas avoir saisi l'occasion qui s'était présentée un quart de siècle plus tôt, en 1862, quand son père avait voulu abdiquer dans la tourmente du conflit avec le Landtag de Prusse sur les crédits militaires. Mais les médecins allemands attachés à la cour, et les médecins anglais appelés en renfort par Vicky, découvrent que Frédéric est atteint d'un cancer au larynx. Son règne sera donc des plus courts ; aura-t-il même le temps de régner ? Le jeune Guillaume vit maintenant dans la fièvre ; il ne cache pas son impatience et esquisse des plans pour son futur gouvernement, alors que son grand-père et son père sont encore en vie. Sans doute a-t-il été affecté par l'annonce de la maladie de son père ; puis une ambition ardente a tout emporté. Il reprend un mot d'Herbert Bismarck, faisant allusion au Kronprinz, rendu aphone par les coups de scalpel des chirurgiens : «Un empereur qui ne peut pas parler, ne doit pas régner.»

Le Kronprinz, devenu l'empereur Frédéric III, va tout de même régner... quatre-vingt-dix-neuf jours – son père, Guillaume Ier, meurt le 9 mars 1888. Il n'a pas la force de mener les réformes qu'il projette, particulièrement la limitation des pouvoirs du Kaiser et du chancelier pour laquelle il avait préparé un projet d'édit. Il parvient seulement à lancer quelques signaux qui symbolisent le nouveau cours libéral qu'il aurait voulu instaurer : il anoblit une poignée de libéraux – ce qui aiguise l'ironie de Bismarck : «Pour faire cesser toute haine entre la bourgeoisie et la noblesse, l'empereur devrait anoblir tout son peuple» ; il décore de l'Aigle noir le ministre Friedberg, d'origine juive ; surtout, il relève de ses fonctions le ministre de l'Intérieur de Prusse, Robert von Puttkamer, qui s'est ingéré dans les élections au Reichstag. Mais son conflit avec son fils, devenu le nouveau prince héritier, s'est encore aggravé: «Guillaume s'imagine réellement qu'il est l'empereur», s'indigne Vicky.

Le premier jour du règne de Guillaume II, le 15 juin 1888, commence donc par un simulacre de coup d'État: le maréchal de la cour est destitué; les hussards de la Garde et un détachement du bataillon-école apparaissent au pas de gymnastique et encerclent les terrasses du Nouveau Palais, le fusil chargé; le major von Natzmer, sur un ordre direct du nouveau Kaiser, fait le tour du château et visite les postes de garde; le médecin chef, qui veut sortir pour envoyer une dépêche, est immédiatement arrêté... Comment mieux marquer la rupture avec le règne précédent? Guillaume voit dans la tentative libérale de son père une exception à l'esprit prussien, une déviation dans l'épopée des Hohenzollern qu'il faut immédiatement récuser. Lors de sa prise du pouvoir, il évite, dans un premier temps, toute allusion à «l'empereur des quatre-vingt-dix-neuf jours», il ne cesse de se réclamer de son grand-père, de revendiquer une continuité avec le règne de Guillaume Ier.

On comprend les premières foucades de Guillaume, dans le vertige d'un pouvoir suraffirmé comme sans limites. Il est empereur allemand et roi de Prusse. L'empereur n'est théoriquement que le premier des princes allemands, le premier parmi ses égaux, les princes confédérés – «la présidence de la Confédération appartient au roi de Prusse, lequel prend le titre d'empereur allemand» – mais il détient l'essentiel du pouvoir exécutif. La séparation totale de l'exécutif et du législatif enlève aux deux assemblées – le Reichstag, l'assemblée d'Empire, et le Bundesrat, le Conseil fédéral, qui représente les États ou pays – tout droit de regard sur la composition du gouvernement et toute possibilité de le renverser. En outre, la Confédération, dont les compétences ne sont pas strictement définies, peut «absorber» la législation des «pays» confédérés selon la règle établie par Bismarck: «Le droit de l'Empire brise le droit des pays.»

Par un surcroît de précautions, une ordonnance du 24 janvier 1882, édictée par Guillaume Ier... et rédigée par Bismarck, a affirmé le pouvoir autonome de l'empereur et son droit à diriger le gouvernement: «Je veux fermement qu'il n'y ait aucun doute aussi bien en Prusse que dans le corps législatif de mon Empire sur mon droit et celui de mes successeurs à diriger personnellement la politique de mon gouvernement. Je ne veux pas qu'on prétende que l'inviolabilité de la personne du roi, ou la nécessité de la contre-signature de mes actes par des personnes responsables, prive les décisions royales de leur caractère autonome.» Et Bismarck d'expliquer, devant le Reichstag et en présence du jeune Guillaume qui n'est encore que le fils aîné du Kronprinz: «Si le chancelier refuse de contresigner les décisions politiques de l'empereur, celui-ci peut toujours se séparer de lui. L'empereur a une liberté de décision qui dépasse celle du chancelier; ce dernier dépend de la bonne volonté de l'empereur...» Le «chancelier de fer» ira jusqu'à se qualifier de «doublure... à laquelle la constitution fait à peine allusion».

Ce qui subsiste de volonté autonome par rapport à celle de l'empereur ne peut être que le fait d'importuns, ces «imbéciles de députés», ces «hommes entêtés et sans maturité», qui peuplent le Reichstag ou le Landtag de Prusse – ou, plus simplement, «d'ennemis de l'Empire». Guillaume distingue à peine les couleurs politiques: «Je ne connais que deux partis politiques, mes amis et mes ennemis.» L'idéal serait de supprimer le Reichstag, de renvoyer les députés chez eux et de réprimer militairement le soulèvement qui suivrait. Seule l'en empêche l'incertitude du résultat...

Guillaume pourra, en fait, s'appuyer presque constamment sur les conservateurs, associés à la puissante ligue agrarienne, qui rassemble l'aristocratie des junkers, les grands propriétaires des régions de l'Est, attachés aux prérogatives royales et impériales, à l'Église luthérienne... et au protectionnisme. Les nationaux-libéraux, l'autre grande formation du Reichstag depuis les origines de l'Empire, représentent une autre Allemagne, celle des bourgeois et industriels de l'ouest de l'Elbe; ils s'opposent aux conservateurs par leur combat pour le libre-échange et par leur libéralisme politique appuyé – ainsi repousseront-ils les mesures réductrices de la liberté de la presse et les lois d'exception contre les socialistes. Une troisième formation a émergé rapidement sous l'ère bismarckienne, le Zentrum ou centre catholique, qui entend exprimer les vues d'une Allemagne du Sud réticente à la domination de la Prusse et d'une Église romaine combattue par le *Kulturkampf* de Bismarck: un combat «contre l'obscurantisme» né de la volonté du chancelier de protéger ceux des catholiques allemands qui avaient rejeté le dogme de l'infaillibilité pontificale, proclamé par le concile du Vatican en 1870. Parmi les opposants, les députés des terres annexées, l'Alsace-Lorraine et les Marches de l'Est, et les socialistes, qui ne comptent que deux représentants au Reichstag de 1871 mais constitueront, au tournant du siècle, le groupe parlementaire le plus nombreux.

Dans sa première proclamation, Guillaume s'adresse à l'armée. Un texte qu'il a rédigé lui-même, depuis déjà plusieurs jours:

«Nous ne ferons qu'un, moi-même et l'armée. Nous avons été créés, l'un pour l'autre, et nous resterons indissolublement liés, selon le destin qui nous sera fixé par la volonté de Dieu, que ce soit dans un monde en paix ou lorsqu'il nous faudra affronter la tempête.»

Suivent les serments:

«Vous allez me jurer fidélité et obéissance. Pour ma part, je n'oublierai jamais que, de l'autre monde, mes ancêtres ont les yeux fixés sur moi. Un jour, je devrai leur rendre compte de la gloire et de l'honneur de l'armée.»

Deux effluves de mysticisme qui baigneront tout le règne: d'une part, Guillaume considère les monarques en général, et d'abord l'empereur Hohenzollern, comme d'une essence différente de celle des simples êtres humains – ils sont les médiateurs choisis par Dieu, des intercesseurs entre Dieu et leurs peuples; d'autre part, il se sent directement observé, de l'au-delà, par ses ancêtres – il le soulignera publiquement dans les moments de plus forte intensité politique, par exemple, dix-sept ans plus tard, en juillet 1905, lors de la rencontre de Björkö avec Nicolas II, dont il attendra un changement de la politique étrangère russe.

Les gouvernements étrangers, la presse européenne s'inquiètent. Non des allusions répétées à un Dieu qui serait si proche de l'Allemagne... C'est une habitude chez les Hohenzollern; seul le Grand Frédéric ne croyait qu'à un «Dieu de hasard». Mais pourquoi le nouveau Kaiser ne s'est-il adressé qu'à son armée, non à son peuple? Et pourquoi ce ton belliqueux? L'Europe serait-elle au bord d'un nouveau conflit? Alors, trois jours plus tard, Guillaume prononce une nouvelle proclamation, qu'il a également rédigée lui-même. Cette fois, c'est un discours de paix, à l'intention de la nation allemande, et l'empereur disparu, le père honni, Frédéric III, est cité en exemple par son fils:

«J'ai promis à Dieu, selon l'exemple de mon père, d'être un prince juste et doux, de m'efforcer à la piété et à la crainte de Dieu, de protéger la paix, de favoriser la prospérité du pays, de venir au secours des pauvres et des opprimés, d'être un fidèle gardien du droit. Je compte sur la fidélité de mon peuple. Je la lui rendrai, en conscience. Prince et peuple resteront fermement unis...»

Quelle part faire à l'acteur dans les parades et les rodomontades du nouveau Kaiser? Quand Guillaume est-il sincère? Dans ses déclarations menaçantes de chef de guerre ou lorsqu'il prêche la paix, la prospérité, l'aide aux opprimés, le triomphe du droit? Dans les périodes de tension – ainsi, plus tard, dans l'affaire marocaine ou face aux conflits des Balkans – il arrivera que le Kaiser se comporte en homme de paix et freine la volonté d'en découdre de son peuple ou de son entourage qui s'estiment au faîte de leur puissance. Mais comment l'opinion internationale pourrait-elle accéder aux dilemmes de Guillaume, ceux d'un souverain encore jeune, qui manque d'assurance en lui-même, qui est toujours tourmenté par son infirmité, mais qui doit adopter un ton tranchant et déployer un surcroît d'arrogance pour prouver, à une armée et à une nation en plein triomphalisme, en pleine crise de croissance, qu'il est bien l'homme de la situation et qu'il saura, dans la jungle des nations, faire une place à l'Allemagne.

DEUXIÈME PARTIE

«NOTRE JEUNE NOUVEAU KAISER»

LA RUPTURE AVEC BISMARCK

Après l'avènement de Guillaume II, le nouvel empereur – que les dignitaires de l'Empire appellent «notre jeune nouveau Kaiser» – et le chancelier, qui préside le gouvernement impérial depuis la naissance du Reich, semblent vivre une véritable lune de miel, selon le mot de l'ambassadeur d'Autriche-Hongrie à Berlin. Admiration apparente de Guillaume pour le chancelier. Compréhension apparente de Bismarck pour le Kaiser. Bismarck fait remarquer à sa famille combien le jeune Kaiser est prévenant lorsque, de retour de sa première revue navale à Kiel, il s'arrête à Friedrichsruh, la propriété du chancelier. Guillaume n'a guère d'expérience des affaires de l'État; il voyage en brillant équipage, se propose à l'admiration des monarchies voisines, passe une grande partie de son année en croisières ou en visites à l'étranger, réfléchit à quelques thèmes de gouvernement de son choix avec ses proches. Derrière lui, l'Empire est fermement tenu par le chancelier qui gère, avec sérénité et le plus souvent à distance, depuis Friedrichsruh, les affaires du Reich. Pour le nouvel an 1889, Guillaume télégraphie à Bismarck: «C'est une joie et une consolation pour moi de vous sentir fidèlement auprès de moi. Qu'il me soit longtemps encore permis de travailler en collaboration avec vous.» Mais, pour le grand-duc Frédéric de Bade, oncle par alliance du Kaiser, l'éternité des sentiments peut se révéler précaire: «Actuellement, le Kaiser a encore besoin de Bismarck.» Et le chef d'état-major, Waldersee, lance une pointe assassine dans l'oreille de Guillaume: «Frédéric n'aurait jamais été le Grand s'il avait trouvé et gardé un ministre de la puissance de Bismarck.»

Deux divergences s'esquissent et vont troubler cet accord parfait provisoire... L'une en politique étrangère: alors que Bismarck a toujours voulu maintenir un lien, une «contre-assurance» avec le gouvernement du tsar, afin d'éviter une guerre sur deux fronts, la nouvelle génération d'officiers et de diplomates qui entoure Guillaume considère que la Russie constitue un danger potentiel pour l'Allemagne. L'autre en politique intérieure : alors que le chancelier veut préparer les élections au Reichstag par une alliance des nationaux-libéraux et des agrariens avec le Zentrum catholique et par le renforcement de la législation anti-socialiste, le Kaiser, influencé par les théories du protestantisme social chères au pasteur Stoecker, souhaite se rapprocher de la classe ouvrière.

Premières dissonances en politique sociale. Le 14 mai 1889, alors que 100 000 mineurs de la Ruhr se mettent en grève sur les salaires, Guillaume, à l'encontre de tous les usages constitutionnels, vient assister au Conseil des ministres, que préside le chancelier. Bismarck n'a pas l'intention d'intervenir dans la grève ; il n'est pas favorable à une médiation de l'État entre patrons et ouvriers ; il considère que les employeurs ont un pouvoir quasi absolu sur les conditions de travail et les rémunérations et qu'une législation sociale n'aurait pas de sens car les ouvriers ont le droit de travailler davantage s'ils veulent gagner plus. Quant aux mineurs de la Ruhr, ils seront bien obligés d'accepter les conditions du patronat minier... Le Kaiser appartient à une génération qui a vu, en dix ans, l'extraordinaire essor économique du Reich et le doublement de la production industrielle allemande ; il a entrevu les difficultés de la condition ouvrière à travers les visites d'usines et de mines organisées par Hinzpeter ; il ressent une certaine sympathie pour la classe ouvrière, constituée, elle aussi, de «ses sujets» et la nécessité d'une certaine morale sociale. Il s'installe à la table du Conseil, en uniforme de hussard, épée au côté, afin d'imposer sa volonté. Il ordonne aux ministres de régler rapidement le conflit de la Ruhr.

— Le patronat devra céder. Si l'industrie n'augmente pas immédiatement les salaires, je retire mes troupes. Quand les maisons des riches entrepreneurs de Westphalie seront incendiées et leurs jardins piétinés, ils céderont.

— Sire, je crois que les riches entrepreneurs de Westphalie et leurs actionnaires sont aussi vos sujets, objecte Bismarck.

— Le bien-être des ouvriers est l'un de mes objectifs essentiels, le plus cher à mon cœur, reprend le Kaiser, irrité.

Le lendemain, Guillaume reçoit une délégation de mineurs :

— Je dois écouter chacun de mes sujets. Je vais étudier vos revendications. Je vous ferai parvenir mes conclusions.

Puis les représentants du patronat :

— Les mineurs m'ont fait une bonne impression. Ils n'entretiennent aucun rapport avec la social-démocratie. Il est naturel qu'ils cherchent à obtenir de meilleurs salaires. Ils lisent les journaux, ils voient la prospérité des sociétés qui les emploient.

Les revendications des mineurs sont rapidement satisfaites, la grève prend fin.

Bismarck est surpris et préoccupé par l'emprise de ces «bêtises humanitaires» sur l'esprit du Kaiser, mais il prend l'éclat de Guillaume pour une affirmation juvénile, qui s'apaisera avec le temps. Après tout, le chancelier a éprouvé lui aussi sa tentation sociale... Il partage, au fond, la conception paternaliste du Kaiser : le prince doit veiller, en père de famille, au bien-être de ses sujets, particulièrement des plus faibles. N'est-ce pas le meilleur moyen de détourner les ouvriers de la social-démocratie? Depuis 1883, il a fait adopter par le Reichstag des lois d'assistance ouvrière; il a organisé des caisses d'assurance contre la maladie et les accidents ainsi que des caisses de retraite ou d'invalidité. Appuyé par les enseignements de professeurs de droit et d'économie qui ont développé un «socialisme de la chaire», il a instauré la législation sociale la plus favorable, en Europe, aux travailleurs.

Pourtant, traduites en termes de politique concrète, les conceptions du Kaiser et du chancelier sont bel et bien opposées. Bismarck entend agir au nom du «réalisme politique» et combattre, de front, la social-démocratie qu'il perçoit comme le principal danger. Ce combat, il veut donc le mener par des moyens répressifs : son nouveau projet de loi «anti-socialiste» prévoit «l'exil» des agitateurs, une relégation à l'intérieur de l'Empire et il refuse de le retirer... malgré les demandes de Guillaume, qui veut attirer à lui la classe ouvrière en lui accordant sa protection, en se comportant en monarque absolu... et populaire, à la manière du Grand Frédéric. La religion sera une arme plus efficace que la répression pénale : «La société n'est pas malade, elle n'a pas créé le socialisme; c'est l'âme de l'ouvrier qui a été atteinte et qu'il faut guérir par une nourriture spirituelle, en plus de l'aide matérielle.» Guillaume est favorable à l'implantation, dans les principales villes de l'Empire, de «missions intérieures» social-chrétiennes, des centres de rayonnement politiques et religieux qui instilleront une nouvelle idéologie au sein de la classe ouvrière.

— Pourquoi les musulmans n'ont-ils pas de social-démocratie? lui glisse le chef d'état-major Waldersee, son inspirateur en matière de protestantisme social. Parce qu'ils croient à l'au-delà.

Ajourner l'affrontement... Pendant les sept mois qui suivent le règlement par le Kaiser de la grève des mineurs, Guillaume et Bismarck ne passent que dix jours à Berlin, en octobre 1889, à l'occasion de la visite du tsar Alexandre III. Bismarck est à Friedrichsruh,

Guillaume en croisière. Chacun aiguise ses arguments – surtout le Kaiser : Guillaume interroge son vieux précepteur, Hinzpeter, sur la législation sociale idéale ; il demande au conseiller juridique du secrétariat aux Affaires étrangères, Paul Kayser, un rapport sur les problèmes sociaux dans le monde ; il «retourne» le secrétaire d'État à l'Intérieur, Heinrich von Bötticher, un proche de Bismarck et vice-chancelier de fait puisqu'il assure une permanence à la Chancellerie pendant les longues semaines où Bismarck se réfugie à Friedrichsruh. Bötticher est chargé de tenir Bismarck informé des projets «sociaux» du Kaiser : a-t-il vraiment rédigé un mémorandum sur les réflexions de Guillaume à l'intention du chancelier ? Il prétendra l'avoir expédié à Friedrichsruh et Bismarck assurera ne l'avoir jamais reçu.

Premières dissonances en politique étrangère. En janvier 1887, un an avant l'accession de Guillaume au trône, Bismarck a conclu un pacte secret pour trois années, le traité de «contre-assurance» avec la Russie : l'Allemagne et la Russie s'engagent à ne jamais intervenir dans un conflit concernant l'autre partie, sauf si la Russie attaque l'Autriche ou l'Allemagne la France. Une garantie négative, qui permet néanmoins des relations pacifiques, apaisées, et qui évite le «cauchemar des coalitions», la hantise de Bismarck, une Allemagne attaquée sur deux fronts.

Guillaume a des doutes sur le bien-fondé de la politique pro-russe de Bismarck. Il est surtout irrité par l'arrogance avec laquelle cette politique est défendue... Il fait interroger Herbert Bismarck, le secrétaire d'État aux Affaires étrangères, qui récuse tout débat :

— Mon père a étudié le problème à fond. Les politiciens amateurs et les militaires ne peuvent pas comprendre. Si cette politique ne plaît pas au Kaiser, nous partirons, mon père et moi.

La politique étrangère de Bismarck serait donc érigée en dogme infaillible ? Même lorsqu'il semble s'aligner sur l'option pro-russe du chancelier, Guillaume n'obtient pas de réaction positive. Veut-il entretenir de bonnes relations personnelles avec le tsar ? Après la visite d'Alexandre III, il fait part au chancelier de son projet d'un long séjour en Russie, «à Spala»... «je l'ai déjà annoncé au tsar». Nouvelle rebuffade. Toute initiative diplomatique du Kaiser serait donc désapprouvée par le chancelier ?

— Mais enfin, approuvez-moi ! regimbe Guillaume.

Bismarck se limite à des considérations de détail, finalement extérieures :

— Cela présentera certains désavantages. Le tsar apprécie sa tranquillité, la vie de famille. Spala n'est qu'un rendez-vous de chasse.

Pourtant, ici aussi, Bismarck veut repousser l'affrontement. Guillaume enrage contre un emprunt russe que le tsar a obtenu de lancer en Allemagne. Il demande à Herbert Bismarck... d'intimider les banquiers chargés de le placer, en faisant intervenir Bleichröder, le conseiller financier de Bismarck.

— Je n'ai aucune relation avec lui, répond le secrétaire d'État.

— Cela m'est complètement égal, répond le Kaiser. Il vient souvent chez votre père.

... Le chancelier interviendra donc lui-même pour faire échouer le placement de l'emprunt russe.

Le 24 janvier 1890, le Conseil de la Couronne est convoqué au château de Berlin. Il s'agit d'une formation solennelle, exceptionnelle, du Conseil des ministres, présidée par le Kaiser. Bismarck se retrouve dans une situation inédite : les quelques Conseils de la Couronne auxquels il a participé au long de sa carrière politique... étaient organisés par lui. Cette fois, il a été convoqué par télégramme, alors qu'il résidait à Friedrichsruh, et il n'a pas pu obtenir de Bötticher l'ordre du jour de la réunion.

Les ministres sont en habits brodés. Bötticher, un bureaucrate à tête de chat, est assis à gauche du Kaiser. Il lit, à voix haute, un projet sur la protection des travailleurs, le repos du dimanche, l'interdiction du travail des enfants – et un second texte sur la convocation d'un Congrès européen sur les mêmes thèmes. Guillaume prend la parole :

— J'ai choisi ce 24 janvier, jour anniversaire de la naissance du Grand Frédéric, pour vous présenter ces projets essentiels auxquels j'ai longuement travaillé. Je veux être un monarque moderne, un ami de mon peuple et m'informer des besoins de toutes les classes sociales. Je veux être *le roi des gueux* – il lance l'expression en français – et prêter une oreille attentive à tous les malheureux. Le temps de la violence est passé. Mes sujets doivent savoir que je me préoccupe de leur sort... L'ouvrier a compris qu'il n'est pas seulement une machine. Le patron le presse comme un citron puis le laisse pourrir sur le fumier. L'ouvrier doit participer au gain qu'il a produit. Les grèves, comme celle de la Ruhr, révèlent un échec : il n'y a pas de relations entre ouvriers et patrons. La prochaine fois, il y aura des séditions et nous devrons tirer sur la foule. Ce serait terrible. Je ne veux pas teindre du sang de mes sujets le début de mon règne. Mes deux projets doivent être repris en une proclamation enthousiaste, un édit que je promulguerai après-demain, à l'occasion de mon anniversaire. Il sera question de la protection des droits des travailleurs, mais aussi de la garantie de ces droits au plan international. La Suisse vient de faire une tentative de ce genre et a échoué. Mais il en ira différemment si l'empereur allemand convoque une telle conférence. Je marcherai ainsi à la tête de la civilisation.

Les ministres écoutent le Kaiser avec une surprise croissante. Guillaume se tourne vers Bismarck et lui demande son avis. Le chancelier répond avec lenteur:

— Contre qui, contre quoi devons-nous réellement protéger l'ouvrier? Contre son amour du travail? En lui interdisant de travailler le dimanche et la nuit, nous allons diminuer ses gains et accroître son mécontentement. Et nous allons grever d'un coût supplémentaire notre industrie et favoriser la concurrence de l'étranger. Les exigences des masses ouvrières vont augmenter. D'autant plus qu'on aura traité les ouvriers avec mollesse. Qui peut satisfaire les revendications des travailleurs? Même pas le tout-puissant tsar de Russie. Dieu seul le pourrait... Mais pensons d'abord aux prochaines élections au Reichstag: les bourgeois seront déçus, les socialistes encouragés, nos électeurs désorientés. Avec ces propositions, nous nous mettons sur une pente glissante et je ne vois là rien de bon pour l'avenir de la monarchie!

Un affrontement ouvert, inattendu, entre le vieux chancelier et le jeune Kaiser. À l'image de l'éternel combat du passé et de l'avenir, du conservatisme et du progrès? Les ministres observent, dans le plus grand silence. Guillaume, qui semblait s'être enivré de ses propos sur les rapports à réinventer entre patrons et ouvriers, répond presque timidement:

— Excellence, loin de moi l'idée de comparer votre expérience, si riche, avec la mienne. Je reconnais qu'il ne faut rien accélérer. Nous devons prendre le temps de discuter, point par point, mes propositions.

Puis il semble s'enhardir:

— Il y a tout de même une urgence: cette fameuse loi anti-socialiste qui doit être renouvelée par le Reichstag. Il faut absolument abolir la disposition sur le bannissement, qui est redoutable, insupportable! Comment imaginer de bannir ses propres sujets de leur pays?

Guillaume a néanmoins adopté un ton conciliant. Mais Bismarck refuse toute conciliation et donne libre cours à sa colère.

— Vous sapez les prochaines élections au Reichstag, Majesté! Ma coalition va s'écrouler! Il ne faut pas montrer d'apparence de mollesse devant le Reichstag. Il faut résister, puis discuter. Si vous commencez par céder, vous vous mettez à la remorque du Reichstag! Il m'est impossible de prouver à Sa Majesté qu'une telle complaisance lui serait néfaste... mais c'est mon intuition, une intuition née de ma vieille expérience. Surtout pas de complaisance ! Si une loi n'est pas votée, nous pouvons dissoudre le Reichstag, ouvrir une période d'incertitude, faire craindre de graves collisions...

— Ces collisions, j'essaie de les éviter en imaginant des moyens de prévention ! Il s'agit du sang de mes sujets ! Je ne veux pas le faire couler !

— S'il y a une révolte, si le sang coule, Majesté, ce ne sera pas de votre faute, mais de celle des révolutionnaires ! Si vous cédez, vous n'éviterez pas le conflit !

— Dans tous les cas, il faudra présenter quelques propositions au Reichstag...

— Ce qui signifie que vous allez capituler ! Armé de ma vieille expérience, je m'opposerai à cette capitulation ! Ce serait le premier recul depuis que j'assume des responsabilités gouvernementales. Depuis que je suis aux affaires, la puissance de la monarchie n'a cessé de croître. Ce serait le premier pas dans la mauvaise direction ! Le premier pas en faveur d'un pouvoir parlementaire qui vous semblerait provisoirement commode. Commode mais très dangereux ! Si Votre Majesté ne suit pas mon conseil, je ne sais pas si je pourrai continuer à assumer mes fonctions.

Le Conseil de la Couronne n'a infligé que des blessures. Guillaume est atteint dans son orgueil d'héritier des Hohenzollern et dans ses certitudes de monarque de droit divin. Il se revoit quêtant en vain l'approbation de ses ministres : est-ce là l'attitude qu'un souverain doit attendre des membres de son gouvernement ? Bismarck est amer : sa statue de cofondateur, ou de véritable fondateur de l'Empire allemand, est sur le point d'être éjectée de son socle ; un parfum de trahison l'entoure, ses « créatures » sont prêtes à passer dans le camp adverse... tel ce Bötticher, qui lui doit tant.

Le 26 janvier, Bismarck réunit le Conseil des ministres et expose franchement ses préoccupations :

— Les humeurs du monarque sont imprévisibles. On a beau prendre son parapluie, on est néanmoins mouillé. J'honore dans notre monarque le fils de ses ancêtres. Mais nous devons prendre garde aux conseillers irresponsables qui peuvent l'influencer. Il nous faut nous soutenir mutuellement.

Nouveau Conseil, le 31. Une opposition au chancelier semble s'esquisser.

— Nous ne devons pas déplaire au Kaiser, lance Bötticher. Nous devons prendre des initiatives pour satisfaire Sa Majesté.

Bismarck réagit avec vigueur :

— C'est une trahison de votre mission de ministre ! Un ministre doit alerter son souverain, lui signifier qu'il s'engage dans une voie dangereuse pour l'Empire. Si vous êtes ici pour vous conformer aveuglément aux volontés de l'empereur, vous pourriez aisément être remplacés par autant de fonctionnaires subalternes.

Le chancelier veut amender les deux propositions avancées par l'empereur. La majorité des ministres semble pencher pour l'abstention... Bismarck hésite. C'est l'instant que choisit Guillaume pour faire une nouvelle entrée théâtrale, cette fois encore inattendue. Les éperons du Kaiser claquent.

Bismarck reprend la parole :

— J'ai repris vos deux proclamations. J'ai préparé deux édits, Majesté, parce que c'était mon devoir de fonctionnaire en activité. Mais je vous déconseille absolument de signer ces textes. Je vous demande de les considérer comme deux papiers à jeter immédiatement au feu.

— Non! Non! proteste le Kaiser qui s'empare des édits avec hâte et les signe.

Bismarck, tendu, refuse sa contre-signature. Le premier édit annonce la convocation d'une «conférence sociale des puissances», le second assure la protection du travail des femmes et des enfants. Le Kaiser exulte :

— Les ouvriers sauront que je pense à eux !

De fait, les journaux «progressistes» louent, le lendemain, l'action du Kaiser. Les associations ouvrières revendiquent une augmentation immédiate des salaires. L'Union des mineurs suggère l'expropriation du patronat minier.

Bismarck est près de rendre les armes :

— Je crains d'être un obstacle pour Votre Majesté.

Puis il se sent fort – à la perspective des élections au Reichstag, qui s'annoncent difficiles. Elles consacreront, d'abord, la première défaite du jeune Kaiser – qui verra à quoi mène sa politique sociale.

— Après ces élections, il vous faudra réagir contre l'agitation socialiste.

— Excellence, je ne veux pas répondre par des coups de canon aux questions que se posent certains de mes sujets.

— Vous le ferez tôt ou tard. Je ne vous souhaite pas de le faire trop tard : ce serait encore plus sanglant.

Bismarck a perdu le contrôle du Reichstag. Lors des élections générales du 20 février 1890, la coalition gouvernementale se retrouve minoritaire. Les socialistes remportent vingt sièges au premier tour, quinze autres au second tour. Dans un courrier enthousiaste depuis son exil londonien, Engels prédit la fin du régime bismarckien et la révolution en Allemagne... Les catholiques du Zentrum deviennent le premier parti politique allemand, avec le quart des sièges du parlement. Les conservateurs ont treize élus de moins que le centre, les nationaux-libéraux s'effondrent.

Se pliant à une certaine logique parlementaire pour mieux résister aux entreprises du Kaiser, Bismarck tente d'élargir sa coalition : le 14 mars, il reçoit Ludwig Windthorst, cofondateur et chef de file du Zentrum. Lorsqu'il apprend l'audience accordée par le chancelier au dirigeant catholique, Guillaume entre dans une vive colère : manifestation d'un certain sectarisme luthérien qui le conduirait à se méfier de l'influence des catholiques et de Rome ? Réaction tactique afin d'empêcher toute consolidation parlementaire au chancelier ? À moins que le Kaiser ne soit devenu plus bismarckien que Bismarck et qu'il veuille interdire tout ce qui pourrait gommer le *Kulturkampf* de jadis.

D'autres dissentiments ou inquiétudes se surajoutent au différend virtuel sur une coalition avec le centre. D'une part, Frédéric de Bade a alerté le Kaiser : une rumeur court dans Berlin ; Bismarck préparerait un coup de force militaire contre les « meneurs » socialistes à travers tout l'Empire – il mettrait ainsi Guillaume devant le fait accompli et annihilerait ses velléités de politique sociale. D'autre part, Bismarck, tout à son souhait de reprendre pleine autorité sur son gouvernement, a découvert un vieil édit du 8 septembre 1852, promulgué par Frédéric-Guillaume IV : les ministres n'ont pas le droit de conférer directement avec leur souverain ; ils doivent prévenir le chancelier qui peut être présent à l'audience. Bismarck a décidé de remettre en vigueur cet édit oublié ; il en a donné lecture en plein Conseil des ministres.

Le samedi 16 mars, à 9 heures du matin, après sa promenade à cheval, Guillaume fait irruption à la résidence du chancelier, sur cette Wilhelmstrasse qui semble le lieu géométrique de tous les pouvoirs berlinois. Une irruption insolite : Bismarck est un « couche-tard » et un « lève-tard »... et il croit pouvoir disposer librement de la fin de semaine. Guillaume apparaît surexcité :

— Excellence, j'apprends que Ludwig Windthorst a demandé à vous rencontrer.

— C'est exact. Je puis faire connaître à Votre Majesté que le chef de file du centre est sorti de sa réserve habituelle et qu'il est venu me voir.

— Bien entendu, vous l'avez fait mettre à la porte !

— Bien entendu, je l'ai reçu comme il me revient de recevoir tout député bien éduqué qui me demande audience.

— Vous auriez dû, au préalable, prendre mon avis.

— Je suis libre de recevoir chez moi qui me plaît, surtout pour des visites liées aux affaires du gouvernement.

Guillaume révèle maintenant la raison de sa surexcitation : il est convaincu que le contact avec Windthorst a été noué par le banquier et conseiller juif de Bismarck, Gerson von Bleichröder. Le voici près de tomber sur le double spectre des «jésuites et des juifs», ces deux groupes de pression tentaculaires, toujours susceptibles, dans l'imagerie populaire, de prendre en étau la saine Allemagne profonde, luthérienne.

— C'est Bleichröder qui vous a amené Windthorst, avouez-le ! Ces gens-là sont toujours disposés à s'entendre sur notre dos ! Les éternelles menées des juifs et des jésuites !

Bismarck répond par l'ironie.

— Majesté, vous me faites beaucoup d'honneur lorsque vous vous informez, jusque dans les détails, de ce qui se passe chez moi. C'est vrai : Bleichröder a joué les intermédiaires dans cette affaire... mais pas de la manière que vous imaginez. Contrairement à ce que vous pensez, c'est Windthorst qui a choisi mon banquier comme intercesseur – et non pas moi. Au demeurant, je vous rassure : je voulais simplement reconnaître le nouveau terrain parlementaire, saisir la vision du premier groupe parlementaire du Reichstag. L'expérience a été édifiante. L'accord n'est pas possible avec le centre, dont les conditions sont inacceptables. Mais je n'ai manqué en rien à mes devoirs envers Votre Majesté. C'était une simple reconnaissance du terrain, un travail d'éclaireur... En temps de guerre, Votre Majesté ne va tout de même pas interdire une reconnaissance préalable du champ de bataille à son chef d'état-major ! En tout cas, je ne peux pas me soumettre, dans ma propre maison, à un tel contrôle de mes faits et gestes.

— Même si c'est votre souverain qui l'ordonne ?

— Même dans ce cas, Majesté. Le pouvoir de mon maître s'arrête au salon de ma femme.

L'affrontement est tellement vif que Guillaume ressent la nécessité d'un repli tactique.

— Je me suis mal exprimé. Disons que ce n'était pas un ordre de ma part, mais un désir. De plus, des rumeurs de coup de force circulent. Vous n'allez tout de même pas exaspérer l'opinion publique et notre peuple allemand avec ces projets dangereux !

Bismarck est décidé à ne rien céder :

— Majesté, il va régner un tel désordre dans l'Empire que personne ne saura plus quelle politique le Kaiser veut suivre !

— Je ne suis pas d'accord ! Ma politique doit paraître franche et claire.

Bismarck agite, pour la seconde fois, sa menace de démission.

— Majesté, je suis resté à vos ordres parce que je l'avais promis à mon vieux maître, votre grand-père. Je m'en irai volontiers si Votre Majesté le désire.

Guillaume élude toute réponse. Il change de sujet et revient sur le décret de 1852.

— Je n'ai plus aucun contact direct avec les ministres. On me dit que vous leur avez interdit tout rapport avec moi. En vertu d'un édit de 1852, dont le papier doit être bien jauni et que vous auriez ressuscité ! Vous allez immédiatement annuler tout cela.

— L'édit de 1852 est incontournable ! Aucun chancelier ne peut conduire une politique dont il aurait la responsabilité devant son souverain si l'empereur peut s'ingérer à tout instant dans son travail, voire prendre seul les décisions.

Un silence. Bismarck contre-attaque sur la visite que Guillaume projette auprès du tsar, et qu'ils ont déjà évoquée, « à Spala ».

— Revenons à votre éventuelle nouvelle rencontre avec le tsar. Vous devriez vous méfier...

Il se saisit d'un dossier :

— J'ai ici quelques révélations d'un de mes agents à Saint-Pétersbourg sur la méchanceté dont fait montre le tsar lorsqu'il parle de vous...

— Montrez-moi cela !

Quelles que soient ses réserves sur la politique russe de Bismarck, Guillaume a la conviction d'avoir remporté un vif succès à la cour de Saint-Pétersbourg, lors de sa première mission à l'étranger...

— Il n'en est pas question ! Votre Majesté serait blessée...

Guillaume s'empare du papier, d'un geste vif. Il lit à haute voix la note de l'agent de Bismarck.

— ... « Le tsar s'est exclamé : le Kaiser est fou, c'est un garçon de mauvaise foi et de mauvaise éducation. »

Guillaume est pris de court. Il ne sait comment réagir. Il prend son casque de la main droite, ce qui lui permet de ne tendre à Bismarck que ses deux doigts qui restent libres. Au moment de monter en voiture, il se ravise, gravit très rapidement les escaliers et serre, cette fois franchement, la main de Bismarck avant de disparaître.

Le Kaiser a été humilié. Il a une revanche à prendre – à la fois sur Bismarck et sur la Russie. Par une heureuse coïncidence, Holstein, influent conseiller-rapporteur du secrétariat d'État aux Affaires étrangères, a été intrigué par les rapports secrets, très alarmistes, du consul allemand à Kiev et les a transmis au chef d'état-major, Waldersee, qui en rédige une synthèse à l'intention de Guillaume :

une ligne de chemin de fer est en construction à travers la Pologne russe; une nouvelle implantation des garnisons du tsar le long de la frontière germano-russe est en cours, et des mouvements de troupes donnent à penser qu'il existe bien un plan de réorganisation du dispositif militaire russe. Faut-il attendre que la Russie agresse le Reich, au moment de son choix? Waldersee plaide pour le déclenchement d'une guerre préventive... par l'Allemagne.

Rapport secret d'un consul allemand contre note confidentielle d'un agent de Bismarck! Guillaume tient sa revanche. Il rédige un message pour le chancelier: «Vous auriez dû, depuis longtemps, attirer mon attention sur cette menace. Les Russes sont prêts à commencer la guerre. Il faut prévenir nos alliés autrichiens et adopter des contre-mesures.»

Dans le même élan, Guillaume envoie le général Hahnke, chef de son cabinet militaire, porter un ultimatum à Bismarck, dans la soirée du 16 mars:

— Sa Majesté exige le retrait immédiat de l'édit de 1852.

— C'est impossible. Que le Kaiser supprime la Chancellerie, je n'aurai rien à objecter! Mais le retrait de l'édit est impossible.

Hahnke se veut conciliant.

— Nous trouverons certainement une solution.

Le 17 mars au matin, Hahnke réapparaît:

— Puisque vous refusez de retirer l'édit, Sa Majesté exige votre démission immédiate de la Chancellerie. Elle vous attend à 14 heures au Château.

Le tout-puissant cofondateur de l'Empire, replié sur lui-même et sur le peu de jeu personnel qui lui reste à jouer, refuse la nouvelle confrontation que veut lui imposer le Kaiser.

— Je ne suis pas assez bien portant pour me rendre au Château. J'écrirai.

Dans l'après-midi, c'est Lucanus, le chef du cabinet civil du Kaiser, qui surgit à la résidence du chancelier et poursuit le harcèlement.

— Sa Majesté vous fait demander, Excellence, pourquoi vous ne lui avez pas encore remis votre démission.

Cette fois, la réplique est empreinte de colère.

— Mais, enfin, l'empereur peut me congédier à tout instant! Je n'ai pas la moindre intention de rester à la Chancellerie contre sa volonté! Je suis prêt à contresigner immédiatement ma révocation. Mais il est clair qu'il ne s'agit pas de me révoquer: l'empereur souhaite que je donne ma démission. Dans cette hypothèse, il me faut du temps afin d'expliquer mes raisons. Je dois rédiger une déclaration publique pour le pays. Je dois me justifier devant l'Histoire, après vingt-huit années d'activité qui ont changé la Prusse et l'Allemagne.

Le 18 mars au matin, Guillaume reçoit six longs feuillets signés de Bismarck : la responsabilité de l'affaire est rejetée sur le Kaiser.

Guillaume signe fébrilement : «Approuvé.» Ultime subterfuge : la publication de la lettre de Bismarck est interdite ; une déclaration du Kaiser invoque l'état de santé de Bismarck et l'espoir du souverain de pouvoir longtemps encore compter sur les précieux conseils de son ancien chancelier. «Mon cœur souffre autant que si je perdais une seconde fois mon grand-père.»

Par l'un de ces hasards que ménage le destin, l'ambassadeur russe à Berlin, Chouvalov, vient d'arriver de Saint-Pétersbourg avec de nouvelles instructions pour la reconduction du traité de «contre-assurance». Le renouvellement pourrait même porter sur six ans, et non plus trois années.

Chouvalov apprend, de Bismarck lui-même, son départ de la Chancellerie ! Avec la disparition du partenaire incontournable du couple germano-russe, le diplomate perd ses repères... Avec qui négocier ? Les nouveaux hommes du Kaiser font front pour provoquer l'échec de la négociation. Ils ont forgé une explication rationnelle de leur refus :

— Nous ne pouvons pas, comme le fait Bismarck, jongler avec cinq balles à la fois. Une ou deux nous suffisent.

Le grand reproche est lancé : le traité secret avec la Russie serait une trahison virtuelle de la Triple Alliance, particulièrement de l'alliance autrichienne. Jongler avec cinq balles, c'est souscrire des engagements contradictoires avec autant de partenaires... La découverte du traité secret anéantirait l'alliance avec l'Autriche et assujettirait complètement l'Allemagne à la Russie. La diplomatie allemande dépendrait de la discrétion du gouvernement du tsar, qui pourrait, en chaque occasion, dicter ses conditions...

DU SYSTÈME BISMARCKIEN À LA POLITIQUE MONDIALE

L'annonce de la démission de Bismarck inquiète l'Europe. À Londres, un hebdomadaire proche du parti tory, le *Spectator*, résume, dans sa livraison du 29 mars 1890, les appréhensions des gouvernements du continent: «Le volant principal de la machine diplomatique européenne a été retiré.» On mesure le chemin parcouru par le chancelier allemand en vingt ans! En 1871, c'était la trop lourde paix imposée par l'Allemagne à la France qui inquiétait car elle menaçait l'équilibre européen; vingt ans plus tard, Bismarck est parvenu à s'imposer comme «l'arbitre de l'Europe».

En 1871, la survie du système européen, né en 1815 avec le Congrès de Vienne, après la chute de Napoléon, est menacée. La France vaincue, l'Allemagne unifiée, que reste-t-il du fameux principe de l'équilibre européen et du «gouvernement de fait» de l'Europe, forgé par la coopération des principales puissances? Les conditions imposées à la France par le traité de Francfort du 10 mai 1871 sont celles d'une «paix rétrospective», qui tend à écraser le vaincu; l'annexion de l'Alsace et du nord de la Lorraine mutile la France, sécrète un irrédentisme français, fortifie l'antagonisme franco-allemand, empêche toute paix durable en Europe. Sur l'échiquier européen, un nouveau rapport de forces surgit, caractérisé par la prépondérance allemande. Une prépondérance militaire, économique, démographique: l'armée allemande semble invincible et son état-major est réputé le plus dynamique au monde; l'industrie connaît un rapide essor, appuyé sur les ressources minières, une main-d'œuvre abondante... et l'apport de l'indemnité de guerre française; l'Allemagne est l'État le plus peuplé d'Europe après la Russie – et cette prépondérance est confortée par la cohésion et l'orgueil nationaux. Dans un discours devant la Chambre des Communes, Benjamin Disraeli, alors chef de l'opposition tory, exprime l'inquiétude de l'Angleterre: «Après cette guerre franco-allemande, la conception traditionnelle de la diplomatie est balayée, l'équilibre des forces est complètement détruit.»

Surmontant l'euphorie de la victoire, Bismarck a compris le bien-fondé de ces craintes; à sa manière, il va tenter de se convertir en «horloger de la paix» – d'autant qu'il peut se permettre, désormais, d'être résolument pacifique car il n'envisage pas de nouvelles conquêtes pour l'Allemagne. Mais un regard sur le «système de Bismarck» montre que le chancelier tient simultanément deux rôles, qui peuvent être contradictoires. D'une part, il apparaît comme l'arbitre suprême de l'Europe; il «intériorise» les règles de la diplomatie de l'équilibre, ne les considère pas comme de simples préceptes de prudence mais les met en œuvre comme des «impératifs coutumiers», au sein d'un Concert européen, organe de délibération commune. D'autre part, il se veut l'architecte d'un réseau d'alliances qui tendent à se cristalliser, à devenir permanentes, et qui ont pour but le maintien de l'hégémonie de l'Allemagne et la marginalisation de la France.

Bismarck a été érigé en arbitre suprême de l'Europe, en chef de file du Concert européen par la lancinante «question d'Orient», liée à l'irrésistible déclin de l'Empire ottoman. Il avait prévenu, péremptoire: «Il n'y a rien à gagner pour l'Allemagne dans les Balkans, rien qui pût valoir ne fût-ce que la saine carcasse d'un seul fantassin poméranien.» Et de préciser: «Notre objectif essentiel ne réside pas dans telle ou telle nouvelle configuration de l'Empire ottoman, mais dans la position que les puissances alliées occupent vis-à-vis de nous et entre elles.»

Cette conception du primat de la construction d'un ordre international favorable, aux dépens de la politique de puissance traditionnelle, Bismarck ne cesse de la réaffirmer. Le 15 juin 1877, il dicte à son fils, Herbert, dans les interludes d'une cure prolongée à Bad Kissingen, une note sur les objectifs à long terme de la politique allemande: l'opposition de l'Angleterre et de la Russie – qu'il surnomme «la Baleine» et «l'Ours» – lui semble inéluctable et de nature à saborder toute construction européenne; du moins la dynamique des intérêts contraires de ces deux puissances permet-elle d'éviter une coalition russo-britannique contre l'Allemagne – car Bismarck est hanté par le cauchemar des coalitions qui pourraient se nouer contre une Allemagne, État du milieu du continent, et donc vulnérable. Dans le contexte balkanique, l'Allemagne doit exclure toute nouvelle acquisition territoriale, mais promouvoir une conception politique globale «dans laquelle toutes les puissances, hormis la France, auraient besoin de nous». Le

19 février 1878, il prononce un discours qui surprend une opinion publique allemande pénétrée du sentiment de sa propre puissance : le rôle de l'Allemagne doit être celui, non d'un «maître d'école», mais d'un «intermédiaire honnête, soucieux de vraiment mener l'affaire à son terme». Étonnant retournement de l'image internationale du chancelier : il n'est plus le trouble-fête de l'Europe, mais l'homme d'État qui, grâce à son autorité personnelle, peut s'opposer à la course à la puissance et au prestige de ses compatriotes et promouvoir la paix en Europe.

La nouvelle «crise orientale» – la quatrième depuis le début du siècle – a éclaté le 1er août 1875, en Bosnie-Herzégovine, avec le soulèvement des populations de langue serbe et de religion chrétienne contre la noblesse locale, formée de Slaves islamisés. En juin 1876, les principautés autonomes du Monténégro et de Serbie entrent en lice puis, en avril 1877, la Russie qui déclare la guerre à Constantinople. Après avoir piétiné au bord du Danube, les armées russes envahissent la Turquie sur deux fronts. La Russie est-elle allée trop loin? Les Britanniques lui lancent un ultimatum. Les armées du tsar s'arrêtent devant Constantinople – mais l'ambassadeur Ignatiev remporte une victoire diplomatique, en négociant le traité de paix de San Stefano. La Russie obtient à la fois un accroissement territorial et le début d'une zone d'influence sur les ruines de l'Empire ottoman.

Le 3 juin 1878, s'ouvre le Congrès de Berlin, sous l'énergique présidence de Bismarck : le «mécanisme modérateur», axe de la diplomatie des Congrès du XIXe siècle, est, cette fois, très apparent. Les États rivaux, aux ressources comparables, sont tendus vers le maintien d'un équilibre multipolaire; leur cible est «l'État ascendant», qui est en passe de dominer les autres ou de prendre sur eux un avantage significatif. L'État ascendant perturbe le système; il devient suspect et concentre sur lui l'hostilité des autres États ou de certains d'entre eux. À Berlin, l'État ascendant est la Russie – qui va être arrêtée dans sa montée en puissance. Le 13 juillet 1878, l'Acte final du Congrès modifie profondément les dispositions de San Stefano : le grand État bulgare, protégé de la Russie, qui venait d'être créé, est divisé en deux principautés; la Bosnie est confiée à l'administration provisoire de l'Autriche-Hongrie et Chypre à celle de l'Angleterre. À Berlin, le Concert européen a imposé une codification des comportements : chacun des États pouvait choisir entre la guerre et la paix mais, à l'heure du règlement, s'est imposé l'impératif de préservation de l'équilibre – avec autant de force que le droit à l'existence des principales puissances.

Dans le même temps, Bismarck s'impose un autre rôle, celui d'architecte d'un réseau d'alliances contre la France, qu'il reconstruit inlassablement après chaque crise européenne. N'est-ce pas le prix à payer pour cette décision initiale, qui oppose diamétralement le système de Bismarck à celui de Metternich, le règlement de 1871 à celui de 1815 après la chute de Napoléon : l'exclusion définitive du vaincu et non sa réinsertion dans un nouvel ordre européen ?

Pourquoi Bismarck a-t-il exclu, d'emblée, une paix de compromis avec la France ? Pourquoi a-t-il créé cette si lourde hypothèque que représente l'annexion de l'Alsace et d'une partie de la Lorraine ? Au fil des confidences de Bismarck, apparaît un froid calcul de «physique politique», le calcul d'un «géostratège», d'un technicien de la diplomatie : le chancelier est convaincu qu'aucune entente n'est possible entre la France et l'Allemagne, car l'abaissement de la France est la condition de l'entrée de l'Allemagne dans la «cour des Grands». Il faut donc en finir, par tous les moyens, avec la prépondérance que la France a exercée sous le Second Empire. C'est ce qu'explique Bismarck, dès le 21 août 1870, à l'ambassadeur de Prusse à Londres : «La seule politique juste consiste à neutraliser l'ennemi dont on ne peut pas faire un ami véritable et à prendre plus de garanties contre lui. Pour cela, il ne nous suffit pas de démanteler celles de ses forteresses qui nous menacent, il nous faut tout simplement annexer quelques-unes d'entre elles.»

Mais Bismarck a-t-il prévu les conséquences de la lourde paix de Francfort sur l'ensemble de la nation française ? Le chancelier a probablement commis une erreur d'appréciation : l'Alsace n'était-elle pas une terre germanique, arrachée au Saint-Empire un peu plus de deux siècles auparavant, depuis les traités de Westphalie (le traité de Münster), une conquête encore contestée par les «Impériaux», les armes à la main, jusqu'au traité de Nimègue de 1679, et le rattachement de Strasbourg n'avait-il pas suivi seulement deux ans plus tard ? Ne serait-il pas aisé de ramener cette province aux origines germaines dans le giron de la famille des peuples germaniques ? Mais cet autre calcul était erroné : «l'annexion de quelques forteresses» n'apparut pas plus légitime pour autant. L'Alsace-Lorraine devient le mythe refondateur de la République : le sentiment national s'étend à toutes les familles idéologiques ; le pacifisme et l'antimilitarisme militant s'éteignent ; les instituteurs, ces «hussards» du régime républicain, répandent le culte de la nation et de l'armée. L'annexion de l'Alsace-Lorraine à l'Empire allemand devait, vue de Berlin, abaisser psychologiquement et économiquement la France ; elle suscite son redressement moral... et industriel.

Comment marginaliser la France au sein du système européen ?

Pour le chancelier, la méthode la plus efficace serait d'ériger la «France républicaine» en élément hétérogène, étranger à la «famille» des États européens, en épouvantail pour monarques européens. Tactiquement, il importe d'écarter toute tentative de restauration d'un régime monarchique, «fort» et «légitime», qui partirait à la reconquête des provinces perdues. La manœuvre est sans risque: «Le volcan parisien ne présente absolument aucun danger; il se consumera de lui-même et rendra un grand service au reste de l'Europe: il lui montrera jusqu'où peut sombrer la France quand elle est soumise au gouvernement populaire républicain.» Mais, le 24 mai 1873, Thiers, chef d'État encore intérimaire d'un régime innommé, démissionne et est remplacé par Mac-Mahon, dont l'accession au pouvoir semble le prélude à l'avènement de la monarchie.

Reste la deuxième méthode: négocier avec les principales puissances continentales une alliance destinée à maintenir le statu quo européen. Bismarck se tourne vers l'Autriche, dont il connaît les faiblesses: le compromis austro-hongrois de 1867 n'a pas résolu les contradictions de cet empire multinational, de cette «marqueterie de peuples»; il a même excité les revendications des autres nationalités. Le rapprochement avec Vienne ne pose pas de problème: après la victoire de la Prusse à Sadowa, en 1866, Bismarck s'est refusé à humilier l'Autriche en lui arrachant des territoires.

Avec l'Empire russe, le rapprochement est déjà favorisé par les liens de sang, si anciens, entre les Romanov et la noblesse allemande, les familles régnantes de l'ancien Saint-Empire, et par la présence de l'aristocratie d'origine allemande des Pays baltes jusqu'au sommet de l'État tsariste. En outre, des liens économiques très intenses ont été noués entre les deux nations: la Russie a fait appel aux produits, aux capitaux, aux cadres allemands. Un risque géopolitique à l'horizon: la Russie ne va-t-elle pas exploiter l'alliance allemande pour accroître son influence en Europe centrale? Ses visées sur les détroits turcs et les Balkans seront-elles compatibles avec la poussée de l'Autriche-Hongrie «vers Salonique»? Autre contradiction: faut-il aller jusqu'à doter l'alliance d'une idéologie commune, autour du thème de la «solidarité monarchique», proposé par une Russie nostalgique de la Sainte-Alliance? Ou opposer, comme le préférerait Bismarck, à l'autocratie absolue de Saint-Pétersbourg, les régimes de Vienne et de Berlin qui ont su s'ouvrir aux différents courants libéraux et à une opinion publique «pré-démocratique»?

En 1872-1873, prend forme le premier «système de Bismarck», «l'entente des trois empereurs». En 1879, après la crise balkanique et le Congrès de Berlin, il n'est plus possible de maintenir à la fois l'Autriche-Hongrie et la Russie dans la mouvance allemande. Bismarck choisit Vienne comme alliée privilégiée, l'Italie rejoint le camp des «puissances centrales», la Triple Alliance ou «Triplice». Un lien est maintenu avec la Russie, qui ne cessera de se dégrader en un simple «traité de contre-assurance». En 1887, une nouvelle refonte du système bismarckien connaît un coup d'envoi original: une convention anglo-italienne sur la coopération en Méditerranée. L'essentiel est l'établissement d'un lien indirect entre la Triplice et la Grande-Bretagne; l'existence d'un engagement de Londres importe plus que son contenu.

La diplomatie de Bismarck semble à son apogée: la France est isolée; toute liaison organique entre le contentieux franco-allemand et la question balkanique a été évitée. Apogée apparent? Au fil des années 1880, Bismarck est de plus en plus pessimiste pour l'avenir, toujours plus en proie au «cauchemar des coalitions» qui assailliraient et encercleraient l'Allemagne, État du milieu de l'Europe. Et comment espérer la mansuétude de l'adversaire, après avoir donné le spectacle de sa propre puissance? En 1886, le chancelier écrit: «Si la volonté de Dieu était que nous soyons vaincus dans la prochaine guerre, je ne doute pas un instant que nos heureux adversaires emploieraient tous les moyens pour empêcher que nous puissions nous relever de nos cendres.» Et d'évoquer, avec nostalgie, l'aide de l'Autriche, de la Russie, de l'Angleterre à une Prusse brisée pendant les guerres napoléoniennes. «Nous ne pourrons plus compter sur ces puissances, maintenant qu'elles ont vu combien une Allemagne unie est forte.»

Politique pacifiste, politique de sécurité. Le 11 janvier 1887, Bismarck insiste: «Je n'irai jamais donner comme conseil de faire une guerre sous le prétexte qu'un jour il faudra la faire de toute manière.» Le 6 février 1888, quatre semaines avant la disparition de Guillaume Ier, il prononce un discours... de deux heures, devant le Reichstag – en réalité, surtout devant le jeune Guillaume, le futur héritier du trône, qui assiste à la séance dans sa loge. La paix lui semble précaire. Il envisage les conséquences d'un éventuel conflit:

— À la fin de la guerre, on saurait à peine pourquoi on s'est battu.

Puis il reprend son souffle:

— Permettez-moi de m'asseoir un instant. Je ne peux plus rester longtemps debout.

Quelques minutes plus tard, il se relève, parle avec prudence des rapports entre les principales puissances et s'écrie, comme jadis, quand il était un jeune homme politique poméranien plein de fougue:

— Nous, Allemands, craignons Dieu et rien d'autre sur terre!

L'immense ovation du Reichstag unanime lui répond. Une ovation qui se prolonge dans la rue, à sa sortie du parlement : les Berlinois se rassemblent pour l'acclamer. Et qui se répercute à travers l'Europe : l'empereur d'Autriche-Hongrie, le tsar, le Premier ministre italien le félicitent par télégrammes. C'est le dernier discours de «l'arbitre de l'Europe» sur la sécurité de l'Europe. Mais cette conviction du vieux chancelier que l'Allemagne n'a rien à gagner d'une guerre, que seule la paix garantit à l'Empire allemand le maintien de sa suprématie, est de moins en moins partagée par ses contemporains. La classe politique et l'opinion publique sont progressivement gagnées par le sentiment que l'Allemagne doit choisir l'offensive, une politique étrangère plus active, dynamique, ambitieuse.

Telle allait être l'intuition du «jeune nouveau Kaiser» : le système européen évoluait rapidement, au fil du développement économique du continent, de l'aventure coloniale, de l'européanisation du monde. La suprématie européenne était maintenue, avec de nouveaux centres de gravité, une nouvelle répartition des forces; Bismarck avait perdu progressivement ses repères, ses références, ceux de l'Europe des puissances de 1815. «Au fond, écrira Guillaume dans ses *Mémoires*, l'intérêt politique de Bismarck se concentrait uniquement sur le continent européen... Il n'avait pas compris que les récentes acquisitions coloniales auraient dû l'obliger à regarder plus loin que l'Europe et, surtout, à faire avec l'Angleterre de la grande politique.»

Une autre vision du monde : la substitution d'une politique mondiale, d'une *Weltpolitik*, au strict jeu du «Concert» continental et des alliances européennes. Tout oppose le vieux chancelier «de fer», grand seigneur terrien, attaché aux provinces rurales de l'Est, la Prusse, le Brandebourg, la Poméranie, ces berceaux de l'unité allemande, au jeune Kaiser de vingt-neuf ans, fasciné par une Allemagne du Nord ouverte sur le commerce maritime, sensible aux ambitions de la nouvelle classe des industriels, armateurs, négociants, prêts à partir à la conquête de marchés extérieurs, à se poser en rivaux des puissances coloniales déjà établies. L'Allemagne aura donc une politique mondiale, tendue vers les terres qui restent à occuper outre-mer... ou vers l'Empire ottoman chancelant. Déjà l'Allemagne industrielle et commerçante souhaite un allégement des tarifs douaniers, qui permettrait d'encourager l'exportation – alors que Bismarck a pris grand soin de protéger les intérêts des grands propriétaires terriens et leur production de la concurrence extérieure. Certes, l'Allemagne demeure le centre de gravité de la politique européenne, par son poids démographique, son économie, sa diplomatie. Guillaume tentera donc d'étendre au monde le jeu bismarckien, en jouant sur les rapports avec les diverses puissances pour obtenir une redistribution des marchés et des influences politiques respectives des «nations civilisées». Une politique mondiale qui implique la construction d'une flotte de guerre et commerciale, capable d'assumer une mission internationale – jusqu'ici, une exclusivité et un privilège britanniques –, et qui parie sur le maintien de l'isolement des rivaux virtuels de l'Allemagne : la Grande-Bretagne, la Russie et la France.

En deçà de la vision générale d'une politique mondiale, Guillaume adresse deux reproches précis à la stratégie européenne de Bismarck. D'une part, on l'a dit : l'action de Bismarck repose sur le secret et comporte des engagements contradictoires, d'un maniement toujours plus délicat. D'autre part, le Kaiser dissèque, dans ses *Mémoires*, l'action de Bismarck au Congrès de Berlin de 1878 et il est l'un des rares commentateurs à montrer que ce haut fait diplomatique, l'illustration des jeux du Concert européen, fut en réalité une erreur d'un point de vue national allemand, la preuve, sous les regards de l'Europe, que l'Allemagne ne soutenait plus son quasi-allié russe – bien avant la non-reconduction du traité de contre-assurance. L'objectif final de Bismarck était-il d'empêcher la Russie et l'Angleterre d'arriver à une entente ? «Je me permis, un jour, de lui faire remarquer que nous avions eu, à peu de chose près, l'occasion d'empêcher pour longtemps cette entente de se réaliser : il nous eût suffi de laisser les Russes se rapprocher de Constantinople en 1877-1878. La flotte anglaise serait alors partie immédiatement défendre Constantinople, et la cause du conflit était toute trouvée. Au lieu de cela, on avait imposé aux Russes le traité de San Stefano, on les avait obligés à faire demi-tour alors qu'ils avaient atteint les portes de la ville après des combats terribles et une campagne effroyable. Cette manière d'agir avait suscité contre nous dans l'armée russe une haine qui n'était pas près de s'éteindre.»

Et le Kaiser, pour compléter sa démonstration, de s'interroger sur l'éventuelle existence d'une stratégie cachée de Bismarck au Congrès de Berlin : «Une pareille manœuvre, seul un homme jouissant du prestige mondial de Bismarck pouvait se la permettre. Peut-être avait-il d'avance disposé son jeu avec la Russie pour éviter une conflagration générale. Voulait-il flatter l'Angleterre ? S'était-il, dans cette intention, opposé à la réalisation des aspirations russes en Orient avec l'idée géniale de les faciliter plus tard ostensiblement ? Il m'est impossible de le dire, car Bismarck n'a jamais confié à personne ses grandes combinaisons politiques.»

LES HOMMES DU KAISER

Dans l'Empire allemand libéré de Bismarck, les «hommes du Kaiser» – ils se sont eux-mêmes dénommés les «amis du Kaiser» pendant les longues semaines de conflit entre Guillaume et le chancelier – s'imposent comme les inspirateurs et les artisans d'une nouvelle politique étrangère. Le premier cercle, le plus proche de l'empereur, est constitué de trois diplomates aux profils dissemblables... mais hors normes : Holstein, Eulenburg et Kiderlen.

Après la démission du secrétaire d'État Herbert Bismarck, qui a tenu à accompagner son père, le chancelier, dans sa disgrâce, Holstein – le baron Friedrich ou Fritz von Holstein – devient le maître-penseur de la diplomatie allemande... et le bureaucrate absolu du ministère. Des manœuvres du bureaucrate, porte témoignage l'altercation qui oppose Holstein à Herbert dans les heures qui suivent la démission d'Otto von Bismarck : Herbert veut récupérer les dossiers secrets des relations germano-russes et les confier à l'ambassadeur allemand à Saint-Pétersbourg, qui lui semble mieux à même de réussir l'éventuel renouvellement du traité de contre-assurance... mais il arrive trop tard. L'archiviste du ministère les a déjà transmis à Holstein, sur son ordre. Herbert ne dissimule pas sa fureur :

— Comment avez-vous pu oser délivrer des dossiers secrets sans l'autorisation du secrétaire d'État ?

Puis il rattrape Holstein dans les couloirs du ministère et l'agresse littéralement, avec violence, devant les fonctionnaires, stupéfaits :

— Vous me considérez trop tôt comme un homme mort !

Mais Herbert abandonne la lutte et quitte son bureau, le lendemain.

Holstein est une personnalité-mystère : on le surnomme le «jésuite du Reich» car il semble n'avoir aucune vie personnelle, aucune passion, aucun intérêt privé, toute son existence étant consacrée aux affaires de l'Empire. Il est célibataire, il loge dans une chambre spartiate, dans un quartier obscur, au 40 Grossbeerenstrasse. Il ne s'épanouit que dans son «placard» de conseiller-rapporteur, car il est un simple conseiller-rapporteur, un rang modeste dans l'organigramme des affaires étrangères. Il a refusé toute promotion, toute mise en lumière – même s'il exerce, en fait, les responsabilités d'un chef du département politique. Bismarck lui avait proposé le sous-secrétariat d'État, afin de l'user... Il ne fréquente pas la cour, il fuit l'apparence du pouvoir, il ne veut pas briller et reste isolé. Il refuse même les invitations à déjeuner du Kaiser... sauf une unique fois. Guillaume le rapporte dans ses *Mémoires*, et sa surprise devant le comportement de Holstein semble intacte : «Il vivait absolument à l'écart. Longtemps, j'ai essayé en vain de faire sa connaissance. Je l'ai invité à ma table, il a toujours refusé. Une seule fois, au cours de longues années, il a consenti à prendre un repas avec moi et, détail bien caractéristique, alors que tous les autres invités étaient en frac, il vint en redingote et s'en excusa en disant qu'il n'avait pas d'habit.»

On lui reconnaît une mémoire phénoménale et une connaissance encyclopédique des traités conclus par la Prusse puis par l'Allemagne et de l'histoire de la politique étrangère allemande : il est l'encyclopédie vivante de la diplomatie allemande. Il échange des dépêches avec les ambassadeurs allemands à l'étranger, leur délivre conseils voire directives, s'étonne de leur silence, noue également des relations avec leurs principaux collaborateurs pour mieux contrôler leur action, se perd dans les intrigues qu'il imagine. «Très heureux d'avoir enfin de vos nouvelles! écrit-il à l'ambassadeur à Londres Hatzfeldt. Même si vous étiez malade, je ne comprends pas que vous m'ayez laissé des semaines sans nouvelles de vous.» En outre, il connaît tous les membres du service diplomatique, a une influence décisive sur le tableau des avancements, contrôle toutes les carrières, surtout celles des jeunes diplomates... Pour les ambassadeurs étrangers à Berlin, le passage par le bureau de Holstein est une étape incontournable dans toute négociation : Guillaume, lorsqu'il suggère à l'un de ces ambassadeurs de prendre contact avec le secrétaire d'État pour régler un dossier technique, est interloqué de l'entendre souvent répondre : «J'en parlerai à mon ami Holstein.»

Cette connaissance encyclopédique, les contemporains de Holstein – tel le grand biographe Emil Ludwig – la croient purement livresque, journalistique. Holstein leur semble rivé à son bureau, et ne pas avoir d'expérience des pays étrangers. Ce qui est faux, comme le montrera la publication posthume de ses carnets secrets :

il les confiera à Helene von Lebbin, qui tient un salon pour diplomates dans la Wilhelmstrasse... Holstein va régulièrement prendre le thé chez elle, c'est son seul luxe. Après avoir été attaché à la légation prussienne de Saint-Pétersbourg, Holstein a été un jeune secrétaire puis conseiller à Rio de Janeiro, Londres, Washington, Florence, Copenhague. Il a participé, comme traducteur – car il parle parfaitement le français et l'italien – aux négociations de paix avec la France en 1871, avant d'être nommé conseiller à l'ambassade de Paris.

Bismarck l'appelait « l'homme aux yeux de hyène » car il promène un regard triste et méfiant au-dessus d'un nez en bec d'aigle. Il est toujours le dernier à quitter le ministère, sa haute stature rasant les murs, dans son vieux manteau couleur de muraille. Holstein est un misanthrope, et la vie n'a cessé de l'éprouver cruellement. Né dans une famille de hobereaux du Mecklembourg, il a vu, lorsqu'il était encore enfant, son père disparaître dans les flammes : un incendie ravageait le domaine familial et son père avait vainement tenté de sauver la grange. Nommé à Washington, il a vécu une liaison passionnée avec Alice Mason Hooper, la jeune épouse du sénateur Charles Sumner, chef de file de l'aile radicale du parti républicain, à la gauche de Lincoln – ce qui provoqua un immense scandale dans la capitale américaine et « l'exfiltration » précipitée de Holstein par les soins de Bismarck, qui conserva un dossier sur l'affaire. Diplomate à Paris, il fut manipulé par Bismarck qui le contraignit à espionner l'ambassadeur Harry von Arnim et son épouse. Arnim était doublement opposé à Bismarck : il souhaitait la restauration de la monarchie en France alors que Bismarck optait pour la survie d'un « volcan républicain » à Paris, à même d'inquiéter l'Europe ; surtout il souhaitait conquérir la Chancellerie à Berlin, aux dépens de Bismarck. L'espionnage réussit pleinement : Arnim tomba sous le coup du droit pénal pour l'usage privé de documents officiels ; l'aristocratie prussienne prit parti pour Arnim et Holstein perdit son honneur auprès d'elle...

Qu'a réalisé Holstein à partir de son magistère sur la diplomatie allemande ? À l'heure du bilan, les critiques se concentreront sur lui, pour une série d'erreurs majeures dans ses appréciations des rapports de forces européens. Holstein n'a pas cru en la possibilité d'une entente franco-anglaise et il a exclu encore plus radicalement l'idée d'un rapprochement entre l'Angleterre, la France et la Russie. À l'inverse, il a surestimé la solidité de la Triple Alliance et l'apport du partenariat austro-allemand. Du moins a-t-il clairement entrevu la formule qui aurait consacré l'hégémonie de l'Allemagne sur le continent : l'entrée de l'Angleterre dans une Triple Alliance consolidée… sans pouvoir jamais la réaliser dans ses cornues d'alchimiste de la diplomatie.

Holstein n'aurait aucune influence sans le concours que lui apporte Philippe zu Eulenburg, l'ami intime du Kaiser, le seul de ses amis que le Kaiser ait jamais qualifié d'«intime». Eulenburg a trente-neuf ans lorsqu'il rencontre, au début de 1886, le prince Guillaume, de douze ans son cadet, lors d'une partie de chasse en Prusse-Orientale. Son profil est celui d'un aristocrate prussien classique : il est issu d'une famille d'officiers-junkers qui compte deux ministres, un oncle et un cousin de Philippe ; il a servi pendant quinze années dans la Garde impériale et il a été décoré de la croix de fer, sur le champ de bataille, pendant la guerre franco-prussienne ; il est déjà chargé d'une famille de six enfants – trois garçons et trois filles – et il réside le plus souvent possible dans son château de Liebenberg, où Guillaume séjournera chaque année, à l'automne. Mais Eulenburg est un être double et son autre personnalité entre difficilement dans le cadre strict de la discipline prussienne : il a été sanctionné par l'état-major pour avoir publié un roman satirique ; il consacre une grande part de son temps à la composition de ballades nordiques, inspirées des chants des scaldes vikings. Grand, très élégant – en habit de cérémonie ou en uniforme de la Garde –, l'œil bleu glacé, il éblouit les salons berlinois par son humour toujours en éveil, son talent d'imitateur et de conteur, son art de l'improvisation. Il porte un regard très narcissique sur lui-même et il se considère d'abord comme un acteur, animé d'un bouillonnant désir de création.

Eulenburg se rêvait musicien, poète ou peintre… Il a finalement choisi la diplomatie – en 1886, il est attaché à la légation de Prusse à Munich. Il fascine immédiatement le prince Guillaume par son exaltation permanente – «encore exagérée, reconnaît-il, par le côté artistique de Munich» –, son romantisme, sa tendance au mysticisme. Et il est immédiatement fasciné par le futur Kaiser : il fait montre d'une dévotion sincère pour Guillaume ; «chaque fois que le prince levait les yeux, note Bismarck, il pouvait lire dans le regard d'Eulenburg une véritable adoration fixée sur lui». C'est le début d'une amitié de trente années – une amitié ardente au sein de la caste des seigneurs prussiens. Eulenburg sait tout faire : il excelle à la chasse, il anime les repas «épicés de gaieté sans exagération», il est toujours prêt à examiner les questions politiques les plus sérieuses, à recueillir les plaintes, les doléances de l'empereur.

Devenu ambassadeur à Vienne, Eulenburg est encore plus présent à Berlin. Le Kaiser lui accorde un étonnant droit de critique et Eulenburg ne cessera de mettre en garde Guillaume contre sa propension au pouvoir personnel. «Par ses discours, Votre Majesté donne l'impression de vouloir ressusciter la monarchie absolue et c'est une chose qu'aucun parti dans le Reich ne comprend plus.» «Tous les partis, sans exception, ont été blessés par ce qu'a dit Votre Majesté sur la volonté du roi comme loi suprême.» Il s'inquiète : «Sa conduite manque d'unité parce que Sa Majesté manque d'unité.» Il lui arrive de s'indigner lorsqu'il voit Guillaume jouer au général en chef lors de manœuvres militaires : «Je crains sa mégalomanie, je combats cette tendance chez lui... Dans le domaine militaire, on pousse le jeune Kaiser à cultiver cette manie.» Parfois, le Kaiser se dérobe devant les remontrances de son ami. Une critique acérée, presque blessante : «La grande éloquence de Votre Majesté, son art, ses manières distinguées exercent sur les auditeurs une influence captivante... mais, jugés froidement, ses discours produisent une impression différente. Nous sommes loin de l'époque où l'on ne devait pas disséquer la parole impériale, d'abord et surtout parce que Votre Majesté s'en sert trop fréquemment, lui donne trop de publicité.» Une réponse glaciale : «Meilleur remerciement pour votre lettre, qui au fond ne m'a rien apporté de nouveau. Mon état est dû au surmenage. Toute politique m'est, pour le moment, complètement indifférente.» Et Holstein, devenu l'associé d'Eulenburg, d'applaudir : «Au moins une fois, quelqu'un aura dit la vérité à Guillaume. Je crois vraiment que vous êtes la seule personne capable de la lui dire.»

Dès 1889, Eulenburg a reçu les premières missives confidentielles de Holstein. Deux ans plus tard, il évoque leurs relations comme celles de «deux compagnons de route» : leur entente s'est renforcée, ils ont ressenti la nécessité de s'unir. Un axe original : de 1890 à 1906, de la démission de Bismarck à sa propre retraite, Holstein forge les options fondamentales de la diplomatie allemande, dans le clair-obscur de son bureau de la Wilhelmstrasse... et Eulenburg les soumet au Kaiser : il se fait l'éditeur des pensées de Holstein, qu'il réunit dans un maroquin vert pâle pour les mettre en lumière et les présenter à la cour.

L'axe Holstein-Eulenburg devient triangle, lorsque l'alchimiste de la Wilhelmstrasse et l'ami intime du Kaiser sont rejoints par Alfred von Kiderlen-Waechter, le plus jeune membre du trio : il est de cinq ans le cadet d'Eulenburg et de quinze celui de Holstein. Kidderlen, un «Souabe rusé, à la face de bouledogue», est l'égal de Holstein par sa connaissance des dossiers diplomatiques, et d'Eulenburg par son aisance dans les salons. Il s'est construit un personnage derrière son éternel havane et sa réputation de connaisseur de femmes et de vins. Il est brutal, résolu, combatif; il veut

imiter les deux Bismarck, jusque dans leur écriture et leur grossiè-
reté calculée; il acquiert la réputation d'un «junker excentrique»
par son manque de tact – il parle des «courtisans flagorneurs» et
du «troupeau des dames de la cour». Il a su acquérir la protection
et l'amitié du Kaiser, qu'il accompagne, pendant dix années, de
1888 à 1897, dans ses croisières dans les mers nordiques, à bord du
yacht *Hohenzollern*: il rédige les relations du voyage impérial pour
trois quotidiens; il publiera, en deux volumes, sa correspondance
avec Guillaume. À la fin juillet 1893, alors que le Kaiser participe aux régates de Cowes à l'invitation du prince de Galles, des
rumeurs de guerre – prématurées et excessives – se répandent: les
Français, présents dans le delta du Mékong, et les Russes, dans le
Pamir, seraient sur le point de donner l'assaut à l'Inde britannique!
Rosebery, le secrétaire au Foreign Office, interroge l'ambassadeur
d'Allemagne: le Reich serait-il prêt à porter assistance à l'Angleterre et à desserrer l'étau franco-russe? Après une nuit d'examen
de la situation internationale, Guillaume réalise que l'Allemagne
n'est pas prête, qu'elle n'est pas la puissance mondiale à même de
modifier les rapports de forces… Il sombre dans une crise nerveuse.
Kiderlen est appelé aux petites heures du matin, avec Eulenburg,
auprès du Kaiser pour le rassurer et le sortir de son accablement.

Bientôt, le trio Holstein-Eulenburg-Kiderlen sera caricaturé,
chaque semaine, par l'hebdomadaire satirique *Kladeradatsch*, créé
en 1848 par David Kalish – une onomatopée berlinoise évoquant le
bruit de ce qui vole en éclats, «Patatras!». L'expression entrera dans
le vocabulaire politique, et le chef de file socialiste, Bebel, l'utilisera
pour évoquer l'éclatement de la société. Kiderlen provoquera en
duel le rédacteur en chef de la gazette et le blessera… Il semble
appelé aux plus hautes fonctions dans le Reich puis s'étiole dans
un exil à Bucarest: il représente, pendant dix années, l'Allemagne
en Roumanie. Il en resurgira avec une réputation d'expert des
questions orientales puis affrontera, comme secrétaire d'État, la
crise d'Agadir.

Au-delà du premier cercle des conseillers du Kaiser: le «vivier» des
talents qui émergent ou sombrent au gré des faveurs du monarque,
le grand jeu des ambitions autour de la fonction la plus en vue dans
l'Allemagne de Guillaume, celle de chancelier de l'Empire.

Le général-comte Alfred von Waldersee s'est longtemps cru
promis à la succession de Bismarck. Officier d'artillerie, il avait
mené une brillante carrière militaire et acquis une réputation de
stratège – présent à Sadowa puis à Metz, il avait combattu avec
succès l'armée de la Loire de Chanzy, il avait été l'aide de camp de

Guillaume Ier puis l'assistant de Moltke «l'ancien» à l'état-major, avant d'être nommé lui-même chef de l'état-major en 1888. Il se lie d'amitié avec le prince Guillaume, de trente ans son cadet, une amitié renforcée par la fascination qu'exerce sur le futur Kaiser l'épouse du général, la New-Yorkaise Mary Lee, et par une réflexion commune sur l'avenir de l'Allemagne : Waldersee est un général très «politique», un général de cour. Le 28 novembre 1887, Guillaume et son épouse Dona assistent à une réunion chez les Waldersee sur le «socialisme chrétien» du pasteur Stoecker, à l'issue de laquelle Guillaume fait acte d'adhésion solennelle à cette doctrine. Bismarck réagit : la *Norddeutsche Rundschau,* un quotidien du Slesvig-Holstein qu'il contrôle, publie un article déplorant la présence du prince à une réunion «d'activistes, protestants, populistes, qui ne représentent qu'une minorité politique dans l'Empire». La disgrâce de Waldersee ne va pas résulter de ces controverses politiques, mais d'une blessure d'amour-propre infligée à Guillaume, devenu empereur, par les critiques émises par le général sur le comportement du monarque lors de manœuvres militaires : le chef d'état-major général se retrouve, en 1891, commandant du IXe Corps à Altona. Une disgrâce de neuf années : le Kaiser nommera, en 1900, Waldersee à la tête de «l'armée des nations civilisées» constituée pour répondre à la révolte des Boxers en Chine et au siège des légations à Pékin. Neuf années de brimades, dont Waldersee, rancunier, se vengera par la plume... en rédigeant des *Mémoires* qui manifestent, parfois, une étonnante clairvoyance : «L'Empire allemand se disloquera, les aspirations républicaines prendront le dessus, les Hohenzollern devront s'exiler...»

La nomination de Leo von Caprivi à la Chancellerie, en 1890, comme successeur de Bismarck, est une triple surprise : Caprivi n'est pas issu de la caste des junkers prussiens mais d'une famille originaire de la province autrichienne de la Carniole (à peuplement italo-slovène, autour de Trieste), qui a servi les Habsbourg avant de s'implanter en Silésie et de devenir sujette des Hohenzollern ; il a eu un différend avec le Kaiser quand il s'est démis de ses fonctions de chef de l'amirauté (confiées, jusque-là, à un officier de l'armée de terre) pour protester contre les ingérences de Guillaume dans ses décisions ; il n'a aucune expérience politique. Pourtant, ce célibataire de quarante-neuf ans va révéler de grandes qualités d'homme de gouvernement. Général d'infanterie, il est un officier prussien «à l'ancienne», avec toute l'austérité de la vieille Prusse, telle que l'illustrait Guillaume Ier : il ne fume pas, boit peu, est totalement désintéressé, étranger à la corruption, au luxe et à l'esprit d'intrigue ; il est sans illusions, persuadé que, prenant la suite de Bismarck, il sera la cible des attaques d'une grande partie de l'opinion publique, qui le considérera comme un usurpateur, et de la presse, déterminée à pourfendre ou à ridiculiser le successeur du cofondateur du Reich, mais il prend sa mission comme un service commandé, sur le front, sur ordre du monarque, quels que soient les risques encourus. « Si je recevais un ordre dont l'exécution me fasse craindre l'issue de la lutte, si je pensais que nous y péririons, si l'exposé de mes craintes n'avait eu aucun succès, il ne me resterait qu'à exécuter et mourir ! »

L'esprit clair, il analyse rapidement les grands dossiers qu'il a à traiter – et en toute indépendance car il n'a pas d'assise politique, il est relativement isolé et peut ainsi, paradoxalement, entretenir de bons rapports avec tous les partis. Réformateur modéré, il promeut la législation sociale souhaitée par le Kaiser. Il renforce la Triple Alliance en la doublant d'une série de traités commerciaux destinés à développer les rapports économiques entre l'Allemagne, l'Autriche-Hongrie et l'Italie, mais les agrariens – les junkers protectionnistes – s'opposent à ce progrès relatif du libre-échange. Un conflit avec le ministre-président de l'État prussien, qui veut revenir à une répression pénale contre les « menées socialistes », les réactions hostiles suscitées par une tentative de confessionnalisation de l'enseignement sous la double tutelle luthérienne et catholique, l'effet indirect des coups de boutoir du Kaiser – qui, devant l'assemblée du Brandebourg, invite les Allemands « de la bonne société » qui critiquent le gouvernement... à émigrer – finiront par provoquer, le 26 octobre 1894, le départ discret de Caprivi de la Chancellerie... après nombre de tentatives de démission, refusées par Guillaume...

Armé de son bon sens, Caprivi aura eu le mérite de tenter un rapprochement avec l'Angleterre – et de comprendre que les ambitions de développement naval du Kaiser étaient en contradiction avec le souhait d'entente germano-britannique. Dans ses *Mémoires*, Guillaume rendra hommage à l'action diplomatique de Caprivi : par l'accord conclu le 17 juin 1890 avec l'Angleterre, l'Allemagne acquérait l'îlot d'Héligoland, « ce bouton de culotte dans la mer du Nord » jusque-là sous souveraineté britannique : ce rocher de granit rouge se dressait à proximité des voies navigables et des citadelles commerciales de la Hanse, Hambourg et Brême, et gênait, en fait, l'expansion de la flotte allemande. L'îlot était échangé contre les possessions allemandes de Zanzibar et de Witu, dans l'Est africain ; dans le même temps, l'Allemagne obtenait d'accéder au Zambèze à partir de sa plus ancienne colonie, le Sud-Ouest africain, par la « bande de Caprivi », une étroite « queue de poêle » de quatre cent cinquante kilomètres de long.

La nomination du prince de Hohenlohe à la Chancellerie, après la démission de Caprivi, suscite d'autres étonnements. Chlodowig zu Hohenlohe est un aristocrate bavarois, catholique romain. Il a déjà soixante-quinze ans, il n'est pas un orateur, il ignore les codes et usages politiques prussiens. Guillaume a été séduit par le côté européen supranational de la famille Hohenlohe, liée aux dynasties d'Allemagne et d'Angleterre; l'un des frères du prince est cardinal au Vatican, un autre chambellan de François-Joseph à Vienne, son épouse est russe, restée en relation avec les grandes familles de Saint-Pétersbourg. Le Kaiser tutoie le nouveau chancelier et l'appelle «mon oncle». Dans la réalité, Hohenlohe, ancien ambassadeur à Paris et ancien gouverneur de l'Alsace-Lorraine, est l'un de ces hauts fonctionnaires qui mènent une grande carrière sur les sommets de l'État grâce à un principe de précaution surdimensionné, confinant à l'immobilisme. Sans pour autant protéger le Kaiser de ses initiatives précipitées: aiguillonné par les ligues pangermanistes et les groupes de pression «coloniaux» qui considèrent que l'Allemagne exerce un protectorat «moral» sur les Boers d'Afrique australe et leur République du Transvaal, ainsi que par l'opinion publique allemande quand les Anglais tentent d'envahir le Transvaal par le biais du «raid du docteur Storr Jameson» dans les derniers jours de décembre 1895, Guillaume adresse, le 3 janvier 1896, une lettre de félicitations au président boer, Kruger, qui s'est emparé du commando britannique. Hohenlohe se contente de déplorer une «diplomatie péremptoire», sans réaliser à quel point l'initiative du Kaiser vient heurter la sensibilité populaire en Angleterre: c'est la première explosion véritable de germanophobie à Londres, où les clubs allemands sont attaqués, les boutiques aux enseignes allemandes saccagées, les marins allemands agressés, tandis que la reine Victoria réprimande son petit-fils pour son «message très inamical envers le pays».

Dans l'ombre, Eulenburg et Holstein jouent les «faiseurs de rois» – de chanceliers ou de secrétaires d'État – avec, dans les premières années, une préférence pour les hommes n'ayant ni la culture ni l'expérience correspondant aux fonctions auxquelles ils sont appelés. Ainsi seront-ils plus influençables... Malgré leur proximité avec Kiderlen, ils finissent par choisir Marschall von Biberstein comme successeur d'Herbert Bismarck aux Affaires étrangères, parce qu'il n'est pas un technicien de la diplomatie et qu'en tant qu'ancien parlementaire et représentant du grand-duché de Bade à Berlin, il ne peut compter que sur les soutiens de l'Allemagne du Sud. Et Hohenlohe devient chancelier parce qu'il leur semble inoffensif.

Les manœuvres du couple Eulenburg-Holstein s'opèrent en deux temps : des campagnes de presse obliques, des informations manipulées ont pour seul objectif de détruire l'image du chancelier ou de tel ministre auprès du Kaiser – ce sera souvent l'affaire de Holstein ; la phase de la reconstruction consistera dans le lancement d'un nouveau nom – ce sera toujours la tâche d'Eulenburg.

En octobre 1894, Caprivi a cessé de plaire aux agrariens, qui souhaitent le retour aux lois anti-socialistes, mais le Kaiser assure le chancelier de sa totale confiance : «Vous avez promis de vous faire tuer pour moi, vous devez rester.» Holstein suscite alors un article évoquant la victoire de Caprivi sur le Kaiser et le ministre-président de Prusse sur la question sociale... Irrité, le Kaiser envoie son chef de cabinet, Lucanus, prier le chancelier de démentir l'article. Caprivi, étranger à toute intrigue et n'ayant en rien inspiré l'article, ne se sent pas concerné et refuse... Son sort politique est scellé. Au printemps 1896, Holstein veut engager le fer contre la présence d'Hohenlohe à la Chancellerie ; il s'engage à contre-voie en insistant pour que Hohenlohe résiste au Kaiser, à chaque ingérence du Kaiser dans les activités du chancelier, avec le calcul subreptice que le monarque en concevra une vive irritation. Comme Hohenlohe refuse, les articles se multiplient en autant de philippiques contre le chancelier...

La suggestion d'un nouveau nom apparaît, idéalement, en dehors des circuits administratifs – lors d'une partie de chasse, par exemple. La succession de Caprivi est réglée lors d'une chasse à Liebenberg, dans le domaine d'Eulenburg, à l'automne 1894. Le Kaiser semble désemparé, car le chancelier vient de réitérer sa démission. Il s'approche de son «ami intime» et le questionne en français, pour ne pas être compris des gardes qui le suivent :

— Que me conseilles-tu ? Je n'ai aucune idée, je ne sais qui je pourrais nommer. Ne connais-tu personne ?

— Lorsque j'ai discuté avec le grand-duc de Bade de la possibilité d'un changement, il m'a désigné Hohenlohe comme un bon chancelier de transition... Les hommes aiment le changement. Et Hohenlohe est un homme politique si nouveau, si inattendu que personne ne pourra récriminer...

Retenons le commentaire d'Emil Ludwig : le favori veut éviter une responsabilité trop forte pour l'avenir ; il met en avant l'oncle Frédéric de Bade qui propose un autre oncle qui, en nouveau venu... en fin de carrière, suscitera la curiosité dans l'opinion publique et au Reichstag.

Guillaume acquiesce :

— Dès que j'aurai parlé à Caprivi, j'écrirai à Hohenlohe.

Eulenburg conclut par une touche finale:
— Les sangliers que vous n'avez pas abattus doivent leur salut à la chute de Caprivi. Ils devraient remercier le chancelier.

À partir du printemps 1896, Eulenburg et Holstein multiplient les missives à l'adresse de l'ambassadeur à Rome, Bülow. Cette fois, le projet est plus ambitieux: il importe d'en finir avec les «gouvernants d'opérette», de préparer de longue main la succession d'Hohenlohe et de découvrir l'homme qui pourrait devenir le grand chancelier de Guillaume.

TROISIÈME PARTIE

LA COURSE
À LA DOMINATION MONDIALE

L'HEURE DE BÜLOW

Le 21 juin 1897, Bernard von Bülow reçoit, au palais Cafarelli, sa résidence d'ambassadeur allemand à Rome, un télégramme chiffré : il doit rejoindre l'empereur à Kiel, à bord de son yacht, le *Hohenzollern*. Déjà, *Il Secolo*, le quotidien de référence de Gênes, révèle, en première page, cet appel de Berlin et émet des doutes sur un retour du diplomate à Rome.

Le Kaiser s'est rallié aux suggestions de la *camarilla* Eulenburg-Holstein. Eulenburg lui avait écrit, dès 1895 : «Bernard est le meilleur fonctionnaire de Votre Majesté, le chancelier prédestiné de l'avenir.»

— Bülow sera mon Bismarck, lui a-t-il finalement confié.

Dans un premier temps, Bülow sera nommé au secrétariat d'État aux Affaires étrangères ; il pourra ainsi se préparer aux fonctions de chancelier.

Bülow est le plus brillant des diplomates allemands de sa génération. Un nouveau Bismarck? Un Bismarck de velours, non un chancelier de fer. Un côté latin, toscan... Souple, affable, d'une courtoisie admirable, très subtil, d'une grande intelligence, doué d'un sixième sens dans le maniement des hommes, il séduit tous les êtres qu'il rencontre, du Kaiser aux hommes politiques ou aux journalistes d'opposition, prévenus contre lui, ou aux plus modestes employés de son ambassade. Une expérience profonde des affaires internationales, une très haute culture – il a tout lu, mémoires, essais, romans, études de droit et de science politique dans les diverses langues qu'il pratique à la perfection, l'anglais, le français, l'italien en plus de l'allemand –, un soupçon de scepticisme devant la marche des événements...

Mais aussi un Prussien de très ancienne roche, se revendiquant d'une lignée fondée en 1239 par le chevalier Godofridus de Bülowe. En 1383, le vaillant Hennecke von Bülow, surnommé «Grosse Tête», incendie de façon barbare la ville de Wilsnack, pendant une guerre qu'il fait à l'évêque de Havelberg. Il n'épargne même pas l'église où le Saint-Sacrement est exposé : l'hostie n'est pas consumée, elle saigne... Hennecke n'en est pas moins excommunié. Un autre Bülow, Bernard Joachim, se présente à Varsovie à Napoléon Ier, à la tête d'une députation des États de Mecklembourg, pour demander le rétablissement de leur souverain légitime...

Une famille vouée au service de l'État – dans l'armée ou la diplomatie. C'est le père de Bernard, lui-même secrétaire d'État aux Affaires étrangères, qui a demandé à Bismarck, quarante ans plus tôt, s'il pouvait faire entrer son fils dans la carrière... Il y avait déjà trois Bülow à l'administration centrale de la Wilhelmstrasse.

— Pourquoi pas ? Y a-t-il déjà eu des Bülow bêtes ? répondit Bismarck.

— Certains ont eu une vivacité d'esprit médiocre. Mais j'espère que tous ont été loyaux, reconnut le secrétaire d'État.

De la difficulté d'allier la courtisanerie à une certaine franchise... comme notre Bülow en fera souvent l'expérience.

Le 23 juin, Eulenburg attend Bülow à la gare de Francfort, où le train de Berlin fait un arrêt d'une heure et demie. Il est venu de son domaine de Hertefeld, où il est en congé. Il gagne avec lui la promenade de Bockenheim et lui délivre un long monologue devant la fontaine de Bacchus couronné, autour de laquelle jouait Bülow dans ses années d'adolescence à Francfort.

— Tu dois m'écouter : mes mots sont ceux d'un ami fidèle et d'un patriote allemand ; ils jaillissent de mon cœur ! C'est une prière que je t'adresse : il faut que tu comprennes la psychologie de l'empereur ! Si tu y parviens, et dans ce cas seulement, tu seras utile à ton pays... Guillaume II donne à tout un caractère personnel et seuls les arguments personnels ont prise sur lui. Il est toujours prêt à faire la leçon aux autres mais n'accepte pas qu'on la lui fasse. Il ne supporte pas l'ennui : les personnalités trop raides, trop sérieuses lui portent sur les nerfs. Il aime la gloire, il est ambitieux, il veut briller, tout décider par lui-même mais, hélas, ses décisions personnelles tournent souvent mal. Il faut donc lui faire adopter des idées plus rationnelles tout en le persuadant que ces idées viennent de lui. C'est là la difficulté. D'autant qu'il pousse les autres à aller énergiquement de l'avant, mais qu'il est tenté de les abandonner dès la première difficulté... Surtout, n'oublie pas qu'il a besoin de louanges. Tes conseils auront plus de chances d'être écoutés si tu n'oublies pas de féliciter l'empereur à chacune de ses grandes actions. L'absence continue de louanges lui semble suspecte et proche de la malveillance. Tu devras, comme moi, te tenir sur la lisière de la flatterie.

Le lendemain matin, Bülow descend, à Berlin, au Kaiserhof, en face de la Chancellerie, et se rend au salon de coiffure de l'hôtel. Surprise! À côté de lui, dans un autre peignoir blanc, les cheveux malaxés dans un shampoing, est assis un ami de jeunesse, avec qui il fut en stage de magistrat à Metz, jadis: Arenberg, député au Reichstag, rapporteur du budget des affaires étrangères, membre fort dynamique... et vindicatif du centre catholique. Devant les coiffeurs, désemparés, Arenberg apostrophe Bülow – en français, langue dans laquelle il se glisse, par automatisme, lorsqu'il est furieux:

— Que diable viens-tu faire ici? Mon parti, le Zentrum, est très mécontent du départ de l'actuel secrétaire d'État, Marschall von Biberstein. Nous sommes très satisfaits de lui. Il nous comprend. Sa mère est catholique. Oui, que viens-tu faire ici? Tu n'as aucune expérience parlementaire! Sauras-tu seulement parler devant le Reichstag?

Par cet éclat de quelques minutes, resurgit le côté semi-opposi-tionnel de nombre de catholiques allemands, nostalgiques des principautés à l'atmosphère patriarcale qui s'épanouissaient avant l'unification et blessés par le combat de Bismarck contre l'Église. Bülow bredouille que, s'il n'a pas de mère catholique, sa femme est une catholique italienne et qu'il a toujours eu conscience de l'importance et des droits de l'Église catholique en Allemagne et de la nécessité d'une égalité de droits totale entre catholiques et protestants. Arenberg se calme, promet de donner des assurances à son groupe sur la bonne volonté du futur secrétaire d'État et accompagne Bülow jusqu'au ministère des Affaires étrangères, sur la Wilhelmstrasse, qu'ils appellent familièrement «la boîte».

Holstein tenait à rencontrer Bülow avant son départ pour Kiel: il l'attend dans son bureau devenu mythique car il jouxte le cabinet du secrétaire d'État – une proximité qui lui permet de tourmenter nerveusement les secrétaires d'État successifs... Il a demandé à Bülow de ne parler à personne et de ne prendre aucun engagement avant leur entretien. Il prend d'emblée un ton rogue: il aurait préféré le maintien de Marschall, qui avait l'intelligence de s'appuyer sur lui... Mais, puisque l'empereur ne veut plus de Marschall, il recon-naît que Bülow est la moins mauvaise des solutions. Il y aurait bien eu Kiderlen, mais Holstein sait que Kiderlen est insupportable. Et il confesse être lui-même insupportable. Deux personnalités insup-portables, Kiderlen et Holstein, ce n'aurait pas été possible... Il y aurait eu aussi l'hypothèse d'un retour d'Herbert Bismarck – une hypothèse terrifiante, qu'il veut chasser de son esprit, car le retour d'un des Bismarck signifierait une série de règlements de comptes au sein du ministère... Puis il dépeint pour le futur secrétaire d'État l'atmosphère de «la boîte»: c'est un enfer, une saturation d'intrigues avec les autres ministères et au sein du ministère. La seule issue consiste à écouter ses conseils, ceux du directeur historique du ministère, lui Holstein...

Pendant l'entretien, un huissier du ministère entre avec fracas et surprend Bülow, qui sursaute: il est envoyé par Marschall qui veut, lui aussi, le rencontrer. Lors de son proconsulat, Herbert Bismarck a exigé des huissiers qu'ils parcourent au pas de course les couloirs du ministère, et qu'ils bondissent si la dépêche est urgente. Bülow se promet d'apaiser leur surexcitation.

Marschall, un homme de cinquante-cinq ans au long visage triste, a été député à la première chambre du grand-duché de Bade, puis au Reichstag, avant de devenir le représentant du grand-duché à Berlin; depuis qu'il est membre de l'exécutif de l'Empire, il sombre dans les désillusions – n'est-il pas un Allemand de second rang, en arrière du premier cercle composé de Prussiens d'ancienne souche? Lorsqu'il reçoit Bülow, il est plus amer que jamais: il a appris sa prochaine destitution par la presse – un écho dans les colonnes de la très officieuse *Norddeutsche Allgemeine Zeitung*, qui a fait une allusion malveillante à son état de santé. Marschall proteste: sa santé a, certes, été ébranlée par les attaques qu'il a subies depuis plusieurs années, mais cette dernière perfidie est certainement l'œuvre de Kiderlen... Ce «fourbe souabe» n'a-t-il pas fait rire, naguère, le Tout-Berlin diplomatique en soulignant que Marschall ne parlait ni français ni anglais? Et ne l'a-t-il pas qualifié de «ministre étranger aux affaires»? Au demeurant, Marschall se résigne à la fin de sa mission mais il souhaite une ambassade. Bülow considère avec lui la carte diplomatique de l'Europe: pourquoi pas Rome, le poste que le nouveau secrétaire d'État va libérer, ou Constantinople?

Après ces visites aux Affaires étrangères, Bülow est reçu en audience par Hohenlohe, au siège de la Chancellerie, le palais Schulenburg, sur la Wilhelmplatz. Le chancelier a terriblement vieilli. Sa voix est très faible, son corps disparaît dans un large fauteuil. Tête baissée, il serre contre lui un petit basset jaune et semble indifférent au monde – et à la disgrâce de Marschall, son ministre:

— C'était un opportuniste, plein de haine pour Bismarck et pour son fils Herbert, qui avaient émis des doutes sur ses compétences de chef de la diplomatie... Et les Bismarck avaient raison: Marschall est un juriste, non un diplomate.

— Il pourrait encore rendre quelques services... Il souhaite une ambassade. J'ai pensé à Constantinople.

— Vous le nommerez où vous voulez, mais surtout pas à Saint-Pétersbourg. C'est un poste trop important pour lui. La Russie ! Notre plus grande sottise en politique étrangère depuis le départ de Bismarck ! Ne pas avoir renouvelé notre traité de réassurance avec Saint-Pétersbourg !

Hohenlohe s'anime. Il souligne que la politique étrangère empiète sur la politique intérieure : il ne faut pas laisser les partis s'entre-déchirer, il faut les unir dans la poursuite d'objectifs nationaux ; les luttes internes finiraient par ébrécher la puissance nationale de l'Allemagne.

— Prenons garde à ne pas aller trop loin dans les législations d'exception contre les socialistes... Par contre, je ne peux suivre le centre lorsqu'il demande l'abrogation des lois contre les jésuites. Vous savez, je suis catholique mais je n'éprouve que méfiance pour la Compagnie de Jésus. Les jésuites ne reculent devant rien. Ils usent des procédés des Borgia, jusqu'au Vatican ! Je suis sûr qu'ils ont empoisonné Franchi, le secrétaire d'État du Saint-Siège. Mon frère, le cardinal, ne boit que le vin de messe apporté par son domestique dans une bouteille cachetée... Dans la plupart des pays européens, il existe trois puissances dont l'hostilité est gênante pour un homme politique : les jésuites, les francs-maçons et les juifs. L'idéal serait de n'être dans la main d'aucun de ces trois groupes et de les avoir toujours de son côté. Mais comment faire ?

Le chancelier glisse une question plus personnelle :

— J'ai le sentiment que vous serez le futur chancelier. Je suppose que l'empereur vous a choisi pour me succéder.

— Si cela était vrai, je souhaiterais que mon accession à la Chancellerie intervienne le plus tard possible. Dans l'intervalle, je vous servirai loyalement – à la fois parce que je suis attaché à votre personne et que c'est l'intérêt de l'Allemagne.

Hohenlohe esquisse un geste de refus. Il dit n'avoir plus qu'une ambition : se retirer dignement, en bons termes avec l'empereur.

— Je veux surtout éviter une séparation conflictuelle, comme pour Bismarck ; ou une mise à la porte par un maître exaspéré, comme pour Caprivi...

Le chancelier se replie sur lui-même, s'enfouit dans son fauteuil.

— Regardez-moi. Me voici, arbre dépouillé, comme l'écrivait Schiller.

Le 26 juin, Bülow arrive à Kiel et se fait conduire au yacht impérial. Il est accueilli par l'officier de service, le général Löwenfeld, qui s'est jadis couvert de gloire au sein du premier régiment de la Garde à pied, «le premier régiment de la chrétienté», et prend plaisir à masquer sa haute culture sous le rire et l'argot des garnisons de Potsdam. Il compare la convocation de Bülow par Guillaume II... à celle de Martin Luther devant la Diète de Worms par Charles Quint, qualifié de «chef de brigands»:

— Vous savez ce que dit ce vieux chef de brigands au fondateur de notre religion qui allait subir un interrogatoire à Worms? Je crois bien qu'il lui dit que c'était une sale affaire... Il en va de même pour vous. Le poste qu'on vous réserve n'a rien de tentant. Lorsqu'ils comparaissent devant le Reichstag, les ministres me font l'effet d'un dompteur qui entre dans la cage aux fauves: s'il n'en vient pas à bout, on le met à la porte; s'il est mis en pièces par les bêtes, notre auguste maître, qui assiste au spectacle dans sa loge, ne le pleure pas longtemps.

Guillaume reçoit Bülow sur le pont du navire, qu'il arpente seul:

— Mon cher Bernard, j'en suis désolé pour vous et pour votre épouse, si attachée à Rome, mais il faut que vous preniez le gouvernail à Berlin. Le Badois m'a trahi...

Le visage du Kaiser est anxieux, son ton saccadé.

— Marschall a ourdi des intrigues derrière mon dos, avec le centre et d'autres partis. Je ne saisis pas encore exactement sa stratégie... Ce qui est certain, c'est qu'il voulait diminuer les droits de la Couronne et instaurer, d'une manière ou l'autre, un régime parlementaire. Il doit être puni! Je me dois de l'exclure du gouvernement!

Bülow tente une objection. Il ne parvient pas à croire à la réalité de projets aussi diaboliques... Guillaume se frappe la poitrine:

— Les preuves sont là.

Bülow pourrait-il avoir connaissance de ces preuves, afin d'éviter tout piège futur dans ses rapports avec le parlement? Le Kaiser rompt l'échange sur ce point:

— Les preuves, je vous les donnerai plus tard... Aujourd'hui, je veux d'abord vous annoncer que vous m'accompagnerez pendant ma prochaine visite à Saint-Pétersbourg. Vous avez été, naguère, conseiller d'ambassade là-bas; vous me serez particulièrement utile... Il nous faut resserrer nos liens avec la Russie.

Bülow répond qu'il est à la disposition de l'empereur, mais il sollicite un congé jusqu'au voyage en Russie, afin de se recueillir avant de prendre ses nouvelles fonctions, et surtout d'étudier les dossiers du ministère, d'établir son propre état de la situation internationale.

Guillaume semble déçu:

— Je pensais qu'à partir de maintenant, nous ne nous séparerions plus. Enfin, je vous attendrai...

Afin de méditer sur sa nouvelle mission, Bülow fait retraite, avec sa femme, dans les Alpes orientales autrichiennes : le matin, il lit et annote les dossiers qu'il a rassemblés lors de sa rapide visite au ministère, à Berlin – documents sur les relations politiques avec l'Angleterre et la Russie ainsi que sur la situation en Extrême-Orient, pièces relatives aux échanges commerciaux avec les États-Unis et la Russie ; l'après-midi, il parcourt la vallée de la Mürz ou gravit le col du Semmering... Ses conclusions rejoignent celles énoncées, jadis, par Bismarck : « Dans une guerre, l'Allemagne aurait peu à gagner, beaucoup à perdre. Entreprendrions-nous des guerres de conquête au nord, au sud, à l'est ou à l'ouest pour annexer de nouveaux territoires ? Contraindrions-nous par la violence de petits États voisins à s'unir à nous ? Ajouterions-nous des ennemis nouveaux aux anciens ennemis de l'Empire ? Aucun patriote aux vues claires ne peut le désirer... Toute année où nous maintiendrions une paix honorable serait un bénéfice pour nous. Notre population et notre puissance économique augmentent chaque année... Comment maintenir cette paix dont le peuple allemand a besoin pour ses progrès dans tous les domaines ? Une seule réponse : ne provoquer personne, ne se laisser marcher sur les pieds par personne. Souvenons-nous du vieux proverbe poméranien, que Bismarck aimait à citer : "Soyez vert, les chèvres vous mangeront." »

L'état de la société internationale en 1897, tel que le rédige Bülow, rejoint aussi les analyses de Bismarck, le Bismarck du « cauchemar des coalitions » : « Notre histoire, notre situation géographique défavorable au centre de l'Europe, nous a exposés à plus d'attaques que n'importe quel autre peuple. Depuis nos origines [que Bülow fait remonter à la division de l'Empire de Charlemagne, au traité de Verdun en 843...], nous sommes encerclés. » Et Bülow de brosser une peinture très particulière des divers peuples d'Europe, tous prévenus contre l'Allemagne : « Notre voisin occidental, le peuple français, est le plus agité, le plus ambitieux, le plus vaniteux de tous les peuples d'Europe et, dans la pleine acception du terme, le plus militariste et le plus nationaliste. À l'est, nous sommes entourés de peuples slaves, pleins d'aversion pour les Allemands qui les ont initiés à une civilisation supérieure ; ils les poursuivent de la haine méchante qu'un écolier récalcitrant et d'instincts brutaux éprouve pour un précepteur sérieux et digne. Les relations entre Allemands et Anglais ont varié au cours des siècles. John Bull daignait favoriser et protéger son pauvre cousin allemand et même l'employer de temps en temps à quelque grosse besogne, mais il ne voulait pas admettre qu'il eût les mêmes droits que lui.» Pour la psychologie des peuples, très subjective, que déploie Bülow, la jalousie serait le ressort de l'hostilité à l'Allemagne : «Personne ne nous aime. Cette antipathie est ancienne, mais la jalousie que suscite l'œuvre de Bismarck, la puissance et la richesse de l'Allemagne l'ont singulièrement augmentée.» À quoi, le nouveau secrétaire d'État ajoute une autre raison : le peuple allemand méprise la forme car il est le plus «profond» des peuples européens. «La grande majorité des hommes ne juge des choses que de l'extérieur et non d'après leur fond. Cette façon de penser et de sentir est difficile à comprendre pour l'Allemand sérieux, grave, allant toujours au fond des choses et trop indifférent à leur apparence.» Trente ans plus tard, dans son *Analyse spectrale de l'Europe*, Keyserling opposera l'Allemagne, «nation philosophique», à la France, «nation littéraire», et à la légèreté des autres peuples européens...

Pendant leur séjour au Semmering, Bülow entreprend aussi de convaincre sa comtesse italienne d'épouse de l'intérêt d'un «exil» berlinois. Certes, Berlin n'a pas le charme de Rome ; certes, de grandes difficultés les attendent dans les vapeurs «méphitiques» des affaires étrangères... Puis il tranche, de manière abrupte, maxime de Goethe à l'appui :

— Si tu veux éviter les coassements des corneilles, ne va pas te planter sur la flèche du clocher... Mais comment refuser ladite flèche lorsqu'elle est offerte par l'empereur ?

Le yacht du Kaiser doit appareiller le 4 août pour Saint-Pétersbourg. Bülow est de retour à Kiel, le 3. À Berlin, il a croisé Kiderlen, compagnon de voyage habituel de l'empereur... mais en froid avec lui. Il l'a vivement incité à faire le voyage de Russie. Kiderlen a réagi avec rudesse :

— Si vous aviez fait comme moi tant de ces voyages et enduré leurs tribulations, vous en auriez par-dessus la tête !

Il a retrouvé Hohenlohe à l'hôtel Germania de Kiel. Le chancelier gagnera Saint-Pétersbourg par la route, les traversées en mer ne lui ayant jamais réussi.

Guillaume accueille Bülow avec une bonne humeur prometteuse.

— Qu'avez-vous trouvé dans vos montagnes autrichiennes ? Quels sont vos plans pour l'Allemagne ? Où en sont mes vaisseaux ?

Bülow se sent pris en défaut : ses réflexions personnelles étaient dans le droit fil de la politique continentale de Bismarck. Il lui faudra décidément compter avec la politique navale du Kaiser, sa nouvelle vision géopolitique... Mais Bülow sait que le souverain n'aime pas les rapports écrits. Il lui propose un entretien de deux heures. Guillaume se fait ramener à terre, avec lui. L'empereur et son secrétaire d'État errent, d'un pas alerte, à travers champs, par des chemins sableux, le long des buissons... sans gardes du corps, indifférents aux questions de sécurité, au milieu des ouvriers et journaliers...

— Oui, je vous repose ma question : où en sont mes vaisseaux ?

— Il n'y a pour moi aucun doute : nous devons protéger les milliards dépensés pour notre navigation et notre commerce. Ce sont les conditions de notre développement gigantesque. La vie de millions d'Allemands en dépend... Pourrons-nous développer notre puissance navale sans effaroucher les Anglais ? Ce sera difficile. La politique de l'Angleterre a toujours tendu à détruire ses concurrents commerciaux ou maritimes. Pour avoir une chance de succès, nous devrons procéder avec calme, prudence et, si vous me permettez, souplesse...

— Cette prudence, vous êtes ici pour cela.

— Ma bonne volonté ne suffit pas. Je dois être soutenu par vous.

Guillaume frappe affectueusement l'épaule de Bülow :

— Vous avez mon appui entier, mon entière confiance !

— Il ne s'agit pas que d'une aide active de votre part... J'ai besoin d'une sorte d'appui négatif. Vous ne devrez rien faire, ni trop vous exprimer sur ce qui pourrait menacer l'union intérieure ou la paix extérieure.

Guillaume affiche un large sourire :

— Je vois, vous allez m'infliger l'un de vos sermons.

— Parfois, nous devrons battre le tambour du sentiment national.

— Allons-y ! Allons-y ! s'écrie le Kaiser, avec enthousiasme.

— Je suis convaincu de la possibilité de construire une flotte suffisante à nos besoins et à notre sécurité, si nous ne provoquons pas les Anglais, si nous nous gardons de toute excentricité. Et nous devons aussi nous préserver de tout conflit grave avec la Russie, sans quoi notre flanc serait ouvert à une attaque de l'Angleterre.

— C'est pourquoi nous allons appareiller vers Saint-Pétersbourg. Mon plus ardent désir est de rétablir cette amitié qui avait uni nos deux cours, au temps de mon grand-père et de mon arrière-grand-père. Et alors, les Anglais crèveront d'envie.

— N'allons pas au-devant de la Russie seulement pour fâcher l'Angleterre. Je vous propose une politique de calme...

— Vous oubliez les sentiments des peuples, tout ce côté affectif...

Il nous faut proposer de grands buts à la nation allemande.

Une rapide passe d'armes, dès le 5 août, à bord du *Hohenzollern* qui vogue sur la Baltique, calme comme un lac intérieur, vers Saint-Pétersbourg.

Guillaume est encore sous le coup de la suggestion d'un aristocrate du Wurtemberg, le duc d'Urach, grand voyageur à la recherche de «terres sans maître» sur lesquelles le Reich pourrait projeter sa souveraineté. Urach a attiré son attention sur les îles aux Ours, au nord du Spitzberg, découvertes à la fin du XVIe siècle par le navigateur hollandais Willem Barents, qui tentait d'ouvrir un passage vers la Chine par l'océan Arctique : des îlots de faible étendue – six cents kilomètres carrés – mais supposés riches d'importants gisements de houille... L'Allemagne ne pourrait-elle les occuper immédiatement et les échanger avec la Russie contre des facilités portuaires en Asie ? Guillaume a donc ordonné au chef de son cabinet naval, l'amiral Senden – un célibataire qui n'a qu'une passion, la marine allemande, et qui, envoyé en mission en Angleterre, a réussi à soulever toute la classe politique britannique en expliquant, dans les clubs de Londres, que l'Allemagne construirait la plus grande flotte de guerre de tous les temps et ne négocierait qu'après avoir établi son hégémonie –, de tenir prêt un bâtiment pour les îles aux Ours.

D'abord sidéré, Bülow réagit avec virulence : c'est un projet fou, fantastique, peu pratique, qui aura pour seul résultat d'inquiéter les nations scandinaves et d'indisposer à la fois la Russie et l'Angleterre ! Guillaume, vexé, contre-attaque avec la même fougue :

— Je ne m'attendais pas à cela quand j'ai souhaité votre présence à mon côté comme ministre ! J'avais l'illusion que nous nous entendrions sur tous les dossiers... Je ne pouvais plus supporter Marschall, mais je vois que, sur les idées nouvelles, vous êtes encore plus dogmatique et plus lourd que lui !

Bülow se sent perdu. Il est déjà sur le point d'abandonner sa mission et en informe respectueusement, mais sur un ton décidé, l'empereur :

— Je dois dire à Votre Majesté que je ne suis en aucune façon collé au ministère. Je suis, à tout moment, prêt à regagner l'ambassade de Rome, et si Votre Majesté ne veut pas me rendre Rome, je suis prêt à rentrer dans la vie privée. Il y a tant de livres à lire et de cités historiques à visiter ! Regardez, nous apercevons au loin, sur cette rive, les tours de Memel, l'un des berceaux de la monarchie prussienne. Vous pourriez m'y faire déposer par une pinasse...

Soudain retournement... À cette remarque, Guillaume est pris d'un fou rire. Il se rapproche de Bülow, lui met la main sur l'épaule :

— Pardon. Qui se dispute, s'aime. Nous nous en sortirons très bien tous les deux. J'abandonne Urach et ses ours.

COMMENT «RETOURNER» LE TSAR?

Prompt à l'exaltation dès qu'il va fouler un sol étranger ou rencontrer un autre souverain, Guillaume erre, impatient et nerveux, entre illusions et réalité: Bülow le compare à «une jeune fille entrant pour la première fois dans la salle de bal, un bouquet de roses à la main... Comment cela va-t-il se passer? Quand quelques danses ont passé sans accroc, que bouquets et bouquets se sont entassés au cotillon sur le siège de la jeune fille heureuse, alors une joie profonde l'envahit». Dans le même temps, l'empereur, en grand séducteur, s'assimile les façons et idées d'autrui et se sent rapidement chez lui, quel que soit le pays; mais il déconcerte, par son activisme, les autres monarques – tel Nicolas II, que toute visite d'État épuise.

Cette exaltation, cette impatience peuvent être, cependant, comprises en ce 7 août 1897 où Guillaume rencontre Nicolas pour la première fois depuis l'avènement du nouveau tsar. Trois ans plus tôt, le 2 novembre 1894, Alexandre III, un colosse de quarante-neuf ans, s'est effondré, laissant les clés de l'immense Empire russe à son fils, un être fragile, honnête et consciencieux. N'était-ce pas, pour Guillaume, l'occasion de revenir sur la première erreur de son règne, la dénonciation désinvolte du traité secret de contre-assurance, qui maintenait un lien entre l'Allemagne et la Russie? À cette rupture, Alexandre III avait répondu par la conclusion de l'Alliance franco-russe. Il importe, désormais, d'éloigner Nicolas de la France, de réconcilier la Russie et l'Allemagne; en outre, Nicolas vient d'épouser une princesse allemande, cousine germaine de Guillaume, Alix, fille du grand-duc de Hesse et d'Alice, sœur cadette du futur Édouard VII et de Vicky, l'impératrice Frédéric.

Depuis trois ans, Guillaume harcèle Nicolas par une correspondance suivie: «Tu trouveras toujours en moi une amitié inaltérable. J'ai une absolue confiance en toi et je maintiendrai toujours les cordiales relations qui unissent nos maisons et que mon grand-père m'a appris à cultiver.» De fait, le fondateur du nouvel Empire allemand, Guillaume Ier, avait recommandé à son petit-fils de rester attentif aux relations avec la dynastie des Romanov, alliée naturelle des Hohenzollern. Il lui avait rappelé le serment du 3 novembre 1805, prêté, en pleine guerre napoléonienne, par Frédéric-Guillaume III et la reine Louise, avec le tsar Alexandre Ier, dans la nécropole de l'église de la garnison, à Potsdam. Et le Grand Frédéric lui-même n'avait-il pas incité ses successeurs à «cultiver l'amitié des barbares russes... car, de tous les voisins de la Prusse, la Russie est le plus dangereux, tant à cause de sa puissance que de sa situation géographique»? Ces rappels de l'Histoire, Guillaume les avait complétés en décrivant à son cousin la France comme une nation décadente, dégénérée, indigne d'être associée à une monarchie chrétienne... «Les rapports que tu entretiens avec la France élèvent la République sur un piédestal. La présence constante de grands-ducs, de généraux et d'hommes d'État russes à l'Élysée permet aux républicains français de s'imaginer respectables... Nous sommes des empereurs chrétiens, nous n'avons pas le droit d'entretenir des relations intimes avec la République française... La malédiction divine pèsera pendant des siècles sur le peuple français.» Mais Nicolas n'a pas, jusqu'ici, répondu à ces avances, ni réagi à ces diatribes. Il a appliqué loyalement les accords noués avec la France ; il s'est même rendu, en 1896, en voyage officiel, à Paris, au milieu de l'enthousiasme populaire... et à la grande colère de Guillaume.

Un contact direct et prolongé avec Nicolas – qu'il appelle «Nicky» – modifiera-t-il les engagements russes? L'empereur allemand, ardent et impulsif, tente de prendre barre sur son cousin, timide, novice, malléable. Le Kaiser a trente-huit ans, neuf de plus que le tsar. Il est plus grand de taille, il a plus de prestance malgré son infirmité, plus d'allure ; il se comporte en protecteur, la main sur l'épaule du jeune tsar – qui en est agacé. Par son aisance intellectuelle, son bonheur d'expression, sa curiosité sans borne, il domine Nicolas, un esprit droit et appliqué, aux réactions lentes et dont les interventions verbales se contractent en balbutiements. Après sept jours de conversations et d'apartés, Guillaume crie victoire dans une lettre à Eulenburg: «Les résultats de mon voyage ont dépassé mon attente. Au cours de plusieurs longs entretiens, je me suis complètement accordé avec Nicky sur toutes les grandes questions politiques: à nous deux, nous avons disposé du monde.» Deux succès concrets, selon le Kaiser: un étonnant «blocus continental contre l'Angleterre», le tsar s'engageant à «y amener la France bon gré, mal gré»; et «la restitution de l'Alsace-Lorraine à la France, grâce au concours de la Russie... enterrée à jamais». Et Guillaume de se décerner les éloges les plus vifs : «Nos rapports avec la Russie sont ce qu'ils n'ont jamais été sous Bismarck... Je suis de beaucoup le plus habile diplomate de mon Empire et de toute l'Europe.»

Ce triomphalisme est-il justifié ? Le témoignage du tsar, rapporté par l'ambassadeur de France Maurice Paléologue, réduit les déclarations péremptoires de Guillaume. La question d'Alsace-Lorraine «enterrée à jamais»? L'Alliance franco-russe a simplement pour objet de s'opposer à une agression – et la convention militaire de 1892 le confirme; il n'a donc jamais été question de régler jusqu'à la fin des temps le sort des conquêtes allemandes de 1871. Un nouveau blocus continental? Un nouvel ordonnancement du monde? On n'en trouve trace nulle part – si ce n'est dans les plaintes du tsar auprès de son oncle, le grand-duc Alexis... où l'on voit le monarque le plus absolu d'Europe regretter de n'avoir pu consulter son gouvernement :

— Je ne comprends pas qu'il se soit permis d'aborder avec moi des questions pareilles, sans m'avoir prévenu, sans que j'aie pu concerter mes réponses avec mes ministres. La plupart du temps, je ne lui ai répondu que par des propos en l'air.

Un domaine à part, une vraie réflexion en profondeur : l'Extrême-Asie. Le discours de Guillaume se veut prophétique :

— Dieu t'a réservé la gloire de faire briller la croix du Rédempteur sur les rivages de l'océan Pacifique. J'espère que tu comprends la sainteté du rôle qui s'offre à toi...

Le conflit avec le Japon, la guerre pour la Mandchourie : autant de projets qui s'éveillent dans la conscience de Nicolas.

Une autre tension sous-jacente, pendant ces journées de Peterhof, l'ancien palais de la Grande Catherine : la rencontre des deux impératrices. Augusta-Victoria – Dona – représente, selon Guillaume, «un modèle accompli des vertus chrétiennes et germaniques»; elle se partage entre les œuvres charitables, les fondations évangéliques et les offices; elle n'a guère d'influence politique sur le Kaiser mais elle lui porte une adoration exaltée – que dépeint Eulenburg sans excès d'indulgence : «Elle se précipite vers l'empereur comme une biche, je n'ose dire comme une vache aux abois... Son amour pour l'empereur ressemble à la passion d'une cuisinière pour un amant qu'elle sent à la veille de lui échapper.» Le problème est que l'impératrice allemande fait preuve d'un rigorisme luthérien tel qu'elle a toujours refusé d'admettre une catholique parmi ses dames d'honneur. Elle s'avère ainsi très hostile à sa cousine par alliance, la tsarine Alix, devenue Alexandra-Fedorovna après sa conversion à l'orthodoxie : elle ne lui pardonne pas d'avoir abjuré la foi de son enfance, elle interprète son baptême orthodoxe comme un reniement intéressé. Un procès probablement injuste : la tsarine, intelligente, plus volontariste et tenace que Nicolas II, mais aussi mystique exaltée, semble bien avoir trouvé sa plénitude dans les illuminations de la pratique orthodoxe.

Ultime controverse – d'un intérêt aujourd'hui microscopique, mais qui semble avoir nourri la chronique mondaine de l'époque : Guillaume se vante d'avoir permis, par son intervention, l'union de Nicolas, qui n'était encore que tsarévitch, et d'Alix, une union qui butait précisément depuis plusieurs années sur la question de religion. L'affaire aurait été dénouée le 20 avril 1894, au château de Cobourg, en marge des noces du grand-duc de Hesse, en présence de la reine Victoria : Guillaume aurait surgi «de sa façon énergique et décidée» ; il aurait pris Nicolas par le bras, lui aurait fait «ceindre son sabre, prendre son bonnet de fourrure», lui aurait mis «quelques roses dans la main» et l'aurait entraîné auprès d'Alix pour déclarer sa flamme. Une version soigneusement reprise par Bülow dans ses *Mémoires*, mais contestée avec vigueur par Nicolas II dans son journal intime : après deux jours de longues et difficiles discussions en tête à tête, Nicolas aurait obtenu d'Alix qu'elle consente à son changement de religion. Arrivé en retard à Cobourg, Guillaume était simplement «dans la chambre voisine avec les oncles et les tantes». Une simple anecdote, qui donne la mesure de l'irritation que suscitent, chez Nicolas, les hâbleries de Guillaume.

La personnalité de Guillaume inclut une certaine candeur : toute décoration nouvelle, toute promotion honorifique à un haut grade dans une armée étrangère, lui procure une joie intense et presque puérile. Peu après son accession au trône, il avait obtenu de l'attaché militaire austro-hongrois à Berlin d'être nommé par François-Joseph feld-maréchal d'Autriche. Waldersee l'avait alors prié, au nom de l'état-major général, d'accepter la dignité de feld-maréchal de Prusse : il en avait été fort heureux et ne manquait jamais de prendre son magnifique bâton de maréchal prussien lors des prises d'armes et défilés.

Il avait surpris Bismarck par l'enthousiasme avec lequel il avait accueilli sa nomination d'amiral anglais, de *real admiral of the fleet* : il avait expliqué au vieux chancelier qu'il pourrait ainsi visiter les bâtiments et intervenir dans l'organisation de la marine de guerre britannique... Ce qu'il fit : en août 1889, à la stupéfaction de la reine Victoria, il lui adresse deux télégrammes qui sont autant d'immixtions dans les affaires de défense britanniques – il a inspecté l'escadre de la Manche de la Royal Navy puis celle de la Méditerranée et annonce qu'il a trouvé les navires en excellent état. Un peu plus tard, il rencontre le prince de Galles à Athènes et déplore la faible puissance de la Navy en Méditerranée; il lui propose même de faire parvenir au commandement de la flotte britannique un plan qui la rendrait plus efficace. À l'hiver 1894, Victoria l'a nommé, sur sa demande pressante, colonel honoraire du 1er régiment royal de Dragons. «Je suis ému, profondément ému, à l'idée de pouvoir endosser le traditionnel habit rouge britannique.» Seule ombre au bonheur de Guillaume: il aurait préféré un régiment écossais. Au détriment de toute logique, le Kaiser n'est pas près de concéder à d'autres les droits qui découlent, selon lui, d'un grade militaire honorifique: lorsque le roi du Portugal se rend à la baie de Vigo pour passer en revue une escadre britannique en sa même qualité d'amiral de la Royal Navy, il suscite un vif éclat de Guillaume: «Quel blanc-bec! Ignore-t-il que cette distinction est purement honorifique?»

Retour au voyage de Saint-Pétersbourg. Le 7 août, peu avant le dîner solennel offert par le tsar au palais de Peterhof, Guillaume apprend qu'il est nommé amiral de la flotte russe. Il laisse de côté le projet de toast rédigé par Hohenlohe et Bülow pour se lancer dans une série de remerciements lyriques: «cet honneur particulier» qui lui est décerné «et dont il apprécie l'étendue... distingue la marine allemande autant que lui-même»; il «prête serment dans la main de Sa Majesté, le tsar»; il assure qu'il a derrière lui «tout son peuple pour soutenir le tsar contre quiconque tenterait de détruire son œuvre de paix». Au comble de l'émotion, le Kaiser semble prêt à offrir au tsar la baie de Kiao-Tchéou sur laquelle l'Allemagne avait des visées et qui était le seul point concret des négociations de Saint-Pétersbourg.

Le chancelier Hohenlohe et son secrétaire aux Affaires étrangères, Bülow, entament avec ce handicap leurs négociations avec le ministre Michel Mouraviev, chef de la diplomatie russe, issu d'une famille de boyards – un Russe conforme à l'imagerie populaire, large d'épaules, le visage taillé à coups de serpe, l'œil bleu, le nez court et plat. Ses ascendants ont eu des destins très divers. Trente ans plus tôt, un autre Michel Mouraviev, ministre des Domaines impériaux, proche d'Alexandre II, a écrasé dans le sang une insurrection en Lituanie: il s'était comporté en dictateur à Vilnius, appuyé sur deux régiments de cosaques et promettant à des fusillades sommaires les longues listes de suspects qui lui étaient transmises. À l'opposé, le comte Mouraviev-Apostol avait été, en 1825, l'un des chefs de la conjuration décabriste. Condamné à mort, il allait être pendu quand la corde cassa; il tomba à terre et, pendant que le bourreau suspendait une autre corde au gibet, il cria – tirant ainsi de son ultime mésaventure une ultime critique de l'autocratie tsariste : « En Russie, on ne sait rien faire, pas même pendre ! »

De mère juive allemande, ancien étudiant à Heidelberg, Mouraviev parle l'allemand presque aussi bien que le français, cette « seconde langue maternelle » des aristocrates russes au XIXe siècle. Bülow le connaît bien pour l'avoir croisé lorsqu'ils étaient en poste, au service de leurs États respectifs, à Paris et à Berlin. Lorsque Hohenlohe veut aborder les questions d'Extrême-Orient et le projet allemand d'établissement à Kiao-Tchéou, Mouraviev objecte, dans un grand sourire amical, que l'empereur Guillaume a abandonné avec plaisir ce port à son cousin et à la Russie, et n'a demandé, pour les vaisseaux allemands, que l'autorisation d'y relâcher. Le chancelier réplique immédiatement :

— Des souverains sont facilement portés à suivre les nobles mouvements de leur cœur magnanime... Mais c'est aux ministres qu'il incombe de mettre ces nobles élans en accord avec les réalités politiques et les nécessités économiques.

Mouraviev opine. Il assure ses interlocuteurs qu'il comprend les visées allemandes sur Kiao-Tchéou, les intérêts commerciaux et les ambitions navales qui les fondent... mais il ne peut rien concéder de précis car les désirs sont encore divergents à la cour de Russie. Une négociation jalonnée de non-dits, de sous-entendus et de constats ambigus prend forme. Les diplomates allemands se persuadent que la Russie ne s'opposera pas à leurs projets.

— Le Kaiser est-il fou ? Vous m'avez bien compris : considérez-vous le Kaiser comme un homme intellectuellement tout à fait normal ? Je vous pose cette question parce que vous êtes, depuis longtemps, lié à ma famille. J'exige de vous l'entière vérité. Vous êtes un homme intelligent, un fin psychologue. Vous comprenez mon inquiétude : j'ai déjà eu le malheur d'être le ministre d'un souverain dément.

La question est posée par le chancelier de l'Empire, Hohenlohe, au nouveau secrétaire d'État aux Affaires étrangères, pendant que Guillaume II confère avec Nicolas II ! Une question sans détours, dans le tête-à-tête confortable d'un salon de Saint-Pétersbourg. Surpris, Bülow fixe la fenêtre qui s'ouvre sur la coupole dorée de l'église Saint-Isaac, puis répond avec fermeté :

— Non, l'empereur n'est pas fou. Puisque vous faites allusion aux débuts de votre carrière politique, il y a trente ans, comme ministre-président de la Bavière, je dois vous dire que le parallèle avec Louis II est faux. Le roi de Bavière avait des problèmes sexuels, était alcoolique et misanthrope au plus haut degré. Guillaume est absolument normal quant au sexe, il est complètement sain et un modèle moralement. Mais il est dépressif; de là ses oscillations entre un optimisme trop grand et un pessimisme exagéré. Et, au rebours de son père, de son grand-père, de ses ancêtres Hohenzollern, il est enclin à l'orgueil. Un orgueil qui le pousse sur le devant de la scène: il croit devoir s'exprimer à tout propos, ce qui est dangereux politiquement. Il donne dans un bavardage permanent, de discours en discours, qui le rend antipathique aux autres monarques européens. En fait, ce bavardage masque un manque d'assurance: le fond de sa nature, c'est la crainte. J'ajouterai un certain manque de tact. Qu'y faire? Le tact est inné, il ne s'apprend pas.

Un silence. Bülow veut compléter son diagnostic:

— J'espère que vous me croyez. J'affirme, en mon âme et conscience, que le Kaiser n'est pas fou. Et je souligne, qu'autant que cela peut être prévu, il ne sera jamais atteint d'aliénation mentale.

Le chancelier semble ne pas vouloir répondre. Puis il préfère laisser la question ouverte:

— Fou ou non, il y a tant de nuances! De toute manière, plus que tout autre monarque, notre jeune Kaiser a besoin de conseillers sages et habiles.

Bülow est troublé: le voici considéré comme le psychologue de l'empereur, l'observateur de son comportement. D'autant que Hohenlohe renouvellera sa question trois mois plus tard, lorsqu'il le recevra à Schillingsfürst, sa résidence en Franconie...

TIRPITZ OU L'EXPANSION NAVALE

Pendant la traversée de retour de Saint-Pétersbourg, Guillaume impose un cours de politique navale à Bülow, à partir des tableaux qu'il a récemment dressés et envoyés aux députés du Reichstag. Le Kaiser et son secrétaire aux Affaires étrangères s'expliquent, pendant des heures, sur la passerelle du *Hohenzollern*, puis ils se retrouvent au vieux château de Wilhelmshöhe avec l'amiral Tirpitz, qui vient d'être nommé secrétaire à la Marine. Alfred von Tirpitz est un homme imposant – haute taille et larges épaules –, aux traits extraordinairement énergiques et à la barbe fleuve à deux pointes qui lui donne le visage du dieu Neptune. Il a la démarche légèrement chaloupante du marin habitué au roulis des flots. Il domine manifestement, par ses connaissances techniques, les dossiers de la marine; il brûle, de toute sa passion exclusive, et il s'épuise pour le but qu'il poursuit, le développement naval de l'Allemagne – tel le Psalmiste que cite Bülow lorsqu'il évoque la personnalité de Tirpitz : «Je me tue presque en mon zèle pour Ta maison.» En ces journées de septembre 1897, les lois navales, les plans et les budgets de la «grande flotte allemande», vont être élaborés par les trois hommes, au fil de leurs discussions dans le parc de Wilhelmshöhe.

Ériger l'Allemagne en une nouvelle puissance navale: telle est la grande pensée du règne de Guillaume II. L'intérêt du Kaiser a été éveillé, quatre ans plus tôt, par l'enthousiasme de Tirpitz, alors spécialiste des torpilles, rencontré au cours de manœuvres dans la Baltique. Guillaume, à la recherche de la gloire, vient de découvrir la cause qui pourra mobiliser la nation pendant son règne. Non les purs succès militaires, pour lesquels il faudrait traverser l'Europe, toutes armées déployées, comme le Grand Frédéric ou Napoléon… Mais la compétition pour la suprématie navale, que Guillaume lance, en juin et juillet 1895, dans deux discours devant le Reichstag puis à l'Académie militaire prussienne, fondée jadis par Clausewitz.

Le Kaiser a même promis à Tirpitz de lui confier le secrétariat à la Marine, mais le titulaire du poste, l'amiral Hollmann, un «fils de la vraie bourgeoisie de Berlin», au caractère loyal, lui est devenu cher – il vient d'obtenir du Reichstag les crédits pour la mise en chantier d'un cuirassé et de trois croiseurs. Hollmann est donc maintenu; Tipitz n'entrera au gouvernement que deux ans plus tard – pour l'heure, en 1895, il quitte Hambourg et prend le commandement de l'escadre d'Extrême-Orient.

«Celui qui commande sur mer commande partout», écrivait déjà Thémistocle au Ve siècle avant notre ère. Les années 1890 ouvrent l'âge d'or des flottes de ligne. Les écrits maritimes, jusque-là fort rares et ne traitant que des questions de tactique, connaissent une floraison inattendue et font apparaître une véritable stratégie navale théorique. L'élan est donné, aux États-Unis, par Alfred Thayer Mahan et son *Influence du pouvoir maritime à travers l'histoire*, dont le succès est universel – «Je lis le livre de Mahan. Non, je ne le lis pas, je le dévore, j'essaie de l'apprendre par cœur!» s'exclame Guillaume. Mahan affirme la supériorité des empires maritimes et justifie ainsi les impérialismes, le grand mouvement expansionniste des vingt dernières années du XIXe siècle; il inspire la politique navale de toutes les grandes puissances, dont celle de l'Allemagne.

La recherche de la maîtrise des mers peut passer par l'emploi direct de la puissance maritime, c'est-à-dire une guerre centrale, une bataille décisive, une confrontation directe avec les flottes rivales. Mais l'accumulation d'un potentiel naval peut aussi avoir pour fonction la dissuasion, le souci de retarder le recours à la force: au XIXe siècle, la Royal Navy exerce, au nom de l'Angleterre, une fonction de dissuasion parfaitement comprise par les autres puissances. La «théorie du risque», développée par Tirpitz, vise aussi à développer une telle dissuasion.

Le maître des mers voit se dresser devant lui un nouveau venu, qui peut avoir pour intention de contester, le plus rapidement possible, sa suprématie, de faire jeu égal puis de supplanter la puissance dominante: ce fut la partie menée par l'Angleterre contre la Hollande au XVIIe siècle, de la France de Louis XIV contre l'Angleterre, voire, plus récemment, de l'Union soviétique contre les États-Unis à l'heure des triomphes apparents de l'ère Brejnev. Le rôle de l'intrus pourra être, plus prudemment, d'afficher l'ambition de devenir un brillant second: c'est l'idée qui sous-tend la «théorie du risque» de Tirpitz. Il ne s'agit pas de rivaliser directement avec la Grande-Bretagne, puissance maritime dominante, mais de constituer une flotte allemande suffisamment forte pour que sa destruction soit d'un coût trop élevé pour la maîtresse des mers. Cette destruction, l'Angleterre ne l'obtiendrait que par une perte substantielle de ses propres forces et au risque de l'apparition d'autres concurrents prêts à profiter de son affaiblissement. L'Angleterre sera donc contrainte à des concessions.

La théorie de Tirpitz a été tournée en ridicule après la défaite allemande de 1918 : dès le 6 août 1914, trois jours après le début des hostilités, un ordre impérial interdira à la flotte de haute mer de livrer bataille, afin de conserver avec la marine un atout dans les négociations de paix ; et le 28 août, une division de croiseurs légers se fera anéantir, à Heligoland, par les croiseurs britanniques. C'est que, lorsque la guerre éclate, le brillant second se sait inférieur et n'ose pas adopter une posture offensive, qui ne serait pour lui qu'un coup de poker, sa main étant insuffisante.

Pourtant, la stratégie de Guillaume II et de Tirpitz n'était pas absurde. Les lois navales de 1898 et de 1900 vont permettre à l'Allemagne de créer une flotte de guerre – alors que deux autres puissances navales apparaissent hors d'Europe, les États-Unis et le Japon. La Royal Navy ne peut pas répondre simultanément à tous les défis : elle concentrera ses moyens autour de sa métropole insulaire, abandonnera les Caraïbes puis l'hémisphère occidental aux États-Unis, conclura, en 1902, une alliance avec le Japon pour l'Extrême-Orient, et un accord naval avec la France, en 1912, pour la Méditerranée. La montée en puissance navale de l'Allemagne aura érodé la *Pax Britannica*, la souveraineté britannique sur les mers. Avec, il est vrai, une lourde contrepartie politique : l'hostilité déclarée, croissante, de la Grande-Bretagne.

L'erreur de Guillaume II et de Tirpitz aura été de ne pas se limiter au rôle de brillant second – pourtant implicite dans la vision première de Tirpitz – et de ne pas se tenir en deçà du seuil à partir duquel l'Angleterre allait ressentir comme intolérable la menace de son rival. La France n'avait pas commis cette erreur : au XVIIIe siècle, Choiseul avait fixé comme horizon à la flotte française les deux tiers de celle de l'Angleterre ; le Second Empire, après avoir lancé en 1859 le prototype des cuirassés modernes, avait ralenti son programme de construction de seize cuirassés, qui lui aurait donné un avantage technique important, pour éviter une course aux armements. L'Allemagne de Guillaume faisait un double pari : sa montée en puissance navale ne serait pas perçue comme directement dirigée contre la Grande-Bretagne ; et celle-ci serait embarrassée pour redéployer sa flotte en mer du Nord, au prix de l'abandon de sa présence traditionnelle en Méditerranée et de ses liaisons avec son immense Empire. Pari doublement perdu :

le programme de Tirpitz allait progressivement apparaître comme agressif à la classe politique et à l'opinion publique britanniques; le cœur de la puissance navale britannique se situait bel et bien dans les eaux européennes.

L'échec final de la politique navale de Guillaume II et de Tirpitz peut être expliqué par l'agressivité verbale du Kaiser et l'absence de sens diplomatique de l'amiral: dans ses *Mémoires*, Bülow s'est largement étendu sur ces arguments. Certains de ses conseillers – comme le diplomate Bernstorff – suggéraient à Guillaume une montée en puissance navale... sans bruit, quitte à surprendre l'interlocuteur britannique en dévoilant, le moment venu, le «trésor caché» de la marine allemande. Et Tirpitz s'était employé, dans sa première loi navale, à camoufler la construction de navires géants sous des types d'unités plus réduites. Mais de cette progression en silence, Guillaume ne veut pas: les avancées de sa flotte de guerre doivent être publiques, car elles constitueront le meilleur argument pour s'imposer psychologiquement à la branche britannique de sa famille. «La flotte seule me donne en Angleterre l'autorité nécessaire», déclarera-t-il en 1904 avant d'inviter son oncle Édouard à Kiel.

On peut aussi penser que l'Angleterre ne pouvait pas, en dernière analyse, accepter la concurrence navale de la principale puissance militaire terrestre du continent européen. Le fondateur anglais de la géopolitique, Halford Mackinder, le soulignait: «La puissance qui possédait déjà la plus grande force organisée terrestre et qui occupait la position stratégique centrale en Europe était sur le point d'y ajouter une force navale capable de neutraliser la puissance maritime britannique.»

Dès sa nomination, au début juin 1897, Tirpitz a dressé des plans pour la future flotte de guerre: la conception des navires de guerre doit dépendre du type de menace; l'essentiel de l'effort allemand doit être concentré sur la construction de cuirassés; le projet de loi navale prévoit la construction de sept cuirassés et de neuf croiseurs – soit, à l'horizon 1905, de dix-neuf cuirassés et vingt-quatre croiseurs. Autour de deux concepts: la flotte de guerre aura une fonction «préventive», elle dissuadera l'Angleterre de s'engager dans une guerre contre l'Allemagne. Et l'Allemagne devra, néanmoins, traverser avec sang-froid une «période dangereuse» pendant laquelle ses constructions navales pourraient provoquer une réaction de l'Angleterre, un acte de guerre irréfléchi... avant que Londres n'accepte le fait accompli.

La nouvelle politique d'expansion navale suscite une forte

opposition au Reichstag, à laquelle Bülow doit répondre, car Tirpitz a une voix très faible, peu en rapport avec la constitution du personnage, due à un asthme qu'il soigne, chaque année en Forêt-Noire. L'opposition est animée par le député Eugen Richter, un «progressiste» inclassable, qui combat sur deux fronts – l'absolutisme du régime impérial, mais aussi l'absolutisme émergent du socialisme, qu'il pressent avec une intuition étonnante alors qu'il meurt en 1906, onze ans avant l'accession au pouvoir des «bolcheviks» dans la jeune République soviétique. Une opposition parfois très modérée, presque hésitante, si on en croit Bülow abordé par Richter, lors du grand débat naval du 27 mars 1900 :

— Vous allez y arriver. Vous aurez votre majorité sur la loi navale. Je ne l'aurais jamais pensé ! Je suis très surpris de votre succès !

— Ce que je ne comprends pas, c'est votre opposition systématique ! Pourquoi des démocrates comme vous refusent-ils que l'Allemagne soit présente sur les mers ? Vous oubliez que nos premiers vaisseaux de guerre ont été construits pendant le printemps des peuples de 1848. Il est de notre devoir de protéger notre commerce et notre industrie sur toutes les mers...

— Vous avez peut-être raison, mais je suis trop vieux pour faire volte-face.

Bülow a décidé de faire profil bas, de donner une interprétation minimaliste des ambitions allemandes – ainsi, pendant le même débat, lorsque le député Groeber lui demande sa propre définition de la «politique mondiale».

— Pour moi, ce terme signifie l'accomplissement de nos engagements au regard du développement de notre industrie, de notre commerce, de notre navigation. Nous n'allons tout de même pas mutiler le labeur, l'intelligence, la créativité de nos compatriotes ! Nous ne songeons pas à une politique d'expansion agressive et je réprouve la suspicion qui persiste parmi les membres de votre assemblée.

Même ligne d'explication face au député Bebel qui, au nom de la social-démocratie, dénonce la participation allemande à la confrontation des impérialismes :

— Il n'y a aucune contradiction entre la loi navale et notre politique de paix avec l'Angleterre. Notre but général est le maintien de la paix. Le renforcement de notre flotte est une assurance contre une éventuelle agression anglaise.

Discours rituel, langue de bois allemande de ce début de XXe siècle ? Bülow en appelle au témoignage d'un universitaire, Hans Delbrück, un «pacifiste déclaré», «champion ardent des bonnes relations entre l'Angleterre et l'Allemagne», pour affirmer que la fameuse «période dangereuse» prédite par Tirpitz, la zone de turbulence ouverte à une réaction brutale de l'Angleterre... avait bel et bien été franchie : au retour d'un voyage en Angleterre, Delbrück aurait constaté que «la méfiance britannique à notre égard avait disparu» et que «même nos constructions navales n'avaient aucune répercussion».

Guillaume semble avoir plus mal pris l'hostilité d'un Reichstag récalcitrant. Il écrit, dans ses *Mémoires*, avoir été blessé par les «plaisanteries faciles» de Richter et de ses amis : les crédits pour la construction d'une corvette avaient été votés grâce au ralliement d'un député de la minorité polonaise, Koscielski ; la corvette reçut le surnom de *Koscielska*... Mais le Kaiser use lui aussi de l'arme de l'humour quand il estime que les Anglais ont été les «meilleurs auxiliaires» de sa politique navale et ses plus brillants avocats, à chacune de leurs initiatives belliqueuses. Lors de l'un de ses séjours en Angleterre, il remarque un jeune capitaine de la marine britannique qui affiche, en sa présence, une gêne, une gaucherie marquées, un regard à l'expression très inquiète. Il s'enquiert des raisons de cette attitude auprès de l'amiral Senden, qui l'accompagne.

— Il m'a avoué qu'il avait saisi deux vaisseaux allemands lors d'un incident, le long des côtes d'Afrique australe. Il a une peur terrible que je vous en informe.

— Dites-lui que je lui adresse mes remerciements les plus vifs... Il m'a aidé à faire passer la loi navale !

Les relations du Kaiser avec l'amiral Tirpitz sont compliquées et fluctuantes : elles oscillent entre l'admiration et une pointe de jalousie. Guillaume appelle l'amiral «maître», reprenant le surnom que le secrétaire à la Marine avait reçu, lorsqu'il était jeune officier, de ses camarades, déjà convaincus de sa supériorité ; il l'admire pour sa totale... maîtrise dans le domaine naval, la clarté des buts qu'il s'assigne, la détermination avec laquelle il dégage les moyens nécessaires ; il le nomme ministre d'État, le décore de l'Aigle noir, lui adresse publiquement louanges et témoignages de reconnaissance... Mais il peut se montrer désagréable et irrité car une crainte le tenaille : que Tirpitz soit considéré comme le créateur de la «grande» marine allemande, alors que le Kaiser est persuadé que ce titre lui revient.

Après l'approbation de la nouvelle politique navale par le Reichstag, Guillaume exulte : il considère Tirpitz comme «un homme vraiment grand», l'homme qui est parvenu à convaincre «cinquante millions d'Allemands têtus, aveugles et grincheux». Mais comment maintenir l'enthousiasme qui a soulevé l'opinion publique lors du vote de la loi navale ? Tirpitz va se révéler un extraordinaire propagandiste politique, un organisateur politique hors pair dans une nation qui pourtant ne manque pas d'organisateurs, en mariant à une vue d'ensemble un souci constant des détails : il crée, au début avril 1898, une «Ligue navale», indépendante des partis politiques, afin de créer, à partir de la politique navale, une conscience nationale véritablement allemande, par-delà les anciens particularismes des royaumes et principautés fédérés au sein de l'Empire. La Ligue devient la première organisation de masse de l'histoire de l'Allemagne : chaque sujet de l'Empire peut y adhérer pour une modeste cotisation de cinquante pfennigs, mais elle a aussi le soutien financier de Krupp et des plus grands industriels allemands ; ses sociétés affiliées se développent à travers le pays, animées par les professeurs de lycée, souvent officiers de réserve, qui mènent leurs classes avec une discipline militaire ; elle comprend 250 000 membres deux ans après sa création, un million cinq ans plus tard – en 1906, elle rassemble un adulte sur douze. La Ligue diffuse à des millions d'exemplaires un discours prononcé par le Kaiser à Stettin, le 23 septembre 1898 : *Notre avenir se jouera sur mer.* Elle devient le principal soutien de la monarchie, tout en développant un nationalisme plus intransigeant que celui du monarque... Dans un essai sur le Kaiser, Winston Churchill écrira : «Si vous êtes le sommet d'un volcan, vous vous devez de laisser échapper de la fumée. C'est ainsi que le Kaiser devint une colonne de fumée le jour, une colonne de feu la nuit... S'il avait voulu tenir un discours pacifiste, il aurait été taxé de faiblesse par ses sujets.»

À BUDAPEST, AVEC FRANÇOIS-JOSEPH

Lune de miel prolongée entre l'empereur et son secrétaire d'État... Les éloges de Guillaume pleuvent sur Bülow: «Bernard a été merveilleux, je l'adore. Quelle différence avec Marschall, le Badois, ce traître! Quelle chance d'avoir affaire à quelqu'un qui vous est dévoué corps et âme, qui sait et veut vous comprendre... Bernard, quel type épatant! Il a passé une verte semonce aux diplomates et à la presse et je l'ai autorisé à dire aux ministres que ceux qui désapprouvent ma politique peuvent déguerpir immédiatement... Les gens des affaires étrangères travaillent sous pression, Bernard derrière eux. Tels des chevaux. Ils vont au pas espagnol et sont dressés.»

L'admiration de Bülow pour Guillaume semble, dans un premier temps, plus nuancée: «L'empereur, en tant qu'homme, est charmant, touchant, séduisant; il force l'adoration. Mais, en tant que souverain, son tempérament, son manque de nuances et parfois de coup d'œil, la prépondérance de son volontarisme sur la calme réflexion font craindre les plus graves périls. Il faut absolument qu'il soit entouré de serviteurs intelligents, fidèles, sûrs. Pour ces raisons, son règne marquera une époque brillante ou funèbre dans notre histoire. Du fait de sa personnalité, ces deux perspectives sont possibles.» Mais il préfère finalement suivre le conseil d'Eulenburg à Francfort et chanter les louanges de Guillaume: «Mon cœur de plus en plus s'attache à l'empereur. C'est un prince si éminent, il est de beaucoup la plus grande personnalité dans l'histoire des Hohenzollern, avec le Grand Électeur et Frédéric II. Il réunit l'intelligence la plus vive et le bon sens le plus clair. Son imagination, avec des bonds d'aigle, s'élance au-dessus de toutes les mesquineries. Son regard réfléchi distingue ce qui est possible et peut être atteint. En outre, quelle énergie!»

Enthousiasme de pure forme? Compliments emphatiques,

insérés dans des lettres à Eulenburg afin qu'ils soient rapportés au Kaiser? Un autre familier de Guillaume, Albert Ballin, président de la compagnie de navigation transatlantique Hambourg-Amerika, s'indigne: «Cela ne peut durer longtemps. L'empereur est trop avisé pour se laisser prendre à de si basses flatteries.» Waldersee lui répond que la vanité du Kaiser est sans limite: «Jusqu'à présent, aucune flatterie ne lui a paru exagérée.»

Septembre 1897: le Kaiser a demandé à Bülow de l'accompagner aux manœuvres militaires austro-hongroises d'automne à Budapest. Guillaume s'installe, avec sa suite, dans l'antique château des rois de Hongrie, sur la colline de Buda: la vue donne sur le Danube, avec le pont suspendu où la foule massacra en 1848 Lamberg, le général en chef autrichien, et sur la ville basse et ouvrière de Pest, qui semble disparaître dans les vapeurs d'usine.

Les manœuvres militaires, allemandes ou alliées, figurent en bonne place dans l'emploi du temps du Kaiser: avant de retrouver François-Joseph pour celles de Budapest, il a assisté, de la fin août 1897 au début septembre, au déploiement du 8e Corps d'armée à Coblence, à la grande revue d'automne du 2e Corps d'armée bavarois dans la vieille ville épiscopale de Würzbourg puis à Nuremberg, enfin aux exercices impériaux de Hesse. L'intrusion régulière de Guillaume dans ces «jeux de guerre» suscite des commentaires divers. Le roi Albert de Saxe souligne, admiratif, que peu de généraux pourraient s'acquitter avec autant de dynamisme de la fonction d'arbitre que s'assigne le Kaiser: «il vous présente une critique à vous faire écarquiller les yeux et les oreilles»; mais le monarque saxon précise, en souriant: «avec ça, il n'est pas capable de faire passer trois hommes du trottoir sur la chaussée». De fait, Guillaume ne se contente pas de l'observation et de la critique des mouvements, il tient à exercer le commandement d'un des camps en présence et à être le vainqueur... En outre, il a une passion pour le lancement de formidables charges de cavalerie, qui seraient inconcevables en temps de guerre sous le feu des mitrailleuses.

On ne peut imaginer tempéraments plus contrastés que ceux de Guillaume et de François-Joseph, l'empereur d'Autriche-Hongrie. À Guillaume, toujours subjectif et égocentrique, toujours présent sur la scène, flamboyant, prêt à toutes les gesticulations et à des éclats oratoires qui reflètent sa sensibilité exacerbée et son volontarisme politique, s'oppose le vieil empereur autrichien, impersonnel et débonnaire: homme de devoir, dépourvu du moindre charisme, il se veut le «premier bureaucrate» de son Empire, se tient à l'arrière-plan, dédaigne les tréteaux, se perd dans des allocutions monocordes et soporifiques, prononcées d'une voix basse, affectées par un asthme persistant et il ne semble qu'une ombre errant à travers l'histoire. Guillaume est doté d'une imagination surabondante, il a une vision de l'avenir, même si elle est parfois en partie erronée, il a de l'esprit, de l'élan, souvent trop... alors que François-Joseph semble parfois incapable de saisir les aspirations profondes de ses peuples – mais sans doute n'est-ce qu'une apparence et la conséquence de son attachement raisonné au statu quo, à la fin d'un si long règne – ou de manifester chaleur ou sympathie au plus humble ou au plus puissant de ses sujets ou encore à l'un de ses ministres. L'empereur d'Autriche estime la fidélité et la loyauté inconditionnelles de Guillaume, son grand, son incontournable allié, mais il est excédé par ce qu'il prend pour un manque de distinction du Kaiser, ses plaisanteries qui lui semblent vulgaires, son absence de tact – d'autant que Guillaume est de vingt-neuf ans plus jeune que lui! –, et il éprouve un vrai soulagement à la fin de chacune de ses visites.

Bülow craint que la froideur de François-Joseph ne soit encore plus ressentie lors du dîner officiel offert par l'empereur autrichien, le 21 septembre, comparée aux fulgurances du Kaiser. Peut-être Guillaume pourrait-il manifester moins de fougue et se tenir à la «calme sérénité» de son hôte? L'étrange requête n'avait guère de chance d'être approuvée... Guillaume répond, enjoué:

— Mon cher Bernard, vous êtes certainement plus intelligent que moi mais, pour ce qui est des discours, j'en ai fait beaucoup et qui n'étaient pas mauvais... Je parlerai à ma manière!

François-Joseph prononce donc le toast prévisible: deux phrases ternes, rédigées par son cabinet et lues d'une voix hésitante, en butant sur chaque mot. Guillaume répond par une improvisation enflammée sur les vertus des Hongrois et le rôle de leurs héros dans l'Histoire. Après le dîner, Eulenburg, venu de son ambassade à Vienne, se précipite sur le Kaiser et lui baise les deux mains:

— Quelle envolée! Je suis transporté, éperdu d'admiration!

Très impressionné lui aussi, François-Joseph décide, dès le lendemain, de faire élever à ses frais des monuments à dix héros nationaux hongrois.

Le scepticisme de François-Joseph, son absence d'enthousiasme, son indifférence apparente, la limitation volontaire de son rôle à l'horizon bureaucratique du palais de Schönbrunn, peuvent évidemment s'expliquer par les tragédies qui jalonnent sa vie privée et qu'il traverse avec stoïcisme.

Son cadet de deux ans, l'archiduc Maximilien, très brillant intellectuellement, un libéral peu à l'aise dans la monarchie autrichienne, a accepté en 1864 la couronne impériale que lui proposaient des notables mexicains : il entrait ainsi dans le jeu de Napoléon III, qui souhaitait créer dans le Nouveau Monde une monarchie latine et catholique afin d'équilibrer les États-Unis, déchirés par la guerre de sécession. Sa participation au jeu politique mexicain tourna au désastre : le nouvel empereur du Mexique régnait sur un pays en guerre civile ; le libéral qu'il était ne pouvait obtenir un vrai soutien de l'Église et des clans conservateurs ; les républicains de Juarez allaient acquérir l'appui des États-Unis, revenus à la paix. Napoléon III rappela son corps expéditionnaire. Maximilien fut arrêté et fusillé, le 19 juin 1867, sur l'ordre de Juarez, fils de paysan et peu sensible au prestige de la Maison d'Autriche – un tableau d'Édouard Manet immortalisa la scène.

Le suicide du fils unique de François-Joseph, l'archiduc Rodolphe, vingt-deux ans plus tard, le 30 janvier 1889 à Mayerling, en compagnie de sa jeune maîtresse, Marie Vetsera, fut une autre catastrophe pour la monarchie. Rodolphe, qu'on avait pris l'habitude d'appeler le Kronprinz, le prince héritier, comme en Allemagne, inspirait la sympathie dans de nombreux cercles de l'Empire. Après de premiers essais désastreux qui ne parvinrent pas à lui imprimer une empreinte cléricale, son éducation avait été confiée à un aristocrate libéral, le comte de Latour, dont l'influence fut décisive. Influencé par sa mère, l'impératrice Élisabeth, il voulait assurer la protection des minorités, en particulier des minorités slaves, non sur un modèle fédéraliste-aristocratique, mais par un centralisme libéral, un néoabsolutisme semblable à celui de son grand-oncle, Joseph II. Lié au journaliste juif Maurice Szeps, il avait été la cible des premières campagnes antisémites du pangermaniste Schönerer. Initié à la franc-maçonnerie – interdite en Autriche mais autorisée en Hongrie – il se rendait régulièrement dans une loge de Pécs, la cité culturelle et industrielle du sud de la Hongrie : le siège de sa loge est devenu la résidence des enseignants étrangers invités par l'université de Pécs, la plus ancienne université de Hongrie, créée au XIVe siècle. Fervent défenseur de l'unité de l'armée, Rodolphe avait été promu inspecteur général de l'infanterie en 1889 mais, en dehors des questions militaires, il était exclu de tout dialogue par François-Joseph, qui refusait de discuter politique avec lui et de lui donner les informations dues à un héritier présomptif. Il tentait de s'exprimer à travers la presse internationale – utilisant fréquemment les colonnes du *Figaro*.

En politique extérieure, s'affichait le principal dissentiment entre

Rodolphe et l'empereur. Le libéralisme de l'archiduc s'étendait à l'échiquier international : il prit la tête du « parti français », noua amitié avec Clemenceau – de même qu'il se lia avec le prince de Galles et admirait le parlementarisme anglais. Par contre, il ne pardonnait pas à l'Allemagne l'humiliation de la défaite de Sadowa en 1866 et il récusait l'Alliance austro-allemande, ce fondement de la politique étrangère de François-Joseph, qu'il estimait contraire aux intérêts de la dynastie. Il soupçonnait l'Allemagne d'avoir des vues sur les provinces allemandes de Cisleithanie et il souhaitait ardemment la revanche d'une éventuelle alliance franco-autrichienne... qu'avait envisagée François-Joseph, ainsi qu'une politique plus active dans les Balkans, une ouverture aux revendications de la Serbie et de la Roumanie. En janvier 1889, à la veille du drame de Mayerling, Rodolphe était déprimé, usé par ses multiples obligations militaires et de représentation, miné par ses déchirements familiaux et ses liaisons multiples. C'est le caractère scandaleux de son suicide pour les Habsbourg qui fit naître les multiples légendes de complot.

« Les Balkans commencent aux portes de Vienne », assurait Bismarck. Devant la délégation allemande, François-Joseph passe en revue, dans son château de Buda, les divers princes balkaniques. Il s'acharne sur Ferdinand de Bulgarie, dont il reconnaît pourtant les grandes qualités d'homme d'État... L'explication surgit rapidement. L'empereur d'Autriche reste, d'abord, un vieux cavalier : à soixante-sept ans, il se tient droit à cheval et saute les fossés. Il ne pardonne pas à Ferdinand d'avoir été, dans sa jeunesse, un médiocre officier de hussards autrichiens :
— Il considère le cheval comme son ennemi personnel, résume-t-il en guise de condamnation.
Bülow ramène le débat sur la question des nationalités, l'intransigeance des Hongrois envers les petits peuples placés dans leur mouvance :
— Ils font montre d'un mélange de fanatisme, d'intolérance, de manque de psychologie et de chicanerie procédurière... Cela me rappelle le mirage qui apparaît parfois dans la *puszta*, la longue plaine hongroise, et égare le voyageur.
François-Joseph a traversé nombre de turbulences, souvent sanglantes, dans sa vie publique, depuis son accession au trône... en 1848. Il a d'abord choisi un absolutisme appuyé sur l'armée et la bureaucratie allemande d'Autriche : ce fut, en 1849, la brutale répression de la révolution hongroise. Mais il perd ses illusions sur les champs de bataille de Magenta et de Solferino, en 1859, puis lors de la défaite de Sadowa, le 3 juillet 1866 : les Habsbourg sont

quasiment chassés de la péninsule italienne puis éliminés des affaires d'une Allemagne que la Prusse s'apprête à unifier. Le compromis austro-hongrois de 1867 rétablit l'État hongrois dans la plénitude de ses droits et instaure un parlementarisme qui donne satisfaction à la bourgeoisie autrichienne; pourtant le problème des nationalités restera posé jusqu'à la fin de la Double Monarchie – François-Joseph refuse, en 1871, d'entériner un compromis austro-tchèque. L'essor économique qui apaise la suite de son règne, ses qualités humaines et les goûts simples qu'il partage avec ses sujets, valent une popularité certaine à l'empereur d'Autriche et font de lui un allié solide pour l'Allemagne – puisque François-Joseph s'est résigné à n'être que le second au sein de la Triplice, la Triple Alliance forgée par Bismarck.

Une autre tragédie interviendra dans la vie de François-Joseph, un an après les manœuvres de Budapest et le séjour de Guillaume en Hongrie : l'impératrice Élisabeth est assassinée, le 9 septembre 1898, sur le quai du Mont-Blanc à Genève, par un anarchiste italien, Luccheni. François-Joseph a profondément aimé la jeune princesse bavaroise, Élisabeth de Wittelsbach, qu'il avait épousée alors qu'elle n'avait que dix-sept ans, malgré l'avis défavorable de sa mère, l'archiduchesse Sophie. De fait, Élisabeth n'a jamais accepté les contraintes de la cour de Vienne : féministe, brillante cavalière, apprentie poétesse dans la mouvance d'Henri Heine, elle considérait la monarchie comme une «ruine»; elle séduira un demi-siècle plus tard le public autrichien et européen grâce au rayonnement de Romy Schneider et ses apparitions en «Sissi». Elle était surtout intervenue en faveur des Hongrois, dont elle parlait la langue, pour favoriser le compromis de 1867 – et, au plan privé, pour faciliter la relation de François-Joseph avec l'actrice du Burgtheater, Catherine Schratt... que Bülow décrit dans ses *Mémoires* jouant bourgeoisement au tarot avec l'empereur. Brisée par le suicide de son fils, Rodolphe, elle avait choisi une vie d'errance entre Madère, Corfou et l'Irlande. Au premier télégramme de Genève, annonçant sa mort, François-Joseph se serait écrié : «Maintenant, plus rien ne peut me frapper. J'ai tout subi.» Il craint que l'impératrice ait, comme son fils, attenté à sa vie... Le second télégramme, qui donne des détails sur l'assassinat, est accueilli avec une sorte de soulagement.

Révulsé par l'attentat, Guillaume adresse immédiatement une dépêche à Vienne, au nom de la solidarité monarchique : il se ralliera à toute suggestion de l'Autriche pour combattre l'anarchisme, «né du libéralisme, des rêveries humanitaires, des cajoleries au peuple pour obtenir sa faveur et de la lâcheté des parlements». «Il faut agir!» conclut le Kaiser. Le prudent François-Joseph opère un retour au calme :

— Je ne peux pas plaindre l'impératrice. Elle a trouvé la mort qu'elle a toujours souhaitée, prompte, sans douleur, glisse-t-il à Guillaume, venu assister aux obsèques.

Au sortir de l'église Saint-Étienne, le ministre des Affaires étrangères Goluchowski aborde Bülow :

— Votre empereur a généreusement proposé une action commune immédiate contre l'anarchisme. Je vous prie d'y renoncer. L'empereur François-Joseph ne désire pas qu'un douloureux deuil personnel soit le point de départ de mesures politiques.

KIAO-TCHÉOU OU L'ASIE ALLEMANDE

Guillaume a poursuivi son projet d'acquisition de Kiao-Tchéou, cette baie au sud de la péninsule du Chantoung, dont il désire faire la première implantation allemande en Asie. Il en a la conviction : l'Allemagne doit posséder un port charbonnier en Extrême-Orient pour ravitailler ses navires. Et aussi une ville-comptoir qui serait une vitrine commerciale, une exposition permanente des produits allemands à proposer à la Chine qui semble s'ouvrir au commerce international. Plusieurs possibilités ont été examinées : certaines agglomérations étaient coupées de leur arrière-pays, d'autres n'avaient pas d'avenir économique ou avaient déjà été l'objet de préemptions de l'étranger. Par contre, les perspectives de développement de Kiao-Tchéou étaient favorables et le mouillage dans le port était bon, la baie à l'abri des glaces.

Il importe à Guillaume de ne pas se mettre en opposition avec la Russie, de ne pas mécontenter le tsar. Il s'est donc rapproché des experts de l'Extrême-Asie puis de la Russie au secrétariat d'État de la Wilhelmstrasse pour étudier les aspects politiques du projet. Il a appris que, si une escadre russe était bien restée à l'ancre, dans la baie, pendant tout un hiver, l'amirauté avait décidé de ne pas reconduire l'expérience. L'endroit avait semblé affreusement désert aux Russes, et d'une infinie tristesse.

— Ils n'y ont trouvé ni ces maisons de thé, ni ces geishas indispensables aux marins russes pendant leurs quartiers d'hiver... explique le Kaiser au chancelier Hohenlohe, en commettant une légère confusion avec les mœurs japonaises.

En outre, l'amiral russe a déconseillé, de la manière la plus formelle, à son gouvernement un établissement dans la baie, car il n'a décelé aucune promesse de développement économique.

La voie semble donc libre, mais le ministre russe Mouraviev a soudainement décidé de s'opposer au projet allemand... Guillaume fait montre d'un humour froid quand il revient sur l'argumentation de Mouraviev.

— Il a une imagination incontestable! Il a commencé par déclarer que la Russie ne pouvait faire valoir sur cette baie aucun droit direct résultant d'un traité conclu avec la Chine, puis il a tout de même revendiqué un droit de possession résultant d'un «droit de premier mouillage»: les navires russes ont jeté l'ancre dans le port de Kiao-Tchéou bien avant toutes les autres flottes et cela leur donnerait un droit! Le «droit du premier mouillage»! Je n'avais jamais rien entendu de pareil! Je me suis retourné vers les conseillers juridiques du secrétariat d'État: personne ne pouvait éclaircir l'assertion de Mouraviev! Heureusement, j'ai fini par découvrir un spécialiste de droit maritime, le meilleur d'Allemagne, un certain Perel, conseiller-rapporteur à l'Amirauté: il a réduit à néant les prétentions de Mouraviev et définitivement rejeté dans le cimetière des doctrines mortes ce fameux «droit de premier mouillage».

Le Kaiser a relaté l'anecdote à Nicolas II – qui lui a confirmé que la Russie se concentrait sur Port-Arthur et n'éprouvait aucun intérêt pour les territoires situés au sud de la ligne Tien-Tsin-Pékin.

À l'automne 1897, une lettre de l'évêque Anzer annonce l'assassinat de deux missionnaires allemands au Chantoung. Les catholiques allemands, et particulièrement le groupe parlementaire du Zentrum qui comporte une importante faction tentée par la relance d'une politique coloniale, exigent des sanctions énergiques contre la Chine. Le Kaiser adresse à Bülow un long télégramme, ému et agité, respirant l'indignation contre «un peuple de païens»; il convoque Hohenlohe à Letzlingen, son rendez-vous de chasse hivernal, et élabore avec lui les mesures de rétorsion: Kiao-Tchéou sera occupée; une escadre partira pour l'Extrême-Orient sous le commandement du prince Henri.

De nouvelles réticences apparaissent, qui reflètent la compétition permanente entre les impérialismes européens. L'ambassadeur de Russie, Osten-Sacken, proteste auprès du secrétaire d'État Bülow:

— Votre attitude en Extrême-Orient va faire très mauvaise impression en Russie et susciter une vive opposition.

— Comprenez que notre intervention en Asie répond d'abord à des raisons de politique intérieure: nous devons ménager nos catholiques, leur faire comprendre qu'ils ont une mise dans le jeu de l'Empire allemand. Mais il y va aussi de l'intérêt de toutes les nations européennes qui commercent avec la Chine: si j'étais ministre russe, je me réjouirais de l'arrivée des Allemands dans le Chantoung, que je considérerais comme un appui moral à la présence russe à Port-Arthur.

Du côté anglais, la démarche est plus originale: l'impératrice Frédéric rend visite à Bülow pour lui lire une lettre qu'elle a reçue de son frère aîné, le prince de Galles. Le futur Édouard VII soutient que les Allemands devraient se contenter de la magnifique armée qu'ils ont construite au fil des années – et qu'ils n'ont vraiment rien à faire en Extrême-Orient.

Guillaume est très affecté par ces oppositions qui émergent – particulièrement celle de son oncle anglais, qui se manifeste par le biais de sa mère! Mais aussi celle de la Russie, alors qu'il croyait avoir tout réglé avec Saint-Pétersbourg. Décidément, les «puissances» ne veulent pas le laisser libre de ses mouvements, dans la mise en œuvre de sa politique mondiale! Dans ses *Mémoires*, il donnera dans le «conspirationnisme» et se dira persuadé que la «main invisible» des «Gaulois et des Anglo-Saxons» a agi, dès l'occupation de Kiao-Tchéou. Il citera les travaux d'un spécialiste américain de relations internationales, Roland Usher, professeur à l'université Washington de Saint-Louis, qui prétendra révéler, en 1918, l'existence d'un traité secret entre les États-Unis, la Grande-Bretagne et la France, conclu au printemps 1897 pour freiner l'expansion allemande... Une découverte peu vraisemblable quand on considère l'hostilité franco-britannique à cette date, proche du recours à la force en Afrique, et alors que les États-Unis s'apprêtent à peine à sortir de leur isolement d'île-continent à l'occasion de leur conflit sur Cuba avec l'Espagne.

Guillaume a promis au prince Henri, son frère, de lui adresser ses adieux à Kiel, avant son départ, le 15 décembre 1897. Il s'arrête à Hambourg, se rend à la Bourse où il est acclamé par une foule compacte. Le président de la puissante ligue des commerçants et négociants du grand port hanséatique, Wörmann, prononce, d'une voix de stentor, l'éloge du Kaiser «qui vient d'accorder sa haute protection aux échanges de Hambourg avec l'Asie». La volonté de puissance des Allemands est égale à celle du Kaiser...

À Kiel, Guillaume porte un toast de fin de banquet à son frère, auquel il conseille de frapper avec un «poing ganté de fer» quiconque tenterait de léser l'Allemagne – et de «ceindre de laurier son jeune front». Henri, un esprit droit, proche de la candeur, totalement étranger à l'intrigue politique (le précepteur Hinzpeter dit de lui: «Le prince Henri nous montre ce que serait devenu le Kaiser si je n'avais pas pris son éducation en mains»), répond sur le même ton: ce qui l'attire en Asie, c'est uniquement «le désir d'annoncer l'évangile de la personne sacrée de Sa Majesté, de le prêcher à tous ceux qui voudront l'entendre et même à ceux qui ne le voudront pas». Fâcheux échange pour l'opinion allemande et internationale. La presse anglaise devine, derrière le «poing ganté de fer», l'apparition d'un nouveau Gengis Khan. À Berlin, la très conservatrice mais très chrétienne *Kreuzzeitung*, organe des junkers, rappelle qu'il n'y a qu'un Évangile, celui du Sauveur – et non celui du Kaiser. Le *Times* de Londres ironise sur le discours du prince Henri: «Libre à lui de prêcher l'évangile de son frère; mais vouloir l'imposer à ceux qui ne le veulent pas passe les bornes!»

Le 11 juillet 1898, le prince Henri exprime sa joie, dans un courrier au Kaiser: le charbon du Chantoung, après analyse, se révèle d'une qualité égale à celui de Cardiff – et nettement supérieur au charbon japonais!

Le Kaiser s'est lancé dans l'un de ses projets les plus personnels: la naissance d'une cité-comptoir, d'une place de commerce allemande sur le rivage chinois. Ce sera Tsing-Tao, à côté de Kiao-Tchéou. Un projet d'autant plus important que l'occupation de Kiao-Tchéou et la création de Tsing-Tao constituent le premier acte concret de la *Weltpolitik*, de la politique mondiale du Kaiser. Guillaume s'étend, dans ses *Mémoires*, sur cette réalisation. «Tout y avait été combiné pour faciliter le commerce et l'industrie. Le développement de cette station fut telle que, dans les années qui précédèrent la guerre, elle figurait, sur les registres des grosses entreprises de commerce chinoises, immédiatement après Tien-Tsin, c'est à dire au sixième rang parmi toutes les cités commerciales de la Chine. C'était, en quelque sorte, un entrepôt de tous les échantillons du savoir-faire et des capacités de l'Allemagne. Les Chinois trouvaient là de quoi choisir et de quoi s'inspirer. Auparavant, ils ne connaissaient ni l'Allemagne, ni ses moyens, ni ses produits.»

À la veille de la Première Guerre mondiale, Tsing-Tao comptera 53 000 habitants chinois, 2 000 Européens et une garnison de 2 400 soldats allemands. Elle sera conquise par les Japonais en 1914, après un siège de deux mois, et redeviendra chinoise le 10 décembre 1922. Aujourd'hui, la ville de Qingdao – pour reprendre la transcription pinyin – rassemble neuf millions d'habitants, mais son vieux quartier porte encore le souvenir de son époque allemande avec ses immeubles d'architecture bavaroise, sa gare, la résidence du gouverneur, plusieurs temples luthériens d'une grande sobriété, la cathédrale Saint-Michel, de style romano-rhénan, visible depuis la mer... et une célèbre brasserie dont la construction a été achevée en 1903. Car les Allemands ont introduit la bière à Tsing-Tao, avec un immense succès : la bière qui porte le nom de la ville est célèbre dans toute la Chine, voire à l'étranger.

Le 5 janvier 1898, le *Reichsanzeiger*, le bulletin de l'Empire, publie le texte de la convention germano-chinoise sur Kiao-Tchéou, qui sera signée officiellement le 5 mars. L'occupation de la baie est effective depuis novembre 1897 – et couverte en droit. Guillaume exulte, dans un message à Bülow : « Combien furent grandes l'aide et la grâce du Seigneur, sans lesquelles nous eussions échoué. Mais nous défendions la croix et il a été avec nous.» Réflexe d'un Empire allemand souvent taxé de mercantilisme dans l'opinion européenne ? La convention est une cession à bail. La procédure est originale : elle est empruntée au droit privé – de manière évidemment inexacte, car un État n'a pas un droit de propriété sur son territoire, il exerce sa souveraineté. L'emprunt à la technique du droit privé permet de masquer l'âpreté des politiques impérialistes : la Chine loue, pour quatre-vingt-dix-neuf ans, la baie de Kiao-Tchéou à l'Allemagne. Le Kaiser insiste : le procédé respecte la souveraineté chinoise. « Les couleurs de l'Empire de Chine flottaient sur les douanes de Tsing-Tao.» L'Allemagne a ouvert une voie : la procédure de la cession à bail sera reprise par l'Angleterre, puis par la France.

En 1899, deux nouvelles colonies sont acquises par l'Allemagne, deux groupes d'îles dans l'océan Pacifique : les Samoa et l'archipel des Carolines. Des maisons de commerce allemandes étaient très actives aux Samoa depuis 1850, et en 1889 trois souverainetés avaient été projetées, ensemble, sur ces îles, constituant un «condominium» très original au regard du droit international : celles de l'Allemagne, de l'Angleterre et des États-Unis, après une conférence tenue à Berlin. Mais, en mars 1899, ce montage juridique se révélait un échec : après d'âpres contestations entre les consuls allemand, anglais et américain, une guerre civile avait éclaté entre Samoans, liés aux différentes puissances «protectrices» et des colons allemands avaient été arrêtés par les agents anglais et américains, des croiseurs anglais et américains avaient bombardé la capitale, Apia et les résidents allemands. Holstein porta, en urgence, l'information à Bülow, en jouant l'émotion et avec l'intention de se débarrasser du secrétaire d'État :

— C'est une vraie tuile pour notre diplomatie. À votre place, je proposerais ma démission au Kaiser. Je ne vois pas d'autre moyen de sortir de ce désastre.

Une vraie scène de boulevard : Bülow n'ignore pas que Holstein craint la famille Bismarck «comme le diable l'eau bénite»; il feint de réfléchir :

— Je n'étais pas loin de penser de la même manière. J'envisage d'adresser ma démission au Kaiser, et de lui suggérer de nommer Herbert Bismarck à ma place.

Holstein n'abordera plus cette perspective... Bülow obtient des États-Unis et de l'Angleterre la constitution d'une commission tripartite pour enquêter sur les incidents puis l'ouverture de nouvelles négociations sur l'avenir de l'archipel : par le traité de Washington du 2 décembre 1899, les deux îles principales d'Upolu et de Savaï sont attribuées à l'Allemagne. Guillaume félicite Bülow :

— Vous êtes le parfait magicien que le ciel, dans sa bonté, m'a donné à moi, indigne.

L'acquisition d'une poussière d'îlots volcaniques et de rochers basaltiques – les Carolines, les Mariannes et Palaos – procéda plus simplement de leur vente à l'Allemagne par leur précédent souverain, l'Espagne, épuisée par les derniers soubresauts, cubain et philippin, de son empire colonial. L'Allemagne avait déjà disputé les Carolines à l'Espagne mais un arbitrage du pape Léon XIII, en 1885, avait acquiescé aux prétentions madrilènes. Cette fois, la vente fut conclue pour 25 millions de pesetas. Ces nouveaux territoires allemands étaient intégrés à la Nouvelle-Guinée, un vaste ensemble d'à peu près 240 000 kilomètres carrés et de 479 000 habitants, parmi lesquels 772 ressortissants allemands. Un ensemble d'îles et d'archipels, éclaté à travers le Pacifique – avec la Terre de l'empereur Guillaume, l'archipel Bismarck, les Salomons du Nord, les Marshall, Nauru – et animé économiquement par la «Neuguinea Kompagnie» : l'Allemagne avait pu prendre possession de ces terri toires épars après la signature, avec l'Angleterre, d'un traité de délimitation de zones d'influence.

Après la ratification de l'achat des Carolines par le Reichstag, Guillaume a poussé un nouveau cri de joie, teinté de lyrisme :

— À mon signal, la flotte, remplie de joie en apprenant l'accroissement de notre domaine, vient de pousser trois hourras retentissants à la prospérité du peuple allemand ! À peine s'étaient-ils tus, le soleil, jusqu'alors couvert de sombres nuages, perça. Ses clairs rayons apparurent comme un rayon envoyé par le ciel.

Seules les Samoa n'ont pas été intégrées à la Nouvelle-Guinée allemande et ont conservé un statut particulier. Ces îles du bout du monde accèdent à la notoriété lorsque Robert Louis Stevenson s'installe à Vaïlima, dans l'île d'Opolu – Rudyard Kipling, en voyage en Nouvelle-Zélande, veut lui rendre visite, mais il ne découvre aucune liaison maritime – et, beaucoup plus tard, lorsque Margaret Mead cherche à prouver, après un séjour aux Samoa, que la crise de l'adolescence n'existe pas dans certaines sociétés. Pour l'heure, en cette extrême fin du XIXe siècle, les Samoa apparaissent comme la mieux administrée des colonies européennes (ou américaines) du Pacifique – avec leur système d'instruction publique, leur hôpital, leur réseau routier... et leurs plantations florissantes. Elles ont connu, pendant dix années, le proconsulat exceptionnel du gouverneur Wilhelm Solf qui sera rappelé en 1910 à Berlin pour se voir confier le secrétariat d'État aux Colonies. À la veille du premier conflit mondial, avec Kiao-Tchéou, les Samoa et la Nouvelle-Guinée, l'Allemagne semblait avoir édifié, en Asie-Pacifique, un empire colonial en miniature.

BISMARCK, EN STATUE DU COMMANDEUR

Depuis que Bismarck a été chassé de la Chancellerie, les courtisans qui font cercle autour du Kaiser semblent mieux respirer. «À cette époque, il semblait qu'on venait d'enlever d'un pré un bloc de granit sous lequel il n'y avait que des vers», écrira Guillaume dans ses *Mémoires*, non sans cruauté pour les vers revenus à la liberté. L'ironie de Hohenlohe est aussi ambiguë lorsqu'il décrit, à l'été 1890, l'atmosphère de la cour, telle qu'il la perçoit depuis son observatoire strasbourgeois puisqu'il est encore gouverneur d'Alsace-Lorraine : «Les gens prennent des airs d'importance ; chacun se sent quelqu'un tandis que sous Bismarck tous se sentaient amoindris et rapetissés ; ils paraissent maintenant avoir pris du volume, telles les éponges dans l'eau.» Le problème est que l'ancien chancelier a été humilié : le Kaiser et le gouvernement ont interrompu toute relation avec lui ; il n'a plus été informé des affaires de l'Empire ; l'administration impériale s'est contentée de lui demander de rembourser onze jours de ses émoluments, perçus en trop depuis la date de son départ – c'est la seule fois qu'il a vu la signature de son successeur à la Chancellerie, Caprivi ! Et le cofondateur de l'Empire ne pardonne pas son humiliation : il devient le premier opposant au Kaiser. Une opposition qui terrifie et désarçonne les proches de l'empereur : si Bismarck était plus jeune, il transformerait l'Empire en République et il deviendrait un Cromwell allemand – telle est l'opinion d'Eulenburg.

Bismarck n'a attendu qu'un mois après sa démission pour lancer ses premières critiques contre ses successeurs, dans son quotidien favori, les *Hamburger Nachrichten*. Comment se comporter face à lui ? Eulenburg émet des propositions en tous sens : en partance pour Kiel, Guillaume pourrait s'arrêter sur le quai de la gare de Freidrichsruh, Bismarck viendrait à sa rencontre, en voisin, depuis sa résidence, l'entretien ne durerait pas plus de trois minutes, mais il serait un signe de réconciliation... ou bien l'empereur pourrait offrir à Bismarck de résider au château de Bellevue, lors des prochaines sessions du Reichstag – mais Eulenburg n'a pas prévu que Bismarck, toujours député au Reichstag, a décidé de ne plus siéger ! Au demeurant, Holstein avait déjà contre-attaqué : l'invitation à Bellevue serait considérée comme une marque de faiblesse ; rendre les armes devant Bismarck serait le pire fiasco pour la dynastie. Il n'en reste pas moins que chaque déclaration de Bismarck à la presse, voire ses conversations privées lorsqu'elles sont rapportées, suscitent plus d'écho dans le pays et à l'étranger qu'un discours du Kaiser...

La question reste posée, lancinante : que faire ? Guillaume resserre le boycott de Bismarck : seuls les hauts fonctionnaires en poste en Allemagne du Nord pourront lui rendre visite, mais ils devront éviter toute allusion politique – l'apparence d'un consensus politique avec l'ancien chancelier serait considérée comme une trahison du Kaiser ! Le général Waldersee, que Bismarck distingua jadis, nommé commandant à Altona, peut donc faire de rares incursions à Friedrichsruh et se multiplier en louanges – sans convaincre le maître des lieux : « Lors de ses visites, j'ai toujours l'impression qu'il veut ou doit se renseigner sur le moment où il devra me commander une couronne. » En juin 1892, Waldersee est chargé d'une médiation : le Kaiser est prêt à la réconciliation, mais Bismarck devra faire le premier pas, par une supplique sans équivoque exprimant le désir de renouer avec Guillaume. La réponse jaillit : « J'ai été jeté au bas de l'escalier, je ne puis donc pas demander de rentrer, j'attends une invitation. »

Le Kaiser est d'autant plus embarrassé que la fâcherie avec Bismarck retentit sur les relations internationales de l'Allemagne : il fait diffuser une circulaire auprès de toutes les ambassades et légations allemandes expliquant les critiques que l'ancien chancelier ne cesse d'émettre dans la presse par le fait que le cofondateur de l'Empire est devenu « faible d'esprit ». Guillaume se lamente auprès du tsar, qui le rassure, au nom de la complicité entre monarques absolus : « Après tout, Bismarck, avec toute sa grandeur, n'était rien d'autre que ton employé. Le moment où il refusait d'agir selon tes ordres, il fallait le renvoyer. » Mais la panique gagne l'entourage : Bismarck projette de se rendre à Vienne, pour le mariage de son fils aîné, et il a demandé audience à l'empereur François-Joseph ! Holstein envoie des instructions très fermes à l'ambassadeur allemand auprès de l'Autriche-Hongrie, Reuss, un ami personnel : « Tu ne te mêleras en rien du mariage, tu observeras la plus stricte retenue en cas de visite et tu empêcheras la réception par l'empereur. » Et Guillaume d'écrire une longue lettre à François-Joseph :

«Bismarck arrivera à Vienne à la fin du mois... pour y recevoir les ovations de ses admirateurs. Tu sais que son œuvre principale est son entente secrète avec la Russie, qu'il avait conclue derrière ton dos et par laquelle il trahissait l'alliance que l'Allemagne avait avec toi. Depuis sa retraite, il nous combat, moi, le chancelier Caprivi et mes ministres, de la manière la plus perfide. Il présente les faits très astucieusement afin que j'aie tous les torts. Le morceau principal de son programme est l'audience qu'il a combinée et qu'il t'a fait demander. Je te prie donc de ne pas aggraver la situation dans mon pays en recevant mon sujet désobéissant, avant qu'il ne se soit approché de moi et qu'il n'ait fait son mea culpa.» Mais l'exclusive lancée contre Bismarck suscite l'immense réprobation de l'opinion allemande... Lors de son départ pour Vienne, la gare est envahie par la foule berlinoise, qui l'acclame. L'ancien chancelier se montre à la fenêtre du train :

— Je ne puis parler ! Mon devoir est de me taire.

Un inconnu lui répond :

— Si vous vous taisez, les pierres parleront.

À Vienne, toutes les portes sont closes devant Bismarck. On ne peut assister au repas de mariage, et on le regrette vivement, mais on doit partir pour la campagne... L'ambassadeur d'Allemagne se découvre une maladie soudaine et s'alite. Bismarck redécouvre le lutteur qu'il a été : il est prêt au combat. Il commence par une interview au grand quotidien viennois, la *Neue Freie Presse* : «Je n'ai plus aucune obligation envers les actuels dirigeants de l'Allemagne. J'ai rompu tous les ponts. L'autorité personnelle et la confiance font défaut à Berlin. Le lien qui unissait l'Allemagne à la Russie a été déchiré. Les Autrichiens, en négociant récemment un accord commercial avec nous, ont pu constater la faiblesse et l'incompétence de nos négociateurs... La vérité, c'est que les hommes qui sont aujourd'hui au premier plan en Allemagne sont ceux que j'avais laissés dans l'ombre car ils ne présentaient pas les capacités nécessaires...» L'attaque a été foudroyante ! À Berlin, les ministres ne savent plus comment réagir. Des articles plaintifs apparaissent dans la presse, sur l'injonction du pouvoir impérial : les interventions de l'ancien chancelier blessent gravement le sentiment monarchique et le respect dû à l'empereur et, surtout, elles contreviennent à la réalité ; les souvenirs du vieil homme d'État deviennent tout à fait confus ; les successeurs de Bismarck se doivent de continuer son œuvre, mais aussi de le protéger contre lui-même. Nouvelle attaque de Bismarck, deux jours plus tard, dans la *Hamburger Blatt* : en prétendant continuer son œuvre, ses successeurs insinuent qu'il est coresponsable de la politique actuellement menée ; c'est une contre-vérité; l'ancien chancelier décline toute coresponsabilité. L'émotion gagne tout le gouvernement. Le Conseil des ministres se réunit au grand complet, pendant cinq heures, et publie un décret interdisant tout contact entre les membres de l'appareil d'État et l'ancien chancelier.

Encore un interdit aux effets pervers! Le peuple allemand est indigné. Partout, on lit les réponses de Bismarck. A-t-on jamais vu, au sein d'un autre État, un tel décret de proscription? Le proscrit est au sommet de sa popularité dans la nation allemande. Depuis son retour de Vienne, il reçoit les hommages tumultueux de ses compatriotes, connus et inconnus, qui se pressent en pèlerinage à Friedrichsruh. Lors d'une retraite aux flambeaux à Munich, il déclare:

— Lorsque j'étais aux affaires, j'ai voulu faire naître et renforcer le sentiment monarchique en Allemagne. J'étais fêté par les milieux officiels mais le peuple voulait me lapider. Maintenant, c'est l'inverse: le peuple m'acclame, les cercles officiels se ferment devant moi. C'est ce qu'on appelle l'ironie du destin.

Lors d'un autre défilé à Bad-Kissingen, il reprend son analyse et esquisse une autocritique:

— Jadis, j'ai vraiment voulu consolider le trône face au parlement. J'ai combattu le Reichstag, j'ai contesté ses pouvoirs. Je pense aujourd'hui que je l'ai trop affaibli... La représentation du peuple devient impuissante si elle n'est que l'organe de la volonté du monarque. Nous avons besoin de l'air frais du débat public.

En le proscrivant, Guillaume avait converti Bismarck, l'artisan de l'absolutisme impérial, l'autocrate au service de l'Empire, en un presque-démocrate, et l'avait replongé dans la nation allemande.

Une réconciliation apparente, à l'hiver 1894. Le Kaiser apprend que l'ancien chancelier est atteint d'une grave pneumonie: il se résout à faire le premier pas. Il lui adresse un télégramme pour l'inviter à séjourner dans l'un de ses châteaux de l'Allemagne centrale – sa convalescence sera ainsi plus complète que «dans le climat peu favorable de Friedrichsruh». Bismarck refuse: il trouvera sa guérison dans sa «vieille demeure», mais il remercie Guillaume pour «sa gracieuse expression de sympathie». Une seconde démarche suit immédiatement: un aide de camp porte à Friedrichsruh une lettre manuscrite de l'empereur qui lui souhaite une heureuse convalescence et l'invite à son anniversaire – finalement, la rencontre est fixée au 26 janvier, afin d'éviter le flot des invités, le 27. Caprivi regrette de ne pas avoir été informé. Holstein s'inquiète auprès d'Eulenburg: «Si Bismarck revient au pouvoir, lui-même ou par l'une de ses créatures, ce sera un bain de sang auquel pas l'un d'entre nous n'échappera!» Guillaume tourne en rond nerveusement, inspecte les pièces où il recevra Bismarck, répète à voix basse une courte allocution de bienvenue. Le vieil homme d'État arrive, accompagné du prince Henri qui est allé l'accueillir; il a été salué par les ovations de la foule rassemblée sur Unter den Linden, qui scandait «*Deutschland! Deutschland!*». Suivent huit heures au palais impérial, un déjeuner intime de Guillaume et de Dona avec le seul Bismarck, un petit dîner dans les salons réservés au visiteur avec ses deux fils et sa suite, des anecdotes sans importance sur les exploits du chien Tyras, qui sauta un jour, à la Chancellerie, sur le grand-duc de Weimar. Une simple trêve de huit heures, après huit années de bouderie.

Le Kaiser rend sa visite à l'ancien chancelier, à la fin février. Il est accompagné de deux grenadiers, l'un dans l'ancien uniforme, l'autre dans une nouvelle tenue: il entend demander à Bismarck lequel des deux équipements a sa préférence. L'année suivante, une nouvelle visite à Friedrichsruh – cette fois à grande mise en scène – à l'occasion des quatre-vingts ans de Bismarck: l'empereur, à cheval, sur front de troupes déployées, lui remet un sabre en or, en témoignage de la reconnaissance de l'Allemagne. Un commentaire ironique du récipiendaire à ses familiers:

— Pendant que l'empereur me haranguait, haut sur son cheval, je regardais fixement une goutte de pluie qui roulait lentement le long de sa cuirasse étincelante.

Guillaume revient encore, quelques mois plus tard. Bismarck, tout à ses souvenirs, évoque Napoléon III et sa garde personnelle...

— Qui la commandait? l'interrompt le Kaiser.

— Cela n'a aucune importance. Il est vraiment indifférent de savoir qui la commandait... L'essentiel est qu'il pouvait totalement se fier à elle.

Une trêve très superficielle! En octobre 1896, un quotidien libéral revient sur la prétendue «mésentente» entre Bismarck et la Russie. L'ancien chancelier rédige une réponse explosive: «Notre accord était parfait: si l'un des deux Empires était attaqué, l'autre garderait une neutralité bienveillante. C'est après mon départ de la Chancellerie que cet accord n'a pas été renouvelé. Le chancelier Caprivi a refusé la prolongation de cette assurance-mutuelle que la Russie souhaitait. Vous savez ce qui a suivi: le rapprochement entre l'absolutisme tsariste et la République française, *La Marseillaise* chantée à Kronstadt. Seules les bévues de mes successeurs ont rendu possible ce rapprochement!» Holstein s'indigne: «Il nous désavoue devant le monde entier! Et il divulgue des secrets d'État!» Guillaume lui répond, en écho, dans un discours devant les nouvelles recrues: «Des personnes haut placées se rendent coupables de haute trahison!» Et il s'épanche auprès du tsar: «Après ce geste éhonté de Bismarck, les têtes lucides comprendront que j'aie éloigné de ses fonctions cet homme vulgaire et insubordonné.»

Les rapports se sont tout de même détendus au fil des multiples visites du Kaiser: ils ne sont plus interdits avec les hauts fonctionnaires et les ministres. Seule limite, constamment rappelée par Holstein: ne pas aborder les questions politiques, car «le nouveau régime impérial ne doit pas donner l'impression de demander conseil à l'ancien».

À peine pressenti pour le secrétariat d'État, Bülow a donc accompagné le chancelier Hohenlohe à Friedrichsruh, le 28 juin 1897. Il pénètre, pour la première fois, dans la maison de Bismarck – d'une étonnante simplicité. Pas de vraie bibliothèque, ni de plafond peint, de tapisserie des Gobelins – ni ces peintures Renaissance italienne qui illuminent les intérieurs de tant d'aristocrates allemands. Tout respire l'austérité spartiate du cofondateur de l'Empire. L'accueil de Bismarck, assisté de sa fille unique, la comtesse Rantzau, est très courtois: la conversation porte sur des souvenirs de chasse aux ours en Russie. Puis l'ancien chancelier se tourne vers Bülow pour l'interroger sur la santé de son père. La fille de Bismarck le coupe:

— Le père du secrétaire d'État est décédé depuis plusieurs années.

Puis elle s'excuse à voix basse, auprès de Bülow:

— Ce n'est pas un problème de mémoire, mais une simple distraction...

Bismarck semble troublé. Il revient vers Bülow:

— Je n'ai oublié ni Monsieur votre père, ni vous.

L'amiral Tirpitz représente un cas particulier parmi les pèlerins de Friedrichsruh: il a besoin d'un véritable entretien politique avec l'ancien chancelier, voire d'un accord politique avec lui! Le soutien de Bismarck faciliterait l'adoption du budget de la nouvelle flotte de guerre... Un nouveau cuirassé est baptisé de son nom, mais Bismarck invoque son âge pour ne pas assister à la mise à flot, à l'été 1897. Tirpitz écrit à Bismarck: il veut venir lui présenter un rapport. Sa lettre est retournée. Il insiste; il est accueilli par un regard foudroyant:

— Je ne suis pas un matou qui lance des étincelles quand on le caresse!

L'amiral exhibe des feuilles, des chiffres. Bismarck grommelle :

— Je sais qu'il nous faut des navires, mais pas des navires de guerre ! Répétez à l'empereur que je ne veux pas être l'auxiliaire de sa politique.

Guillaume fait pourtant, en décembre 1897, une nouvelle visite à Friedrichsruh, la quatrième depuis la «brouille». Il est accompagné de Tirpitz. Bismarck, très affaibli, est dans un fauteuil roulant. Cette fois, Bismarck veut parler politique. Peut-être pour délivrer ses ultimes conseils ?

— Le gouvernement personnel est plein d'attraits, mais seulement si le souverain est sûr de son entourage, et capable de maintenir l'ordre et l'obéissance. Dans le cas contraire, un gouvernement parlementaire est préférable : les ministres s'interposent entre le souverain et l'opposition, comme un matelas destiné à recevoir et à atténuer les coups.

Mais Guillaume, primesautier, feint de ne pas l'entendre. Le vieux chancelier veut reprendre de l'influence ? Il ensevelit ses remarques sous des plaisanteries de caserne :

— Votre Excellence sait-elle la différence qu'il y a entre une belle-mère et un cigare ?

Tirpitz murmure :

— Cette scène est trop pénible... Infliger cela à l'un de nos plus grands hommes d'État !

Mais Bismarck semble rassembler ses forces pour se faire entendre :

— Majesté, savez-vous ce que j'ai dit à Napoléon III lorsque je l'ai rejoint à Biarritz pour le menacer ? Je lui ai dit : «Majesté, tant que vous serez entouré de ce corps d'officiers, vous pourrez tout vous permettre. Ce sera autre chose le jour où vous ne l'aurez plus !»

Huit mois plus tard, le 2 août 1898, Guillaume assiste aux obsèques de Bismarck. Il souhaite que le cofondateur de l'Empire soit inhumé dans la cathédrale de Berlin, au côté des Hohenzollern, et il décrit, en pleine émotion, le sarcophage auquel il a pensé. Herbert Bismarck refuse, en termes cassants : son père reposera sur la petite éminence qui fait face à la demeure de Friedrichsruh ; il a lui-même choisi la place de son tombeau. Et comme Herbert lui avait fait remarquer qu'elle serait proche de la voie de chemin de fer, il avait répondu :

— Tant mieux ! Ainsi, il y aura encore du mouvement autour de moi.

LA HAYE: «LA COMÉDIE DE LA CONFÉRENCE»

Le pouvoir le plus absolu d'Europe se révélerait-il, en cette extrême fin du XIXe siècle, le plus «progressiste» dans l'arène internationale? Par son «Manifeste de la paix» du 12 août 1898, rédigé en français, publié par le *Messager de l'Empire* et communiqué à toutes les missions russes à l'étranger comme aux ambassadeurs et envoyés accrédités à Saint-Pétersbourg, le ministre Mouraviev propose la tenue d'une conférence dans le but d'assurer «une paix véritable et, avant tout, de mettre un terme au développement progressif des armements». «La conférence serait, Dieu aidant, d'un heureux présage pour le siècle qui va s'ouvrir. Elle rassemblerait en un puissant faisceau les efforts de tous les États qui cherchent sans sermon à faire triompher la grande conception de la Paix universelle sur les éléments de troubles et de discordes. Elle cimenterait en même temps leur accord par une consécration solidaire des principes d'équité et des droits sur lesquels reposent la sécurité des États et le bien-être des peuples.»

À la réception du document, Guillaume est tellement surpris et ému qu'il adresse immédiatement un télégramme au tsar pour ridiculiser l'initiative russe, sans prendre le temps de consulter son chancelier ou son secrétaire aux Affaires étrangères...

Il martèle son irritation: «Pouvons-nous nous représenter un monarque, un chef suprême de l'armée qui dissoudrait ses régiments sanctifiés par une histoire séculaire, qui reléguerait leurs glorieux drapeaux sur les murs des arsenaux et des musées et abandonnerait ainsi ses villes aux anarchistes et aux démocrates?» Sa réaction est double. Il hésite entre le rire du seigneur de la guerre, dont l'incrédulité éclate devant les «institutions comiques» qui lui sont proposées, et la colère du monarque qui, non sans cynisme, ne veut pas être privé de ses forces... sur le front intérieur, en cas d'affrontement interne.

Le rire, l'ironie... L'initiative du cher Nicolas devient «le sot enfantillage d'un gamin rêveur». Un ministre russe propose que les États ne puissent mobiliser qu'un pourcentage de leurs peuples? «Complète absurdité! S'il insiste, je lui tire les oreilles!» La Russie accepte de se soumettre à un tribunal d'arbitrage? «Moi, jamais! Je fermerai ma frontière avec la Russie par une chaîne de forts et de canons à tir rapide avec, derrière, l'infanterie et des mitrailleuses... Je veux bien jouer la comédie de la Conférence mais, pour la valse, je conserve mon sabre à mon côté.» L'ensemble des États se rallie au principe de l'arbitrage international? Guillaume réagit par une autre plaisanterie: «C'est parce qu'ils ne peuvent pas mobiliser aussi vite que nous! Ils veulent donc nous imposer un handicap!»

La colère du monarque qui ne veut pas être désarmé... face à son peuple. Il pense immédiatement aux «anarchistes et démocrates» qui menacent de détruire ses villes. Reste à en appeler au Seigneur suprême: «Dans l'avenir, je ne compterai plus que sur Dieu et sur mon épée tranchante, je ne me rapporterai qu'à eux et j'ignorerai les décisions de La Haye.»

L'impératrice partage l'émotion de Guillaume: «Il y a longtemps que le Kaiser n'a pas éprouvé une colère égale à celle provoquée par cette démarche soudaine et folle du trop jeune tsar.» Holstein sort de son repaire pour stigmatiser, lui aussi, une «institution comique»: «Tout ceci convient aux petits États et non aux grandes puissances, car pour l'État il n'y a pas de but plus élevé que la préservation de ses intérêts. Mais, chez les grandes puissances, ces intérêts ne coïncident pas nécessairement avec le maintien de la paix.» Par contre, Eulenburg est tenté de ramener l'incident à un problème d'ego blessé, à une concurrence implicite entre le Kaiser et le tsar: «Notre cher empereur ne peut pas supporter qu'un autre que lui monte en scène.»

En réalité, la surprise des divers États destinataires est aussi forte: le «manifeste» russe est une simple note, élaborée sans consultation préalable, sans projet préliminaire, sans plan mûrement réfléchi. Il s'agit seulement d'une idée, lancée pour sonder les réactions des «nations civilisées». L'accueil des mouvements pacifistes, qui se sont multipliés aux États-Unis et à travers l'Europe, est enthousiaste, mais celui des appareils étatiques est plus réservé. À Londres, l'amiral Fisher souligne que «la force est le droit».

Le rédacteur de la note russe, Fiodor Martens, professeur de droit international à l'université de Saint-Pétersbourg, réalise rapidement qu'une négociation sur le désarmement est considérée comme une utopie par tous les gouvernements établis – même par la Russie! Il a considéré que la Russie, initiatrice du projet de conférence, devait donner l'exemple : il a suggéré au tsar d'annoncer avec solennité la réduction du nombre des nouvelles recrues à incorporer dans son armée. Nicolas II a répondu par écrit : « J'estime difficile de donner mon accord à une diminution des effectifs de l'armée russe. »

Les cadres du ministère russe envisagent alors d'abandonner un projet trop ambitieux et de lui substituer une réunion des ambassadeurs accrédités auprès du tsar et la rédaction d'une simple déclaration. Mais Martens revient à la charge : il parvient à convaincre le ministre Mouraviev d'élargir l'ordre du jour de la conférence – du désarmement à l'arbitrage international et aux lois et coutumes de la guerre – et de tenir la première conférence internationale sur la paix.

Si les réticences discrètes de Nicolas rejoignent le refus catégorique de Guillaume, les visions générales du monde qui dominent à Berlin et à Saint-Pétersbourg, les styles diplomatiques de l'Allemagne et de la Russie n'en sont pas moins opposés : ainsi s'expliquent l'initiative du gouvernement du tsar et les colères du Kaiser.

Engagé dans la course à la domination mondiale, Guillaume sait qu'il peut compter sur le soutien de l'opinion allemande : historiens, philosophes et hommes politiques d'une Allemagne consciente de sa montée en puissance dramatisent la vision de la confrontation entre unités politiques souveraines. À la réflexion de laboratoire sur le principe de la force et sur sa manipulation, illustrée par les préceptes de gouvernement délivrés au Prince par Machiavel ou par la théorie pure de Hobbes sur la vraie nature du pouvoir – l'État est érigé en un nouveau « Léviathan », le monstre invulnérable et invincible évoqué dans la Bible, au Livre de Job, et les rapports entre États ne peuvent être régis que par la force –, les « maîtres-penseurs » allemands substituent une métaphysique de l'Etat-puissance. Léviathan est déchaîné : le machiavélisme devient paroxystique, la force est l'unique source du droit, l'Etat-puissance est la valeur suprême – selon Hegel : « la réalité de l'idéal moral », « la réalisation de la liberté », « la marche de Dieu dans le monde »...

Dans ses conférences à l'université de Berlin, publiées un an avant le manifeste russe sous le titre de *Politik*, l'historien Heinrich von Treitschke exalte la souveraineté : elle est la « complète indépendance de l'État par rapport à toute autre puissance sur terre » ; elle n'est « susceptible ni de partage, ni de plus ou de moins. Il est ridicule de parler d'État supérieur (*Oberstaat*) ou inférieur (*Unterstaat*) ; « l'avenir de l'humanité ne peut être de s'unir sous une autorité étatique unique ». En fait, l'égalité formelle entre États souverains, l'égalité au regard du droit international, qui était chère aux théoriciens classiques de la souveraineté, a disparu chez Treitschke : la souveraineté entraîne naturellement la politique de puissance, car elle signifie le « droit incontestable » pour l'État de recourir à la force quand il veut et de déchirer, du même coup, les traités existants. Seul est donc véritablement souverain l'État puissant, à même de triompher dans l'épreuve de la guerre. Treitschke rend un hommage appuyé à Machiavel : « Ce sera son honneur permanent d'avoir donné à l'État son propre fondement, d'avoir montré, le premier, que l'État c'est la puissance. » Il demande à ceux « qui n'osent pas regarder cette vérité en face » de ne pas s'occuper de politique...

Un thème qu'on retrouve chez un autre grand contemporain de Guillaume II : Max Weber, l'un des fondateurs de la sociologie moderne, connu pour sa grande étude sur *L'Éthique protestante et l'esprit du capitalisme* – dans laquelle il explique l'essor du capitalisme par la révolution des mentalités engendrée par le message luthérien, la transformation du rapport à l'argent, le passage des consciences médiévales, dominées par la parole évangélique selon laquelle « il est plus aisé pour un chameau de passer par le chas d'une aiguille que pour un riche d'entrer dans le royaume de Dieu » (Marc), au protestantisme qui affirme que l'homme est sur terre pour se consacrer à des œuvres terrestres et que le succès de ses entreprises est le signe de la grâce divine. Mais Weber est aussi et surtout un théoricien de la politique de puissance (*machtpolitik*) – voire un praticien comme conseiller du député au Reichstag, Friedrich Naumann, héraut de la « Mitteleuropa », une confédération des États d'Europe centrale qui serait placée sous la double tutelle allemande et autrichienne. La volonté de puissance imprègne le comportement des États dans leur compétition sur la scène internationale, une compétition qui n'est soumise à aucune loi, à aucun tribunal, à aucun exécutif supranational. S'il pose en principe la primauté de la politique extérieure, s'il se donne pour objectif l'unité de la nation qui, seule, peut permettre à un « peuple de culture », tel que le peuple allemand, d'influer sur le cours de l'Histoire, Weber ne discerne pas de différence de nature entre les combats politiques interne et international : il s'en prend aux « intellectuels », aux « idéologues » qui étaient la cible de Napoléon et qu'il dénomme « littérateurs », car leur « volonté d'impuissance » à l'intérieur est incompatible avec cette ambition internationale qu'ils feignent de soutenir ; il leur conseille donc, lui aussi, de s'exclure de la scène politique – seuls les individus animés par la volonté de puissance sont doués pour la politique.

Pourtant, Max Weber, qui définit l'État par le monopole de la violence légitime, devrait reconnaître l'hétérogénéité des scènes interne et internationale : à l'intérieur de l'État, la compétition entre individus est disciplinée par la soumission à la loi. Weber admet cette différence fondamentale… mais il la brouille sous l'influence d'une conception «darwinienne» de la réalité sociale : «Quiconque touche un centime de rente que d'autres sont obligés de payer… alimente son existence des mouvements de la lutte pour la vie, privée de tout amour et indifférente à la pitié.» La vision du monde de Max Weber – sa *Weltanschauung* – est, en fait, plus pessimiste, plus tragique que celle de Treitschke : alors que ce dernier décrit comme ridicule la situation des petits États, Weber se réjouit paradoxalement qu'il existe encore des petits États de langue allemande, en dehors de l'Empire allemand. Car le rôle de grande puissance, de «peuple de culture» est un fardeau : «les modestes vertus bourgeoises, l'authentique démocratie et… bien d'autres valeurs plus intimes mais éternelles ne peuvent fleurir que sur le terrain des communautés qui renoncent à la puissance politique», alors que l'Empire allemand ne peut être qu'un «camp militaire». C'est la composante nietzschéenne de la pensée de Weber : l'objectif de la grande puissance n'est pas le bonheur de l'humanité mais la grandeur de l'homme.

Alors qu'en Allemagne, le courant négateur du droit international, animé par Philipp et Albert Zorn, se propage et tend à démontrer qu'en l'absence de contrainte, de tribunaux, d'une législation élaborée par une autorité supérieure, le droit international ne serait qu'une sorte de morale, ou qu'un «droit étatique externe», les juristes russes redécouvrent l'idée de communauté internationale. Fascination pour l'Occident et la pensée des Lumières ou rayonnement du messianisme slave et du christianisme orthodoxe ? Déjà Pierre le Grand avait cru nécessaire de justifier son entrée en guerre contre Charles XII de Suède en écrivant, avec le chef de la Chancellerie des ambassades, Piotr Chavirov, des *Réflexions sur les raisons légitimes* de son recours à la force, et il avait fait traduire l'ouvrage de Samuel Puffendorf, *Du devoir de l'homme et du citoyen selon le droit naturel*. En 1798, le premier véritable traité russe sur *La Paix et la Guerre* est publié par le directeur du lycée de Tsarkoïe Sélo, Malinovski, qui a, parmi ses élèves, Alexandre Pouchkine : il propose la création d'un organisme international permanent pour assurer la paix en Europe. Au début du XIXe siècle, la diplomatie d'Alexandre Ier, forte du prestige personnel du partenaire puis vainqueur de Napoléon, est un extraordinaire laboratoire d'innovation diplomatique en matière de sécurité collective. Dès ses jeunes années, en 1804, Alexandre avait envoyé une mission confidentielle à Londres, auprès du Premier ministre William Pitt, afin de défendre un plan de reconstruction de l'Europe d'une étonnante modernité, élaboré par l'un de ses conseillers, Adam Czartoryski: Woodrow Wilson et sa Société des Nations sont précédés de plus d'un siècle! Une ligue des nations européennes substituerait au droit d'entrer en guerre, jusque-là consubstantiel de la souveraineté étatique, l'obligation d'avoir recours à la médiation et à la négociation – «ne jamais commencer la guerre qu'après avoir épuisé les moyens qu'une médiation tierce peut offrir, avoir de cette façon mis au jour les griefs respectifs et tâché de les aplanir». En outre, apparaît l'idée d'une force militaire commune, à même de mettre en œuvre les décisions de la ligue des nations. Après la chute de Napoléon, pour la première fois dans l'histoire du droit international, apparaissent dans les propositions russes les concepts de désarmement multilatéral, de réduction proportionnelle des forces navales, de mise en place d'une force multinationale, une «ligue maritime» qui aurait son siège sur la côte de l'Afrique occidentale et contrôlerait les navires en haute mer afin de concourir à l'abolition de la traite.

En cette extrême fin du XIXe siècle, l'idée de réunir les «États civilisés» en une seule entité, au sein de laquelle tous les conflits seraient résolus pacifiquement, s'impose à travers les nombreux traités de droit international qui prolifèrent en Russie. Léonid Kamarovski lance l'idée d'une cour permanente internationale et suggère la création d'une «Union des États d'Europe et d'Amérique», sur le modèle des États-Unis – la pratique du fédéralisme constituant, selon lui, le meilleur chemin pour le maintien de la paix. Mais l'auteur le plus influent est Fiodor Martens, avec son *Droit international moderne des nations civilisées*: les États sont indépendants, mais ils sont membres les uns et les autres d'une société internationale aux intérêts communs; le principe de l'ordre international n'est ni la souveraineté, ni l'équilibre des puissances mais la prise en considération du droit de cette société internationale. Praticien de la diplomatie, Martens a convaincu le ministre de la Défense Milioutine de la nécessité d'une mise à jour des lois et coutumes de la guerre: déjà, la déclaration de Saint-Pétersbourg de 1868 avait interdit certains types d'armes afin d'éviter les souffrances humaines excessives, et celle de Bruxelles, en 1874, avait tenté de faire respecter, dans la conduite de la guerre, des règles relatives au traitement de la population civile et des non-combattants.

La conférence de La Haye s'ouvre le 6 mai 1899, sous la présidence de l'ambassadeur russe à Londres, de Staal: elle réunit les représentants de vingt et un États d'Europe ainsi que des États-Unis, du Mexique, de la Chine, du Japon, de la Perse et du Siam. Hohenlohe et Bülow sont parvenus à convaincre le Kaiser qu'il fallait accepter le principe de la conférence, ainsi que tout ce qui pourrait favoriser la paix... et n'exclure que ce qui mettrait en péril la sécurité de l'Empire. Le reste ne serait que gesticulation internationale... Guillaume a si bien compris le message qu'il tente d'imposer l'Allemagne sur la scène nouvelle du désarmement et de la paix : le 18 mai, lors d'un banquet à Wiesbaden, il porte un toast à l'anniversaire du tsar et présente le comte Munster, représentant allemand à la conférence, comme le coresponsable des travaux de La Haye, avec de Staal – «à ces deux diplomates de se conformer aux ordres concordants que le tsar Nicolas et moi avons donnés à ces messieurs».

Cette première «conférence de la paix» réussira un début de codification des lois et coutumes de la guerre – malgré un vif affrontement sur le statut des civils qui prendraient les armes contre une force occupante, les grandes puissances considérant les francs-tireurs comme passibles d'exécution et les petits États, derrière la Belgique, plaidant pour un droit de résistance illimité. Certaines dispositions de la convention de La Haye peuvent paraître étranges même si elles rappellent la réalité de la guerre de l'époque : «les prisonniers de guerre peuvent être mis en liberté sur parole» ; «il est interdit de tuer ou de blesser par trahison des individus appartenant à l'armée ennemie» ; «il est interdit de déclarer qu'il ne sera pas fait de quartier» ; «il est interdit de livrer au pillage une ville ou localité, même prise d'assaut».

La grande affaire, pour l'Allemagne, sera le projet de tribunal international d'arbitrage, auquel elle sera l'ultime opposante et qu'elle parviendra à dénaturer – comme l'annoncera Bülow à Guillaume dans une dépêche qui claque comme un bulletin de victoire : «De l'arbitrage, il n'est plus guère resté que le mot, grâce à la clause que notre délégation a fait insérer. L'arbitrage obligatoire n'existe plus quand il s'agit des intérêts vitaux d'un pays ou de son honneur... L'idée d'arbitrage en elle-même est antipathique. L'attitude ferme et décidée de Votre Majesté a permis d'en venir à bout.»

«L'EXPÉDITION D'ORIENT»: L'ALLIANCE OTTOMANE

Guillaume embarque, le 12 octobre 1898, à Venise, pour le grand voyage en Orient auquel il n'a cessé de penser : n'est-il pas fasciné par les Lieux Saints, lui le lecteur de l'Ancien Testament qui aime développer des citations de l'Exode et invoquer, dans ses discours, l'ordre de Dieu contre «l'esprit païen des Amalécites»? N'admiret-il pas l'absolutisme du sultan, qui lui semble régner sans peine sur un Islam si discipliné, et qu'il serait facile de détourner de sa traditionnelle liaison avec l'Angleterre? Constantinople, Jérusalem et Damas seront les étapes de cette «expédition d'Orient», pour reprendre les remarques acides de la presse française. L'Égypte était également prévue – mais la rumeur d'un «complot anarchiste», probablement inventée par le consulat britannique du Caire, vraie citadelle du pouvoir, a dissuadé le Kaiser...

Le *Hohenzollern* aborde à Constantinople le 18 octobre. La délégation allemande est accueillie par Marschall von Biberstein, le prédécesseur de Bülow au secrétariat d'État, qui a obtenu entre-temps l'ambassade de Constantinople, et par son premier «drogman» – l'un de ces interprètes officiels incontournables dans les pays du Levant, souvent un chrétien d'Orient. Le sultan Abdul Hamid reçoit Guillaume et sa suite, en une longue audience, dans son palais rustique de Yildiz aux dimensions modestes... mais rassurantes, où il vit confiné, dans la crainte d'un complot. Sa méfiance est légendaire, ainsi que son goût pour les romans policiers, surtout ceux de Conan Doyle... Et sa crainte de campagnes de presse défavorables. Le drogman de l'ambassade allemande, Testa, est intarissable sur les exploits des maîtres chanteurs et autres escrocs qui menacent Abdul Hamid d'un article défavorable dans la presse européenne et dont il se défait par de l'argent.

Alternativement soupçonneux, effarouché et légèrement courbé, le sultan tient un long discours à ses visiteurs. Son secrétaire à la correspondance avec l'étranger, Munir Pacha, fait fonction d'interprète. Il reprend chaque mot d'Abdul Hamid en touchant le sol de sa main et en prononçant une formule consacrée – ce qui signifie, selon Testa, qu'il a conscience de «n'être que poussière» auprès de son souverain. Guillaume est ravi de cette première rencontre : sa prédilection est infinie pour tout ce qui est ottoman. Il tente d'intervenir en faveur d'une entreprise allemande dont il vient de rencontrer les dirigeants à son arrivée – et qui souhaite obtenir la concession de l'éclairage électrique de Constantinople. Abdul Hamid se rebiffe : l'électricité fait partie de ses phobies.

Guillaume se tourne vers l'impératrice... et la convie à visiter le harem du sultan. Réaction indignée de Dona : elle a horreur de la polygamie. Comment une Allemande, une chrétienne pourrait-elle se rendre dans ces prisons où des femmes, malgré le luxe qui les entoure, mènent une vie d'esclave ? Guillaume insiste : la réussite de son voyage d'État dépend de quelques égards, même minimes, pour son hôte ! Dona s'incline... À son retour, quelques heures plus tard, le Kaiser l'interroge sur ses impressions.

— Dieu ! Une foule de grosses femmes en toilettes de Paris, qui leur vont mal. Elles mangent des confitures et des pralines et semblent s'ennuyer ferme.

L'Empire ottoman a longtemps vécu le regard fixé sur l'Europe et a traversé une période d'optimisme avec le mouvement des «Tanzimât» (du substantif *tanzim*, «réorganisation»). Le rescrit impérial du 3 novembre 1839 avait promulgué un vaste programme de réformes et avait bouleversé, en quelques décennies, les institutions publiques, l'économie, la société. L'État ottoman avait cherché son salut dans l'imitation du modèle occidental : la première constitution ottomane entre en vigueur en 1876, le droit et l'enseignement sont sécularisés, le lycée impérial de Galata Saray est fondé avec l'appui de la France, «l'exposition nationale» d'Istanbul sert de vitrine à la progression de l'agriculture.

Mais le mouvement des Tanzimât n'avait pas sauvé l'Empire, qui restait la proie des convoitises des grandes puissances. L'État ottoman est sorti affaibli de la crise des années 1875-1878 : deux cent mille kilomètres carrés et cinq millions et demi d'habitants, le cinquième de sa population, lui ont été arrachés. Son statut juridique et politique dans l'arène internationale est amoindri : le Congrès de Paris de 1856 avait admis la Turquie dans le Concert européen et proclamé la non-ingérence dans ses affaires intérieures ; le 13 juillet 1878, le Congrès de Berlin – présidé par Bismarck ! – prévoit, au contraire, l'intervention des puissances dans le cas où

les réformes exigées (pour les provinces habitées par la minorité
arménienne) ne seraient pas mises en œuvre.

Pour la classe dirigeante ottomane, c'est l'heure du doute : l'Empire est une citadelle assiégée ; jamais les armées russes n'ont été aussi proches d'Istanbul ; la méfiance règne à l'encontre de l'Europe et des minorités chrétiennes. La politique d'occidentalisation n'a-t-elle pas été une erreur ? Le sultan Abdul Hamid II va remettre en cause le mouvement des Tanzimât. En réalité, s'il étouffe la voix des opposants et réprime les aspirations nationales des minorités, il reste ouvert au monde moderne : il développe l'enseignement et l'infrastructure des communications. S'il remet en cause les Tanzimât, il en est aussi le continuateur... De même, si son règne est marqué par le « retour au religieux », il s'agit d'un panislamisme à usage interne, dirigé vers les provinces arabes de l'Empire, qui reçoivent une plus grande part des fonds publics et des postes de responsabilité dans l'État : ainsi le sultan répond-il à l'Angleterre, déjà soupçonnée de jouer la « carte arabe » contre Istanbul.

Depuis le début de son règne, le sultan cherche un contrepoids à cette Angleterre dont l'appui, pourtant traditionnel, lui semble ici aussi laisser place au doute. Il multiplie les ouvertures en direction de Berlin. L'Allemagne n'est-elle pas l'arbitre de l'Europe ? Son armée n'est-elle pas auréolée d'un prestige sans égal depuis ses victoires sur l'Autriche et la France, à Sadowa et à Sedan ? En outre, elle ne menace pas l'intégrité de l'Empire... Avec la *Weltpolitik* de Guillaume II, les temps de l'alliance germano ottomane semblent venus – d'autant que l'Angleterre s'est disqualifiée, au regard de la « Sublime Porte », avec sa diplomatie des droits de l'Homme « à la Gladstone ». Le tournant est pris avec le « voyage d'Orient » de 1898 : l'état-major allemand va devenir le tuteur exclusif de l'armée ottomane.

Le 26 octobre, le *Hohenzollern* aborde à Haïfa. Le Kaiser se précipite pour fouler le premier le sol de la Terre sainte. Quelques minutes plus tard, Bülow le retrouve, effondré sur un banc, assailli par un essaim de mouches. La chaleur est intense. Le président du consistoire protestant, Barckhausen, qui fait partie de la suite impériale, commence un exposé solennel sur le passage de saint Paul en ces lieux, comme le prouverait le chapitre XXI, verset 7 des Actes des Apôtres... Guillaume l'interrompt :

— J'ai une grande vénération pour Paul. Mais, en cet instant, je préférerais un verre d'eau de Seltz à tous les sermons.

Le 29, le Kaiser fait son entrée à Jérusalem à cheval : Knackfuss, son préféré parmi les peintres de la cour, est présent afin d'immortaliser la scène – destrier noir, uniforme de parade bleu, casque orné d'un aigle d'or. Guillaume est dans une grande excitation : il rappelle qu'il est le premier souverain allemand à pénétrer à Jérusalem depuis Frédéric II Hohenstaufen, qui s'était emparé de la ville sainte en... 1229. La presse européenne va ridiculiser cette parade sur les pas du Christ : le Kaiser aurait dû s'inspirer de ces souverains qui partaient en croisade et s'abstenaient de toute parure sur les lieux où Jésus «avait porté une couronne d'épines». *Punch*, l'hebdomadaire humoristique de Londres, le baptise «le Croisé de Cook»... car le voyage en Orient est organisé par l'Agence Cook ! La réaction des familles régnantes européennes est aussi critique : «C'est révoltant, tout cela par pure vanité, cette pose de prophète prêchant la paix sur terre d'une voix de tonnerre comme s'il commandait à ses troupes !» lance, à Saint-Pétersbourg, la tsarine douairière devant son fils Nicolas II. Et la reine Victoria s'abstient de tout commentaire sur les courriers que lui adresse chaque jour son impérial petit-fils, vantant, au passage, le charme de l'Église anglicane. L'opinion dominante est qu'il n'y a «aucun sentiment religieux dans cette tournée» – pour reprendre les mots du Premier britannique, Salisbury. En réalité, il faut faire la part d'une certaine jalousie : depuis François Ier et les capitulations qu'il avait conclues avec Soliman le Magnifique, la France avait acquis le privilège de protéger tous les catholiques résidant dans l'Empire ottoman ; au XIXe siècle, la Russie s'était arrogé le protectorat des Grecs orthodoxes puis l'Angleterre celui des Arméniens et des juifs ; l'irruption de Guillaume signifie l'entrée de l'Allemagne dans cette autre forme de compétition entre les «puissances»...

La piété, la ferveur de Guillaume et de Dona sont difficilement contestables : le Kaiser se sent «empoigné par la pensée que Ses pieds ont foulé le même sol» ; le couple impérial va se recueillir dans le jardin de Gethsémani, à l'ombre d'antiques oliviers. Le Kaiser est, certes, vivement déçu, lors de sa visite du Saint-Sépulcre, par les conflits entre moines orientaux, Grecs orthodoxes et Arméniens, et les Latins, représentés par les Franciscains : «Je me sens profondément humilié ; si j'étais arrivé ici sans conviction religieuse, je me serais fait mahométan.» Heureusement, l'inauguration, en sa présence, de l'église luthérienne du Rédempteur lui permet de retrouver l'esprit des lieux et l'apaisement : l'un des prédicateurs de la cour prononce un sermon sur la Jérusalem céleste, qu'il décrit à partir de passages de l'Apocalypse ; puis Guillaume se lève spontanément et se dirige vers l'autel, une mante de soie brodée de fils d'or sur les épaules – à la stupéfaction de Dona, qui lance des regards inquiets à Bülow. En fait, le Kaiser n'est pas pris d'une ardeur sacrée irraisonnée ; il a simplement prévu de lire une allocution très digne, préparée par son chef de cabinet, Lucanus, avant de recevoir, dans la sacristie, les représentants locaux des principales Églises protestantes européennes, auxquels il confirme son inaltérable fidélité à la «pure doctrine» de Luther.

Bülow l'a prévenu : l'empereur allemand ne peut privilégier une seule des deux grandes confessions chrétiennes de l'Empire. Guillaume a donc conçu un grand projet : acheter au sultan le terrain sur lequel, selon la tradition, Marie serait entrée dans un sommeil éternel – pour y construire une abbaye bénédictine, puisque ces quelques arpents du mont Sion ont été placés sous la garde des Bénédictins de l'abbaye de Beuron en Bavière, dont l'histoire est liée à celle des Hohenzollern. La transaction est relativement facile : en cette fin du XIXe siècle, de nombreux Européens s'installent en Palestine, y exploitent des terres, construisent des lieux de culte, créent de nouveaux quartiers, au-delà des murailles blondes : en 1898, les chrétiens ressortissants des divers États d'Europe ont racheté plus de la moitié des propriétés foncières de Jérusalem ; les bulbes des basiliques orthodoxes, les clochers romans ou gothiques des temples luthériens ou anglicans et les églises catholiques aux façades classiques ont dépassé, en nombre, les mosquées. Guillaume a achevé sa négociation, avec l'aide du drogman Testa, lors de son passage à Constantinople : il a acquis, pour 120 000 marks-or, la terre de la Dormition de la Vierge, qui devient la propriété de l'Association allemande de la Terre sainte ; la construction de la future abbaye sera rapidement lancée... Guillaume se rend sur les lieux pour assister aux premières fouilles – qui vont permettre de découvrir les restes d'une église byzantine du Ve siècle ; il est accueilli par le patriarche de Jérusalem, Monsignore Piavi, un prélat romain d'une grande élégance qui déclare le Kaiser «plus grand que Charlemagne, plus pieux que saint Louis». Après ces louanges, Guillaume ne peut retenir son enthousiasme : dans une allocution enflammée, il met à la disposition de la mère du Christ son armée et son Empire.

Un camp de tentes a été installé dans la vieille ville pour la délégation allemande. Le dernier soir à Jérusalem, un dîner solennel est organisé sous la tente du Kaiser. La cour attend un grand message chrétien, après une journée consacrée à l'église du Rédempteur et à la terre de la Dormition... Guillaume trompe toutes les attentes : un élan nouveau semble le saisir ; il prononce un vibrant hommage au sultan, aux musulmans du monde, à l'Islam. Un élan vers l'islam, un intérêt passionné pour le monde arabe que Guillaume partagera, en fait, avec les officiers britanniques en poste dans le «Raj», l'Empire indien – ils seront beaucoup plus proches de la minorité musulmane que de la majorité hindoue – car l'islam est porteur de certitudes et de pouvoir absolu, comme, au demeurant, l'Ancien Testament, si familier au monarque luthérien, avec son Dieu unique, Seigneur des armées, et son peuple élu... Une fascination et une exaltation poussées à leur paroxysme, lors de la dernière étape du voyage, à Damas, à partir du 8 novembre. Le Kaiser découvre la ville arabe, les patios et les jets d'eau, les bazars : les youyous prolongés qui l'accompagnent à chacune de ses incursions dans les ruelles «lui font l'effet du haschich» selon Bülow... Toujours plus enthousiaste, il rend hommage à Saladin, ce restaurateur du sunnisme et fondateur de la dynastie ayyoubide au XIIᵉ siècle, «qui protégea tous les cultes et aurait pu donner des leçons de vraie chevalerie à ses adversaires chrétiens». Un ultime message, qui sera diffusé dans tout l'Empire ottoman : «Que le sultan et les 300 millions de mahométans qui vivent dispersés sur cette terre soient assurés que l'empereur allemand sera toujours, quelles que soient les circonstances, leur ami.»

Les conséquences économiques du voyage en Orient sont très importantes. Georges von Siemens, directeur de la plus influente banque allemande, la Deutsche Bank, est présent à Constantinople, au côté du Kaiser... à la recherche de contrats. Outre la concession de travaux portuaires sur la rive asiatique du Bosphore, il obtient la promesse formelle de la construction d'une ligne ferroviaire vers Bagdad et le golfe arabo-persique, qui deviendra un engagement officiel du pouvoir ottoman en 1899. L'épopée du «chemin de fer de Bagdad» commence – et avec elle la pénétration par l'industrie allemande des marchés d'Asie Mineure, avec des ambitions potentielles beaucoup plus fortes que celles qui avaient accompagné, en Asie, la prise de possession de Kiao-Tchéou. Déjà, l'amirauté allemande cherche à établir des sites de ravitaillement en charbon sur la côte yéménite, afin de conforter sa présence navale. De passage à Berlin, Cecil Rhodes, champion de l'impérialisme britannique en Afrique australe, dit son admiration pour le Kaiser, «un homme aux idées brillantes», et salue son nouvel engagement en Mésopotamie.

En même temps, un nouveau front vient de s'ouvrir entre les politiques mondiales de la Grande-Bretagne et de l'Allemagne. Vue de Londres, l'Allemagne a dangereusement brandi, avec le projet de chemin de fer de Bagdad, le Bagdad-Bahn, une «arme ferroviaire». Londres a imposé, par étapes, depuis près d'un siècle, la *Pax Britannica* aux cheikhs locaux : son influence s'est forgée dans le combat contre les souverains wahhabites et la piraterie qui sévissait dans le Golfe puis contre la traite des Noirs ; l'arbitrage britannique est devenu hégémonique ; la côte d'Oman, surnommée la « côte des pirates », s'est convertie en une « côte de la trêve », chasse gardée exclusive de l'Angleterre, après la conclusion d'une série de traités de protectorat, « exclusifs et éternels », avec les émirats. Après un siècle de pénétration par le sud, par le Golfe, l'Angleterre voit surgir un concurrent dynamique allemand, qui a imaginé une trouée par le nord.

Prolonger le Bagdad-Bahn jusqu'au Golfe ? Relier Berlin au Koweït, ce quasi-protectorat britannique ? Trois tentatives seront faites par les Allemands et leurs alliés ottomans, provoquant, dans les années qui suivent l'incursion de Guillaume à Constantinople, l'extrême inquiétude de la Grande-Bretagne. Premier essai : en 1900, le consul allemand à Constantinople, Stemrich, se présente au cheikh Moubarak du Koweït pour le convaincre que son émirat serait le meilleur terminus imaginable pour la ligne de Bagdad et pour lui dépeindre la prospérité qui s'ensuivrait. La réplique britannique est immédiate : le colonel Meade, résident britannique dans le Golfe, rappelle à l'émir koweïtien son engagement de ne recevoir aucune mission étrangère sans l'autorisation de la Grande-Bretagne – et son message est appuyé par l'envoi d'un navire de guerre, le *Melpomène*. Dans le même temps, l'ambassadeur d'Allemagne à Londres, Wolff-Metternich, est convoqué au Foreign Office et l'ambassadeur britannique à Constantinople s'efforce d'expliquer au sultan le statut original du Koweït, un territoire à administration autonome, non détaché de l'Empire ottoman mais entretenant des rapports particuliers avec l'Angleterre.

Deuxième essai : Berlin croit trouver la solution en se retournant vers son allié ottoman. La Turquie pourrait annexer le Koweït – ou, plus exactement, revitaliser sa souveraineté sur l'émirat – et éloigner Moubarak. Détresse du cheikh koweïtien, qui vient d'être défait, en 1901, par les tribus Rachid, successeurs des Séoud en Arabie centrale ; l'assaut final semble proche ; une corvette turque est présente dans la baie, prête à participer aux hostilités. Les Anglais débarquent, prennent position avec leur artillerie. Leur protégé est sauvé. Constantinople négocie le retrait de forces britanniques contre un retour au statu quo.

Troisième essai : Allemands et Turcs ont imaginé une nouvelle stratégie. L'incertitude de la délimitation territoriale du Koweït pourrait permettre l'implantation du terminus de la ligne de Bagdad au nord de la ville de Koweït : ingénieurs et hydrographes allemands poursuivent leurs études autour de l'île de Boubyian. La vulnérabilité supposée du pouvoir de Moubarak peut également permettre de forcer le verrou koweïtien : un neveu du cheikh régnant, Hamud, réfugié à Bassorah, prépare le débarquement de Koweïtiens dissidents. La Grande-Bretagne est contrainte à un engagement plus prononcé : en décembre 1902, le *Lapwing*, envoyé en urgence par le résident britannique, intercepte la flottille rassemblée par Emus et ses partisans ; l'Angleterre invite Moubarak à revendiquer un «grand Koweït», délimité par le Khor Abdallah, principale voie d'eau du delta Tigre-Euphrate à l'ouest du Chatt al-Arab, afin de décourager l'entreprise subreptice des ingénieurs allemands.

L'accord sur l'ultime tronçon du chemin de fer de Bagdad ne se fera qu'en 1913 : l'Angleterre accepte l'extension de la ligne jusqu'au Golfe, mais une société britannique sera chargée des plans et de l'exécution du tronçon Bassorah-Koweït. L'accord de 1913 – une convention anglo-turque, signée le 29 juillet 1913, qui ne sera jamais ratifiée – comporte la reconnaissance par l'Empire ottoman de tous les accords conclus en dehors de lui et souvent à son détriment...

L'Angleterre n'aura pas cessé de louvoyer entre une opposition complète à l'Allemagne et une collaboration avec elle. Le destin de l'Empire ottoman est devenu une question centrale pour le Concert européen et l'influence sur «la Porte» un enjeu essentiel pour les «puissances». Les efforts britanniques pour contenir la marche germanique vers l'Orient, le *Drang nach Osten*, semblent désespérés : le chemin de fer Berlin-Bagdad arrive déjà à Mossoul ; les Anglais cèdent, le 19 mars 1914, 25 % des parts de la Turkish Petroleum (qui gère le pétrole de l'Irak, alors province ottomane) à la Deutsche Bank. Seul le cyclone de la guerre mondiale modifiera la scène régionale.

LA TENTATION SIONISTE :
UN ÉTAT HÉBREU SOUS PROTECTORAT ALLEMAND ?

En marge de sa visite à Jérusalem, Guillaume a esquissé une relation avec le mouvement sioniste naissant, à laquelle Bülow fait une brève allusion dans ses *Mémoires* : « Devant la porte de la ville, une députation de sionistes voulut adresser une allocution à l'empereur. À leur tête, se trouvait Theodor Herzl, publiciste viennois, homme spirituel et ardent sioniste. Le grand-duc de Bade l'avait présenté à l'empereur. Guillaume II fut d'abord tout feu et flamme pour l'idée sioniste... »

Pour l'inventeur du sionisme politique, le futur État juif en Palestine, dont il préconise la création, ne peut que s'inscrire dans la mouvance allemande : Theodor Herzl se veut un « écrivain allemand ». Chroniqueur à la *Neue Freie Presse*, le quotidien de référence de Vienne, et auteur dramatique à succès, il a idéalisé les junkers prussiens et le premier d'entre eux, le Kaiser Guillaume II, et exalté leurs valeurs aristocratiques. Lors de son premier entretien avec le grand-duc de Bade, il a présenté le sionisme comme l'un des rameaux de la grande famille germanique :
— Les juifs apporteront à l'Orient un élément de la culture allemande. Ce sont des écrivains allemands qui dirigent notre mouvement. La langue des congrès sionistes est l'allemand. L'écrasante majorité des juifs est de culture allemande. S'il nous faut une puissance protectrice, c'est l'Allemagne qui nous conviendrait !
Frédéric de Bade, oncle du Kaiser, a reçu Theodor Herzl en avril 1896, dans son palais de Karlsruhe, au milieu des drapeaux des régiments de 1870, rangés dans leurs supports de cuir et comme figés dans la gloire – sur la photo d'une parade militaire, le grand-duc est en tête de ses troupes. Herzl lui a été recommandé par le précepteur de son deuxième fils, le révérend William Hechler,

un membre excentrique de l'Église anglicane, un «fou de Dieu», chapelain de l'ambassade britannique à Vienne et militant sioniste dès la fondation du mouvement... Le grand-duc a immédiatement perçu la contradiction du sionisme:

— Votre grand projet me pose problème. Les juifs du duché de Bade ont toujours été des sujets exemplaires, sobres, travailleurs, compétents. Pendant un quart de siècle, mon ministre des Finances a été un juif du duché... Comment puis-je soutenir votre plan sans paraître donner congé à mes sujets de religion juive?

— Ce n'est pas ce que nous vous demandons. Seuls les juifs qui le souhaitent rejoindront «l'État des juifs».

Le grand-duc a, finalement, semblé séduit. Quelques jours plus tard, le Kaiser a écouté son oncle, puis une plaidoirie de William Hechler sur la résurrection de Jérusalem... Il s'est retourné, dans un grand rire, vers le chapelain anglican:

— Alors, Hechler, vous voulez devenir ministre de l'État juif?

La préparation du voyage en Orient ramène l'attention de l'entourage du Kaiser sur le projet sioniste. En septembre 1898, Frédéric de Bade invite Herzl dans son château de Mainau, sur le lac de Constance:

— Vous avez bien l'intention de fonder un État? Notre ambassadeur à Constantinople, Marschall von Bieberstein, a adressé à Berlin un dossier très favorable sur les réactions turques au sionisme. Le Kaiser a confié à son ambassadeur à Vienne, le comte Eulenburg, la rédaction d'un rapport sur votre mouvement.

Herzl est reçu par Eulenburg, à Vienne. Le charme de l'ami intime du Kaiser joue immédiatement: «Un homme aussi verrouillé qu'un coffre en acier. Il vous regarde en face et on ne peut rien lire dans ses yeux bleus et froids. Soudain, le coffre s'ouvre: ce qui a changé, c'est le regard et la façon dont il s'adoucit.» Herzl reprend sa démonstration:

— Le sionisme existe; l'une ou l'autre des grandes puissances doit l'aider à réaliser son projet étatique. Ce sera l'Angleterre ou l'Allemagne. En tant que sujet de l'empereur d'Autriche et écrivain de langue allemande, mes préférences vont à un protectorat allemand sur le futur État hébreu.

Eulenburg ménage à Herzl une rencontre avec Bülow, de passage à Vienne. Le secrétaire aux Affaires étrangères vient d'arriver; il le reçoit au milieu de valises ouvertes, l'accueille avec effusion, le noie sous les compliments – il a lu nombre d'articles et de livres de l'écrivain-journaliste... Il lui explique que le Kaiser n'est pas antisémite, mais qu'il a en horreur le côté «négatif», «destructeur», des juifs:

comment expliquer autrement le grand nombre de juifs parmi les chefs de file de la social-démocratie? Herzl veut le rassurer: les juifs ne sont pas des «socialistes de cœur»; le sionisme contribuera à leur éloignement du socialisme. Et de développer une théorie originale sur le libéralisme selon la Bible:

— L'Égypte d'avant Moïse était un État socialiste. Avec les Dix Commandements, Moïse a ramené les Hébreux à l'individualisme.

En voyage à Amsterdam, Herzl reçoit un message d'Eulenburg: le Kaiser est prêt à intercéder auprès du sultan, avec le plein soutien de Bülow; il recevra une délégation sioniste pendant son séjour à Jérusalem. Avec un post-scriptum: «Sa Majesté fera tout pour que votre travail en faveur des juifs pauvres et persécutés porte ses fruits. Elle est prête à assurer un protectorat de l'Allemagne sur votre futur État.»

Ultimes préparatifs du voyage en Orient: Eulenburg convie Herzl dans sa propriété du Liebenberg; il le reçoit en tenue de chasse, le présente à sa famille.

— J'ai réussi à insuffler au Kaiser l'enthousiasme nécessaire.

— Vous avez été notre avocat idéal!

— J'ai également réussi à conquérir Bülow...

Suit un vaste tour du domaine, pendant lequel Eulenburg et Herzl composent la délégation sioniste, qui ira en Palestine, à la rencontre de Guillaume.

— Certainement un Allemand et un Autrichien. Peut-être un Hollandais. Un Anglais ferait surgir des difficultés. Un Russe aurait des ennuis à son retour en Russie...

— Mais non, mettez un Russe. Notre Kaiser pourrait intervenir auprès du tsar...

Le 29 septembre, Guillaume écrit au grand-duc de Bade pour lui confirmer son soutien à la création d'un État hébreu. Avec, d'abord, l'argument négatif: «l'énergie, la force créative, la productivité» des juifs «seront dirigées vers un but plus valable que l'exploitation des chrétiens» et les «nombreux sémites qui adhèrent au parti social-démocrate s'en iront vers l'Orient». Une raison plus positive, ensuite: la colonisation juive de la Terre sainte «apportera une prospérité et un bienfait inimaginables» et consolidera l'Empire ottoman. Le Kaiser s'arrête, surpris par sa propre audace: les neuf dixièmes de ses sujets seraient «horrifiés» s'ils savaient sa détermination de soutenir les sionistes et de les placer sous protectorat allemand. Et de conclure, dans une envolée lyrique: «Puisque l'hydre de l'anti-sémitisme le plus grossier et le plus hideux [que Guillaume rejette] redresse son horrible tête, puisque des juifs, prêts à abandonner les pays où ils sont en danger, recherchent un protecteur... ce serait un extraordinaire résultat pour l'Allemagne si le monde hébreu considérait notre pays avec gratitude.»

L'enthousiasme domine également, dans le train qui approche de Constantinople. Herzl s'exclame, devant les membres de la délégation sioniste :

— Un rêve devient réalité... Vivre sous la protection de cette Allemagne grande, forte, morale, splendidement gouvernée, avec un tel sens de l'organisation !

Selon Bülow et ses *Mémoires*, le Kaiser aurait rapidement renoncé à la tentation sioniste : «Lorsque l'ambassadeur de Turquie à Berlin, qui était du voyage, lui eut expliqué que le sultan ne voulait rien savoir du sionisme, ni d'un État juif indépendant, il laissa tomber l'affaire et se refusa à recevoir les délégués sionistes.»

Cette présentation n'est-elle pas trop réductrice ? La confrontation avec le *Journal* de Herzl le laisse penser... Guillaume a, tout de même, reçu Herzl à Constantinople – une longue audience officielle, accordée le 18 octobre 1898, en fin d'après-midi. Herzl est littéralement envoûté, d'après sa relation de l'entretien : «Le regard est intense ; les yeux, bleus comme l'eau de la mer, reflètent une âme singulière, audacieuse, qui cherche...»

Le Kaiser accueille Herzl en uniforme sombre de hussard. Il s'avance vers lui. Il semble heureux de le voir. Il contourne la table, placée au milieu de la pièce, et lui avance un fauteuil.

— Où dois-je commencer, Majesté ?

— Où vous voulez, dit le Kaiser légèrement ironique.

Herzl reprend son programme, d'une voix vibrante, qui reflète son anxiété :

— L'autorisation de créer une société foncière juive pour la Syrie et la Palestine suffirait pour le moment. Par la suite, le protectorat allemand pourra être proclamé face à l'opinion internationale. La situation internationale est favorable. L'essentiel est que Votre Majesté daigne expliquer au sultan combien les sionistes peuvent aider son État appauvri et décadent.

Guillaume cligne les yeux, approbateur. Il chante les louanges du sionisme... mais Herzl perçoit rapidement l'ambiguïté du discours.

— Il y a, parmi vos compatriotes, des éléments qu'il serait tout à fait souhaitable d'installer en Palestine. Je pense à la Hesse, où il existe des usuriers parmi la population rurale. Si ceux-là partaient avec leurs biens, ils pourraient être plus utiles en Palestine.

Réduire le judaïsme à une poignée d'usuriers ? Herzl est sourdement irrité. Il se lance dans une tirade sur l'antisémitisme... Bülow a senti son agressivité. Il l'interrompt :

— Les juifs se montrent ingrats vis-à-vis des Hohenzollern, auxquels ils doivent beaucoup. Le grand-père et le père du Kaiser, et Sa Majesté elle-même, se sont toujours montrés bienveillants envers les juifs. Or, on voit maintenant les juifs rejoindre les partis d'opposition, même les partis hostiles à la monarchie.

Herzl offre, immédiatement, son soutien au Kaiser :

— Nous, sionistes, nous allons précisément soustraire les juifs aux partis révolutionnaires.

Revenant à la Palestine, Guillaume réfléchit aux avantages du protectorat allemand :

— Les juifs s'engageraient nombreux dans la colonisation de la Palestine s'ils savaient qu'ils restent sous ma protection. Ils quitteraient l'Allemagne sans la quitter réellement.

Bülow intervient, d'un mot hostile :

— Espérons en leur reconnaissance envers l'empereur !

Il se tourne vers Herzl, décidé à ébranler sa position :

— Que représentez-vous ? Les juifs riches ne vous suivent pas ! Et les grands journaux non plus !

Rassuré par le regard toujours approbateur du Kaiser, Herzl contre-attaque :

— La question d'argent est subalterne ! L'important est la situation internationale, qui est très favorable. La France, divisée par ses querelles internes, est affaiblie...

Le Kaiser rit franchement à l'évocation de la France :

— Ce peuple est fou ! Quelle peine ne me suis-je pas donnée pour amener les Français à des idées raisonnables ! En vain. Maintenant, j'ai renoncé. Ces gens-là ne voient rien d'autre que la ligne bleue des Vosges !

L'entretien se porte donc sur la France. Herzl évoque l'affaire Dreyfus, qui scandalise Guillaume... Échange révélateur : Herzl n'a aucune confiance dans la France depuis l'affaire Dreyfus ; en outre, il imagine que les ambitions de la France se limitent à l'Afrique, au détriment de son rôle de protectrice des Lieux saints ; enfin, les juifs français ont marqué leurs réticences devant le sionisme – « ils ne sont plus juifs, ce sont des israélites français ». Herzl ne jouera jamais la « carte française » dans le grand jeu du Proche-Orient.

— La France n'est donc pas en mesure de s'opposer à notre projet. La Russie non plus : c'est une solution pour elle.

— La situation de vos compatriotes en Russie a, certes, été assez mauvaise, ces derniers siècles, glisse le Kaiser avec une désinvolture mêlée de sympathie.

— Peut-être ai-je l'esprit faussé, mais notre projet d'État en Palestine me paraît finalement naturel.

Guillaume le regarde intensément:

— À moi aussi.

Bülow est plus réservé:

— À condition que les gens d'ici soient d'accord.

Guillaume écarte l'objection:

— Une prise de position de l'empereur allemand fera impression! Après tout, je suis le seul à soutenir encore le sultan! Pour lui, je ne suis pas n'importe qui!

Il se lève:

— Je rencontrerai, en Palestine, la délégation que vous conduirez. Vous montrerez, au préalable, le texte de votre discours à Bülow. Je le relirai avec lui. Dites-moi, d'un seul mot, ce que je dois demander au sultan.

— Une compagnie à charte, sous protection allemande.

— Soit. La création d'une compagnie à charte.

C'est après l'audience «historique» du 18 octobre que Guillaume semble faire profil bas... Il est attendu par la délégation sioniste à Rehovot, devant la ferme-école de Mikveh Israël. Il s'arrête à la hauteur de Herzl, lui tend la main.

— Comment allez-vous, docteur Herzl?

— Merci, Majesté. Je visite le pays. Comment s'est passé jusqu'ici votre voyage?

— Très chaudement. Mais ce pays a de l'avenir.

— Pour le moment, il est malade.

— Il a besoin d'eau, de beaucoup d'eau.

Dona s'est également avancée. Elle salue Herzl d'un signe de tête, en souriant. Le cortège s'ébranle. Le Kaiser se redresse sur sa selle lorsque les élèves entonnent l'hymne impérial.

À Jérusalem, la délégation sioniste est en proie au doute: quand sera-t-elle reçue par le Kaiser? Et sera-t-elle même reçue? La promesse de l'empereur allemand n'a-t-elle pas été sacrifiée à quelque intrigue internationale?

Le révérend Hechler a rejoint le groupe. Herzl lui propose de le faire nommer évêque anglican de Jérusalem... dès qu'il aura quelque influence en Palestine. Le chapelain décline une offre «trop prestigieuse». Herzl insiste: «évêque de Jérusalem!»

Le 1er novembre, Guillaume adresse un signal... de mauvais augure. Herzl est convoqué par un conseiller de légation allemand, qui lui remet le texte, largement amputé, du projet de discours qu'il a adressé au maréchal de la cour: le principe même du protectorat allemand a été biffé. Le lendemain, 2 novembre, le Kaiser accorde une nouvelle audience à Herzl – il l'attend, sous sa tente, debout, en uniforme colonial gris avec «casque à voile». L'accueil est très amical. Herzl lui présente la délégation qui l'accompagne et lit, d'une voix assourdie, son discours amputé. Guillaume répond, les yeux fixés sur Herzl :

— Je vous remercie de vos informations, qui présentent un grand intérêt. Il nous faudra des études détaillées et d'autres entretiens...

Plus un mot sur le projet d'État. Le Kaiser évoque les tentatives d'établissement de colonies agricoles en Palestine :

— Elles peuvent servir de modèle pour montrer ce qu'on peut faire sur cette terre. Dans ce pays, il y a de la place pour tous...

Le discours de la «porte ouverte» est diamétralement opposé au projet d'État juif !

Herzl n'en est pas moins séduit par la cordialité confirmée de Guillaume, qui le prend à part pour une conversation amicale avec Bülow :

— Nous sommes arrivés à l'époque la plus chaude. Lors de notre rencontre devant votre ferme-école, il faisait 31 degrés à l'ombre !

Bülow intervient d'une voix suave :

— Comme Sa Majesté a daigné le dire, c'est l'eau qui est l'essentiel. Le Dr Herzl sait, comme moi, ce qu'a dit Pindare : le meilleur, c'est l'eau...

— L'eau, assure Herzl, nous pourrons l'apporter à cette terre.

Alors qu'ils se dirigent vers la sortie du campement, Herzl se tourne vers ses compagnons :

— Il n'a dit ni oui ni non.

Le lendemain, un communiqué de l'agence télégraphique allemande anéantit les ambitions sionistes : «L'empereur Guillaume a reçu une délégation juive, qui lui a présenté un album de photos de colonies juives fondées en Palestine. Il a déclaré que toute tentative de ce genre pouvait compter sur sa bienveillante attention... pour autant qu'elle respecte scrupuleusement la souveraineté du sultan.»

La négociation entre l'Empire allemand et le mouvement sioniste a donc été annihilée, avant même d'avoir été réellement engagée. La raison avancée par Bülow dans ses *Mémoires* – la mise en garde de l'ambassadeur turc à Berlin, qui accompagne le Kaiser pendant son voyage – paraît un peu courte. Eulenburg expliquera, plus tard, à Herzl que le destin a basculé lors du dîner officiel de Constantinople, offert au Kaiser par le sultan, le 18 octobre au soir, peu après la fameuse audience accordée à Herzl. Tenant la promesse faite, quelques instants plus tôt, au chef de file du sionisme, le Kaiser aurait soulevé la question de la colonisation juive et de la création d'une compagnie à charte. Le sultan l'aurait rejetée, avec une brusquerie qui aurait surpris l'empereur allemand. Les Turcs, déjà ulcérés par l'empiétement des Européens sur leur souveraineté et par la perte de tant de leurs territoires, ne pouvaient se faire à l'idée d'une Palestine juive sous protectorat allemand. Ils savaient, en outre, que ce projet susciterait les réactions négatives des puissances.

La sincérité du Kaiser n'est donc pas en cause. Après son abdication, Guillaume décrira Herzl comme «un homme très intéressant, éclairé, très intelligent, avec des yeux expressifs, un idéaliste enthousiaste doté d'une mentalité d'aristocrate», qui aurait évoqué ses rapports avec lui «d'une manière très précise et très loyale».

Herzl avait voulu jouer la «carte allemande»; lorsque la Première Guerre mondiale éclate, le Kaiser tente de s'appuyer sur le «levier sioniste» dans sa guerre à l'est. Le Comité pour la libération des juifs russes, créé par l'organisation sioniste allemande, prépare un journal en yiddish, *Kol Mewasser*, à distribuer par les armées allemandes lors de leur avancée en Pologne; deux des chefs de file sionistes sont invités par le maréchal Hindenburg à son quartier général du front de l'Est, à Radom. La campagne sioniste allemande se développe en direction des communautés juives à travers le monde; elle éveille l'attention des Anglais sur les utilisations possibles du levier sioniste – la déclaration Balfour est proche...

À L'OUEST, UNE RÉPUBLIQUE FRAGILE

Avant son départ pour l'Orient puis après son retour, Guillaume s'est longuement penché sur les événements qui affectent la France : à l'aller, à bord du *Hohenzollern*, une grande partie des conversations portaient sur l'affaire Dreyfus ; pendant la traversée de retour, le Kaiser et ses invités apprirent qu'un incident avait opposé Français et Anglais à Fachoda, sur le Haut-Nil. Les « Gaulois » et leur République semblent décidément bien fragiles !

Pourtant, cette République qui n'acceptait pas vraiment le fait accompli des « provinces perdues » inquiétait l'Allemagne : l'épisode du général Boulanger avait contraint les hommes politiques français à un intérêt accru pour les questions de défense. De 1886 à 1889, Boulanger avait embrasé Paris puis la France autour de l'idée de revanche. appelé au ministère de la Guerre sur la recommandation de Clemenceau, il était le porte-parole du parti radical désireux d'insuffler à l'armée des sentiments républicains ; charismatique, incliné vers la gauche, il avait flatté dans l'armée l'esprit de corps tout en montrant un sens militaire certain par la réorganisation des écoles d'officiers, du génie, du contre-espionnage et par la création des troupes coloniales. Mais la gauche avait fini par se déprendre d'un général trop impétueux et trop populaire : les affiches et la chanson portaient sa renommée dans les campagnes ; un délire patriotique l'accompagnait à chacune de ses menaces contre le voisin allemand – par exemple, lors de l'affaire Schnaebelé, à laquelle des sous-ordres de Bismarck avaient donné l'apparence d'une agression et où il avait eu la légèreté d'utiliser un commissaire de frontière comme intermédiaire avec les services de renseignement allemands... Trop encombrant pour les républicains, Boulanger s'était alors rapproché de la droite et avait constitué une coalition hétéroclite qui avait été bien près de s'emparer du pouvoir, au fil de plusieurs triomphes électoraux dans des consultations partielles ;

mais, lors des élections générales de 1889, il avait obtenu le soutien des grandes villes et avait été rejeté par la France des bourgs et des campagnes. Il avait finalement été contraint de s'exiler à Bruxelles, avant sa fin tragique.

Neuf ans plus tard, les relations franco-allemandes semblaient s'apaiser : la question des «provinces perdues» subsistait, lancinante, dans l'inconscient collectif mais de nouvelles générations arrivaient à l'âge d'homme, qui n'avaient pas connu le désastre de 1870 ; en Alsace-Lorraine, l'autonomisme l'emportait depuis 1893 – en 1898, douze des quinze députés élus au Reichstag venaient de dire leur «loyalisme» envers l'Empire allemand. L'attachement affectif à la France survivait, mais un certain pragmatisme, un louvoiement avec les réalités dominaient. À l'intérieur, la République devenait la maison commune, ouverte aux catholiques et aux anticléricaux, aux ouvriers et aux bourgeois. Elle avait poursuivi le renforcement de l'armée – par la réforme du haut commandement et des réserves et par la mise en service du fusil Lebel et du canon de 75 ; elle avait commencé à mettre fin à son isolement international, en tissant ses premiers liens avec la Russie... quand survint une affaire judiciaire puis politique qui allait ressusciter et faire s'affronter deux France ennemies, irréconciliables.

Le capitaine Alfred Dreyfus, un juif alsacien des plus patriotes, a été arrêté en octobre 1894 sous l'inculpation de haute trahison. Il a été déclaré coupable par un conseil de guerre d'avoir transmis des informations militaires à l'ambassade d'Allemagne, au vu d'une ressemblance d'écritures, et il a été condamné à la détention perpé-tuelle à l'île du Diable, en Guyane. Le verdict a eu peu d'écho – même si de grands républicains, comme Jaurès et Clemenceau, l'ont estimé trop indulgent. Deux ans plus tard, en 1896, l'affaire a pris une autre allure : le lieutenant-colonel Picquart, chef du contre-espionnage, découvre une correspondance entre l'attaché militaire allemand et un autre officier français, le commandant Esterhazy – avec toujours la même ressemblance d'écritures. Esterhazy est lourdement endetté et Picquart acquiert la conviction qu'il est l'homme des services allemands, aux lieu et place de Dreyfus. L'appareil d'État français est hésitant et sa position devient étrangement fausse : le président du Conseil Méline refuse toute tentative de révision du procès Dreyfus tout en acceptant l'ouverture d'une instruction contre Esterhazy ; Émile Zola publie une lettre ouverte au chef de l'État dans *L'Aurore*, un quotidien récemment créé par Clemenceau. L'affaire divise les familles, les partis, le pays en deux camps...

En un sens, l'Allemagne est directement concernée : le capitaine

Dreyfus a été condamné pour espionnage à son profit. Dès sa nomination au secrétariat d'État, Bülow s'est informé auprès de ses services. La réponse a été nette et immédiate : Dreyfus n'a jamais eu aucun contact avec l'Allemagne ; le véritable agent allemand est bien Esterhazy. Le 24 janvier 1898, le député Richter interpelle le secrétaire d'État, à la commission du budget du Reichstag : Bülow répond... qu'il veut éviter toute immixtion dans les affaires intérieures françaises. Il précise, tout de même, qu'il n'y a jamais eu de rapport de quelque nature que ce soit entre Dreyfus et l'administration allemande. Cette déclaration provoque une réaction d'une grande virulence à Paris, dans le clan anti-dreyfusard : Albert de Broglie, ancien président du Conseil, réplique, lors d'une réunion au Cercle de l'Union, qu'il a tenu jusqu'ici le chef de la diplomatie allemande pour un homme estimable mais qu'il constate, finalement, chez lui, une médiocrité « égale à celle de tous les autres Allemands ».

La féministe Malwida von Meysenbug, descendante de huguenots français, brillante inspiratrice de Wagner et de Nietzsche, intervient en sens inverse auprès de Bülow : les services de la Wilhelmstrasse n'ont-ils pas les moyens de totalement innocenter Dreyfus ? Elle « ne saurait que penser de lui s'il ne dénonçait pas le vrai coupable ». Bülow lui fait une réponse embarrassée :

— Je considère comme un devoir d'humanité d'alléger, dans la mesure du possible, le sort du malheureux Dreyfus. Mais il m'est impossible de dénoncer Esterhazy : un gouvernement ne peut pas livrer ses agents ou espions... Sauf à dissoudre ses services de renseignement.

Et le secrétaire d'État de déplorer la « faiblesse ridicule » des fonds secrets dont il dispose, comparés, selon lui, au budget des services anglais, français ou russes... « Le Reichstag ne pouvait se résoudre à consentir les sommes nécessaires. Le politicien allemand est enclin à traiter tous les problèmes politiques en épicier et en petit bourgeois » : telle serait, selon ses *Mémoires*, la raison très bureaucratique de son silence.

L'incident de Fachoda se substitue à l'affaire Dreyfus dans les « préoccupations françaises » de l'Allemagne. La politique coloniale de la France se heurte partout aux ambitions britanniques. Particulièrement en Afrique où deux perspectives semblent incompatibles : l'axe Dakar-Djibouti qui est au centre des projets français et qui pourrait être achevé par une progression vers l'est à partir de l'Oubangui, croise l'axe Le Cap-Le Caire, cher aux Britanniques parce qu'il leur permettra de revenir dans ce Soudan égyptien d'où ils ont été chassés par la révolte du Mahdi, et qu'il leur ouvrira le passage du chemin de fer rêvé par Cecil Rhodes. Héraut de l'impérialisme, Rhodes est même venu défendre son projet à Berlin : il a obtenu du Kaiser l'autorisation d'emprunter l'hinterland de l'Est africain allemand... contre l'engagement de greffer un embranchement vers Tabora et la colonie allemande et d'utiliser du matériel allemand pour la construction de ce segment de la ligne ferroviaire.

Les deux axes se croisent donc, à l'été 1898, à Fachoda, cette localité du Haut-Nil qui sort soudain de l'anonymat pour enfiévrer la rue parisienne puis londonienne. Dans les premiers jours de juillet, le capitaine Marchand – parti du Gabon deux ans plus tôt, à la tête d'une modeste colonne – a franchi les rudes passes de sa traversée de l'Afrique, a atteint Fachoda et en a pris possession au nom de la France. Paris fête l'événement, qui lui parvient comme un coup de tonnerre, en septembre. Mais, dès le 8 avril précédent, le sirdar Kitchener – c'est le titre du commandant en chef de l'armée du khédive égyptien, porté par l'officier britannique afin de respecter la souveraineté théorique de l'Égypte – avait remporté une victoire décisive sur les Mahdistes, plus au nord, à Atbara, et il était déterminé à occuper toute la vallée du Nil. Marchand et Kitchener, « deux émissaires de la civilisation », se rencontrent le 19 septembre : une rencontre relativement courtoise, non violente, malgré une tension évidente... Marchand a même offert à Kitchener une bouteille de champagne qu'il avait conservée pendant toute sa traversée de l'Afrique ! Les prétentions juridiques anglaises et françaises sont juxtaposées, de nouvelles instructions de Londres et de Paris sont sollicitées. Mais Kitchener hisse déjà le drapeau... égyptien sur l'un des fortins en ruine de la ville, à cinq cents mètres du drapeau français. Pour la France, Fachoda est un « fiasco » et une humiliation : Marchand se retire devant la « prépondérance des forces anglo-égyptiennes ».

Pour la première fois, le ministre français Théophile Delcassé, future « bête noire » du Kaiser, apparaît dans les analyses des dirigeants allemands. « C'était le plus tenace, et en même temps le plus habile représentant de l'idée de revanche, à laquelle il donna toutes ses pensées, son esprit et sa vie », écrit Bülow dans ses *Mémoires*. Selon son interprétation, Delcassé aurait rapidement recherché, après Fachoda, une entente avec l'Angleterre. La France ne ferait pas de « l'incident » un motif de brouille, et surtout pas un motif de guerre. Le futur chancelier assure que Delcassé aurait confié à l'ambassadeur d'Angleterre :

— Aussi longtemps que les Allemands seront à Strasbourg et à Metz, la France n'aura qu'un ennemi permanent. C'est sous cet angle que nous traiterons et terminerons tous nos différends avec d'autres puissances.

Bülow a-t-il la volonté, consciente, d'ériger Delcassé en ennemi prioritaire et incontournable de l'Allemagne? Ou s'illusionne-t-il lui-même? Sa relation des lendemains de Fachoda ne correspond aucunement à la réalité. L'évacuation de Fachoda n'a suscité, dans l'immédiat, aucune détente dans les rapports franco-anglais: la presse populaire parisienne affiche sa crainte d'une attaque préventive de la Royal Navy contre la flotte française; Delcassé rêve d'une revanche sur l'Angleterre en Égypte – conseillé par l'intransigeant ministre au Caire, Georges Cogordan, il veille à ne pas reconnaître, même implicitement, la position désormais dominante de l'Angleterre en Égypte.

L'échec de Fachoda n'a donc pas provoqué le revirement français, n'a pas préfacé l'Entente cordiale; bien plus, le patriote Delcassé a éprouvé la tentation d'un tout autre revirement – une alliance allemande contre l'Angleterre. Éternelles arabesques de la diplomatie de l'équilibre...

Le 6 février 1900, le ministre français utilise *Le Matin* pour lancer un ballon d'essai: un grand article, en première page du quotidien, indique que si la question d'Égypte est reposée, l'Allemagne aura sa place dans le concert des puissances intéressées; la France et la Russie adhéreraient à une éventuelle initiative allemande. Le 28 février, le gouvernement russe indique à son partenaire français son souhait d'obtenir une réponse claire de l'Allemagne: Paris et Saint-Pétersbourg doivent suggérer à Berlin une médiation tripartite, qui mettrait en même temps fin à la guerre des Boers, alors dans son ultime rebondissement... Une initiative à laquelle Guillaume fera souvent allusion jusqu'à son entretien avec le *Daily Telegraph* qui provoquera une «crise impériale», dix ans après Fachoda. Delcassé donne son accord, après avoir consulté les présidents de la République et du Conseil, Loubet et Waldeck-Rousseau: à la Russie de faire la démarche au nom des deux alliés. Le même jour, en Conseil des ministres, il évoque l'hypothèse d'une guerre contre l'Angleterre... et avance trois scénarios «offensifs»: un débarquement en Angleterre, une expédition en Égypte, une attaque des forces françaises stationnées en Indochine contre la Birmanie en liaison avec une action russe sur l'Inde!

Le 15 mars, le Kaiser répond à la démarche russe: il accepte une action conjointe avec la France et la Russie, à la condition que chacune des trois puissances garantisse les «possessions européennes» des deux autres! Les espoirs de Delcassé sont ruinés: comment un gouvernement français accepterait-il de renoncer publiquement à l'Alsace et à la Lorraine?

QUAND GUILLAUME
SE SENT TOUT À FAIT ANGLAIS...

Guillaume et l'impératrice, «Dona», débarquent en Angleterre, avec leur suite, le 20 novembre 1899. Ils vont passer quatre jours à Windsor avant de se rendre pour deux jours à Sandringham, dans le Norfolk, à l'invitation d'Albert-Édouard, «Bertie», le prince de Galles. Le climat politique est délicat. La guerre d'Afrique du Sud, entre les Anglais et les Boers, a éclaté cinq semaines plus tôt et la plupart des Allemands soutiennent le combat des Boers – depuis la majorité du Reichstag jusqu'à l'impératrice, qui n'a cessé de désapprouver cette visite. Elle se confie à Bülow :

— Que va-t-il arriver? J'avais espéré que ce voyage tomberait à l'eau. Je n'ai rien dit jusqu'à présent à l'empereur, mais nous allons être sur des charbons ardents. Guillaume va se faire un tort considérable en Allemagne. L'Angleterre ne veut que se servir de nous.

Et ses dames d'honneur de dire leur tristesse et leur honte d'aller en Angleterre au moment où Albion «s'efforce d'égorger les honnêtes et vaillants Boers».

Le Kaiser est accueilli par le duc de Connaught, troisième fils de la reine Victoria, le plus affectueux des oncles anglais de Guillaume et le plus pro-allemand. À la gare de Windsor, une grande réception est organisée par le prince de Galles. Logé au château qui symbolise l'histoire de l'Angleterre et de son Empire aux dimensions du monde, Guillaume s'exalte... Il devient aussi anglais que les Anglais. Chaque matin, il désigne aux officiers de son entourage la tour ronde de Windsor :

— C'est depuis cette tour que l'univers est gouverné.

Au côté de Connaught, Guillaume distingue un homme en frac bleu, à boutons d'or. Il est offusqué : en Angleterre, on ne porte pas l'habit le matin. Le coupable est un obscur conseiller d'ambassade allemand, Pückler, auquel sa myopie donne un air perpétuellement embarrassé. Plus tard dans la journée, Pückler est aperçu se faufilant entre les horse-guards déployés dans la cour de Windsor. Le Kaiser est horripilé… Bülow décide de muter sur-le-champ Pückler à l'ambassade de Vienne.

Au soir du 21 novembre: le dîner d'apparat. La reine Victoria, souveraine d'un Empire mondial, apparaît, vieille dame repliée sur elle-même, portée sur une chaise précieuse par quatre fils de prince indiens, couverts de joyaux. Le Kaiser marche à son côté, avec tous les signes d'une profonde vénération; à table, il est assis face à elle. Le silence est presque absolu pendant le repas – ce qui surprend les Allemands, habitués aux marches prussiennes pendant les banquets officiels de Berlin ou de Potsdam… Puis la reine gagne une galerie d'où elle fait signe à la cohorte de ses fils et petit-fils qui viennent successivement baiser la main qu'elle leur tend. Pendant cette cérémonie, Bülow échange quelques phrases avec le généralissime des forces armées britanniques, le duc de Cambridge:

— Nous étions irrités contre le ministre des Colonies, Chamberlain. C'est lui qui a voulu cette guerre. Mais maintenant qu'elle est engagée, nous devons la conduire jusqu'à la fin… Pour le moment, cette guerre ne va pas à merveille, mais elle donne à la noblesse anglaise l'occasion de montrer qu'elle sait encore mourir et cela me fait plaisir.

La reine reçoit Bülow, accompagné de l'ambassadeur d'Allemagne, Hatzfeldt. Elle parle parfaitement l'allemand: elle exprime, devant le secrétaire d'État, son souhait d'une saine compréhension entre l'Angleterre et l'Allemagne; elle déplore le ton «haineux» de la presse allemande à l'endroit de l'Angleterre engagée dans la guerre des Boers.

Bülow, après cette courte audience, s'exprime librement devant Hatzfeldt:

— C'est un Viennois déluré, le peintre Angeli qui, ayant à faire son portrait, avait dit de Victoria qu'elle avait l'allure d'un «petit champignon». Petit champignon peut-être, mais quel extraordinaire mélange de simplicité et de dignité, de tact et de sens du devoir…

L'ambassadeur ne veut pas être en reste, dans ce panégyrique de Victoria:

— Il y a soixante-deux ans qu'elle règne! Elle a toujours respecté la constitution non écrite du royaume. Elle a eu une forte prédilection pour Disraeli mais elle a confié la barre à Gladstone, lorsque les libéraux triomphaient, malgré son aversion pour le chef de file des «whigs»… Elle n'a jamais fait attendre un ministre ou un ambassadeur sauf ce jour où elle eut une demi-heure de retard à un dîner du corps diplomatique parce qu'elle voulait connaître la raison du renvoi de la nurse de l'une de ses petites-filles, Charlotte de Meiningen.

Pour Bülow, c'est l'heure de l'admiration pour la société britannique :

— Il n'y a décidément pas d'aristocratie plus démocratique que celle de l'Angleterre ! Pensez qu'elle a associé à la conduite des affaires un juif comme Disraeli et ce Chamberlain, fils d'artisan... Il est vrai que ce juif ou ce fils d'artisan ont eu le désir de s'assimiler non seulement le patriotisme, le nationalisme de la classe dirigeante, mais aussi le style et la manière d'être de l'aristocratie de leur pays.

Hatzfeldt ne peut que se joindre aux louanges de Bülow... à cette «aristocratie démocratique», dont il est un brillant produit. N'est-il pas le fils de la «comtesse rouge», Sophie von Hatzfeldt, qui abandonna son cousin de mari pour vivre une liaison avec le leader social-démocrate Ferdinand Lassale? Lui-même, n'a-t-il pas épousé, lorsqu'il était attaché à la légation de Paris, la très jeune Helene Moulton, fille d'un agent immobilier américain? Bismarck le présentait comme «le meilleur cheval de l'écurie diplomatique allemande»; il a été ambassadeur à Madrid puis à Constantinople, avant d'entrer au gouvernement comme secrétaire d'État aux Affaires étrangères : en 1871, il a été l'un des négociateurs de la paix avec la France. Il représente depuis dix ans l'Allemagne à Londres, et s'est illustré dans l'échange de la colonie allemande de Zanzibar contre Heligoland, cette île de la mer du Nord devenue une précieuse base pour la nouvelle marine de guerre allemande. Il est d'autant plus lié au Premier ministre anglais, Lord Salisbury, qu'il a le même âge que lui et qu'il a siégé à son côté, vingt ans plus tôt, lors du Congrès de Berlin de 1878 sur l'une des plus fameuses crises orientales du XIXe siècle.

Robert Gascoyne-Cecil, troisième marquis de Salisbury, n'est pas visible : sa femme est agonisante (elle mourra quatre jours plus tard). Sans doute aussi ne souhaitait-il pas accueillir le Kaiser, qui l'a accusé, deux ans auparavant, de «double jeu» dans les relations anglo-allemandes... sous le regard réprobateur de la reine Victoria.

Salisbury est la personnalité politique dominante dans l'Angleterre des deux dernières décennies du XIXe siècle – voire le plus grand Premier ministre britannique, selon le palmarès établi par Clement Attlee en 1945. Il a succédé à Disraeli à la tête du parti tory et il a combattu le leader libéral Gladstone, «l'homme d'État chrétien», contre lequel il s'est dressé en praticien du «splendide isolement» et en théoricien de la non-ingérence : «Les assemblées de Westminster n'ont pas de juridiction sur les affaires des autres nations.» Il serait relativement à même de tolérer les ambitions allemandes car son ennemie virtuelle serait plutôt la rivale coloniale, la France de l'affrontement difficilement évité à Fachoda. Mais l'exaspération que lui ont procurée les foucades du Kaiser a fini par se convertir en différend politique. Dès les premiers séjours du jeune Kaiser en Angleterre, à l'occasion des régates de Cowes, Salisbury a jugé Guillaume superficiel et agité; à quoi s'ajoutait l'indignation du premier devant l'ingratitude manifestée par le second à l'encontre de Bismarck.

L'incident a surgi en décembre 1897. Irrité par les appréciations défavorables qui sont portées sur lui en Grande-Bretagne et convaincu qu'il s'agit d'une campagne lancée par Salisbury, le Kaiser a adressé à la reine Victoria une philippique contre son Premier ministre – et la reine lui a répondu en lui transmettant la réponse de l'intéressé! Salisbury faisait remarquer qu'il n'était pas ministre allemand mais anglais, qu'il avait pour mission de protéger les intérêts anglais, que la reine serait la première à le blâmer s'il ne se tenait pas à une politique purement britannique – et que l'empereur allemand ne semblait pas connaître les traditions et la constitution du royaume.

Salisbury a suggéré à Bülow de rencontrer Joseph Chamberlain. Le 22 novembre, Bülow a une entrevue avec le ministre des Colonies, à Windsor. Le visage glabre, le front haut, le regard inquisiteur, plongeant dans celui de l'interlocuteur, derrière un monocle à monture d'or, une orchidée à la boutonnière, Chamberlain a fait fortune dans la fabrication de vis à Birmingham – une métropole industrielle qui n'était même pas représentée à la Chambre des Communes à l'époque des «bourgs pourris», un découpage des circonscriptions qui semblait fixé pour l'éternité au profit exclusif des *landlords*, de l'aristocratie rurale: il a doté Birmingham de la première organisation partisane moderne et s'est emparé de sa mairie, avant de bouleverser la vie politique britannique en passant de l'extrême-gauche à la droite tory afin de maintenir l'union avec l'Irlande, l'île rebelle.

Chamberlain est venu pour exposer ses vues d'avenir au secrétaire d'État allemand. Son ton est vif, incisif. Tout en lui respire l'énergie:

— Mon idéal serait que, nous Anglais, nous marchions en accord avec les États-Unis et l'Allemagne. Ce groupement dominerait l'univers. Nous refoulerions dans ses frontières la Russie barbare; nous contraindrions au repos la France turbulente.

Bülow veut apporter des précisions au projet:

— Un tel groupement, pour reprendre votre terme, puisqu'il ne s'agirait pas d'une alliance au sens strict, pourrait voir le jour à deux conditions. D'abord : ne pas être dirigé contre la Russie...

Chamberlain l'interrompt :

— Mais l'endiguement de la Russie est de l'intérêt de toute la planète !

Bülow reprend son contre-exposé :

— C'est peut-être vrai... Mais vos risques et nos risques face à la menace russe ne sont pas identiques ! Nous sommes voisins de la Russie, qui peut rapidement pousser une pointe vers Königsberg, voire Berlin ! Vous avez la mer pour vous garantir. Que risquez-vous ? Une agression russe contre l'Inde ? Elle présenterait tellement de difficultés ! Donc, face à des risques si différents, l'Allemagne devrait obtenir des garanties, des assurances, pour le cas de guerre contre la Russie... J'ajoute une deuxième condition : pendant cette période délicate qui s'ouvre avec votre guerre en Afrique du Sud contre les Boers, vous devriez faire profil bas, éviter tout ce qui pourrait exciter notre opinion publique allemande.

Chamberlain rugit :

— Mais il n'y a pas d'opinion publique en Allemagne ! Chacun le sait : votre peuple pense ce que souhaite le Kaiser.

Bülow semble vexé :

— Vous vous méprenez sur notre évolution politique. Certes, nous n'avons pas une opinion publique aussi vive que la vôtre, notre vie politique pluraliste est plus récente. En philosophie, en art, en science, nous avons enrichi le trésor de l'humanité. Nous sommes moins doués pour la politique concrète. Mais notre gouvernement, et le Kaiser lui-même, doivent compter avec l'opinion publique. Le Kaiser a fait preuve de force de caractère en entreprenant ce voyage malgré l'extrême faveur dont jouissent les Boers chez nous... Au fond, notre programme politique envers l'Angleterre serait plutôt négatif : nous n'avons pas de demande particulière, nous voulons simplement éviter les malentendus et les provocations inutiles.

Chamberlain veut reprendre l'avantage :

— Alors, c'est parfait : tout homme politique anglais serait satisfait de votre approche. Mais dites-vous bien que nous ne craignons pas votre concurrence économique autant que l'imaginent beaucoup d'Allemands. L'Angleterre est trop puissante, trop riche et depuis trop longtemps pour craindre une concurrence allemande... Simplement, tentez de calmer votre presse, tellement anti-anglaise.

Une objection rapide de Bülow :

— Le correspondant du *Times* à Berlin est terriblement germanophobe.

Une concession totalement inattendue de Chamberlain :
— Je veillerai à changer le correspondant du *Times* chez vous.
Bülow veut conclure sur un ton plus amical :
— Permettez-moi de vous féliciter pour votre allure juvénile. J'ai appris que vous avez soixante-trois ans. Je vous aurais donné moins de cinquante ans !
Un éclat de rire chez l'homme au monocle d'or :
— Mon secret, c'est que je suis le seul leader, aux Communes, à ne pratiquer aucun sport : ni tennis, ni course à pied. Je ne chasse pas, je ne navigue pas. Et je fume de très longs et très forts havanes.

Le prince de Galles accueille le Kaiser et sa suite dans sa luxueuse maison de campagne de Sandringham, cachée au milieu d'un parc de chênes et de hêtres. Tout oppose Guillaume à son oncle Albert-Édouard : l'un est irréprochable dans sa vie privée, n'est à l'aise que dans la tunique noire des hussards de la Garde, est imprévisible, avec sa sensibilité exacerbée, dans ses élans et ses éclats ; l'autre a la réputation d'être un viveur frivole, de manier une ironie subtile, et s'il ne supporte pas le col raide de l'uniforme militaire, il prend plaisir à jouer les arbitres des élégances civiles dans une Angleterre qui tend à être le phare de la mode masculine... Il a réussi à casser la rigueur des codes vestimentaires victoriens. Même des négligences ou des étourderies dans le comportement d'Albert-Édouard deviennent des normes pour ses futurs sujets : oublie-t-il de reboutonner complètement sa veste après un repas très copieux ? Il devient de règle chez les Anglais élégants de laisser ouvert le dernier bouton de leur veste ou de leur gilet. Fait-il des revers à son pantalon, au retour de la campagne, un jour de pluie, pour éviter la boue ? Il vient d'inventer le « revers prince de Galles » !
Leurs épouses se méfient l'une de l'autre, alors qu'elles sont issues de deux branches de la même maison de Slesvig-Holstein, les Augustenbourg et Glücksbourg. De fait, la princesse de Galles, Alexandra, fille aînée du roi du Danemark Christian IX, hait l'Allemagne depuis l'annexion du Slesvig-Holstein par Bismarck, et méprise ouvertement Guillaume, qu'elle considère comme un adolescent prolongé, rustre et prétentieux. Il est vrai qu'elle affiche plus généralement une vive amertume : sa dernière grossesse l'a handicapée – elle boite et est atteinte d'une légère surdité – et Albert-Édouard lui impose la présence de ses maîtresses officielles successives. Guillaume fait donc les frais de son ire... Apprend-elle qu'un coiffeur figure dans la suite du Kaiser, chargé de retrousser chaque matin sa moustache en croc ? Elle s'écrie publiquement : « Quel imbécile ! » – sous les éclats de rire de son entourage.

L'aversion de l'oncle pour le neveu alterne avec une certaine affection : en frère aîné de l'impératrice Frédéric, «Bertie» ne pardonne pas à Guillaume sa conduite près du lit de mort de son père. Peut-être aussi Albert-Édouard, prince héritier presque à perpétuité, et futur monarque très cantonné dans ses prérogatives constitutionnelles, jalouse-t-il inconsciemment son neveu, que le destin a porté si jeune sur le trône et qui peut encore jouer avec la pratique d'un pouvoir, sinon absolu, du moins personnel... Pourtant Albert-Édouard domine psychologiquement Guillaume : Bülow a l'impression qu'il joue avec son neveu comme «un gros et malicieux matou avec une souris». Et Guillaume fait des efforts pour se réconcilier avec son oncle : il se prend à exposer au prince de Galles la façon de mener la guerre contre les Boers.

À Sandringham, Bülow découvre, parmi les invités allemands, l'attaché d'ambassade Eckardstein, qui s'était illustré auprès d'Herbert Bismarck, alors qu'il était lieutenant au 6ᵉ Cuirassiers de Brandebourg. Après un dîner, au premier étage d'un restaurant berlinois, en présence d'Herbert, alors secrétaire d'État, il avait parié à tous les convives qu'il serait avant eux dans la rue. Tous se précipitèrent dans l'escalier... pendant qu'Eckardstein sautait par la fenêtre, se foulait le pied et gagnait son pari! Sensible à ce genre d'exploit, le chef de la diplomatie et fils du vieux chancelier décida, sur-le-champ, de nommer le jeune lieutenant à l'ambassade de Washington. Entre-temps, Eckardstein avait épousé la fille unique d'un richissime industriel anglais, John Blundel Maple, et s'était établi à Londres où il était devenu un proche de Chamberlain. Très impressionné par son apparent réseau de relations dans la société britannique, Bülow lui propose de prendre la succession du malheureux Pückler comme conseiller d'ambassade. Eckardstein deviendra le principal informateur du gouvernement allemand à Londres, et l'intercesseur officieux entre les deux monarques, après le couronnement d'Édouard VII. Mais les messages seront parfois difficiles à transmettre, même lorsqu'ils seront en apparence conciliants : peu après son avènement, le nouveau roi d'Angleterre confiera à Eckardstein : «Nos deux peuples sont des alliés naturels. Nous pourrions, à nous deux, faire la police du monde. Je sais que vous avez besoin de colonies et que l'extension de votre commerce est pour vous une nécessité...» Suit une ruade à l'intention du cher neveu : «...Vous pouvez obtenir tout cela, mais nul ne saurait prendre son parti des incessantes cabrioles de votre Kaiser.»

Pourtant, il ne s'agit pas simplement de «cabrioles» du Kaiser, mais aussi de l'apparition d'une opinion publique allemande

– dont Chamberlain niait l'existence. Deux jours après le départ de Guillaume II, le ministre anglais des Colonies relance, dans un discours à Leicester, l'idée d'une alliance anglo-allemande. La presse allemande est vent debout contre cette proposition, car la passion pour la cause des Boers emporte tout... En janvier 1900, des navires de guerre britanniques ont arraisonné trois cargos allemands, soupçonnés d'approvisionner les Boers. Les « opérations de flibuste » des Anglais, leurs « actes de piraterie » sont unanimement dénoncés – l'occasion pour Tirpitz de souligner que si l'Allemagne disposait déjà d'une flotte de haute mer moderne, l'Angleterre ne se permettrait pas de mener de telles opérations.

Seul Guillaume continue de croire en une future entente anglo-allemande et de rester dans l'esprit de son dernier séjour à Windsor : il félicite la reine lorsque le corps expéditionnaire britannique reprend la citadelle sud-africaine de Kimberley ; il informe le prince de Galles de la tentative franco-russe de constituer une « ligue continentale » afin d'imposer la paix en Afrique du Sud.

Arabesques de la diplomatie de l'équilibre : après l'humiliation de Fachoda, le retrait forcé de la colonne Marchand arrivée dans le Haut-Nil peu avant l'armée de Kitchener, le gouvernement français a déjà sondé l'Allemagne sur la possibilité d'une « concertation continentale » contre l'Angleterre ; puis Paris et Saint-Pétersbourg ont suggéré à Berlin une médiation tripartite afin de mettre un terme à la guerre des Boers.

Un an plus tard, les tensions s'exaspèrent : le président Kruger, symbole du combat des Afrikaners, s'est embarqué le 19 octobre 1900 à Lourenço-Marquès, dans la colonie portugaise de Mozambique, et il a débarqué, le 2 décembre, à Cologne – où il a reçu un accueil enthousiaste – afin de se rendre à Berlin. Le Kaiser sombre dans une vive agitation : il vient de recevoir un télégramme de Victoria – sa grand-mère lui demande de ne pas recevoir le président Kruger, dans l'intérêt des relations germano-britanniques. Que doit-il faire ? Bülow lui répond que, malgré sa vénération pour la grand-mère de l'empereur, les demandes de la reine d'Angleterre n'auront jamais d'influence sur ses conseils ou ses décisions. Reste l'intérêt de relations amicales et paisibles entre l'Allemagne et l'Angleterre : c'est cet intérêt qu'il défendra devant le Reichstag, face à l'emballement pro-boer. Guillaume est satisfait : ainsi il ne froissera pas sa « maudite famille » anglaise. Le ministre d'Allemagne à Luxembourg part, au nom de l'empereur, à la rencontre de Kruger et invoque des engagements antérieurs qui l'empêchent de le recevoir. Kruger quitte Cologne et se rend directement à La Haye.

Le 10 décembre, Bülow affronte le Reichstag, maintenant totalement gagné aux Boers. Il explique qu'il ne veut pas jouer les don Quichotte, et se précipiter lance au poing sur l'Angleterre et tous les moulins à vent du monde. S'attirer l'hostilité durable de l'Angleterre, sur une question qui n'est pas essentielle pour l'Empire allemand, serait «une sottise politique»...

Éternel débat autour du réalisme diplomatique. Bülow croise, dans le Tiergarten, le député national-libéral Hasse, l'animateur de l'écrasante majorité pro-boer du Reichstag. Il l'interpelle :

— Je ne doute pas de votre patriotisme et de celui de vos amis, mais si vous continuez ainsi, nos bonnes relations avec l'Angleterre seront anéanties.

Hasse s'indigne :

— Je suis un représentant du peuple. J'ai le droit et le devoir d'exprimer sans ambages les sentiments de la nation. Il vous appartient, à vous et au gouvernement, de veiller à ce que nos relations entre États n'en souffrent pas.

Bülow lui répondra le lendemain – devant le Reichstag :

— L'homme politique n'est pas un arbitre des mœurs. Il nous appartient uniquement de veiller aux droits et aux intérêts de notre pays. Pour ma part, je me refuse à faire de la politique étrangère en me fondant sur la morale pure. Je laisse cela aux politiciens de brasserie.

Guillaume lui fera remarquer que les politiciens de brasserie constituent une partie notable de la nation allemande...

AU CHEVET DE LA REINE VICTORIA

De retour à Berlin, Guillaume se pique, comme à Sandrigham, de jouer les experts militaires et de dispenser à son oncle, Albert-Édouard, ses plans de campagne contre les Boers... Il lui arrive, en deux occasions, de se présenter à la résidence de l'ambassadeur d'Angleterre, tôt dans la matinée, afin de le prier de télégraphier à Londres ses dernières suggestions – mais Sir Frank Lascelles est un couche-tard et il reçoit le Kaiser en pyjama, encore somnolent. En décembre 1899, Guillaume rédige, dans une dépêche, des «pensées éparses», la synthèse des «conversations qu'on tient ici dans les milieux militaires» et qui ne présentent qu'un intérêt, celui de renseigner le prince de Galles «sur ce que les militaires d'ici pensent et disent»; il ne les accompagne d'aucun commentaire et conclut: «Fais-en ce que tu voudras, tu peux même les jeter dans le feu.»

Deux mois plus tard, en février 1900, il se veut plus engagé et il précise que ce sont ses propres réflexions, «celles d'un homme en service militaire actif depuis vingt-trois ans». Avec une conclusion inattendue: «Sur le front, il n'y a plus aucun succès décisif à espérer.» À défaut de garanties politiques, mieux vaut «liquider cette affaire». Une image sportive, très britannique: «La plus brillante équipe de football, si elle est battue malgré une courageuse défense, finit par accepter sa défaite avec sang-froid.» Et Guillaume d'insister en prenant pour exemple la défaite retentissante de l'équipe d'Angleterre de cricket devant l'Australie – «l'Angleterre a reconnu chevaleresquement la victoire de son adversaire». Albert-Édouard répondra qu'il refuse toute comparaison sportive car, «comme tu devrais le savoir, l'Empire britannique lutte maintenant pour sa survie».

Le 16 octobre 1900, le Kaiser appelle Bülow au téléphone, depuis le château de Hombourg – un manoir rectangulaire dominé par une haute tour blanche du xive siècle, dans la station thermale de Bad-Hambourg, l'ancienne capitale du landgrave de Hesse.

— Ici, l'empereur Guillaume. Hohenlohe m'a déclaré qu'il ne peut et ne veut continuer. Venez à Hombourg.

Depuis trois ans, Hohenlohe se plaignait d'être tenu à l'écart des affaires étrangères – «tout est réglé par Sa Majesté impériale et Bülow». Il a fini par démissionner. Le plan d'Eulenburg et Holstein, tracé trois ans plus tôt, aura été complètement appliqué: secrétaire d'État depuis 1897, Bülow accède à la Chancellerie. Il sera le quatrième chancelier de Guillaume II, et aussi le quatrième chancelier de l'Empire allemand unifié puisque Bismarck a assumé ces fonctions pendant tout le règne de Guillaume Ier, le court interlude de Frédéric III et les vingt et un premiers mois de Guillaume II.

Bülow part pour Hombourg le jour même, en compagnie de Lucanus, le chef de cabinet du Kaiser. Les deux hommes prennent le train à Berlin – un compartiment vide contre une légère gratification au contrôleur, précise Bülow. Lucanus, de vingt ans plus âgé que le nouveau chancelier, joue les mentors:

— Dieu veuille que votre union avec l'empereur soit heureuse.

Et de revenir sur la succession des chanceliers, telle qu'il l'a vécue:

— Avec Bismarck, ce fut le divorce en moins de deux ans et on m'a accusé d'y avoir contribué. Un reproche immérité, je ne pouvais pas, hélas! empêcher la rupture. Avec Caprivi, cela n'a pas marché du tout; il n'a fait que des bêtises et il ne savait pas prendre l'empereur. Avec Hohenlohe, ce fut mieux mais, au fond, uniquement parce que son attitude était entièrement passive. À la longue, cette passivité du chancelier est inquiétante. C'est le seul fonctionnaire responsable de l'Empire, d'après notre constitution... Il nous faut un chancelier capable de parler et de répondre au Reichstag, d'envoyer promener ses adversaires et dont les discours fassent dresser l'oreille de la nation. Il nous faut, de nouveau, comme avec Bismarck, une personnalité...

Un silence. Lucanus tire une bouffée de son cigare:

— Il y a une grande inconnue: combien de temps un chancelier, qui sera vraiment quelqu'un, de plus ou moins brillant, tiendra-t-il face à l'empereur?

Un nouveau silence:

— Mais pour ceci, remettons-nous en à Dieu.

Dans ses responsabilités de chancelier, Bülow s'est découvert une nouvelle préoccupation: le Kaiser serait trop bavard; il éprouverait le besoin illimité de s'épancher, particulièrement en présence d'étrangers; il serait atteint de *parlantina* – l'ancien ambassa-

deur à Rome reprend le mot charmant forgé par les Italiens pour
désigner la loquacité exagérée. Un vieil ami de Bülow, Knesebeck,
conseiller au cabinet de l'impératrice, lui a rapporté un incident
survenu à bord du *Hohenzollern* : il accompagnait le couple impérial
dans une courte croisière, entre Bari et Corfou et, ne voulant pas
être importun, il s'était installé dans l'une des petites cabines du
pont supérieur ; soudain Guillaume surgit, va et vient, parle à
voix haute, alternativement en anglais, français, italien, évoque sa
politique intérieure, les débats au Reichstag, la personnalité de ses
ministres puis termine en analysant ses rapports avec les principaux
monarques européens, avant de disparaître avec son interlocuteur...
Terré dans un angle de sa cabine, Knesebeck se demande quel haut
personnage a reçu cette avalanche de confidences de l'empereur :
un lord anglais, un grand-duc russe ? N'y tenant plus, il aborde un
marin et l'interroge sur la personnalité qui accompagnait le Kaiser.
L'autre sourit : «Mais c'était le pilote que nous avions embarqué à
Bari pour nous conduire à Corfou... » « Le pilote de Bari » : ce sera
désormais le mot codé utilisé par Knesebeck et Bülow pour faire
allusion aux intempérances verbales de Guillaume.

L'empereur vient, presque chaque matin, s'entretenir avec Bülow,
dans les jardins du palais de la Chancellerie, sur la Wilhelmplatz. Ce
matin-là, il est accompagné de son frère, le prince Henri, qu'il interpelle avec agressivité : il traite le tsar – qui se trouve être le beau-
frère du prince – de «poule mouillée» et de «loque». Bülow veut le
mettre en garde.

— Sire, ne pensez-vous pas que l'épouse du prince Henri pourrait
rapporter votre conversation si heurtée et les qualificatifs déplai-
sants dont vous avez gratifié le tsar à sa sœur, la tsarine Alexandra ?

— C'est certain ! Elle va les rapporter.

— Sire, je ne vous comprends pas. Vous vous donnez beaucoup
de mal avec le tsar, vous en faites trop avec vos lettres, vos
cadeaux, vos attentions de toutes sortes et vous risquez de tout
anéantir par un mouvement de mauvaise humeur qui sera connu à
Saint-Pétersbourg...

Guillaume imagine spontanément une ligne de défense des plus
habiles : pourquoi ne jouirait-il pas des droits reconnus à tout être
humain ? Le statut d'empereur serait donc un carcan ?

— Suis-je donc le seul homme sous le ciel à n'avoir jamais le
droit de me laisser aller, même devant mon propre frère ? Vous, vous
dites ce que vous voulez devant vos frères... Vous pouvez tempêter
contre Dieu et le monde, traiter vos ministres de crétins et me traiter
de fou, sans craindre de désagrément. Et moi, je devrais toujours
porter un cadenas sur mes lèvres ?

— Sire, je ne suis pas empereur et la dignité la plus haute implique la responsabilité la plus lourde...

Et Bülow de réaliser que la façon qu'a Guillaume de se livrer sans contrainte fait tout de même partie de son charme.

Arthur, duc de Connaught, est le troisième fils de la reine Victoria. Âgé de cinquante et un ans, il est proche de Guillaume par le métier des armes et la passion des voyages : diplômé de l'académie militaire de Woolwich, il s'est consacré à sa carrière d'officier, tout en parcourant les possessions britanniques à travers le monde ; dix ans plus tard, en 1911, il sera nommé gouverneur général du Canada. Il a manifesté son affection à Guillaume tout au long de sa dernière visite à Windsor : il serait, avec la reine elle-même, l'ami le plus sincère de Guillaume et de l'Allemagne au sein de la famille régnante anglaise... N'est-il pas, de plus, allié aux Hohenzollern par son mariage ? Il a épousé Louise-Margaret de Prusse, petite-nièce de Guillaume Ier et fille du prince Frédéric-Charles, qui a commandé les forces prussiennes en 1870, dans la bataille de Metz puis dans l'ouest parisien. Il vient d'arriver à Berlin pour représenter l'Angleterre à la célébration du deux centième anniversaire de la création du royaume de Prusse. Deux siècles plus tôt, de fastueuses cérémonies du couronnement s'étaient tenues le 18 janvier 1701, au château puis à la cathédrale de Königsberg, lorsque l'électeur de Brandebourg avait obtenu de s'attribuer la dignité royale ; le nouveau roi de Prusse avait ajouté à la solennité de cette journée en créant l'ordre de l'Aigle noir.

Le 19 janvier 1901, Bülow est convoqué par l'empereur au château de Berlin : le duc de Connaught est présent ; il vient d'annoncer à Guillaume que la reine Victoria est gravement malade et qu'il doit retourner en Angleterre. Surexcité, Guillaume fait part au chancelier de sa détermination de partir sur-le-champ auprès de sa grand-mère britannique – « *our English Grand-mamma* ».

— Sire, il serait bon d'attendre, de voir le cours que suivra la maladie...

— Il s'agit de la vie de ma grand-mère aimée ! Je veux absolument ment la voir une dernière fois. Je ne tiendrai compte d'aucune autre considération... Je vais faire prendre des places sur le vapeur qui assure le service de Flessingue à Douvres.

Connaught s'approche discrètement de Bülow :

— La réaction de Guillaume m'émeut. Mais cette intrusion soudaine dans sa famille britannique peut poser problème. Au chevet de la reine, il sera gênant, la famille ne saura que faire de lui... Certes, notre peuple, notre opinion publique seront conquis par la décision affectueuse de Guillaume. Par cette visite au lit d'une mourante, le Kaiser va gagner une extraordinaire popularité… Mais il devrait réfléchir aussi aux réactions de l'opinion allemande. Il va brusquer les Allemands! En Angleterre, nous savons bien que le Kaiser et vous, le gouvernement, vous nous êtes favorables, vous souhaitez des relations amicales, pacifiques avec nous. Notre problème, c'est l'hostilité du peuple allemand. L'Allemagne nous semble parfois être restée très patriarcale, à l'ombre du Kaiser… Mais même dans une telle Allemagne, il faut ménager l'opinion publique. Le Kaiser ferait mieux de renoncer à son voyage.

Guillaume revient, après avoir donné ses instructions. Bülow lui présente d'ultimes objections, aussitôt balayées.

— Vous ne pouvez imaginer le respect et les sentiments que je porte à la reine! Elle a toujours été si bienveillante avec moi, elle représente mon enfance, mes plus lointains souvenirs, mes jours les plus beaux, mes séjours grandioses à Windsor… et Osborne, la mer, les vaisseaux anglais passant au large…

Le duc se retire… en haussant les épaules.

Pendant sa traversée, Guillaume multiplie les télégrammes – sur la mer sillonnée de navires, sur les falaises qui découpent la côte anglaise… Il arrive à Osborne le 21 janvier et veille au chevet de sa grand-mère Victoria toute la nuit; le lendemain soir, la reine s'éteint – soutenue, pendant ses dernières heures, par le bras droit de son petit-fils. Le 23, Albert-Édouard doit quitter l'île de Wight pour présider un conseil royal à Londres et Guillaume reste à Osborne et vérifie tous les détails: il fait décorer de l'Union Jack les murs de la chambre où le cercueil de Victoria est exposé. Il a manifesté une affliction sincère et il observe un deuil très strict, passant son quarante-deuxième anniversaire en silence. La famille royale et la nation britannique sont profondément touchées par la discrétion du Kaiser, sa présence attentive «en tant que membre de la famille et non comme empereur d'Allemagne». Le nouveau roi d'Angleterre est ébranlé: ne s'est-il pas trompé jusqu'ici sur son neveu? Il lui décerne spontanément la dignité de maréchal britannique.

Guillaume est rappelé avec insistance en Allemagne: l'impératrice, toujours plus hostile à l'Angleterre, craint qu'il ne soit «piégé» à Londres par les «minauderies des dames», lui dont «la nature est ardente et aimable»; il n'a pas à attendre les obsèques de la reine, le prince héritier et Henri, le frère du Kaiser, «grillent» d'y assister. Surtout, l'impératrice Frédéric, l'autre Victoria, «Vicky», la mère du Kaiser, est atteinte d'un cancer et souhaite revoir rapidement Guillaume. Double et tragique destin: Frédéric III est mort trois mois après son père, Guillaume Ier; «Vicky» va disparaître sept mois après sa mère, la reine Victoria. Dona se fait pressante : « J'ai rendu visite à ma pauvre belle-mère ; elle a très mauvaise mine ; elle continue à souffrir beaucoup. » Guillaume oppose un refus à toutes ces prières : « Je suis tellement pris par les jours et les nuits d'attente et les avalanches de télégrammes qui s'abattent sans interruption... Les tantes ici sont complètement seules et il me faut les assister. Elles ont tant d'affection et de bonté pour moi, elles me traitent en frère et ami, non en neveu. » Il va donc prolonger de deux semaines son séjour en Angleterre, rejoint par son frère, le prince Henri, et par le Kronprinz.

Guillaume rencontre Lord Salisbury, qu'il appelle ironiquement « le grand homme de Downing Street » ; il prononce un toast prometteur à la veille de son départ – « la Providence a décrété que deux nations qui ont engendré Shakespeare et Schiller, Luther et Goethe, doivent avoir un grand avenir devant elles ». Le décès de la reine Victoria aurait-il amené la réconciliation des deux nations ? Le 5 février, il est acclamé par les passants quand il traverse les beaux quartiers du West End, sur le chemin de la gare de Charing Cross. Sur les quais, il étreint son oncle « Bertie » et reste comme figé, debout dans son train, en un dernier salut. Le *Times*, systématiquement germanophobe, fait exception à sa ligne pour saluer par un poème le départ du Kaiser : « Oublions la hargne et la haine. Vous avez su pleurer notre reine. L'Angleterre n'oubliera jamais. »

Le nouveau roi, à la surprise de beaucoup, n'a pas pris le nom d'Albert-Édouard Iᵉʳ, mais d'Édouard VII, se réfugiant ainsi derrière les six Édouard qui l'ont précédé sur le trône d'Angleterre. Il a expliqué qu'aucun roi d'Angleterre n'a jamais régné sous un nom composé...

Édouard VII veut rendre visite à sa sœur, l'impératrice Frédéric, sur son lit de mort. Dans l'opinion allemande, le soutien au combat désespéré des Boers, la détestation de l'Angleterre sont à leur paroxysme. À chaque étape de son voyage à travers l'Allemagne, en février 1901, Édouard doit être protégé par un cordon de soldats ; les invectives pleuvent ; la presse rapporte qu'à Heidelberg, des étudiants allemands qui jouaient au football ont été pris pour des Anglais et rossés par des ouvriers... Le roi est très sombre et désabusé. Il s'ouvre au chancelier :

— Votre tâche est lourde. Les gens ici me semblent fous. Ne pourrait-on les calmer ? J'ai de bons rapports avec mon neveu. Oui, j'ai des rapports affectueux avec lui. Nos deux gouvernements font des efforts sincères... Mais à quoi bon ? Nos deux peuples restent face à face, comme chien et chat. Le Kaiser dit toujours qu'en Allemagne tout dépend de lui, que chacun doit plier devant sa volonté... Je n'en suis pas sûr. Le peuple allemand n'a pas son mot à dire autant que chez nous, mais il faut compter avec lui. Finalement, je vois surtout cinquante millions d'Allemands qui sont nos pires ennemis, à nous Anglais.

Après le départ d'Édouard, Guillaume fait une visite à Brême. En homme de la mer, le Kaiser a un penchant pour les villes hanséatiques, Hambourg et Brême – mais il préfère Brême car les jeunes Hambourgeoises se marient, de préférence, avec de riches marchands, des propriétaires terriens, voire des officiers de cavalerie, tandis que les jeunes filles de Brême épousent des officiers de marine ! En outre, Brême a répandu la culture allemande jusqu'à Riga et aux rivages de la Méditerranée... Le 5 mars, il préside un banquet au Ratskeller, la brasserie de l'hôtel de ville. C'est un Guillaume apaisé qui apparaît et qui, pour la première fois, rend hommage à son peuple, le peuple allemand :

— Je me rends parfaitement compte que les rois de Prusse n'auraient pu accomplir ce qu'ils ont réalisé dans l'Histoire s'ils n'avaient eu derrière eux un peuple pareil, qui leur a fourni officiers, soldats, fonctionnaires de toutes classes, d'un mérite tel qu'un autre peuple soutiendrait difficilement la comparaison.

En partant du Ratskeller pour la gare... il reçoit un projectile – un morceau de fer – lancé par un ouvrier dans sa direction. Il est blessé à la joue et il a failli perdre l'œil droit. Il a gardé ce sang-froid dont on lui reproche de se départir si facilement... Il télégraphie au premier bourgmestre de Brême pour lui dire que son attachement pour sa ville ne souffrira pas de l'incident.

L'auteur de l'attentat est déclaré irresponsable. Mais Guillaume s'immerge dans cette cyclothymie dont il est si souvent victime : il repasse de l'euphorie à un état dépressif et tente de chasser le spectre du soulèvement populaire qui l'angoisse périodiquement. Il veut se rassurer par un discours devant « son » régiment :

— Mon régiment Alexandre, qui est, en quelque sorte, ma garde du corps, devra, jour et nuit, être prêt à se battre pour la défense de son roi et de sa maison, et donner, s'il le faut, sa vie et son sang...

Et d'évoquer le spectre suprême, le « Printemps des peuples » de 1848 avec son soulèvement berlinois :

— ... Si Berlin avait encore, comme en 1848, la hardiesse de se soulever contre le roi, vous, grenadiers, seriez appelés à réprimer par la force de vos baïonnettes les insolents et les insoumis sans faire de quartier.

Guillaume est en croisière près des côtes norvégiennes, lorsqu'il est rappelé au chevet de sa mère. L'impératrice Frédéric meurt le

5 août 1901. Elle était Allemande par son penchant pour l'ancienne Allemagne patriarcale d'avant l'unification, mais elle n'avait jamais adhéré à l'Allemagne de Guillaume Ier et de Bismarck; elle était restée Anglaise par son attachement aux institutions libérales de la monarchie constitutionnelle qu'elle aurait tant aimé transposer en Allemagne. En art, elle préférait la poésie officielle de l'ère victorienne – le «poète lauréat» de la cour de Buckingham, Tennyson – à l'exaltation des Beethoven, Schiller... ou Wagner. Intelligente, très cultivée, elle avait légué à Guillaume une partie de son charme. Elle lui gardait rancune de son comportement insensible face à son père, Frédéric III, mourant, mais elle n'avait jamais cessé de plaider sa cause auprès de la reine Victoria. Tout surmoi lui était étranger: elle acceptait tout dialogue et toute contradiction...

Peintre amateur, Vicky a brossé le portrait de la femme du chancelier Bülow; elle lui demande si son œuvre lui plaît.

— Majesté, Louis XIV avait lu au duc de Saint-Simon un sonnet de sa composition... Il lui demande son avis. Le duc lui répond: Sire, rien n'est impossible à Votre Majesté. Vous avez voulu faire un mauvais sonnet et vous avez pleinement réussi.

Et Bülow de conclure:

— Votre Majesté a voulu faire un portrait de ma femme qui ne lui ressemblât pas, elle a atteint son but.

Et «Vicky» de remercier, dans un grand rire, Bülow pour sa franchise.

L'impératrice Frédéric a demandé à son fils à être ensevelie en Angleterre, son corps enveloppé dans le drapeau de «l'Union Jack». Le Kaiser repousse ce vœu, qu'il estime contraire à la dignité de la nation allemande; sa mère sera inhumée à l'église de la Paix de Potsdam.

RETOUR D'OSBORNE

À son retour d'Osborne, après les nuits au chevet de sa «grand-mère anglaise», le Kaiser semble avoir changé de personnalité. À l'étonnement de ses aides de camp, il a abandonné, pour un temps, ses multiples uniformes militaires pour la coutume britannique du costume civil – orné d'une très discrète épingle au monogramme en diamant de Victoria, V.R.I. (*Victoria Regina Imperatrix*). Et, à chaque instant de la journée, il rappelle les habitudes de Windsor...

Guillaume, à quarante-trois ans, a toujours une allure juvénile : frugal et sportif, il est resté svelte et élégant – et le fait d'être entouré de responsables politiques allemands souvent plus âgés et corpulents renforce son image de «toujours jeune Kaiser». Il a maintenant sept enfants, dont six garçons, éduqués très sévèrement : l'aîné, le nouveau Kronprinz, Guillaume («le petit Willy»), a dix-neuf ans – il ne semble avoir ni l'intelligence ni la vivacité d'esprit de son père, mais une très grande ambition qui le conduirait sans état d'âme à se substituer au Kaiser en temps de crise, et un vif intérêt pour la gent féminine, qui inquiète le couple impérial ; le plus jeune garçon, Joachim, a dix ans et précède d'un an la seule fille, Victoria-Louise, objet de l'affection et de l'indulgence du Kaiser. La petite Victoria est, en réalité, sa préférée : ne lui ressemble-t-elle pas par son caractère suractif ? Le jour de sa première communion, elle expédiera sa profession de foi au galop, sans reprendre haleine, et suscitera les exclamations admiratives de Guillaume :

— Vous l'avez entendue ? On aurait dit une charge de cavalerie !

De quoi mériter, peu après, le grade de colonel dans un régiment de hussards.

Quatre ans plus tard, lorsque l'inimitié aura resurgi entre Guillaume et Édouard, le roi tentera de manipuler le Kronprinz en l'invitant, à plusieurs reprises, à lui rendre visite en Angleterre. Édouard préfère le Kronprinz à son père : il le trouve moins exubérant, doué de tact – et, surtout, la blessure toujours vive du comportement de Guillaume à l'encontre de Frédéric III mourant n'existe pas avec le jeune prince... Guillaume contraindra son fils à refuser les invitations d'Édouard : « le gamin » – c'est ainsi qu'il appelle son aîné – n'a pas droit à l'hospitalité anglaise hors la présence du Kaiser. De même qu'il n'a pas droit aux mêmes uniformes – le « petit Willy » a obtenu un escadron dans le régiment d'élite des gardes du corps du Kaiser, mais il doit se contenter de la tunique d'un régiment de cuirassiers de ligne – ni le droit de tirer les vieux cerfs, comme le fait son père dans les parties de chasse de Rominten. Du moins, la naissance de son premier petit-fils – « le futur héritier du trône de Prusse et de l'Empire allemand » – donnera-t-elle une grande joie à Guillaume, qui fera célébrer l'événement avec solennité à Berlin... tandis qu'à Londres, le *Times* présentera ses félicitations au Kaiser et soulignera les « liens dynastiques unissant les familles royales de Prusse et d'Angleterre ».

Guillaume a toujours considéré la fidélité conjugale comme une vertu prussienne. Bismarck lui a prêté une vive sensualité, qui ne semble pas s'être manifestée en dehors du couple qu'il forme avec l'impératrice Augusta-Victoria... « Dona » incarne, de son côté, les qualités de la femme allemande : sa bonté, son calme inaltérable, son attachement passionné à ses enfants et... à l'église, n'enlèvent rien à l'amour absolu qu'elle porte à Guillaume. A-t-elle trop entouré le Kaiser ? Guillaume semble l'avoir parfois rabrouée, dans les premiers temps de leur vie commune – tout en la louant publiquement. Ainsi en septembre 1890, lors d'une visite sur sa terre natale du Slesvig :

— Le lien qui me rattache à cette province, c'est le joyau qui brille à mon côté, Sa Majesté l'impératrice, le symbole de toutes les vertus qui ornent une princesse allemande.

... quitte à critiquer fréquemment, dans des apartés avec Bülow, son éducation de « provinciale », née sur les marches extrêmes de l'Empire :

— On remarque toujours en elle qu'elle n'a pas grandi à Windsor.

L'entourage du Kaiser égratigne Dona sur sa raideur, un certain sectarisme : elle serait d'abord allemande et luthérienne, et fermée au monde extérieur – ce qui poserait problème à Guillaume lorsqu'elle l'accompagne à l'étranger. Le ministre des Cultes, Zedlitz, lui lance, dans son audience d'adieu : « Votre Majesté n'est pas, à mon avis, assez tolérante. » Une raideur qui fait obstacle aux élans du Kaiser vers la branche britannique de sa famille : en juillet 1906, l'impératrice tentera de faire échouer une visite en Allemagne d'Édouard VII – qu'elle appelle le « bon gros monsieur » ou le « vieux monsieur grassouillet» – parce que le roi a prévu de résider à Friedrichshof, chez la princesse de Hesse, et non dans l'un des châteaux du Kaiser.

L'influence de la famille régnante et du style de vie britanniques – certes, intermittente – conduit-elle Guillaume à modifier ses conceptions constitutionnelles pour l'Allemagne?

Le principe et la pratique du pouvoir d'Édouard VII, souverain constitutionnel, sont évidemment à l'opposé de ceux de Guillaume II, monarque absolu. Pourtant, la vision si tranchée de Guillaume au début de son règne aura tendance à s'éroder progressivement, sous l'aiguillon de l'exemple anglais. Cette monarchie anglaise, qu'il a eu tendance à dénoncer comme «anémique», est tout de même le système de gouvernement du plus grand des Empires – un Empire aux dimensions du monde, dont il jalouse la primauté. Peut-être est-elle mieux adaptée aux nécessités d'une société industrielle moderne... Son oncle Édouard VII illustre, dans le même temps, toute l'influence qu'un souverain constitutionnel peut exercer sur les orientations diplomatiques fondamentales de son royaume. Le modèle anglais fascine les divers partis politiques allemands, même les plus proches du Kaiser: le Reichstag leur apparaîtra comme un parlement imparfait tant qu'il ne pourra pas s'adonner au jeu parlementaire classique de la responsabilité gouvernementale.

Parmi les proches, les intimes du Kaiser, Eulenburg s'inquiète et tente de briser le cercle vicieux de la courtisanerie: «L'Allemagne et la Prusse n'acceptent plus l'unique volonté impériale... C'est pénible à dire. Un peuple cultivé et en voie d'évolution n'accepte plus un roi gouvernant lui-même, malgré son bon droit. On ne supporte plus qu'un roi s'accommodant d'un régime parlementaire.» Une vive interrogation sur l'avenir: «L'empereur est dans son droit en revendiquant un gouvernement personnel. Mais il ne reste qu'à se demander qui gagnera la partie. Je crains que seule une guerre heureuse puisse donner à l'empereur le prestige nécessaire à cette lutte.» Avec une pointe de cynisme, Holstein joue les prophètes: «Sa Majesté vit sur son capital royaliste. Et ce qu'elle dissipe inconsidérément aujourd'hui fera sensiblement défaut à son fils, peut-être à Elle-même dans quelques années.»

«S'accommoder d'un régime parlementaire»: cette perspective, tracée par Eulenburg, Guillaume va, en fait, l'accepter, à travers ses affrontements ou relations apaisées avec ses chanceliers successifs, auxquels il lui arrive de reprocher une «parlementarisation sournoise», à travers ses heurts avec le Reichstag, les défis qu'il accepte des principaux partis, son combat ouvert contre la social-démocratie... qu'il finira par rallier à la décision la plus importante de son règne: l'entrée en guerre, en 1914. À l'heure des bilans, après son abdication, Guillaume finira par se qualifier de «souverain constitutionnel»... un «souverain constitutionnel» à sa manière, mais qui reconnaît la complexité du système politique du Reich, dont il ne serait, dans certains cas, qu'un rouage, même si l'opinion publique, encore plus que les textes de 1871, l'obligent à endosser toutes les responsabilités. Et le Kaiser de donner, dans ses *Mémoires*, une étonnante analyse qui est comme la réplique, point par point, de la fameuse intervention de Bismarck devant le Reichstag afin d'expliquer l'ordonnance que vient d'édicter Guillaume Ier, le 24 janvier 1882: «D'après la constitution de l'Empire, le chancelier dirige, défend et représente la politique extérieure du Reich. Il en est entièrement responsable. Après avoir fait un rapport à l'empereur, il en confie l'exécution au secrétariat d'État aux Affaires étrangères. L'empereur, dans le domaine de la politique étrangère, a tout juste l'influence que le chancelier veut bien lui donner. L'empereur peut exercer cette influence par voie de discussions, d'informations, de propositions et aussi par des rapports établis sur des impressions de voyage. Le chancelier peut approuver telle ou telle action de l'empereur et en faire la base de ses décisions. Dans le cas contraire, il peut conserver sa manière de voir et agir en conséquence. La constitution ne donne aucun moyen à l'empereur pour obliger le chancelier et le secrétariat aux Affaires étrangères à accepter son point de vue. L'empereur ne possède aucun moyen constitutionnel pour empêcher le chancelier et le secrétariat aux Affaires étrangères de poursuivre une politique qu'il considère comme dangereuse et comme une erreur...»

Extraordinaire «profil bas» du Kaiser découronné! L'empereur prend vraiment le contre-pied de Bismarck; il ne serait plus que la «doublure» du chancelier! Ses propres rapports ne seraient plus que des compléments utiles à ceux des ambassadeurs! Il existe, certes, une ultime possibilité: «procéder à la nomination d'un nouveau chancelier... Mais une telle procédure est pleine de difficultés». Retenons cependant, au-delà de l'auto-plaidoyer évident, la conviction de Guillaume d'avoir autant dépendu du chancelier et du secrétariat aux Affaires étrangères qu'ils dépendaient de lui.

Guillaume aura-t-il trouvé le temps, à son retour d'Osborne, de dresser un autre bilan: celui des occasions de rapprochement avec l'Angleterre qui s'offrirent à lui et qu'il manqua? Trois propositions d'alliance en trois années, exposées par Chamberlain, non seulement le plus dynamique mais aussi le plus «conceptuel» des ministres britanniques.

En mars 1898, deux ans après la fameuse dépêche adressée à Kruger, Chamberlain fait des avances à l'ambassadeur Hatzfeld : « Disraeli, dans sa clairvoyance, souhaitait depuis longtemps que nous ne restions pas isolés du continent » ; le temps dc l'isolement est terminé pour l'Angleterre qui doit désormais s'engager dans le jeu des alliances et contre-alliances européennes ; sa préférence va vers l'Allemagne ; une négociation pourrait s'ouvrir, qui permettrait à l'Angleterre de poser ses conditions à une sorte d'adhésion à la Triplice. Dans son bureau de la Wilhelmstrasse, Holstein s'oppose immédiatement à cette proposition : il ne s'agit que d'une machination anglaise, de « duperie » et de « bluff »... Car l'Angleterre ne dispose pas de politique de rechange : sa rivalité avec la Russie « est conforme aux lois de la nature », son entente avec la France n'est pas envisageable. Il faut donc laisser l'Angleterre à son « splendide isolement » : en tendant la main à l'Allemagne, elle veut simplement lui enlever la possibilité de jouer les arbitres en Europe, et aussi obtenir son appui dans ses entreprises africaines. La réaction de Guillaume est aussi négative : l'Angleterre fait le premier pas mais elle n'est pas de bonne foi ; qu'on la fasse attendre ! Elle veut, par le subterfuge d'une offre d'alliance, arrêter le programme naval de l'Allemagne. Bülow justifie l'ajournement officiel des discussions par l'impossibilité de faire ratifier une éventuelle alliance par le Parlement anglais : le gouvernement de Londres propose donc de saisir les Communes – mais Bülow argue alors que ce serait effrayer la Russie.

En novembre 1899, Chamberlain redevient pressant : l'Angleterre combal au Transvaal, en Égypte, en Chine... Elle devrait s'appuyer sur un associé solide. « L'accord, l'alliance ou, si vous préférez, l'entente entre nos deux grandes nations serait la meilleure garantie de la paix du monde », lance le ministre dans un discours à Leicester. Holstein réagit : il dit sa « méfiance face à l'assaut d'amitié actuel » et il lance une campagne de presse, à l'heure de la guerre des Boers – « Le chien sanglant du Transvaal veut nous enjôler, détruire la Triplice et se vanter de notre amitié dans ses rapports avec Paris ! » Bülow répond par un refus officiel, dans un discours devant le Reichstag : « Nous faisons une politique uniquement allemande. » Le splendide isolement serait donc, désormais, le privilège de l'Allemagne ! Il est vrai que le nouveau chancelier n'exclut pas une « sortie de notre réserve actuelle, si cela peut être utile au maintien de notre situation dans le monde ». De quelle manière ? « Cela dépendra de la marche des événements – aucune puissance ne peut le prévoir. » Tout volontarisme semble exclu dans la réflexion sur la future politique étrangère allemande. Chamberlain rend les armes : « J'abandonne toutes négociations au sujet de l'alliance. Cela me fait beaucoup de peine. Lord Salisbury, de nouveau bien disposé, était d'accord avec nous. Mais ce ne devait pas être!»

En janvier 1901, alors que le voyage au chevet de la reine Victoria a enflammé l'opinion anglaise en faveur du Kaiser, les relations deviennent très chaleureuses entre Édouard et Guillaume. Chamberlain réexpose son plan: «Il faut résoudre toutes les questions de la politique mondiale, en particulier celles du Maroc et de l'Asie orientale, en concertation avec l'un des groupes de puissances. Nous, nous penchons vers l'Allemagne.» Édouard VII intervient: «Je crois que nous sommes des alliés naturels. Ensemble, nous pourrions exercer la police du monde et maintenir une paix durable.» L'Angleterre semble même prête aux concessions, dans la course à la puissance: «L'Allemagne a certainement besoin de colonies et d'expansion pour son activité économique. Elle peut avoir les deux.» Un accord n'a jamais semblé aussi près d'être atteint... mais, de retour à Berlin, le Kaiser est repris par l'obsession de la compétition navale – une compétition qui ne saurait être bridée par quelque accord ou alliance... Chamberlain renonce définitivement à sa politique «vers l'Allemagne»: «Les Allemands sont trop myopes; ils ne voient pas la nouvelle constellation mondiale que nous pourrions créer; ils sont incurables.» Dans son exaspération contre la presse allemande, qui dévoile les atrocités de la guerre des Boers, il évoque la conduite des troupes allemandes en France pendant la guerre de 1870. Bülow lui répond, devant le Reichstag que «celui qui tente de dénigrer le soldat allemand mord dans le granit!»Trois mois après la rupture, d'autres pourparlers commencent, avec la France – qui mèneront à l'Entente cordiale.

WALDERSEE À PÉKIN
OU LE « CERCLE DES NATIONS CIVILISÉES »

Le 18 juin 1900, le chef de la légation allemande en Chine, Clemens von Ketteler, est assassiné à Pékin par un soldat Qing – de l'armée impériale – en tentant de porter un message à la Cité interdite. La révolte dite des Boxers – la société secrète « Poings de la justice et de la concorde » – embrase la capitale chinoise ; le siège des légations étrangères commence.

En Europe, l'émotion est vive. À Londres, on célèbre, à la cathédrale Saint-Paul, un service à la mémoire des assiégés : une dépêche erronée a annoncé qu'ils avaient tous été massacrés. À Berlin, Guillaume est au comble de l'agitation : Ketteler était issu d'une vieille famille de l'aristocratie catholique, originaire de Münster – son oncle, l'évêque Emmanuel von Ketteler, a fondé le grand parti du centre catholique, le Zentrum. Brillant diplomate, Clemens von Ketteler a commencé sa carrière comme interprète aux consulats de Canton et de Tientsin, avant d'être nommé aux États-Unis puis au Mexique.

En outre, le Kaiser est ému et indigné par les informations qui lui parviennent sur les tortures imposées aux étrangers capturés, les têtes d'Européens exposées sur les portes de la Cité, la peur des encerclés, accrue par l'atmosphère humide, l'odeur des cadavres, la vision des nombreux incendies. Il multiplie les proclamations afin de mobiliser l'opinion publique allemande sur l'idée d'une nécessaire expédition internationale, d'un nécessaire rétablissement de l'ordre. Le 27 juin, à Bremerhaven, il se hisse sur une très haute tribune – que Bülow a d'abord prise pour un échafaudage pour gymnastes à l'exercice ou pompiers en entraînement – et il lance, devant les troupes désignées pour l'Extrême-Orient : « Pas de grâce, pas de prisonniers. Il y a mille ans, les Huns d'Attila se sont fait un nom qui reste formidable. Ainsi puissiez-vous imposer en Chine, pour mille ans, le nom allemand, de telle façon que jamais plus un Chinois puisse regarder un Allemand de travers.» Le 2 juillet, à Wilhelmshaven, il réclame un châtiment exemplaire : «Au milieu de la paix la plus profonde, le brandon de la guerre a été jeté.» Le 3, il reçoit le prince Rupert de Bavière devant lequel il assure qu'«aucune grande décision ne sera plus jamais prise dans le monde sans l'empereur allemand».

Le chancelier Hohenlohe et Bülow s'évertuent à tenir un langage plus modéré. Ils diffusent une note à l'adresse du réseau des ambassades allemandes : «Notre politique doit rester réfléchie, calme et pondérée.» Et ils reprennent le jeu discret qui consiste à réviser les discours du Kaiser avant leur publication, avec l'accord des journalistes présents et à la grande déception de Guillaume qui ne reconnaît plus son style... Bülow décide hardiment de désavouer le Kaiser, en tête à tête :

— Sire, pourquoi ces intempérances de langage? Vous qui êtes si fier d'être chrétien, vous provoquez regrets et scandales chez les bons chrétiens!

— Vous oubliez l'écriture sainte! Moïse et Josué tenaient des discours bien plus vigoureux devant leurs troupes!

— Mais nous sommes sous la nouvelle alliance, non sous l'ancienne, et notre mentalité n'est plus celle des Israélites à la conquête de la terre de Chanaan. Vous allez susciter une pluie d'interpellations au Reichstag!

— Je suis sincèrement désolé pour ce surcroît de travail parlementaire que je vous impose. Je compte sur votre amitié et votre talent oratoire pour nous sortir d'affaire cette fois encore.

— C'est moins le Reichstag que l'opinion publique que je crains.

— Cher Bülow, je sais que vous ne voulez que mon bien, mais je suis ainsi fait, je ne puis me changer.

En cette aube du xxᵉ siècle, la Chine, objet de la «ruée internationale des puissances», est le laboratoire d'une occidentalisation très ambiguë. Une occidentalisation d'autant plus instable qu'elle comporte une part de jeu, sans soutien véritable du pouvoir impérial – lequel compte une importante faction anti-réformiste. Côté occidental, le jeu des puissances est aussi ambigu : la «famille des nations civilisées» s'avance unie, mais l'un des objectifs de chaque puissance intervenante est d'écarter les États rivaux de l'aire chinoise.

La guerre de l'opium a été, soixante-dix ans auparavant, en 1839, pour reprendre l'image de Lucien Bianco, le «coup de gong» qui a accompagné l'entrée de la Chine dans le système international. À l'origine du conflit, une injustice historique : les ventes d'opium de l'Inde britannique furent imposées à la Chine pour équilibrer le commerce triangulaire fondé sur les importations de thé chinois à Londres et les exportations de capitaux et de produits britanniques vers l'Inde. Envoyé à Canton pour débarrasser le pays du fléau de l'opium, un administrateur vertueux et ignorant du monde extérieur a fait déverser dans la mer les stocks de drogue. Le Premier ministre anglais Palmerston, aiguillonné par les principaux négociants britanniques, a alors préparé la guerre contre la Chine.

Derrière l'événement, un double séisme politique :

– D'une part, la position géopolitique de la Chine change soudain. Pendant deux millénaires, la question de la sécurité de la Chine avait été celle de sa frontière avec l'Asie centrale : il fallait juguler les tribus nomades qui partaient de leurs steppes arides pour s'élancer, périodiquement, à l'assaut de la Grande Muraille. Désormais, la menace venait de la mer et des navigateurs européens. Le dispositif stratégique de la Chine était brusquement inversé. «Imaginons l'Alliance atlantique retourner, en pleine guerre froide, ses défenses de Moscou à la Terre de feu ou au Cap», écrit John Fairbank, historien américain de la Chine.

– D'autre part, la conception sino-centriste traditionnelle, celle d'un Empire à vocation universelle, entouré d'États-vassaux qui paient un tribut, est condamnée par la demande occidentale de relations diplomatiques «horizontales» entre souverainetés égales en droit. Pénétrant par effraction sur la scène chinoise, les Occidentaux veulent imposer leur propre vision du droit international, non hiérarchique et européo-centriste. À la diplomatie du «tribut», ils veulent substituer celle du «traité». Pourtant, pendant un demi-siècle, la Chine refuse les règles du nouveau jeu diplomatique ; à l'agression étrangère, elle répond en s'enfermant plus encore dans sa tradition ; les mêmes faits prennent ainsi des significations opposées parce que perçus à travers des conceptions radicalement différentes des relations internationales. Les concessions arrachées à la Chine, telles que les ports ouverts ou le régime d'extraterritorialité, représentent pour les Occidentaux autant de facilités procurées à leur entreprise de pénétration, autant d'atteintes portées à la souveraineté chinoise. Pour la cour de Pékin et ses mandarins, il s'agit, au contraire, de fixer les barbares à la périphérie de l'Empire, de les tenir à distance.

L'apprentissage de la modernité par l'une des plus anciennes civilisations se poursuit. Face à l'irruption de puissances en mal d'Empires, un nationalisme, parfois violent, prend forme : il veut affirmer l'identité et l'indépendance de la Chine, mais il doit emprunter les modèles de développement de l'Occident pour s'affranchir. Jusqu'où doit aller l'emprunt à l'Occident? Le jeu des adhésions et réactions à la «tentation de l'Occident» reste instable.

Le mouvement des Boxers est l'une des sectes à caractère fortement xénophobe qui fleurissent en Chine: son caractère est d'autant plus radical que sa composition est très populaire – des ouvriers agricoles auxquels se joignent progressivement des bateliers, des porteurs, des artisans ruinés... La cour impériale est divisée, mais l'impératrice douairière Tseu-Hi décide finalement d'apporter son soutien aux groupes de Boxers, désormais encadrés par les milices impériales.

Un corps expéditionnaire international – rassemblant les contingents de huit puissances, l'Angleterre, l'Allemagne, la Russie, l'Autriche-Hongrie, la France et l'Italie, les États-Unis et le Japon – est constitué. Guillaume veut lui donner un commandant en chef allemand: ce sera l'ancien chef d'état-major général, naguère candidat à la Chancellerie, Alfred von Waldersee, qui rentre ainsi en grâce auprès du Kaiser. Au cours d'une cérémonie au château de Wilhelmshöhe, Guillaume lui remet le bâton de maréchal: comme dans les vieilles estampes, Waldersee avance la jambe et plante le bâton sur sa cuisse. «On eût dit qu'il l'avait toujours porté», commente l'un des témoins, l'ambassadeur Wolff-Metternich. La presse satirique de Berlin surnomme Waldersee le «maréchal du monde», mais sa nomination de commandant en chef n'est pas acquise: seul Nicolas a acquiescé. Holstein regimbe: «L'empereur se figure que, du moment où il est d'accord avec le tsar, l'univers doit le suivre, mais ce n'est pas si simple.» À Bülow de persuader les différents ambassadeurs, qui acceptent sans enthousiasme – voire à contrecœur, dans le cas de la France.

Au demeurant, la nomination n'a plus qu'un caractère symbolique: le soir du départ solennel du nouveau maréchal, arrive la nouvelle de la prise de Pékin par les premiers détachements alliés et de la fuite de la cour de l'impératrice Tseu-Hi. Waldersee écrit dans ses *Mémoires*: «Ce fut naturellement une grosse déception pour le Kaiser. Il s'était ancré dans la tête que tous les ambassadeurs et leur personnel avaient été assassinés depuis longtemps. Il croyait que la marche commune sur Pékin devait avoir lieu après mon arrivée, qu'elle était jusqu'alors impossible à cause des pluies, que la gloire de la prise de Pékin devait me revenir. Ce rêve s'évanouissait. Les plénipotentiaires étaient en vie, la saison des pluies n'avait pas assez duré, Pékin avait été prise sans grandes pertes.» Le maréchal part néanmoins pour l'Asie, au rythme et dans le confort de ce début de xxᵉ siècle : il voyage jusqu'à Naples par le rail, en wagon-salon, gratifié de deux cents bouteilles de champagne et de cinquante bouteilles de punch par le Kaiser, puis il s'embarque sur un paquebot qui fait régulièrement la ligne de la Chine et sur lequel toute la première classe lui a été réservée. Guillaume lui a adjoint deux gardes du corps : « Si, dans le combat, le maréchal se risque trop, retenez-le, même en lui faisant violence. »

Six semaines plus tard, les objectifs, en réalité modestes, de l'Allemagne sont réalisés : une politique de la « porte ouverte » pour le commerce le long du Yang-Tsé où les intérêts allemands viennent immédiatement après ceux de la Grande-Bretagne – en fait, une enquête montrera que les intérêts anglais sont trois fois plus importants. Un accord anglo-allemand en trois points a été signé à Berlin, après la prise de Pékin : les deux États veilleront à maintenir l'accès des ressortissants de toutes les nations aux ports côtiers et fluviaux de la Chine et surtout aux parties du territoire chinois sous l'influence de l'Angleterre ou de l'Allemagne ; la souveraineté de l'Empire chinois est préservée sur l'ensemble de son territoire ; si une tierce puissance obtenait des avantages territoriaux en Chine, l'Angleterre et l'Allemagne se concerteraient pour la défense de leurs intérêts. Surtout, Waldersee exige une très importante indemnité de guerre – qui servira au développement de la flotte allemande. Le protocole de paix du 7 septembre 1901 fixe l'indemnité à soixante-sept millions de livres sterling, à payer pendant trente-neuf ans, et exige de la cour de Pékin deux missions de repentance, en Allemagne et au Japon, pour le meurtre de leurs diplomates – le ministre du Japon, Sugiyama, avait été tué huit jours avant Ketteler.

Le coût de la révolte des Boxers est extraordinairement lourd en Chine même. Aveuglés par la présence de corps mutilés à travers Pékin, les vainqueurs multiplient les expéditions punitives et les exécutions sommaires. Les courriers du nouveau ministre d'Allemagne reflètent la désolation des lendemains du soulèvement : les villages autour de Pékin sont tous déserts et entièrement détruits, la capitale de l'Empire a été dévastée, elle n'est plus que ruines et décombres.

Bülow a proposé la succession de Ketteler à un diplomate qu'il a connu jadis à Bucarest : Mumm von Schwarzenstein. L'acceptation est immédiate et enthousiaste. Bülow s'étonne :

— Je vous félicite pour votre intrépidité. Vous allez vous asseoir dans le fauteuil d'un diplomate assassiné.

Mumm sourit :

— Je me passionne pour l'histoire diplomatique. J'ai constaté que

jamais deux représentants d'une même nation n'ont été successivement assassinés dans le même poste. Pékin offre donc une sécurité
totale à un diplomate allemand.

Le nouveau chef de légation adresse une note sur le «sentiment
de la responsabilité collective», très développé, selon lui, en Chine.
«Sans cela, on ne s'en tirerait pas avec ce peuple. Mon régisseur
chinois est responsable de tout ce qui arrive ; on lui tire les oreilles
si quelque chose ne marche pas. Libre à lui de se rabattre sur ses
subordonnés et de leur repasser la semonce. La vie est ainsi facile...
On donne des ordres et on s'en remet aux subordonnés pour leur
exécution.»

Bülow fait lire la note à Guillaume, qui inscrit en marge :
«Bravo, c'est ce que je fais !» Et le Kaiser de commenter : «Cliquot
commence bien !» Car Mumm est propriétaire de grands vignobles
en Champagne et, comme presque tous les Allemands, Guillaume
a confondu les deux grandes familles germaniques du vignoble
champenois, les Mumm von Schwarzenstein et les Cliquot von
Ratzenstein.

Waldersee est de retour d'Asie en septembre 1901, le devoir
accompli. Il a maintenu, à la tête d'une expédition internationale,
– un mode d'action encore peu expérimenté –, l'harmonie entre
les puissances, et il a obtenu un règlement conforme aux souhaits
de l'Allemagne et des «nations civilisées». Malheureusement, il a
fait preuve d'une certaine candeur en répandant, autour de lui, la
rumeur selon laquelle il devait rapidement rentrer à Berlin pour
«prendre le poste de chancelier». Guillaume, furieux, l'attend à
la gare de Hombourg et lui crie de loin qu'il doit des remerciements à Bülow pour l'avoir «tiré d'affaire» par une politique des
plus adroites. Waldersee s'attendait à un tout autre accueil... Il
meurt peu après d'une insidieuse affection intestinale, contractée
à Pékin. Guillaume n'aura pas un mot pour l'homme qu'il
avait considéré comme son «plus fidèle ami» lorsqu'il affrontait
Bismarck. En guise d'oraison funèbre, Bülow citera le chambellan
de Guldenstern dans Hamlet : «L'ambition n'est que l'ombre d'un
rêve.»

La rivalité permanente n'exclut pas la conscience d'une civilisation commune et la tentation d'une action commune – malgré ses
imperfections et son côté d'opérette, l'expédition de Pékin en est la
preuve. Au XIXᵉ siècle et au début du XXᵉ, le cercle aristocratique des
«nations civilisées» domine le monde. Pourquoi, plutôt que de se
ruiner en luttes fratricides, les nations européennes ne choisiraient-
elles pas de régner ensemble sur les autres continents ? Non sur

l'Amérique latine, qui leur est fermée depuis le fameux message au Congrès du président James Monroe, en 1823, par lequel les États-Unis s'engagent à interdire toute tentative coloniale (européenne) dans le Nouveau Monde (et Guillaume tentera, avec l'affaire du Venezuela, de jauger les effets exacts de la doctrine de Monroe) – mais sur l'Afrique et sur l'Asie...

Au demeurant, ce sont les juristes européens du xixe siècle qui ont inventé «l'ingérence humanitaire». Selon eux, la «protection d'humanité» est la seule intervention armée licite: elle se fonde sur une «lésion de la société humaine», l'une des parties à un conflit enfreignant les principes élémentaires du droit international, les droits humains fondamentaux. Un État peut ainsi intervenir à l'étranger pour protéger la vie de ses nationaux: l'expédition collective des puissances en Chine, en 1901, a pour but et pour résultat de contraindre le gouvernement impérial de Pékin à réprimer l'action des «Boxers», déterminés à éliminer de Chine tout élément européen. Un État tiers peut même intervenir, selon la doctrine classique, pour protéger les propres ressortissants de l'État accusé de violations des droits fondamentaux. Encore importe-t-il que la situation soit assez tranchée pour ne pas laisser place au doute: ainsi de la répression par la Turquie, en 1826, de l'insurrection hellénique, les Grecs étant alors sujets de l'Empire ottoman.

À l'orée de la Première Guerre mondiale, la tentation resurgira. Le colonel House, conseiller du président Wilson, expérimentera la «neutralité médiatrice». Il est persuadé que l'isolement géographique des États-Unis va prendre fin, qu'une guerre générale en Europe les affecterait, qu'il est donc du devoir et de l'intérêt des États-Unis de tout mettre en œuvre pour prévenir la conflagration qui menace. La démarche est des plus contemporaines. House préconisera une limitation des armements des principales puissances: il s'agira de convaincre les ennemis virtuels de l'intérêt d'une collaboration qui leur permettrait d'éviter crises, malentendus ou accidents. Surtout, House entendra lier paix et développement – un développement replacé dans le contexte du xixe siècle colonial et du «fardeau de l'homme blanc» à la Kipling. Le colonel expose ses vues à l'ambassadeur allemand à Washington, Bernstorff: les grandes puissances, une fois unies, pourraient «renforcer leur influence pour le bien de l'univers, assurer la paix et le développement qui convient aux régions encore désertiques et conserver partout et à tous une porte ouverte et des chances égales». Bernstorff est séduit: il conseille de choisir la Chine comme champ d'expérimentation de cette coopération. Également consulté, l'ambassadeur américain à Londres,

Page, renchérit : «Si les grandes forces mondiales pouvaient, grâce à un heureux concours de circonstances, s'unir entre elles et réussir à purifier les tropiques, les grandes armées deviendraient une simple police d'assainissement.» House teste enfin ses idées sur Irwin Laughlin, ancien premier secrétaire à l'ambassade de Berlin. Cette fois, la rhétorique du développement «tropical» disparaît sous le thème plus classique du partage des zones d'influence : «Pourquoi ne pas reconnaître à l'Allemagne une influence sur l'Asie Mineure et la Perse?»

L'INTERVENTION AU VENEZUELA :
GUILLAUME FACE À THEODORE ROOSEVELT

Au XIXe siècle, l'Europe s'est projetée sur le monde, des anciens Empires ottoman et chinois aux territoires sans maître d'Afrique, d'Asie ou d'Océanie. Mais le système européen ne devient mondial qu'avec l'irruption dans le « Concert des puissances », au tournant des XIXe et XXe siècles, des États-Unis et du Japon – au terme de conflits victorieux contre des membres établis et reconnus du « Concert », contre des grandes puissances classiques, l'Espagne dans le premier cas, la Russie dans le second. Deux victoires surprenantes pour les contemporains, qui apparaissent comme deux épreuves d'initiation pour le passage à l'âge adulte d'États jusqu'ici marginaux dans l'arène internationale.

La conquête de l'Ouest terminée, la « frontière » atteinte, les États-Unis s'assignent un nouveau but : l'accession au rang de puissance mondiale. Jusque-là, l'isolement géographique et l'isolationnisme idéologique des États-Unis leur avaient évité de se soumettre au feu des réalités internationales. Désormais, des hommes comme Theodore Roosevelt, le secrétaire d'État John Hay, le sénateur Henry Cabot Lodge, l'amiral Mahan supputent les nouveaux impératifs de la puissance nationale, au-delà de la doctrine de Monroe à laquelle se résumaient, pour l'Américain moyen, les intérêts stratégiques de son pays.

Le vrai tournant de la diplomatie américaine, le passage du « quiétisme » des États-Unis, puissance encore marginale, repliée sur elle-même, n'adhérant qu'au réseau de relations qu'il est inévitable d'entretenir avec le reste du monde... à « l'activisme » d'un nouvel acteur international, est illustré par l'affaire cubaine et la guerre hispano-américaine.

Les insuffisances de l'administration coloniale espagnole avaient suscité, de longue date, l'hostilité des Cubains : en 1893-1894, l'effondrement de l'économie sucrière provoque une révolte généralisée et une répression sanglante. Une fièvre passionnelle s'empare des États-Unis, faite de sympathie sincère pour les Cubains, mais aussi du souhait de ressouder le Nord et le Sud des États-Unis, au lendemain de la guerre de sécession, par une guerre contre l'Espagne. D'autant que la presse à sensation fait ses premières armes : William Randolph Hearst, directeur du *Journal*, le futur *Citizen Kane* d'Orson Welles, câble à son dessinateur-envoyé spécial à La Havane, qui se plaint de l'absence de guerre : «Vous faites les croquis, je fournirai la guerre.»

L'opinion publique américaine s'exaspère : le croiseur américain *Maine* est coulé dans le port de La Havane ; un courrier du ministre espagnol Dupuy de Lôme traite le président McKinley de «politicaillon» (*peanut politician*) ; le 27 mars 1898, un ultimatum des États-Unis à l'Espagne préface la déclaration de guerre. Le conflit s'étend à l'Asie, pour la possession des Philippines : la marine américaine, devenue la cinquième du monde, surclasse une flotte espagnole désuète ; la garnison de Manille se rend le 13 août 1898. À Cuba, les opérations s'avèrent beaucoup plus difficiles : les unités d'infanterie américaines, mal équipées, peu entraînées, débarquent dans une grande confusion ; les «Rough Riders», les cavaliers volontaires commandés par Theodore Roosevelt, se comportent héroïquement dans la bataille de la colline de San Juan. Le 17 juillet, le commandement espagnol de Santiago capitule ; dans leur élan, les Américains s'emparent de l'île de Porto-Rico.

Par le traité de Paris du 10 décembre 1898, l'Espagne «vend» les Philippines aux États-Unis, abandonne Porto-Rico et l'île de Guam et reconnaît la souveraineté de Cuba. Une souveraineté «limitée» par les États-Unis : Cuba insère dans sa constitution l'amendement Platt, proposé par les États-Unis et autorisant le puissant voisin yankee à intervenir... pour protéger l'indépendance nationale de Cuba et un gouvernement «juste». Les États-Unis vont développer leur présence : en Amérique centrale, leur grande affaire sera le percement du canal de Panama qui assurera leur suprématie dans cette sous-région (et la création de la République de Panama, aux dépens de la Colombie) ; et la défense du canal conduira les États-Unis à s'ingérer toujours plus profondément dans les affaires internes des Antilles et de l'Amérique centrale, ne serait-ce que pour répondre aux menaces d'intervention européenne, dans le cadre de la diplomatie financière dite de la «canonnière», conçue pour récupérer les créances européennes – une diplomatie illustrée par l'affaire du Venezuela, dans laquelle s'engagera l'Allemagne de Guillaume II.

Mais l'action internationale des États-Unis ne se limitera pas aux échiquiers «périphériques» : ils joueront un rôle au centre même du système international. Devenu président, Theodore Roosevelt s'interposera, avec la conférence d'Algésiras, dernière conférence du «Concert européen», entre la France et l'Allemagne lorsqu'elles s'affronteront sur la question du Maroc, et il négociera la paix de Portsmouth qui mettra fin au conflit russo-japonais.

La victoire des États-Unis sur l'Espagne, Guillaume ne l'a ni prévue, ni souhaitée. Selon Bülow, il «suivait les guerres des autres pays avec la curiosité d'un spectateur devant les yeux duquel se déroule une pièce qui l'intéresse très vivement tout en sachant qu'il n'y jouera pas de rôle. Il se réserve le droit de la critique et, en tant qu'empereur, le privilège de distribuer des couronnes à sa guise. Quand des guerres étrangères menaçaient, il pouvait à peine attendre que le rideau se levât. Devant cette guerre hispano-américaine imminente, toutes ses sympathies étaient du côté espagnol...» Il s'agit d'un réflexe corporatiste de monarque de droit divin : l'Espagne est une monarchie, les États-Unis, une république. À l'antipathie pour le gouvernement républicain des États-Unis s'ajoute l'amitié personnelle pour les frères autrichiens de la régente d'Espagne. Il est donc du devoir des souverains européens de ne pas abandonner la régente d'Espagne, la reine Christine, «notre brave collègue».

Guillaume est persuadé que les Espagnols seront vainqueurs. Il l'écrit à Bülow, dans une note du 3 avril 1898 : «L'hidalgo rossera certainement le frère Jonathan, car la flotte espagnole est plus forte que l'américaine.» Comme le corps des officiers et l'opinion publique, il maintient sa conviction, malgré les premiers échecs des *hidalgos*, que l'Espagne finira par l'emporter. Seule dissonance : les interventions de son secrétaire aux Affaires étrangères.

— Les Espagnols sont un peuple vaillant, noble, chevaleresque, avec une histoire glorieuse et de fiers souvenirs, de grands poètes et de grands peintres, mais les Américains leur sont trop supérieurs par le nombre et les ressources de toute espèce pour que l'issue soit douteuse.

Une seconde conviction apparaît chez le Kaiser, plus surprenante : la flotte espagnole triomphera de l'américaine, mais le corps expéditionnaire espagnol n'aura pas raison de l'insurrection des Philippines... et l'Espagne demandera à l'Allemagne de rétablir l'ordre dans l'archipel. Les Philippines tomberont, comme un fruit mûr, dans l'escarcelle de l'Allemagne! C'est aussi l'étonnante prévision de l'amiral Tirpitz :

— Tirpitz a la conviction absolue que Manille doit nous échoir et que ce serait un énorme avantage pour nous. Dès que la révolution l'aura détachée des Espagnols, il faudra que nous l'occupions.

Une fantasmagorie à laquelle met fin la destruction de la flotte espagnole à Cavita. L'Allemagne se retrouve dans une position fausse : sa propre flotte a reçu l'ordre de rester proche du théâtre des opérations navales et des déclarations ambiguës du Kaiser ont égratigné la susceptibilité du vainqueur de Manille, l'amiral Dewey. Soutenu par tous les groupes parlementaires, Bülow fera amende honorable devant le Reichstag et parviendra à reconquérir l'opinion américaine :

— Le peuple allemand a accordé une part de sa sympathie à la nation espagnole, courageuse et durement éprouvée, mais il a toujours reconnu les qualités solides et brillantes du peuple américain et il n'a aucun préjugé contre cette nation, qui n'a été nulle part mieux comprise que chez nous. Les liens nous rattachant à l'Amérique, nous ne les romprons pas.

Dans le cadre de sa «politique mondiale», Guillaume va être tenté d'esquisser une autre tentative de préservation des intérêts allemands dans le Nouveau Monde – et de vérifier la portée exacte de la fameuse doctrine Monroe. L'historien Karl Lamprecht n'a-t-il pas qualifié l'Allemagne en pleine expansion d'«État tentaculaire», qui pourrait s'appuyer sur les communautés germaniques dans les deux Amériques ? Ces noyaux d'émigrés se sont établis sur des terres placées sous d'autres drapeaux, d'autres souverainetés, puisque l'Allemagne s'est lancée trop tardivement dans la compétition coloniale : le Chili, l'Argentine, le Venezuela comptent des villages, des villes, des provinces au peuplement allemand, gardiennes des traditions de la mère patrie ; au Brésil, dans l'État méridional du Rio Grande do Sul, le quart de la population est d'origine allemande en 1914 ; aux États-Unis, cinq millions d'Allemands se sont établis de 1820 à 1890 et leur présence comme leur influence poseront problème à Woodrow Wilson, à l'heure de l'engagement dans la Première Guerre mondiale ; en 1885, 171 000 sujets des Hohenzollern sont encore partis pour d'autres continents, 117 000 en 1892, 23 000 en 1898 – car l'extraordinaire développement de l'industrie allemande met alors fin aux vagues d'émigration.

La question d'une intervention en Amérique centrale survient par le hasard d'une guerre civile qui déchire le Venezuela, de 1898 à 1900. Des intérêts britanniques, allemands et italiens sont lésés : des ressortissants de ces États européens ont vu leurs domaines agricoles dévastés par le conflit ou leurs productions réquisitionnées par l'armée régulière ou les insurgés. Le gouvernement légal a accepté le principe d'une indemnisation par tranches successives – mais tout paiement a cessé dès août 1901. Des banques allemandes et anglaises ont consenti d'importants prêts au président vénézuélien, Cipriano Castro – 70 millions de marks, du côté allemand. L'Allemagne et l'Italie, son alliée au sein de la Triplice, se prononcent pour une action de force ; l'Angleterre, d'abord réticente, se joint à elles lorsque l'un de ses cargos, soupçonné de transporter des armes pour les insurgés, est arraisonné. Le « cercle des nations civilisées » se reconstitue partiellement... avec l'appui implicite du Congrès de Washington qui décide, le 3 décembre 1901, que la doctrine Monroe interdit toute occupation durable d'un territoire américain, mais non une intervention navale, le blocus, voire le bombardement d'un port. Aux nations latino-américaines de se garder de contracter des dettes excessives... C'est ce qu'explique le président américain Theodore Roosevelt, dans l'une de ses formules franches et imagées : « Si un État sud-américain se comporte mal à l'égard d'un État européen, laissons ce dernier lui donner la fessée. »

La sensibilité des Européens dans l'affaire du Venezuela, leur sentiment de supériorité ont été exprimés par Victor Bérard, dans ses chroniques de la *Revue de Paris*, publiées de 1901 à 1906. Helléniste et archéologue, Bérard est aussi un analyste de politique étrangère, particulièrement des relations franco-allemandes ; élu sénateur du Jura en 1920, il présidera la commission des Affaires étrangères du Sénat jusqu'en 1929. Ses commentaires sur le système politique vénézuélien et la gestion économique et financière du pays sont évidemment très caricaturaux – toujours péjoratifs, voire injurieux ! Mais ne procèdent-ils pas du regard satisfait des « nations civilisées » ? « Depuis que le Venezuela existe, il fut toujours banqueroutier, non par misère, pénurie ou accident, mais parce que son administration ne fut jamais qu'une forme de banditisme... Le Venezuela n'a jamais eu de gouvernement, si, par ce mot, on entend un organe centralisateur qui dirige des forces nationales, et une volonté commune. Le Venezuela n'a rien d'une nation à la mode européenne. Ce n'est qu'un agrégat, mouvant et sans cesse variable. » Lorsque notre auteur décrit les nombreux coups de force et guerres civiles qui jalonnent l'histoire de la nation chère à Bolivar, il semble emprunter à Rabelais sa plume des guerres picrocholines : « Les deux partis se proclament victorieux et annoncent leur victoire au monde, en termes homériques... En réalité, les deux armées ont pris la fuite dès le premier coup de fusil. » Et son portrait de l'éternel général séditieux ou de l'archétype du dictateur annonce déjà les fresques baroques du grand romancier cubain Alejo Carpentier... Retenons surtout un double constat : l'Amérique latine déboussolée du début du XXᵉ siècle est une proie facile pour les impérialismes européens ;

et, pour la première fois, le gouvernement de Washington porte son intérêt au-delà de Cuba.

En juillet 1901, le Venezuela a refusé une proposition allemande d'arbitrage... par la nouvelle Cour de La Haye, dont la création avait suscité l'ironie de Guillaume. Après un ultimatum anglo-allemand à Cipriano Castro, le 7 décembre, le blocus de cinq ports vénézuéliens est effectif le 11. Le 13, Castro accepte la proposition d'arbitrage. En 1916, en pleine guerre mondiale, Theodore Roosevelt prétendra avoir adressé un ultimatum secret à Guillaume II pour qu'il accepte l'arbitrage :

— J'étais convaincu que l'Allemagne avait l'intention d'occuper une partie du territoire vénézuélien. J'ai convoqué l'ambassadeur allemand et je lui ai dit que j'avais donné l'ordre à l'escadre de l'Atlantique, commandée par l'amiral Dewey, le vainqueur de la guerre navale hispano-américaine, de se tenir prête à Porto-Rico. J'ai fixé un délai de vingt-quatre heures à l'Allemagne pour qu'elle accepte un arbitrage international. Moins de vingt-quatre heures plus tard, le Kaiser avait accepté.

Cette version est peu crédible. Roosevelt est en campagne, en 1916, pour l'entrée des États-Unis dans le conflit mondial et il veut diaboliser le Kaiser devant l'opinion américaine... Mais il n'existe aucune trace d'un ultimatum américain en 1901, dans l'affaire du Venezuela – qui aurait été inutile car la chronologie montre que l'Allemagne avait déjà suggéré un arbitrage international. Guillaume avait même indiqué sa préférence pour un arbitrage de Roosevelt lui-même. En outre, l'Angleterre avait également accepté d'aller devant un arbitre : l'Allemagne, si elle avait été réticente, se serait retrouvée isolée... L'affaire du Venezuela aura contribué à préciser la doctrine Monroe par le «corollaire Roosevelt» : si une «opération de police» internationale est rendue nécessaire par le comportement répréhensible d'un État latino-américain, les États-Unis en auront la charge. Dès juin 1904, Roosevelt explique à son secrétaire d'État, Elihu Root :

— Si les États-Unis cherchent à écarter l'Europe, alors il faudra bien que, tôt ou tard, nous maintenions l'ordre nous-mêmes.

Le 4 décembre 1904, il énonce sa nouvelle doctrine dans un message au Congrès :

— La doctrine Monroe peut contraindre les États-Unis, même s'ils ne le souhaitent pas, à exercer un pouvoir de police internationale dans des cas flagrants de mauvais comportement ou d'impuissance.

La mise en application suivra, au printemps 1905, avec l'affaire de Saint-Domingue.

Comme le Venezuela, la République dominicaine a contracté des dettes auprès de banques allemandes et italiennes et elle refuse de les rembourser... Malgré les réticences du Sénat, le président des États-Unis obtient de recouvrer directement les droits de douane perçus par la petite «république sœur» et de les redistribuer à ses créanciers.

Theodore Roosevelt et Guillaume II sont souvent comparés par leurs contemporains. Leurs personnalités sont si proches: une même véhémence, des déclarations aussi fracassantes, et aussi peu compatibles avec le style diplomatique couleur de muraille de ce début du XXᵉ siècle. Roosevelt est l'héritier de l'une des plus anciennes et des plus riches familles de New York – issue du premier peuplement, néerlandais, de la «Nouvelle-Amsterdam» –, mais il a mené une vie tumultueuse et exubérante; il a été cow-boy dans son ranch du Dakota du Nord puis chef de la police new-yorkaise avant d'être élu vice-président des États-Unis puis de succéder au président McKinley, assassiné. Il est, comme Guillaume, un «impérialiste» affiché – avec sa célèbre formule à l'intention des républiques latino-américaines, un pseudo-proverbe africain... de son invention: «Parlez doucement et portez un gros bâton!» Après avoir anéanti l'empire colonial espagnol, il devient l'homme de toutes les médiations: il sera couronné par le Prix Nobel de la paix et trouvera encore le temps de mener une expédition en Amazonie.

Le colonel House, le futur conseiller de Woodrow Wilson, considère que «Guillaume II a toute la versatilité de Roosevelt, avec plus de charme et moins de force». Depuis l'affaire du Venezuela, le Kaiser est saisi d'admiration pour le président américain: «C'est mon homme!» lance-t-il avec enthousiasme lorsqu'il lit les rapports de son ambassadeur à Washington sur les exploits de Roosevelt au tir à la carabine ou lors d'une démonstration de judo pendant un dîner officiel, qui lui a permis de plaquer au sol l'ambassadeur de Suisse! Une admiration aussi forte chez Roosevelt pour Guillaume: «Il est, de loin, le monarque le plus grand aujourd'hui; plus j'entends parler de lui, plus je le respecte... Je l'admire, je le respecte et je l'aime bien.»

Guillaume rêve à une alliance germano-américaine; il a nommé ambassadeur aux États-Unis un vieil ami personnel de Roosevelt, Speck von Sternberg; il organise le voyage officiel de son frère, le prince Henri – qui s'embarque à Brême, le 15 février 1902, sur un vapeur de la Lloyd, le *Kronprinz Wilhelm*, avec pour instructions de ne mener aucune action à but politique ou économique mais simplement de convaincre l'opinion américaine de la «sympathie du

Kaiser et de la nation allemande». La visite est un succès, même si elle irrite Roosevelt par ses manifestations protocolaires, auxquelles il est peu habitué.

Bülow tente de contrôler les initiatives intempestives de Guillaume : il apprend l'envoi d'une lettre par laquelle le Kaiser informe le président américain de «préparatifs de guerre du Japon en vue d'une agression contre les États-Unis» et le presse de «prendre la mesure du péril jaune». Le chancelier est offusqué :

— Cette lettre ne doit pas arriver à son destinataire. Selon moi, les informations qu'elle contient sont erronées ; en outre, vous donnez à Roosevelt une arme terriblement dangereuse pour Votre Majesté...

— Mais Roosevelt est mon ami !

Finalement, la valise diplomatique transportant la lettre impériale est arrêtée et le courrier est renvoyé à Berlin, sans avoir été ouvert.

Redevenu simple citoyen, Roosevelt sera reçu à Berlin par Guillaume, en mai 1910. L'accueil est exceptionnel : l'ancien président est convié par le Kaiser à passer en revue 12 000 hommes, qui défilent pendant cinq heures devant Roosevelt et Guillaume à cheval. Le Kaiser est en grand uniforme, avec casque d'argent surmonté d'un aigle. Roosevelt regrettera que l'empereur allemand «n'ait pas cessé de parler» ; il avait découvert quelqu'un capable de le faire taire !

SOULÈVEMENT DANS L'AFRIQUE ALLEMANDE

Janvier 1904 : le Sud-Ouest africain, la plus ancienne colonie allemande d'Afrique, là où, pour reprendre les mots de Bülow, «l'Allemagne foula pour la première fois le sol de l'Afrique», se soulève. Les Héréros, l'ethnie alors majoritaire dans ce territoire semi-désertique, étendu comme presque deux fois l'Allemagne, détruisent les lignes ferroviaires et télégraphiques, encerclent la capitale de la colonie, Windhoek, massacrent des colons allemands. Guillaume s'indigne... et accuse les Anglais d'avoir fomenté l'insurrection. Bülow repousse cette explication.

— Je ne crois vraiment pas. Ces révoltes sont fréquentes dans les colonies africaines, surtout les plus récemment acquises, et dans tout le continent noir.

— Il faut en finir vite ! Le général von Trotha propose de refouler les Héréros, avec femmes et enfants, dans un désert dépourvu d'eau.

— Majesté, vous vous êtes déjà illustré en Europe en recommandant à vos troupes de «ne pas faire de quartier». Soyez prudent ! Que faites-vous de la charité chrétienne ? Vous allez encore me dire que les Commandements ne s'appliquent ni aux païens, ni aux sauvages. Je n'entrerai pas dans une controverse théologique... Je citerai seulement un homme tout à fait dépourvu de sainteté, Talleyrand qui, à propos de l'exécution du duc d'Enghien, s'écria : «C'est pire qu'un crime, c'est une faute !»

L'aventure africaine de l'Allemagne n'a pris forme que dans les dernières années du XIXᵉ siècle, à la fin de l'ère bismarckienne. Le chancelier, devenu l'arbitre de l'Europe, est prêt à partager le continent noir entre les puissances européennes – à la conférence de Berlin de 1885. Il est même prêt à encourager Jules Ferry dans ses ambitions coloniales – la constitution d'un empire outre-mer fera oublier à la France la «ligne bleue des Vosges» et les provinces de l'Est perdues. Mais il est longtemps rétif à toute colonisation allemande, voire à toute prise de gage outre-mer : en 1874, il a refusé de répondre aux propositions du sultan de Zanzibar qui s'engageait à accepter le protectorat allemand, par hostilité aux Britanniques...

Pourtant, au XIXᵉ siècle, avant puis après la constitution du Reich, les activités commerciales internationales des villes hanséatiques de l'Allemagne du Nord se développent. Daniel Epfenhausen, de Hambourg, commerce en Sierra Leone en 1831 ; le Sénat de Hambourg signe un traité commercial avec le Liberia en 1855 ; le négociant Vietor, de Brême, installe un comptoir à Aného, dans l'actuel Togo, en 1856 ; à partir de 1859, le jeune armateur Jacob Hertz développe un commerce intense entre Zanzibar et... l'Afrique occidentale ; en 1874, Thormählen parcourt le Cameroun et y fonde la firme Thormählen et Jantzen ; en 1887, dans les régions du Dahomey annexées ou protégées par la France, ce ne sont pas les produits des manufactures françaises qui sont vendus, mais les étoffes et les alcools de Hambourg !

L'idée dominante, conforme à l'approche hanséatique, est qu'il est essentiel de commercer – et que la projection de souveraineté ne s'impose pas. Mais comment ne pas participer à la compétition pour la conquête du monde, à la fameuse « course au clocher » pour l'appropriation des terres africaines, évoquée par Jules Ferry ? Une controverse se développe autour du pamphlet de Frédéric Fabri, *L'Allemagne a-t-elle besoin de colonies ?* L'influence d'un conseiller de Bismarck, Kusserow, acquis aux idées coloniales, se révèle décisive – renforcée par les mésaventures africaines que l'Angleterre inflige à l'Allemagne. Car le gouvernement de Berlin a déploré le manque de coopération britannique : l'Allemagne a accepté l'occupation de l'Égypte par l'Angleterre, si vigoureusement contestée par la France ; elle siège à la commission des dettes égyptiennes en 1880 et elle contribue au financement de projets pour la mise en valeur de l'Égypte ; en contrepartie, elle espère l'établissement d'un libre-échange « colonial » et la protection des droits des commerçants allemands dans les possessions britanniques. Or, en 1883, l'Angleterre refuse de protéger les intérêts du jeune armateur Lüderitz au Sud-Ouest africain.

S'ouvre alors la fulgurante percée africaine de l'Allemagne, décidée par Bismarck. Le 24 avril 1884, le chancelier annonce que la baie d'Angra Pequena, qui a fait l'objet d'un traité entre le chef hottentot local, Joseph Fredericks, et un jeune négociant, Heinrich Vogelsang, associé de Lüderitz, est placée « sous la protection du Reich ». Le 11 mai, il donne ordre au consul allemand à Tunis, Gustav Nachtigal, de partir pour le golfe de Guinée à bord de la canonnière *Möwe*; le 5 juillet, Nachtigal conclut un contrat avec Mlapa, «roi du Togo», représenté par un porteur du sceptre royal, qui place sous la protection de l'empereur allemand son «territoire situé sur la côte orientale de Porto-Seguro, à la frontière occidentale de Lomé»; le 14 juillet, Nachtigal place le Cameroun sous le protectorat de l'Allemagne; puis ce sera le tour du Sud-Ouest africain, en septembre-décembre, et de l'Afrique orientale, du 8 novembre au 17 décembre, sous l'action de Carl Peters, qui signe des traités de protectorat avec les chefs coutumiers de l'arrière-pays swahili. Tentative de retour aux «concessions» coloniales et aux compagnies à charte, sur le modèle des siècles précédents en Inde? Le 3 mars 1885, le consul d'Allemagne à Zanzibar, Gerhard Rohlfs, confie l'administration de «l'Afrique de l'Est allemande» à une société de colonisation créée par Peters. Suivront, en 1888, pour délimiter les possessions respectives de l'Allemagne, du Portugal, de la France et de l'Angleterre, les expéditions de Ludwig Wolf et de Curt von François, dont la statue orne toujours le vieux fort colonial de Windhoek.

Au-delà de cette courte et active période, la politique africaine de l'Allemagne est encore floue. Bismarck reste finalement réservé sur sa propre action: «Kusserow m'a entraîné dans le tourbillon colonial.» En fait, il a voulu soutenir les milieux hanséatiques, mais surtout éviter d'être débordé par les pangermanistes. Caprivi manifestera la même prudence: «Est-ce en plantant notre pavillon que nous devrions agir, ou par la création de factoreries? La seconde réponse me paraît préférable.» C'est Guillaume qui fera preuve d'un vrai volontarisme, dans le cadre de sa *Weltpolitik*: «Mon devoir, envers la nation, est de lui donner une place dans le monde.»

Le Sud-Ouest africain allemand borde l'Atlantique à l'ouest et le fleuve Orange au sud; au nord, l'ethnie des Ovambos se partage entre l'Angola portugais et la colonie allemande. L'habitat est clairsemé: les Hottentots et Khosans, des pasteurs adaptés au climat semi-désertique, ont précédé les Bantous, Ovambos et Héréros, en contact avec des missionnaires britanniques depuis le milieu du XIXᵉ siècle.

Les Héréros se sont insurgés, le 12 janvier 1904. Vingt mille guerriers, conduits par Samuel Maharero, se sont emparés du chemin de fer qui relie Windhoek au port de Swakopmund; ils ont attaqué l'agglomération d'Okahandja, incendié les plantations et tué 123 colons allemands. Le 11 juin, Lothar von Trotha, qui a déjà réprimé un soulèvement, dix ans plus tôt, en Afrique de l'Est allemande, débarque dans la colonie avec 3 500 soldats. N'en déplaise au dialogue entre le Kaiser et Bülow, tel qu'il est reconstitué par le chancelier, Trotha a bien pour instructions de repousser les insurgés en dehors du territoire ou de les exterminer. Le 11 août, 7 500 Héréros sont encerclés sur le plateau de Waterberg. Ceux des assiégés qui survivent sont chassés avec leur bétail vers le désert du Kalahari, dont les points d'eau ont même été empoisonnés. Le 2 octobre, un ordre du jour de Trotha clôt l'affaire : « À l'intérieur des frontières allemandes, tout Héréro, avec ou sans fusil, avec ou sans bétail, sera fusillé. Je n'accepte plus ni femme ni enfant, je les renvoie à leur peuple ou je fais tirer sur eux. » Les Héréros survivants sont incarcérés dans des camps de travail forcé et ils sont expropriés de leurs terres. La population héréro tombera de 100 000 âmes à 15 000... D'où leur faible poids démographique dans la Namibie d'aujourd'hui, lorsqu'elle accédera à l'indépendance en novembre 1989.

Lorsque les informations sur la répression parviennent à Berlin, un mouvement de répulsion parcourt le Reichstag : Trotha est démis de son commandement, le 19 novembre 1905. Le massacre des Héréros a-t-il constitué le premier génocide du xxᵉ siècle ? Certains exégètes répondent négativement car il n'y aurait pas eu « l'intention d'exterminer un peuple, coupable d'exister » – une intention qui est partie intégrante de la définition du génocide –, mais une riposte brutale, excessive, disproportionnée à un soulèvement armé. Reste que la presque totalité du peuple héréro a été exterminée ! D'autres vaines querelles ont été soulevées, particulièrement sur le rôle d'Heinrich Göring, qui fut le premier gouverneur de la colonie : le père d'Hermann Göring, le flamboyant ministre de l'Air du régime national-socialiste, aurait, entre 1884 et 1890, déplacé les populations, confisqué des terres, procédé à des exécutions sommaires. Ces accusations ont été finalement réfutées : en réalité, le gouverneur Göring ne disposait que de deux fonctionnaires allemands pour toute administration et d'un détachement de vingt et un soldats, commandés par Curt von François. À la première rébellion, il dut se réfugier auprès de la garnison britannique voisine de Walvis Bay.

En 1906 puis en 1907, Bülow envoie en mission au Sud-Ouest africain Bernard Dernburg, représentant de la Prusse au Bundesrat, et Walter Rathenau, grand industriel et essayiste politique à succès. Dernburg sera nommé secrétaire aux Colonies au retour de la première mission ; il sera, comme Rathenau, ministre de la fragile République de Weimar, au lendemain de la Première Guerre mondiale.

Le rapport de 1906 de Rathenau déçoit par les stéréotypes sur la «hiérarchie naturelle des races» dont il gratifie les Noirs du Sud-Ouest africain – à la manière des maîtres-penseurs des XVIIIe et XIXe siècles et des réflexions d'Hegel sur l'Afrique, «continent en dehors de l'Histoire». «Le nègre se différencie de l'Occidental par des facultés intellectuelles largement inférieures pour l'abstraction et la concentration... Son développement intellectuel solide demeurera un vœu pieux pour tout l'avenir prévisible.» Tout au plus, le rapporteur concède-t-il aux Africains «une certaine conscience de la légalité et un net esprit de justice». Mais c'est pour conclure qu'ils «prennent les châtiments mérités avec calme, on pourrait presque dire avec une certaine satisfaction»! Un début d'autocritique? «Il faut admettre que nous exerçons une justice raciste dans les colonies»... mais il s'agit d'un simple constat, voire d'un mal nécessaire, puisque, de cette justice, «nous ne pouvons nous dispenser pour le moment». L'exemple anglais ne manque pas d'être invoqué à propos du... châtiment corporel «qui n'est pas encore superflu dans les colonies; les Anglais l'appliquent aussi et, sans doute, dans une mesure beaucoup plus grande». Et le très progressiste Rathenau de mettre ainsi de côté, dès qu'il s'agit de l'Afrique, les réformes sociales qu'il préconise pour l'espace allemand.

Le rapport de 1907 porte, plus strictement, sur la politique coloniale de l'Allemagne, pour en déplorer le coût financier: «des dépenses inouïes, 400 millions de marks» pour la répression du soulèvement des Héréros. Le coût humain, surtout: «Si l'on pense aux sacrifices que le Sud-Ouest africain nous a demandés. Deux mille soldats sont tombés dans ce pays. La plus grande perte que l'Allemagne impériale ait subie depuis sa création.» Cette fois, les pertes africaines sont également déplorées: «Par notre politique de guerre, qui visait à l'extermination des indigènes, l'une des plus nobles tribus africaines, le peuple des Héréros, a presque disparu.» Pauvreté du bilan: «Un pays dépeuplé et presque pas colonisé par les Blancs. Pour sa protection et sa sécurité, trois mille hommes de troupe et de police sont devenus nécessaires entre-temps. Soit un soldat ou policier pour trois habitants.»

En 1919, sur l'initiative de Woodrow Wilson, les colonies allemandes seront «saisies» et confiées à la gestion de diverses puissances, choisies par la Société des Nations – les «mandats» de la SDN. Le résultat paradoxal de la perte – du «rapt», diront les nationalistes – des colonies allemandes est que l'idée coloniale, qui n'avait jamais été populaire en Allemagne, qui n'avait jamais pénétré dans les profondeurs de l'opinion (les investisseurs préféraient placer leurs capitaux en Amérique du Sud ou sur le chemin de fer Berlin-Bagdad plutôt qu'en Afrique), triomphe rétroactivement. Sous l'outrage, l'Allemagne se rassemble et pleure l'empire colonial disparu. Elle est, en outre, humiliée par le Livre bleu britannique de janvier 1918 qui affirme que l'Allemagne n'a pas su gérer correctement ses possessions outre-mer, qu'elle a failli à «la mission civilisatrice de l'homme blanc». Le gouvernement puis le parlement de la République de Weimar s'indignent. La Société coloniale allemande adresse à Woodrow Wilson une pétition qui a recueilli plus de trois millions de signatures : elle réclame la nomination d'experts qui vérifieraient les allégations du Livre bleu. Les Allemands critiquent les arguments des vainqueurs : c'est une question d'honneur pour eux. Puis ils retournent l'argument de la «mauvaise gestion» contre les Alliés : Français et Anglais laisseraient leurs colonies à l'abandon. L'Allemagne de Weimar est bien près de se poser en protectrice des peuples colonisés. Elle passe au crible les rapports que les puissances mandataires sont tenues de présenter à la SDN : en 1926, la France devra longuement s'expliquer sur l'usage d'une caisse de matériel expédiée à Douala. Elle publie les correspondances entre les anciens missionnaires protestants allemands, désormais interdits de séjour en Afrique, et leurs fidèles du Cameroun ou du Togo : la présence allemande ne relevait donc pas purement de la barbarie...

Le 14 août 2004, le gouvernement de la République fédérale d'Allemagne a participé à la commémoration du «massacre de masse» commis un siècle plus tôt sur les Héréros, et il a reconnu sa responsabilité morale et historique et la culpabilité des Allemands de l'époque.

QUATRIÈME PARTIE

LA CRAINTE DE L'ENCERCLEMENT

MAINTENIR LA TRIPLICE

Le 28 juin 1902, le traité renouvelant la Triple Alliance est signé à Berlin, au palais de la Chancellerie, par Bülow et les ambassadeurs de l'Autriche-Hongrie et de l'Italie, Szoegyenyi Marich et Lanza.

L'Autriche et l'Italie avaient, dans un premier temps, suggéré une modification de leurs engagements... dans deux sens opposés. La «double monarchie» souhaitait un lien plus fort avec l'Allemagne, afin d'utiliser la puissance allemande dans ses ambitions balkaniques – donc une alliance au caractère offensif plus marqué, par exemple dans le cas d'une attaque lancée par l'Autriche contre la Serbie ou la Roumanie. L'Italie voulait, au contraire, affaiblir ses engagements et pouvoir se rapprocher de la France – afin de ne pas se heurter à l'opposition de Paris dans ses futures aventures coloniales, puisqu'elle espérait mettre la main sur la Tripolitaine.

Devant le Reichstag, s'adressant à l'Europe, Bülow a expliqué que la Triplice ne présentait aucune intention agressive, qu'elle était simplement un accord commode entre trois États que la géographie obligeait à vivre ensemble, qu'elle répondait aux sentiments et à la mémoire de la nation allemande, mais qu'elle n'était pas indispensable aux succès de l'Allemagne dans le monde... Erreur dans une intervention improvisée ou dérapage volontaire ? Le chancelier déchaîne une courte tempête à Vienne : le ministre des Affaires étrangères, Goluchowski, est «hors de lui» ; l'empereur François-Joseph se dit «très piqué» ; l'opinion austro-hongroise est vent debout contre l'Allemagne ; l'ambassadeur Eulenburg expédie des dépêches désespérées à Berlin. Finalement, les trois États alliés concluent que rien ne doit être changé à leurs obligations et à la lettre du traité.

Les deux ambassadeurs signataires, Szoegyenyi et Lanza, étaient déjà accrédités auprès de l'Allemagne, cinq ans plus tôt, lors de la nomination de Bülow aux Affaires étrangères, et ils sont donc pratiquement associés à l'activité quotidienne du chancelier allemand. En fait, les deux diplomates sont des survivants d'une espèce rare – celle des partisans inconditionnels de la vieille alliance bismarckienne – alors que la cérémonie du renouvellement est passée presque inaperçue dans l'opinion publique européenne car les contradictions internes entre ses trois États membres semblent condamner la Triplice au déclin.

Ancien ministre hongrois à la cour de Vienne, le comte Szoegyenyi est un patriote magyar, convaincu de l'intérêt de l'union de la Hongrie avec l'Autriche, avec une armée et une politique étrangère communes ; il est très attaché, par sentiment, à l'alliance entre les deux «puissances centrales» et s'efforce de jouer les intermédiaires perspicaces entre Vienne et Berlin ; il est connu pour ses très longues visites au ministère de la Wilhelmstrasse – après ses entretiens rituels avec le secrétaire d'État, il a pris l'habitude d'aller dans les services et d'accabler de questions, pendant une heure ou deux, les directeurs de la section politique. Après avoir apposé sa signature sur le texte du traité prolongé, il a repris, avec Bülow, son habituel dialogue sur les principes de la Triple Alliance :

— Je reconnais qu'au sein du couple que nous formons avec vous, la puissance directrice doit être l'Allemagne. Dans l'intérêt même de la monarchie austro-hongroise, car nous sommes plus faibles et toujours divisés par notre lancinant problème de nationalités.

Et Bülow de répondre :

— Ma théorie, je vous l'ai souvent exposée et elle me semble raisonnable : nous, Allemands, nous ne pouvons pas abandonner notre sœur, l'Autriche-Hongrie, et nous ne l'abandonnerons jamais. Ce que nous lui demandons, c'est de ne pas nous entraîner dans une guerre avec la Russie.

— Vous savez combien je déplore la non-reconduction de votre traité de contre-assurance avec la Russie. Un traité qui nous aurait été très utile à nous aussi, Austro-Hongrois, et nous aurait préservés de nos propres imprudences.

Officier de carrière, l'ambassadeur italien, le comte Lanza, s'est consacré à l'amélioration des relations austro-italiennes lorsqu'il était attaché militaire à Vienne. Il considère l'alliance avec l'Allemagne comme la pierre angulaire de la politique étrangère italienne – ce qui lui a valu des rapports parfois difficiles avec Emilio Visconti-Venosta, cinq fois ministre des Affaires étrangères... jusqu'en 1901, et beaucoup plus réservé que lui sur la Triplice. Bülow a son idée sur les sentiments du marquis Visconti :

— Il ne s'est jamais libéré de ses sympathies pour la France, même lorsque l'Italie s'est tournée vers nous et c'est à contrecœur qu'il a accompagné Victor-Emmanuel II à Berlin, en 1873... À l'époque, il avait fortement déplu à Bismarck. Lorsque je l'ai accueilli, il y a cinq ans, à Hombourg, dans la suite de Leurs Majestés italiennes, je l'ai trouvé froid, froid jusqu'au fond du cœur. Il est vrai qu'il n'est pas d'une nature expansive... Mais tout de même. C'est le poids de son passé républicain : il a été secrétaire particulier de Mazzini et l'un des conspirateurs secrets de l'époque héroïque de l'unité italienne. Et comme ministre, il s'est rendu si souvent aux Tuileries, au temps de Napoléon III...

Lanza donne sa propre explication à Bülow :

— Visconti est d'abord un Milanais. À Milan, l'attachement pour la France a toujours été très vif depuis que Bonaparte a enlevé le pont de Lodi, le drapeau tricolore à la main. Stendhal a décrit cet enthousiasme des Milanais dans *La Chartreuse de Parme*. Soixante ans plus tard, l'enthousiasme est remonté au même niveau avec le neveu, Napoléon III. Magenta, Solférino, le combat de la France pour l'unité italienne... Vous savez que Milan avait décidé d'élever une statue équestre au neveu du grand Corse ? Elle devait être érigée devant le Dôme. Mais il faut faire la part des incertitudes du destin... Le monument venait d'être terminé quand Napoléon III a été vaincu à Sedan. Alors, on a laissé la statue dans un hangar.

Comment raffermir l'adhésion à la Triplice des deux alliés historiques de l'Allemagne ? Guillaume décide de se rendre, à quelques mois d'intervalle, à Rome puis à Vienne.

À Rome, il a cru bon d'être entouré d'officiers de très haute taille – le colonel von Plüskow atteint les deux mètres ; en mission à Paris, il avait été surnommé «Plus-que-haut». Est-ce pour concurrencer la *guarda reggia*, la garde du roi d'Italie, composée d'hommes de haute stature ? Ou pour en imposer au monarque italien, de petite taille et d'apparence modeste ? Bülow a rugi contre ce qu'il a considéré comme une plaisanterie infantile.

Le 1er mai 1903, le Kaiser et Bülow sont reçus au Quirinal par Victor-Emmanuel III, qui ne dissimule pas sa profonde méfiance pour l'Autriche :

— L'Italie ne peut laisser l'Autriche s'étendre dans les Balkans et sur la côte de l'Adriatique : c'est une question de survie pour notre dynastie.

Le chancelier allemand se veut rassurant, en inattendu porte-parole de Vienne :

— L'Autriche-Hongrie n'a aucune ambition territoriale en Albanie, ni en Macédoine. Elle a simplement quelques droits sur la Bosnie-Herzégovine, qu'elle tient du Congrès de Berlin de 1878. Et les Hongrois ne veulent pas d'une extension de l'Empire autrichien, qui finirait par menacer leur hégémonie sur les autres nationalités au sein de la double monarchie.

Puis il revient au rôle de l'Allemagne, comme arbitre de l'alliance :

— De toute façon, l'Allemagne veut la paix. Nous interdirions toute velléité belliqueuse éventuelle des têtes chaudes hongroises ou des états-majors excités contre la Serbie ou la Roumanie.

Le président du Conseil Zanardelli et le ministre des Affaires étrangères, l'amiral Morin, approuvent. Le roi ne semble pas convaincu... L'ancien ministre Visconti-Venesta reprendra la même analyse, dans un tête-à-tête avec Bülow :

— Les relations entre l'Italie et l'Autriche ne peuvent qu'être très amicales... ou sombrer dans l'antagonisme. Pas de relations tièdes entre nous, c'est impossible ! Il y a aussi cet irrédentisme qui flotte autour des terres italiennes non encore «rachetées», des terres qui, selon nous, sont italiennes mais n'ont pas encore rejoint l'Italie unifiée... Je veux parler du Trentin, de Trieste, de l'Istrie.

Et d'insister, lui aussi, sur le rôle de l'Allemagne :

— L'Autriche-Hongrie et l'Italie sont deux chevaux très enclins à se mordre. Il revient au cocher, à l'Allemagne, de les faire marcher ensemble. Tout dépend de l'Allemagne, de son empereur, de son chancelier...

La personnalité de Giolitti, le ministre de l'Intérieur, séduit la suite du Kaiser : il est très énergique, habile dans le maniement des masses... et il se comporte en vrai partisan de la Triplice. Il est, par contre, peu apprécié dans les salons de la péninsule, qui le jugent trop «démocrate», un défaut qu'il partagerait... avec le roi.

Reste le rapprochement avec la France, que tous les interlocuteurs italiens du Kaiser et du chancelier approuvent... La France devrait participer aux grands travaux italiens, aider l'Italie dans son essor commercial et son expansion coloniale. Est-ce pour rassurer les visiteurs allemands ? Victor-Emmanuel confie qu'il «n'aime pas» Barrère, le très influent ambassadeur de France, dont la présence lui semble pesante.

Le 3 mai, le pape Léon XIII reçoit Guillaume au Vatican. Le grand pape réformateur de ce début de xxᵉ siècle – il a contribué à l'élaboration de la doctrine sociale de l'Église avec la publication de l'Encyclique *Rerum Novarum*, douze ans plus tôt – est âgé de quatre-vingt-treize ans. Il se tient très droit, le visage en arêtes, le teint de marbre blanc. Une fidèle lui a souhaité, au cours d'une audience, de pouvoir atteindre et fêter son centenaire. Il a spontanément répondu :

— Pourquoi mettre des limites à la bonté divine ?

Après avoir traversé cours et galeries au milieu des suisses, des camériers et des dignitaires de l'Église, Guillaume s'assoit en face du pape, dans sa petite chambre de travail qu'éclaire une seule fenêtre. La rencontre de Léon XIII et de Guillaume II a un sens politique important : le pape salue l'estime et le soutien que le Kaiser manifeste à l'endroit des catholiques allemands ; il facilite l'apaisement dans les relations entre l'Empire et les catholiques d'Alsace-Lorraine. S'ensuit un étonnant dialogue :

— Je vous exprime ma gratitude pour vos efforts incessants en faveur de vos sujets catholiques. Dans les bons et les mauvais jours, ils vous resteront absolument fidèles.

— Je considère comme mon devoir de souverain chrétien de veiller sur mes sujets, quelle que soit leur confession. Sous mon règne, ils pourront toujours pratiquer leur religion et remplir leurs devoirs auprès de leur saint pontife. Je ne m'écarterai jamais de cette maxime.

— Vos principes de gouvernement, je les connais et je les ratifie. Je vous ai suivi et observé pendant votre règne. J'ai reconnu avec joie que votre souveraineté repose sur un christianisme intégral. Je ne puis qu'implorer la bénédiction du ciel sur vous, votre dynastie et l'Empire d'Allemagne.

— Toute ma vie, je serai fier de votre bénédiction.

Une allusion de Léon XIII à la récente « affaire Korum » : l'évêque de Trêves, Korum, un Alsacien de culture française, recommandé jadis par Bismarck, a publié une lettre pastorale interdisant aux parents catholiques de confier leurs enfants à l'enseignement d'État. Au Reichstag, le député Hackenberg, pasteur protestant, a réagi avec vigueur. Guillaume a incité les deux confessions à la conciliation. La Curie romaine est intervenue. Un mandement a été lu dans les chaires de Trêves, précisant que la lettre pastorale était non avenue…

— Cette affaire à Strasbourg était de minime importance. Quelques petites difficultés à vaincre. Le clergé local a fait de l'opposition… Nous avons réglé l'affaire, mus l'un et l'autre par notre esprit de conciliation.

— Je dois une profonde gratitude à Votre Sainteté pour son intervention… Je crois fermement que le clergé sentira l'avantage et tirera un grand profit de cet arrangement. Puisque nous évoquons l'Alsace-Lorraine, je me dois de vous annoncer que le portail de la cathédrale de Metz a été reconstruit ; il sera solennellement inauguré après mon retour. Je remercie Votre Sainteté pour la joie qu'elle ménage à mes sujets catholiques d'Alsace-Lorraine.

— En un temps où la plupart des souverains d'Europe sont, au point de vue religieux, tièdes, timides ou indifférents, mon cœur a été réjoui de ce que l'empereur d'Allemagne se soit mis, lui, sa maison, son grand Empire, sous l'égide de la croix... Sans se soucier de ce que, dans son horreur de la croix, le monde moderne pourrait dire. C'est là la façon dont le monarque d'un grand pays doit parler.

Un silence... avant d'en arriver au compliment suprême : le Kaiser comparé à Charlemagne.

— J'ajouterai, sans vouloir vous flatter, qu'un seul souverain a agi et pensé comme vous : Charlemagne. Il a été le grand monarque qui, de par Dieu, a courbé le monde civilisé sous la croix, mission dont l'avait chargé le pape Léon III. J'ai fait un rêve : vous, empereur d'Allemagne, vous receviez de moi, pape Léon XIII, la mission de combattre les idées socialistes et athées et de ramener l'Europe au christianisme... Je sais bien que l'Europe d'aujourd'hui est divisée en nations, qui ne peuvent pas être réunies sous un seul sceptre ; mais, par son exemple, son influence, ses exhortations, l'empereur d'Allemagne peut inciter les divers pays d'Europe à revenir au christianisme et à l'Église.

L'empereur luthérien se redresse en croisé, au service du pape :

— Cette mission dont Votre Sainteté m'ouvre la perspective, je l'accepte avec joie. Je m'y emploierai de toutes mes forces afin de convaincre les princes et les peuples que la puissance, la grandeur, le progrès sont vains s'ils ne s'appuient pas sur le Sauveur et la Croix. J'espère que Votre Sainteté trouvera en moi un disciple docile et que Dieu lui donnera vie et santé pour qu'elle puisse voir les résultats de la coopération du pape et de l'empereur.

Léon XIII revient sur la croisade à mener :

— L'esprit du mal se répand dans le monde. Il faut combattre l'esprit du mal, défendre et fortifier la religion... Ces temps derniers, j'ai eu beaucoup à faire avec les Allemands, j'ai reçu de nombreux pèlerins allemands. Leur attitude de croyants recueillis m'a causé une grande joie. Je suis entouré d'Allemands. Je suis devenu un demi-Allemand.

Guillaume opine... au nom de ses sujets catholiques :

— Les catholiques allemands sont les fils les plus fidèles de l'Église.

Mais Léon XIII, gagné par l'enthousiasme, a entrepris de comparer le Kaiser... au Grand Frédéric :

— J'ai évoqué Charlemagne. Mais vous me semblez suivre aussi la voie de votre grand ancêtre, Frédéric II. Jadis, j'ai étudié sa vie. J'ai toujours admiré son envergure intellectuelle et sa sollicitude pour les intérêts de ses sujets catholiques car, après sa conquête de la Silésie, on pouvait craindre le pire. Il n'en a rien été... Frédéric a généreusement garanti aux catholiques la pratique de leur religion, et aussi leur prospérité. Vous agissez de même, c'est pourquoi je vous comparc à lui... Au point de vue strictement religieux, il faut reconnaître que Frédéric était peu croyant. Son mérite n'en est que plus grand d'avoir œuvré, comme il l'a fait, pour la religion et pour l'Église catholique.

— Votre Sainteté me comble. Que puis-je faire au milieu de tous ses éloges ? Je suivrai tous vos conseils...

Et le Kaiser de retourner au pape... la comparaison avec les Césars :

— Vous m'avez parlé de Charlemagne et de la mission qu'il avait menée sur l'ordre du pape Léon III : l'hégémonie universelle du Saint Empire. Mais cette hégémonie s'est continuée en votre personne, de manière plus grandiose, au point de vue spirituel. Nous pouvons considérer Votre Sainteté comme le véritable empereur romain d'aujourd'hui, comme l'héritier des Césars romains.

Léon XIII se redresse, surpris. Il fixe Guillaume, comme pour sonder ses pensées, puis son regard brille de reconnaissance :

— Ce n'est pas mal cela... Peut-être avez-vous raison.

À l'automne 1903, Guillaume séjourne en Hongrie pour des chasses dans les propriétés de l'archiduc Frédéric : il fait un massacre de cerfs. Le 10 septembre, il est à Vienne où il doit rencontrer l'archiduc François-Ferdinand, héritier présomptif du trône depuis le suicide de son cousin Rodolphe à Mayerling.

Isabelle de Croy, épouse de l'archiduc Frédéric et mère de trois filles à marier, avait eu des vues sur François-Ferdinand... jusqu'au jour où ses projets matrimoniaux s'étaient effondrés, cinq ans plus tôt, lorsqu'elle aperçut, par hasard, au poignet de sa dame d'honneur, Sophie Chotek, un bracelet avec le portrait du prince héritier dans un médaillon. Ainsi s'expliquaient les fréquentes visites de François-Ferdinand... Une intense controverse familiale et impériale suivit : Isabelle dénonça l'idylle secrète, tous les Habsbourg se liguèrent pour sommer François-Ferdinand de rompre – Sophie Chotek était issue d'une famille noble de Bohême mais, selon un règlement autrichien de 1839, l'épouse du futur empereur devait appartenir à une maison souveraine.

François-Ferdinand reste fidèle à son engagement ; il est prêt à renoncer au trône. La monarchie austro-hongroise entre en crise... Après deux années de conspirations d'antichambre et de coups bas, François-Joseph décide de ne pas sacrifier l'archiduc héritier et il imagine un compromis : le mariage sera morganatique, Sophie ne deviendra pas impératrice d'Autriche, les enfants du couple n'auront aucun droit sur la Couronne.

Ce compromis douloureux entraîne nombre d'humiliations pour Sophie Chotek, titrée duchesse de Hohenberg mais reléguée au dernier rang dans les cérémonies officielles et les bals de la cour. Les préventions des Habsbourg, Guillaume semble les partager – surtout après ses chasses hongroises et ses conversations avec Isabelle de Croy, toujours emportée contre son ancienne dame d'honneur. Dans le train qui se rapproche de Vienne, il prévient Bülow :

— Naturellement, je n'accorderai aucune attention à la femme de François-Ferdinand.

— Sire, ce serait une erreur. Je ne suis pas un partisan inconditionnel de l'alliance avec l'Autriche-Hongrie mais… vous allez vous faire un ennemi du futur empereur d'Autriche, pour des raisons protocolaires qui ne vous concernent pas…

Guillaume revient à la charge :

— Vous ne comprenez pas que, si je cède devant cette mésalliance de François-Ferdinand, je verrai un jour mes fils se marier, eux aussi, avec des dames d'honneur ou peut-être même des chambrières !

Le train entre en gare de Vienne. La garde d'honneur autrichienne, avec ses plumets verts, apparaît sur les quais. L'argumentation de Bülow est précipitée, son ton se fait pressant :

— Sire, vous n'en êtes pas encore là. Je ne vous comprends pas ! Vous n'êtes pas chargé de veiller sur les familles régnantes du monde entier ! Les conditions de rang chez les Habsbourg ne vous concernent aucunement ! Occupez-vous simplement des intérêts de l'Allemagne ! Ces intérêts vous imposent de ne pas compromettre vos relations avec le futur empereur d'Autriche ! Allez-vous être son ami ou son ennemi ?

Le masque rieur d'un gamin pris en faute s'imprime soudain sur le visage du Kaiser, qui rejoint, d'un pas déterminé François-Joseph, l'embrasse, puis se tourne vers François-Ferdinand :

— Quand pourrai-je avoir l'honneur de faire ma révérence à ta femme ?

L'archiduc rougit de plaisir et baise la main du Kaiser.

Guillaume vient de fonder une amitié sincère avec François-Ferdinand, qui lui ressemble tant par son tempérament volcanique, son christianisme fervent, son conservatisme politique, son goût pour les voyages lointains, sa passion pour la marine, et aussi par son indécision et sa sensibilité à l'influence de son entourage.

Atteint de tuberculose en 1892, l'archiduc héritier a parcouru le monde, pendant sa convalescence – au Japon, en Inde, en Égypte – et, dans les familles régnantes européennes, il est probablement le meilleur expert en relations internationales... Politiquement, il est aux antipodes du libéralisme de son cousin Rodolphe, qu'il a admiré et aimé : brutal, ne pouvant maîtriser ses interventions, sujet à des colères légendaires, il apparaît comme le chef caricatural du « parti de la guerre », alors que sa vision du monde est plus nuancée. Comme son oncle François-Joseph, il est un partisan de la paix – il le montrera en freinant les ardeurs belliqueuses pendant les guerres balkaniques. En réalité, il est très conscient des faiblesses et des vulnérabilités de la monarchie austro-hongroise et il souhaite la réformer. Installé au palais du Belvédère depuis le début 1900, placé à la tête d'une chancellerie militaire puis de l'inspection générale des armées, il crée une sorte de laboratoire politique pour l'avenir.

L'idée dominante de François-Ferdinand est de limiter le poids des Hongrois au sein de la double monarchie, en favorisant les diverses nationalités de l'Empire qui ont le sentiment d'avoir été lésées par le compromis de 1867 – les Tchèques et les Slovaques dans la partie autrichienne, la Cisleithanie, les Slaves du Sud, particulièrement les Croates, dans la Transleithanie dominée par les Hongrois. L'archiduc a envisagé la substitution au dualisme d'un « trialisme », avec un troisième pilier, tchèque ou slave du Sud, puis il a imaginé un fédéralisme pour l'Empire. Il souhaite surtout imposer le suffrage universel à la noblesse hongroise et aux Hongrois de souche, qui le rejettent car ils apparaîtraient alors minoritaires au sein même de la Transleithanie. Il a aussi la conviction que la généralisation du suffrage universel permettrait une vraie compétition politique et idéologique, avec la montée en puissance des sociaux-démocrates qui acceptent la monarchie dans son principe, aux lieu et place du traditionnel affrontement des ethnies et nationalités.

Guillaume a séduit François-Ferdinand par ses attentions à l'égard de Sophie Chotek ; il va entretenir, à partir de sa visite de 1903, une correspondance suivie avec lui... Mais l'archiduc est un homme de caractère. S'il est prêt, comme Guillaume, à consolider les solidarités monarchiques entre Vienne et Berlin, il reste tout de même réservé sur les rapports austro-allemands : il n'a pas oublié la défaite autrichienne à Sadowa et il n'est guère satisfait du rôle de brillant second assigné à l'Autriche au sein de la Triplice.

GUILLAUME, LÉOPOLD ET LA NEUTRALITÉ BELGE

Le nouvel an 1904 est célébré dans la chapelle du château royal de Prusse. Guillaume et Dona sont face à l'autel. Derrière eux, à droite, les ministres, à gauche, les chevaliers de l'Aigle noir dans leurs manteaux de velours rouge. Les murs sont ornés de portraits choisis dans un certain désordre par Frédéric-Guillaume IV, à l'imagination romantique et fantasque : le Grand Frédéric et Frédéric-Guillaume III, mais aussi David, Clovis, Frédéric Barberousse et Gustave-Adolphe. Le Kaiser écoute le sermon de son chapelain, le pasteur Hennike, avec une très grande attention : lui, toujours en mouvement, sait se figer, immobile, pendant les cérémonies de cour ou les prises d'armes. Lors de la réception qui suit le service dans la chapelle, il annonce à Bülow la prochaine visite du souverain belge, Léopold II :

— Ce sera l'occasion de nous rapprocher de la Belgique. Le roi des Belges est actuellement inexistant ; c'est une non-valeur, une non-personne, Mister Nobody parmi les princes. Pourtant, quel passé splendide que celui de la Belgique ! Nous allons rappeler à Léopold Charles le Téméraire et la splendeur de l'ancienne Bourgogne ! S'il nouait une alliance avec nous, il pourrait, à nouveau, s'élever très haut !

Sept ans plus tôt, à la fin juin 1897, Léopold a été l'invité de Guillaume, à bord du *Hohenzollern*. Il a fait merveille en parodiant les conversations avec son hôte impérial, les boursouflures protocolaires de la cour de Berlin, dans un allemand parfait... avec un léger accent français :

— Sa Majesté l'Empereur et Roi vient de m'accorder la haute faveur de daigner m'exprimer son auguste opinion dans la question qui nous intéresse, et ce qui rehausse encore le prix de cette communication c'est de l'avoir entendue de la bouche même de Sa Majesté et d'avoir eu l'insigne bonheur de me trouver auprès d'elle.

L'impératrice, par contre, a peu apprécié le monarque-homme d'affaires impénitent qui a tenté d'intéresser Guillaume à des entreprises en Asie orientale et en Afrique :

— Le Kaiser ne devrait pas se commettre avec cet homme, qui n'a aucun sentiment moral et ne m'inspire aucune confiance. Les prétendus conseils de Léopold sont peut-être autant de pièges.

Léopold arrive, cette fois, à Berlin, le 26 janvier 1904 – afin de fêter l'anniversaire de Guillaume, le lendemain. Dans les premières réunions de travail, il s'exprime avec une grande clarté et suscite l'attention mêlée d'admiration de l'entourage de l'empereur.

— En Belgique, nous voulons tous la paix, et la paix peut être maintenue si les politiques menées depuis Berlin, Londres et Saint-Pétersbourg restent prudentes et rationnelles. Nos relations avec l'Allemagne sont très bonnes et ne peuvent pas être meilleures... Certes, chez nous le français est la langue maternelle des Wallons et toute la Belgique est sous l'influence de la civilisation française ; Bruxelles est un faubourg littéraire et artistique de Paris. Mais nous sommes des gens réfléchis et cette proximité culturelle avec la France n'influe pas sur notre politique. Nous avons peur d'être avalés par la France, d'autant plus que nous sommes très catholiques et que nous réprouvons l'actuel anticléricalisme de la République française. Nous avons donc plus confiance en l'Allemagne qu'en la France... Évidemment, nous avons ce mouvement flamingant qui gagne du terrain. Mais, ne vous y trompez pas, c'est dans le cadre de l'État belge, dans la fidélité à la patrie commune. Wallons et Flamands sont d'aussi bons patriotes belges, et nous nous devons d'admettre l'aspiration légitime des Flamands à défendre leur langue et leur civilisation. Une légère remarque : je déplore le soutien excessif, parfois paroxystique, que votre presse procure aux «flamingants» avec des références pangermanistes. Cela brouille nos cartes...

Le dernier jour, le 28 janvier, l'atmosphère paisible de la visite se détériore brutalement. L'impératrice et les invités à l'ultime dîner attendent depuis longtemps l'empereur et le roi. Puis Guillaume et son invité apparaissent, le visage défait. Léopold n'adresse pratiquement pas la parole à Dona et repart rapidement pour la gare, accompagné de Guillaume. Au passage, il glisse quelques mots, d'une voix grave, à Bülow :

— Votre empereur m'a dit des choses épouvantables. Il faut que vous le maîtrisiez, le contrôliez, sans quoi nous irons au-devant de difficultés et de tragédies...

Au retour de la gare, l'un des aides de camp du Kaiser interroge le chancelier :

— Savez-vous ce qu'avait le roi des Belges ? Je pense qu'il s'est sérieusement disputé avec l'empereur. Il n'a même pas réalisé qu'il portait à l'envers, l'aigle par-derrière, le casque de son régiment de dragons prussiens.

Guillaume convoque Bülow dans son cabinet de travail. Il semble très irrité et a du mal à contenir sa colère :

— Quelle veulerie ! J'ai évoqué, avec le roi, ses grands ancêtres. Je lui ai dit qu'avec notre concours il pourrait reconstituer un grand État, qui s'étendrait sur la Flandre française, l'Artois et les Ardennes. Tout ce qu'il a trouvé à me répondre, en écarquillant ses yeux ahuris, c'est que ni les chambres belges, ni le gouvernement ne voudraient se saisir de tels sujets... Alors, je reconnais que j'ai perdu patience. Je lui ai dit que je retirais tout respect à un monarque qui s'estime responsable devant les députés et les ministres et non devant le Seigneur qui règne aux cieux... Je lui ai dit aussi que je n'admets pas qu'on plaisante contre moi. Dès qu'une guerre éclatera, quiconque ne sera pas avec moi sera contre moi. Je suis de l'école du Grand Frédéric et de Napoléon. Frédéric envahissait un territoire et ne s'expliquait sur les raisons de l'invasion qu'après coup... Et Napoléon prévenait ses adversaires et envahissait à la vitesse de l'éclair. J'ai souligné, devant le roi, que si la Belgique ne marchait pas avec moi, je ne me laisserais guider que par des considérations stratégiques. Je violerai la neutralité de la Belgique si la traversée de son royaume facilite l'avancée de nos armées vers la France.

Un long silence. Guillaume est contrarié et cherche querelle au chancelier qui s'est gardé de tout signe d'approbation.

— Je m'attendais à des éloges de votre part, mais c'est le contraire... Encore une désillusion aujourd'hui !

— Sire, vous connaissez ma position. Ce que je veux, c'est la paix. Une paix dans la dignité. Une paix dont le maintien est nécessaire à l'Allemagne, car le temps travaille pour nous... Quant à pénétrer en Belgique en cas de conflit, ce serait une violation du droit international. Vous ne pourrez traverser la Belgique que si nos ennemis, français ou anglais par exemple, ont déjà violé la neutralité belge, s'ils ont été les premiers à violer cette neutralité. Et n'oubliez pas que l'avantage militaire que pourrait vous procurer la traversée de la Belgique aurait pour contrepartie une immense réprobation politique dans l'opinion publique européenne...

Le Kaiser, à mi-voix :

— Si telle est vraiment votre pensée, je serai contraint de me séparer de vous en cas de guerre. Oui, je serai obligé de changer de chancelier...

Ils ne parleront plus jamais du «passage par la Belgique».

Bülow s'est toujours tenu à distance des affaires militaires. Mais, pris de doutes sur les plans de l'armée allemande en cas de conflit, il convoque Alfred von Schlieffen, le chef d'état-major général. Il admire Schlieffen, qu'il considère comme un stratège de génie et auquel il est lié par une amitié personnelle déjà ancienne. Le chef d'état-major général a commandé, jadis, l'une des unités prussiennes les plus prestigieuses, le premier régiment des uhlans de la Garde, et deux frères de Bülow, Adolphe et Charles-Ulrich, ont alors servi sous ses ordres. Le chancelier lui rappellera, pendant leur entretien, qu'il est ému chaque fois qu'il passe devant la caserne du premier uhlan à Potsdam, devant laquelle se dresse le monument du «Cavalier mourant».

— Comment voyez-vous une future guerre contre l'Alliance franco-russe qui nous fait face, contre nos ennemis virtuels, la France et la Russie alliées?

— Mon idée est qu'il nous faudra d'abord tâcher d'abattre la France, avant de nous retourner contre la Russie. Nous devons éviter une guerre sur deux fronts. D'abord, éliminer la France en concentrant nos forces à l'ouest, puis reporter ces troupes contre la Russie à l'est. Le plan que j'ai élaboré prévoit un débordement, une avancée très rapide sur le flanc gauche de l'armée française, à travers le Luxembourg, la Belgique, les Ardennes puis un pivotement sur Paris et le refoulement des troupes françaises sur le Jura et la Suisse.

— Je comprends votre démarche, d'un point de vue purement militaire... Lorsque j'étais lieutenant de hussards à Bonn, j'ai étudié Clausewitz sous l'influence de mon chef, le futur maréchal Loë, et j'ai appris alors que le cœur de la France se trouve entre Bruxelles et Paris. Mais ce scénario implique un droit de passage par la Belgique qu'il n'est pas évident d'obtenir et qui pose un sérieux problème politique.

— Nous n'avons pas d'autre solution. Il est exclu d'attaquer la Russie en premier, car sur le front oriental nous n'avons aucune chance d'obtenir une victoire rapide. Il n'existe pas d'objectifs vitaux sur la frontière russe. Nous serions donc contraints de nous enfoncer profondément dans le pays, avec tous les risques qu'on peut imaginer pour nos communications et notre ravitaillement... Par ailleurs, il est exclu d'attaquer directement la France: les lignes de fortification françaises sont très solides et elles s'appuient sur des obstacles naturels. Le passage par l'Alsace et la Lorraine n'est pas favorable à une offensive rapide. Notre progression serait difficile avec des menaces constantes sur nos flancs. Il nous sera beaucoup plus aisé d'investir la capitale en partant des plaines de Picardie : nous serons alors à même d'attaquer l'ennemi sur son flanc. Croyez-moi, la solution c'est la Belgique.

— Le problème, c'est la Belgique, la neutralité belge.

— Pas vraiment. Les Français croient que la neutralité belge sera respectée car elle est garantie par les Britanniques. Nous pensons, au contraire, pouvoir passer sans risque par la Belgique grâce à la rapidité de notre manœuvre et à la lenteur prévisible de la réaction britannique. En outre, vous savez la faiblesse de l'armée de terre britannique, composée de professionnels et non de soldats-citoyens comme en France ou de fidèles sujets de l'empereur, mus par leur sentiment patriotique, comme chez nous, en Allemagne.

Bülow ne semble pas convaincu. Schlieffen reprend sa démonstration :

— Vous l'avez dit vous-même : la France utile est entre Bruxelles et Paris. Les grands centres industriels du nord de la France sont très vulnérables à un passage par la Belgique. C'est par le secteur Mézières-Dunkerque que nous devons pénétrer dans la forteresse France ! Au début du conflit, nous devrons simplement établir un front défensif en Prusse-Orientale, face à la Russie, tenir ce front avec dix pour cent de nos effectifs et concentrer quatre-vingt-dix pour cent de nos forces dans notre attaque sur la France... par la Belgique.

Schlieffen est maintenant intarissable :

— Je me suis inspiré d'Hannibal et de la bataille de Cannes en 216 avant Jésus-Christ. Hannibal a inventé la manœuvre d'encerclement parfaite et a détruit les lourdes légions romaines. Un double encerclement : la cavalerie carthaginoise prend les Romains à revers et les fantassins d'Hannibal forment une tenaille autour des légionnaires rassemblés par les deux consuls romains. Plus proche de nous, nous avons évidemment l'exemple de Moltke, qui a magnifiquement encerclé les Français à Sedan en 1870. Nous allons reprendre ce modèle et l'élargir à tout le nord-est de la France...

Cette fois, Bülow l'interrompt :

— Vous êtes un grand stratège, mais je voudrais vous rappeler un incident de l'hiver 1887-1888, il y a seize ans... J'en ai un souvenir très net car j'étais chargé d'affaires à Saint-Pétersbourg et j'ai suivi cela de très près. Il y avait une forte tension entre la France et nous et les sympathies britanniques allaient, à cette époque, plutôt de notre côté. Un grand journal londonien, le *Standard,* a publié un éditorial tentateur. Pour le résumer : l'Angleterre a garanti jadis la neutralité belge, mais une telle garantie n'est pas immuable pour l'éternité ; rien ne permet d'affirmer que les Anglais défendront cette neutralité par les armes, quelles que soient les circonstances, quelle que soit la nature du litige entre l'Allemagne et la France... C'est alors que notre grand chancelier Bismarck a réagi. À travers un article de la très officieuse *Post* de Berlin, il a délivré une série de directives très fortes auxquelles il nous faut toujours, je pense, nous conformer : l'Allemagne ne déclarera jamais une guerre dans la crainte qu'elle puisse lui être imposée ; elle ne commencera jamais une guerre en violant des traités européens – ainsi elle ne violera jamais la neutralité de la Belgique ou de la Suisse, d'autant que ce serait contraindre les forces belges ou suisses à une «fraternité d'armes avec la France» ; à ceux qui pensent que le grand état-major allemand n'a pas d'autre solution que le passage par la Belgique pour contourner la ligne de forteresses de la frontière française, il convient de répondre que la créativité du grand état-major en matière de stratégie et de tactique n'est pas aussi facilement épuisée et que ce n'est pas l'armée allemande qui fait la politique de l'Allemagne... C'est en ces termes que notre grand Bismarck avait écarté la tentation.

Schlieffen est embarrassé. Il tourne et retourne son monocle près de son œil et cherche une formule rassurante pour conclure :

— Il est peu probable que la Belgique s'oppose par les armes à l'entrée de nos troupes. Elle se contentera d'une protestation. Et, de toute manière, en cas de conflit, les Français et éventuellement les Britanniques seront les premiers à se précipiter sur la Belgique. Ainsi, nous passerons par la Belgique sans avoir violé sa neutralité.

ÉDOUARD VII À KIEL

Au printemps de 1904, Guillaume annonce à son gouvernement que son oncle Édouard VII souhaite lui rendre visite à Kiel. Bülow et l'amiral Tirpitz s'interrogent et s'inquiètent. D'abord : s'agit-il réellement d'une initiative « spontanée » du roi d'Angleterre ? Ils apprennent rapidement que l'idée vient de Guillaume et que l'empereur a envoyé à Londres son frère, le prince Henri, afin d'insister pour obtenir cette entrevue. Surtout : est-il opportun d'organiser une telle rencontre dans le plus grand port de guerre allemand ? L'empereur ne va-t-il pas être tenté, par une sorte de vanité enfantine, d'exhiber les résultats de *sa* montée en puissance navale et d'attiser ainsi le ressentiment d'une Angleterre, menacée dans sa domination sur les mers ?

Bülow intervient :

— Sire, j'aurais préféré un séjour du roi à Wilhelmshöhe, avec ses collines boisées et tous vos souvenirs d'adolescence qui vous rattachent à ce domaine, ou à Hombourg, avec des promenades sur le Rhin, ou tout simplement à Berlin, où le roi n'est jamais venu en visite officielle.

— Vous négligez une évidence : mon oncle a toujours refusé de venir me voir à Berlin et je ne vais tout de même pas « mendier » cette visite.

— Ce n'est pas tout à fait exact, Sire...

Bülow sort un télégramme de sa poche :

— ... Voici une dépêche que j'ai retrouvée dans les archives du ministère. Après son avènement, Édouard VII souhaitait faire le voyage de Berlin. Mais, à l'époque, vous aviez d'autres projets et vous vous êtes dérobé.

— J'avais oublié... Nous n'allons pas engager une polémique... Quoi qu'il en soit, je viens de télégraphier à Édouard pour lui dire la joie que me procure sa visite à Kiel. Il m'est impossible de revenir là-dessus.

Tirpitz repart à l'assaut :

— Sire, nous aurions avantage à ne pas rassembler toute notre flotte à Kiel... Une démonstration de notre puissance apparaîtrait comme de la provocation.

Guillaume semble parfois ne pas souffrir Tirpitz et son inflexibilité. Il lui répond d'un ton acerbe :

— Vous êtes puéril ! Vous imaginez que les services de renseignement anglais n'ont pas déjà réuni toutes les informations possibles sur notre flotte de guerre, depuis nos cuirassés jusqu'à la plus petite de nos embarcations ?

Tirpitz résiste à l'argument :

— Je n'en doute pas. Mais il y a une différence entre un rapport de l'attaché naval anglais à Berlin ou les révélations occasionnelles de quelque agent ou espion et le spectacle offert au roi et aux amiraux et officiers de marine de son escorte... le spectacle, en grandeur réelle, de notre flotte dans toute sa force.

Bülow appuie le secrétaire d'État à la Marine... Guillaume bat en retraite :

— Après tout, cela est de votre compétence, Tirpitz. Vous n'avez qu'à faire venir à Kiel le nombre de navires que vous voudrez.

La victoire du chancelier et du ministre de la Marine n'est qu'apparente. En réalité, Guillaume n'en démord pas : il veut faire étalage de sa puissance devant Édouard VII. Le lendemain, Bülow apprend que l'empereur a fait donner l'ordre, dans la nuit, de concentrer à Kiel toutes les unités disponibles, jusqu'au plus petit canot.

Édouard VII est attendu le 25 juin. Sur les quais de Kiel, Guillaume est surexcité : il a convoqué tous les ministres et secrétaires d'État, qui l'entourent, leurs poitrines constellées de décorations. Tous ses fils font partie de la garde d'honneur, déployée pour accueillir le monarque britannique. Lorsque Édouard apparaît sur la coupée, l'empereur multiplie les bourrades amicales et désordonnées sur ses généraux et amiraux, comme pour les mobiliser auprès de l'illustre visiteur.

Un dîner officiel est donné sur le *Hohenzollern*. Guillaume prononce un discours modéré, parfaitement « dans la ligne » souhaitée par le chancelier. Il célèbre « l'extrême bienveillance » manifestée par le roi en participant à ces régates allemandes. Il définit, de manière très défensive, la nouvelle politique navale, inaugurée sous son règne : la flotte allemande a été construite pour protéger le commerce et le territoire allemands, et pour garantir une paix que les principales puissances maintiennent depuis plus de trente ans. Il établit une connivence avec le roi : « Tout le monde sait que les efforts de Votre

Majesté tendent vers le même but. Que Dieu accorde le succès à nos efforts communs!» Il rappelle les heures passées avec son oncle près du lit de mort de la souveraine de «l'Empire mondial». Édouard répond en allemand, avec chaleur: «Puissent nos pavillons flotter l'un à côté de l'autre, comme aujourd'hui et jusque dans les temps les plus lointains, pour le maintien de la paix et de la prospérité, non seulement de nos pays, mais de toutes les autres nations!» Et de faire à son tour allusion à la reine Victoria, dont «le souvenir est sacré» au fils comme au petit-fils.

Guillaume est au comble du bonheur. Kiel, sous le soleil de juin, est pour lui un lieu magique, son lieu d'élection. La «semaine de Kiel» n'est-elle pas son œuvre? N'a-t-il pas créé les fameuses régates? Chaque année, il demande au chancelier de l'accompagner sur le yacht à voiles, le *Météor*, qui participe à la compétition. Bülow, peu intéressé par la navigation, s'enferme dans l'une des cabines réservées aux invités et lit les romans anglais de la modeste bibliothèque du bord. Il observe tout de même la course: les deux skippers anglais sont au gouvernail, l'empereur brûle du désir de les relayer, il tente de les séduire, leur offre des cigarettes, leur prodigue des tapes sur l'épaule; mais, lorsqu'il parvient à ses fins, le yacht heurte régulièrement une bouée ou perd toute chance de vaincre en s'égarant en un trop large virage. Les skippers jurent en anglais, le prince Henri et les aides de camp grommellent en allemand: «C'est chaque fois la même chose, dès que l'empereur prend la barre.»

Ce 26 juin, au deuxième jour de la visite du roi, la vie à bord du *Météor* s'est légèrement modifiée. Conscient de ses responsabilités à la tête du Yacht-Club impérial, Guillaume reste sur le pont et s'investit totalement dans la course. À l'écart, Édouard entreprend avec Bülow un vaste tour d'horizon politique international, qui se développera pendant plus d'une heure.

Le roi veut évoquer le conflit qui a éclaté, en Asie, entre Russie et Japon:

— Les Russes ne peuvent que s'en prendre à eux-mêmes! Leur diplomatie a été très maladroite – comme aujourd'hui leur guerre sur terre ou sur mer. Et quel est leur titre, leur légitimité pour être présents à Port-Arthur, en Corée ou dans cette Mandchourie qu'ils ont arrachée si brutalement aux Chinois? Si la Russie m'avait écouté... J'ai transmis au tsar et au nom du Japon des conditions de paix tout à fait modérées. Quand le tsar s'est décidé à répondre, il était trop tard. Vous savez, les Japonais sont un peuple vaillant, intelligent, chevaleresque, aussi civilisé que nous, Européens. Je ne crois pas au «péril jaune». Il serait regrettable que cette fantasmagorie en vienne à influer sur votre politique étrangère.

— Moi aussi, je ne crois pas au «péril jaune»... Dans cette guerre d'Extrême-Orient, nous observerons une attitude de loyale neutralité. Nous ne songeons nullement à intervenir.

Édouard VII ne cache pas son désir : que cette guerre finisse très rapidement ! Il pourrait servir de médiateur.

— Après toutes ses défaites, la Russie ne peut conclure la paix qu'au prix d'une forte perte de prestige, objecte Bülow.

— La Russie ne peut attendre aucun succès, que ce soit sur terre ou sur mer. Le plus sage serait, pour elle, de conclure la paix. La situation intérieure de la Russie suscite en moi un profond pessimisme. Il nous faudra beaucoup de patience et de tact pour rétablir des rapports normaux entre nous.

Bülow remercie le roi pour son toast de la veille. Édouard répond qu'il tient sincèrement à des relations pacifiques entre l'Angleterre et l'Allemagne :

— Ainsi, je vous suis reconnaissant pour votre attitude pendant la guerre des Boers. Votre position était psychologiquement délicate. Il est malheureux que nos deux nations ne se comprennent pas mieux. Je me l'explique difficilement car, après tout, l'Allemand qui vient vivre en Angleterre s'y trouve très bien, apprécie les grandes qualités de notre peuple. De même pour l'Anglais qui s'établit chez vous : il reconnaît le labeur et les aptitudes des Allemands dans tous les domaines, qu'il s'agisse de la science et de l'art, du commerce et de l'industrie.

— Il y a la presse, Sire, qui nous poursuit de sa perfidie haineuse. Le *Times*... Je l'ai déjà souligné lorsque j'ai accompagné l'empereur à Windsor.

— Oui, je pense que vous avez raison. La presse est responsable de cette mésentente entre nos deux pays. Laquelle est la plus coupable ? L'anglaise ? L'allemande ? Peu importe... Il y a des sentiments négatifs. Mais, pour l'essentiel, il n'y a pas d'intérêts inconciliables. Un conflit entre nos deux peuples serait le plus grand malheur pour l'Europe. Cela ne se produira pas, ce serait une calamité et une folie... Mais ne soyez pas trop méfiants ni trop susceptibles à notre égard. Par exemple, il y a cette question navale. Beaucoup d'Anglais sont convaincus que vous construisez une flotte avec l'intention de nous casser les reins à tout jamais, dès que l'occasion se présentera. Oui, l'intention d'anéantir notre commerce ou même de nous envahir. Je ne partage pas cet avis et je le combats. Mais il faut nous comprendre : la Grande-Bretagne ne survit que par sa sécurité sur les mers. Nous avons donc décidé que, pour chaque navire neuf allemand, notre amirauté mettra en chantier deux navires anglais.

La conversation se prolonge. L'empereur semble intrigué puis préoccupé, il lance des regards inquiets vers le chancelier et le roi. Mais il résiste à la tentation de les rejoindre : il reste près de l'étambot, le support de bois du gouvernail et, les manœuvres terminées, il fait un exposé à l'équipage sur les divers aspects de la construction navale...

Édouard VII a repris son échange avec Bülow :

— Chez vous, on considère souvent nos relations amicales avec la France comme une menace directe pour votre sécurité. Cette perception est erronée. En réalité, nos relations avec la France, comme avec la Russie, l'Italie, l'Espagne, relèvent d'un réflexe de défense, comme pour vous la Triple Alliance. Il faut qu'à Berlin comme à Londres, nous gardions notre sang-froid. Si nous ne faisons pas d'énormes bêtises, la tension entre l'Allemagne et l'Angleterre disparaîtra... comme ont disparu les tensions beaucoup plus inquiétantes que nous avions avec la France.

Le roi en est arrivé à l'information officieuse qu'il voulait transmettre, à travers le chancelier, à l'empereur et au gouvernement allemand – et qui explique son long aparté avec Bülow : la conclusion de l'Entente cordiale avec la France, deux mois plus tôt. Un tournant fondamental dans les relations européennes, mais dont le roi fait une analyse minimaliste – comme s'il s'agissait d'un simple accord technique.

— À propos de nos litiges coloniaux avec la France, le cabinet Balfour a décidé d'y mettre fin en signant un accord, le 8 avril dernier.

— Le 8 avril... L'empereur était en croisière en Méditerranée et visitait Malte.

— Cet accord avec la France comporte trois déclarations. D'une part, nous nous engageons à ne pas modifier le statu quo en Égypte et la France n'exige plus de délai pour notre départ de ce pays. D'autre part, la France promet de ne pas modifier la situation politique du Maroc et nous reconnaissons qu'en sa qualité d'État voisin, elle a le droit de maintenir le calme dans ce royaume, voire d'offrir un appui militaire et financier au sultan pour qu'il mène à bien ses réformes administratives. Enfin, nous nous promettons de régler à l'amiable une poussière de vieux différends douaniers et frontaliers qui nous opposaient en Sénégambie, au Niger, au Siam, à Madagascar, une très vieille querelle sur la pêche à Terre-Neuve, et aussi la question du statut juridique des Mélanésiens aux

Nouvelles-Hébrides. Je crois vous avoir tout dit. J'ai pris une grande part à la conclusion de cet accord. C'est un progrès pour la paix en Europe...

Un silence. Suivent de nouvelles assurances au chancelier allemand :

— Mon désir est de diminuer les surfaces de frottement entre toutes les grandes puissances. Notre accord avec la France ne menace pas l'Allemagne et n'isole pas l'Allemagne. Nous étions dans la nécessité absolue de régler toute une série de vieux litiges compliqués. Cette fois, c'était avec la France mais nous pourrions reprendre la même procédure pour les questions pendantes avec la Russie...

— Et avec nous, Allemands ?

— Mais nous n'avons pas d'opposition concrète d'intérêts politiques avec vous ! La signature d'une convention particulière avec vous est inutile. Elle serait sans objet ! Mais je veux poursuivre cette marche vers la paix. C'est ce que demandent nos peuples qui gémissent sous le poids des programmes d'armement et des impôts.

Le 27 juin, dans une allocution au Yacht-Club impérial, Guillaume, ému aux larmes, célèbre le rôle de l'Angleterre dans le développement des sports nautiques... mais aussi de la flotte de guerre allemande :

— Lorsque j'étais un jeune garçon, j'ai visité Portsmouth et Plymouth avec mes tantes ou des amiraux bienveillants. Dans ces deux ports, j'ai admiré les superbes navires anglais. C'est là qu'est né mon désir d'en construire de semblables et le projet d'avoir un jour une flotte aussi belle que la flotte britannique...

Et l'empereur de pousser un triple hourra pour son oncle, « amiral du Royal Yacht Squadron, auquel nous devons le développement de ce sport splendide ».

Bülow se précipite sur le correspondant de l'agence de presse Wolff, présent au banquet... Selon une procédure devenue presque routinière, le chancelier veut relire et corriger le texte de l'empereur avant sa transmission. Il supprime les envolées lyriques et affectives. L'empereur lira la nouvelle version de son allocution dans la *Kieler Zeitung* et sera, une fois encore, déçu :

— Vous avez supprimé ce qu'il y avait de plus beau !

— Que Votre Majesté me croie ! Cela vaut mieux ainsi. Cette flotte, qui nous coûte tant d'efforts financiers et qui exige de nous un tel volontarisme politique – jusqu'à faire peser sur nous les menaces que vous savez ! –, vous la présentez de manière trop sentimentale comme l'expression de vos goûts personnels et de vos souvenirs de jeunesse... Comment voulez-vous obtenir du Reichstag qu'il continue à voter les crédits nécessaires?

— Ah! Le maudit Reichstag.

La rencontre d'Édouard VII et de Guillaume II ne serait-elle finalement qu'un trompe-l'œil? Selon le récit des journées de Kiel, tel que nous l'avons reconstitué à partir des *Mémoires* de Bülow, Édouard VII a courtoisement informé le chancelier allemand de la conclusion des accords d'«Entente cordiale» et le chancelier en a courtoisement pris acte.

Pourtant, la lecture de la correspondance échangée entre le Kaiser et son chancelier depuis avril 1904 modifie l'éclairage de la rencontre. Le 19 avril, alors que sa croisière méditerranéenne l'amène à Syracuse, en Sicile, un télégramme de Guillaume montre qu'il a eu connaissance de la conclusion des accords franco-anglais; une dépêche de Bülow révèle l'existence d'un rapport détaillé de l'ambassade allemande à Londres – signé par le premier secrétaire Bernstorff, qui jouera un rôle important, au début du conflit mondial, comme ambassadeur à Washington. Le Kaiser analyse froidement les accords, en observateur détaché; il reconnaît sportivement que les Français ont «joué» avec une «remarquable habileté» – «ils sont arrivés, sans que se relâchât leur alliance avec la Russie, à se faire payer leur amitié un bon prix par l'Angleterre»; leur situation au Maroc est maintenant prépondérante... «un gain encaissé à peu de frais, en abandonnant leurs droits, plus théoriques que pratiques, sur l'Égypte». Une pointe d'inquiétude, tout de même: «Comme nos intérêts commerciaux au Maroc sont importants, j'espère que, de notre côté, on s'est préoccupé des garanties nécessaires, afin que notre commerce n'ait pas à souffrir.»

Dans sa réponse du 20 avril, Bülow approfondit l'analyse. Il entrevoit d'importantes conséquences sur le conflit russo-japonais: la France et l'Angleterre peuvent être désormais entravées dans leurs appuis respectifs à la Russie et au Japon, auxquels ils sont bel et bien liés par des alliances formelles, l'Alliance franco-russe d'une part, un traité anglo-japonais de 1902 d'autre part; à moins que l'Entente cordiale elle-même ne se refroidisse du fait des alliances contradictoires nouées par Paris et Londres en extrême-Asie. Une incertitude grandissante au sein de la Triplice: «L'Italie va se sentir encore plus fortement attirée par l'entente franco-anglaise; elle l'était déjà par chacune de ces deux puissances en particulier.»

Le 6 juin, le commentaire lucide laisse place, chez le Kaiser, à une colère violente. Pourquoi une «semblable coalition», à quelques jours de la réception solennelle du roi à Kiel et sans que l'Angleterre ait donné « le moindre motif » à la signature des accords ? Un changement d'humeur suscité, paradoxalement, par l'ambassadeur anglais à Berlin : après douze ans de présence dans la capitale allemande et de rapports très cordiaux avec Guillaume, Sir Frank Lascelles a si bien assimilé la vision internationale de l'Allemagne que celle de son pays lui est devenue étrangère. Il s'est confié au Kaiser : « Il m'a parlé spontanément de l'attitude incompréhensible de son gouvernement ; il m'a dit ne rien comprendre et n'avoir reçu aucun éclaircissement ; il a déjà expédié à Londres un télégramme aussi raide que possible, rédigé dans les termes les plus vifs... »

Comment réagir ? « Si l'Angleterre a vraiment l'intention de se servir de la France contre nous, comme elle se sert du Japon contre la Russie, nous serons à la hauteur de notre tâche. » L'apaisement qui caractérise les journées de Kiel n'est qu'apparent : au-delà des effusions et congratulations, le Kaiser a bel et bien voulu faire la preuve de la puissance navale de l'Allemagne ; et Édouard VII a glissé à son neveu, par l'intermédiaire de Bülow, une mise en garde encore légère mais ferme, qui résume la future politique navale de l'Angleterre – « pour chaque navire neuf allemand, notre amirauté mettra en chantier deux navires anglais ».

DELCASSÉ, UN «METTERNICH DE POCHE»

«Il faut en finir avec les insolences de Delcassé!» Guillaume a découvert sa vraie bête noire : le ministre français des Affaires étrangères, Théophile Delcassé. Il ne le rencontrera jamais, puisqu'il ne fera pas la visite officielle en France à laquelle il rêve ; et Delcassé n'est pas du genre à être invité aux régates de Kiel, même s'il s'est discrètement rendu, en voyage privé, en Allemagne du Nord, en 1898, pour visiter ports et arsenaux – à son retour, il a incité le gouvernement à élaborer une nouvelle politique navale pour répondre aux gesticulations du Kaiser!

Guillaume et Delcassé s'affrontent donc à distance, leurs regards concentrés sur le grand échiquier des puissances européennes. Est-ce vraiment un échiquier ? Dans une version contemporaine du *Prince* de Machiavel, un spécialiste de géopolitique, Percy Kemp, a opposé au jeu d'échecs diplomatiques des siècles passés, aux mains de stratèges, ce qui serait, aujourd'hui, un simple jeu de dames, avec des joueurs dépassés par la complexité des événements et condamnés à naviguer à vue. Pourquoi ne pas renverser sa proposition ? Dans la société mondialisée d'aujourd'hui, les acteurs foisonnent et leurs valeurs sont aussi diverses que celles des pièces d'un échiquier, de la superpuissance aux groupes terroristes, alors qu'au tournant des XIXᵉ et XXᵉ siècles, le jeu est plus simple : les États-acteurs sont peu nombreux – une dizaine sont jugés dignes d'une ambassade, une vingtaine d'une légation – et de puissance presque égale, même si on considère le cercle des six ou sept «Grands», et donc comparables aux pions d'un damier.

Théophile Delcassé : le nom fleure le terroir, la France profonde. Des racines dans l'extrême sud pyrénéen, dans ce département de l'Ariège, enserré dans ses hautes montagnes et dominé par les ruines de Monségur, qui semble avoir imprimé au ministre, comme à ses ancêtres paysans, obstination, austérité et un farouche sens de l'indépendance. Un acteur à contre-emploi dans le grand théâtre que fut le Palais-Bourbon sous la IIIᵉ République : son style est net, simple, rapide, son argumentation claire, logique, dirigée droit au but, son éloquence sobre, vigoureuse, jamais grandiloquente, même dans ses élans patriotiques – une allure fort éloignée des «jeux de tribune» des monstres sacrés de l'époque. Une personnalité unidimensionnelle, consacrée à la politique et seulement à la politique, sans intérêt littéraire, artistique, scientifique ou autre. Un goût du secret, un mutisme opiniâtre, si rare dans un régime parlementaire très ouvert, de très large communication – qui lui permet d'appliquer une diplomatie secrète à la mode du XIXᵉ siècle, dont seules les lignes de force apparaissent aux autres membres du gouvernement, alors que les négociations en cours sont recouvertes d'un silence opaque. Une souffrance cachée : sa petite taille et son profil, qui ne semble pas celui d'un homme d'État... Jaurès, sans indulgence, le qualifie de gnome, de nain ; Clemenceau le voit en «professeur de lycée de province» ; «Metternich de poche» est le plus doux des sobriquets dont on l'affuble.

Delcassé se penche sur le damier européen, face à Guillaume, à partir de sa nomination aux Affaires étrangères en 1898 : il restera sept ans au Quai d'Orsay.

Pour son coup d'ouverture, il avance le pion russe. Son premier impératif est la revitalisation de l'Alliance franco-russe, le resserrement des liens entre alliés. Cette alliance, son prédécesseur, Hanotaux, la considérait sans enthousiasme : en plein Conseil des ministres, il désignait son homologue russe, Mouraviev, comme «le tricheur», «le traître». Longtemps, la différence des régimes politiques avait pesé sur les rapports franco-russes : Alexandre III éprouvait «mépris» et «dégoût» pour la République et son ministre Giers précisait qu'une alliance «ferait horreur au tsar». Les premiers accords négociés, un échange de lettres du 27 août 1891, avaient fait apparaître les premières divergences : Ribot, alors aux Affaires étrangères, fixait son regard sur l'ennemi principal, l'Allemagne ; Giers voulait étendre l'accord aux conflits survenus hors d'Europe, il visait la politique anglaise en Asie et non plus seulement la Triplice. La convention militaire secrète, signée un an plus tard, le 17 août 1892, avait présenté l'avantage de consacrer un nouvel engagement franco-russe à travers un véritable traité d'alliance ; mais elle énonçait de nouvelles contradictions, dans l'hypothèse d'une menace autrichienne : à l'article premier, la mobilisation de l'Autriche seule n'entraînait pas le déclenchement du mécanisme de l'assistance réciproque, par contre, à l'article 2, elle obligeait les Alliés à mobiliser. D'un premier voyage à Saint-Pétersbourg, Delcassé ramène un nouveau traité, signé le 9 août 1899 et plus conforme aux souhaits originaires de la France : l'allusion au « maintien de l'équilibre des forces européennes » signifie l'exclusion des conflits hors d'Europe mais aussi un élargissement du cadre de l'alliance « européenne », par exemple aux aspirations russes dans les Balkans ou à la prise en considération de la question d'Alsace-Lorraine... Guillaume peut toujours contre-attaquer, en jouant sur le registre familial et mondain pour troubler l'alliance : Guillaume invite Nicolas II à assister aux manœuvres navales allemandes qui doivent se dérouler à Dantzig en juin 1901 ! Émotion à Paris. Delcassé télégraphie à Saint-Pétersbourg : « Il existe un seul moyen d'atténuer l'effet de cet incident sur notre opinion publique : la présence du tsar, au côté du président de la République, à des manœuvres françaises. » Cette fois, le Kaiser est tenu en échec : le tsar prolonge son séjour en France, en septembre, de Dunkerque à Compiègne et à Reims et suscite l'enthousiasme populaire. Son programme éclipse la courte visite protocolaire à Dantzig, où les foules furent tenues à l'écart.

En milieu de partie, Delcassé pousse le pion italien. Va-t-il retourner l'Italie, l'alliée méditerranéenne des puissances centrales, le troisième pilier de la Triplice, l'intercesseur qui a permis l'ouverture d'un dialogue, même ténu, entre la Triplice et l'Angleterre ? « Je sens que Delcassé est en train de me débaucher l'Italie ! Cela, je ne le tolérerai pas ! » s'émeut Guillaume. La tentative de débauchage a commencé dès l'entrée de Delcassé au Quai d'Orsay, menée par deux de ses conseillers, Camille Barrère et Paul Cambon. « L'Allemagne ne pourrait être vaincue qu'en détachant l'Italie de son alliance... Il est impossible à la France de subsister avec une double menace, sur les Vosges et sur les Alpes. La brouille avec l'Italie nous met une épée dans le dos, le jour du duel avec l'Allemagne. » De fait, Delcassé a toujours considéré que la querelle franco-italienne était une brouille artificielle entre « deux sœurs latines », née des erreurs et des maladresses du Second Empire. Il serait facile de mettre fin aux méfiances du royaume d'Italie : la France avait fait plus qu'aucune autre nation européenne pour l'unité italienne... même si l'Italie avait payé cette aide au prix fort par l'abandon de Nice et de la Savoie. Certes Napoléon III, l'esprit figé sur la question romaine, s'était érigé en champion de la cause pontificale, en garant de l'intégrité des territoires du pape. Puis la République avait compliqué les relations franco-italiennes en imposant son protectorat sur la Tunisie : la compétition pour la prise du pouvoir dans la « Régence » de Tunis avait entraîné de vives déceptions à Rome et finalement arrimé l'Italie aux puissances centrales. La position de l'Italie au sein de la Triplice n'en était pas moins incertaine : les « irrédentistes » s'opposaient à l'Autriche-Hongrie qui maintenait son joug sur le Trentin, le Tyrol et Trieste. Delcassé va donc développer, avec le concours de son ambassadeur à Rome, Barrère, une diplomatie pragmatique, une diplomatie « des petits pas », afin de déminer progressivement le terrain des rapports franco-italiens, à partir d'accords sur des dossiers concrets. Hanotaux a déjà obtenu, par la convention du 28 septembre 1896, la reconnaissance du protectorat par l'Italie contre le maintien des privilèges des Italiens de Tunisie, majoritaires parmi les communautés européennes « expatriées » : la Tunisie devient une sorte de colonie italienne administrée par la France. Suivent l'accord commercial du 21 novembre 1898, par lequel les deux parties atténuent la rigueur de leurs politiques protectionnistes, l'esquisse d'un « troc » Tripolitaine contre Maroc, par un échange de lettres des 14 et 16 décembre 1900, et surtout l'accord franco-italien du 30 juin 1902, conclu deux jours après le renouvellement de la Triplice par l'Italie et qui est en totale contradiction, dans son esprit, avec la Triplice : les deux gouvernements se promettent la neutralité au cas où l'un des deux États « serait l'objet d'une agression directe ou indirecte de la part d'une ou de plusieurs puissances… ou serait réduit à prendre l'initiative d'une déclaration de guerre, par suite d'une provocation directe ». L'ambiguïté subsiste sur les faits pouvant être invoqués comme constituant une provocation, mais si la Triple Alliance subsiste, elle est vidée de sa substance au plan des rapports franco-italiens.

Ce n'est pas le coup final, mais le plus important : Delcassé avance le pion britannique – ou, plutôt, finit par se laisser convaincre de l'avancer. Car le souvenir de Fachoda, cette humiliation diplomatique et militaire liée à l'insoutenable légèreté des gouvernements français successifs – dans laquelle Delcassé a sa part de responsabilité – embrume encore l'esprit du ministre. Pourtant l'Angleterre a lancé le mouvement : tout annonce à Londres une nouvelle orientation diplomatique, à commencer par la francophilie affichée d'Édouard VII. Fin du splendide isolement britannique, réalignement général des alliances en Europe ? Delcassé hésite alors que ses amis du « parti colonial » ont déjà choisi. Il se rallie avec retard à l'idée d'un « troc » Maroc-Égypte, puis il freine les conversations entre l'ambassadeur Paul Cambon et le secrétaire au Foreign Office, Lord Lansdowne. Les multiples signaux lancés par Édouard VII, à travers une mise en œuvre particulièrement active de ses prérogatives de monarque constitutionnel, emportent les ultimes réticences ; la première visite officielle du roi à Paris, les

1er-3 mai 1903, commence dans la froideur populaire et s'achève sous les acclamations. Les accords de 1904 ne comportent aucun engagement de politique générale; ils se limitent à la liquidation du passé – comme l'a confié Édouard VII à Bülow, dans son aparté sur le yacht du Kaiser... Mais ils ouvrent une nouvelle ère pour les rapports franco-britanniques.

Le réseau tissé par Delcassé a répondu au système élaboré par Bismarck. Une question majeure se pose, rétroactivement: les deux rôles que s'assignait Bismarck, ceux d'arbitre du Concert européen et d'architecte d'un réseau d'alliances autour de l'Allemagne, étaient-ils compatibles? On peut, certes, soutenir que les alliances contractées par Bismarck constituaient un ensemble d'engagements juridiques à même de structurer le Concert européen et de faciliter la mise en œuvre de ses mécanismes d'équilibre. Dans la réalité, deux systèmes d'alliances se font face, désormais, à dix années de la crise de 1914. Le souci de préserver les mécanismes du «Concert» s'efface derrière l'élan des deux coalitions, la double volonté des alliés antagonistes de transformer le rapport des forces à leur avantage. La double recherche de l'hégémonie introduit une certaine hétérogénéité entre les États-acteurs; le concert des puissances cède le pas à un système européen bipolaire. «Compromis précaire» (Raymond Aron), le concert des puissances court toujours le risque de régresser vers l'état de nature si les rivalités s'exacerbent au détriment de la diplomatie policée. Il est vrai qu'il peut aussi progresser vers un ordre juridique international – on l'a vu – si la conscience d'une communauté de culture devient dominante.

QUAND GUILLAUME EXHORTE LE TSAR
À COMBATTRE LE JAPON

Le 9 février 1904, les Japonais attaquent par surprise, et sans déclaration de guerre, l'escadre russe de Port-Arthur. C'est un Pearl Harbor, trente-sept ans avant Pearl Harbor : seize navires étaient mouillés sur la rade extérieure, sans protection ; en quelques minutes, trois cuirassés sont coulés ; au même moment, deux croiseurs sont détruits par un tir de torpilles devant Tchémoulpo, sur la côte occidentale de Corée.

En un sens, les souhaits du Kaiser sont réalisés : la Russie est entraînée dans un conflit armé avec le Japon. Depuis sa visite à Peterhof, en août 1897, Guillaume ne cessait de harceler Nicolas : «Dieu t'a visiblement prédestiné à faire triompher la loi du Christ en Extrême-Orient ; la Corée et la Mandchourie doivent t'appartenir ! Ton grand combat contre le Japon scellera la lutte finale entre la religion chrétienne et le bouddhisme. Tu es assuré de vaincre puisque Notre Seigneur Jésus-Christ est pour toi.» En 1895, il avait même adressé au tsar un tableau, qu'il avait esquissé de sa main avant de le faire reprendre par un peintre de la cour, Knackfuss – un tableau-programme politique, avec cette légende : *Peuples d'Europe, protégez vos biens les plus sacrés !* La Russie et l'Allemagne montent la garde sur la mer Jaune afin de propager l'Évangile : face à elles, Bouddha trône sur le sang et le feu. «J'ai dessiné cette esquisse pendant la semaine de la Nativité, à la lueur des bougies de l'arbre de Noël.»

En août 1902, les deux empereurs s'étaient retrouvés dans les eaux de Reval, et s'étaient attribué, au milieu des effusions, les titres humoristiques d'amiral du Pacifique pour Nicolas et de l'Atlantique pour le Kaiser. Tout était parti d'un jeu de mots approximatif de Guillaume sur le penchant de la Russie pour les manifestes et conférences sur la paix et le désarmement : Nicolas était un homme de paix, mais il devait aussi établir sa domination sur l'océan

Pacifique. Mais la presse anglaise avait interprété la rencontre de Reval comme une nouvelle tentative de partage du monde, ou simplement des océans, à la manière de Napoléon et Alexandre Ier : Reval était devenu un nouveau Tilsit !

Pourquoi ces incitations et exhortations pleuvent-elles sur Nicolas II ? Le premier calcul, le plus immédiat, est évident : il s'agit, pour le Kaiser, d'occuper la Russie en Asie, d'alléger ainsi la frontière orientale de l'Allemagne, voire de rendre inopérante l'Alliance franco-russe en Europe. Après le début des hostilités russo-japonaises, Bülow interroge le chef d'état-major, Schlieffen : dans l'hypothèse d'une nouvelle guerre franco-allemande, les Russes pourraient-ils intervenir efficacement au secours de leur alliée, la France, à travers la Pologne ? La réponse est négative : le conflit en Mandchourie paralyse les armées russes en Europe ; et des officiers de l'entourage de Schlieffen d'imaginer une nouvelle marche sur Paris. Une hypothèse à laquelle le Kaiser semble près de se rallier, dans un discours menaçant, à Mayence, le 1er mai – en fait, un discours à usage interne, à l'intention du corps des officiers qu'exacerbe la préférence donnée à la marine... Mais la vision de Guillaume ne doit pas être limitée à ce calcul immédiat : un éternel croisé survit en lui, avec un côté chevaleresque ; il veut réellement aider Nicolas à porter la croix en Asie et ses conseillers peinent à maintenir la neutralité de l'Allemagne. Le Kaiser décide de fournir du charbon à la Russie à partir de Kiao-Tchéou et les protestations du Japon le mettent en fureur ; il commente le conflit d'Asie dans un projet de circulaire à l'intention des ambassades allemandes : « Ce sera la lutte finale entre deux religions, le christianisme et le bouddhisme, entre la culture occidentale et la demi-culture orientale. Pour ce combat, l'Europe entière, "les États-Unis de l'Europe", devra s'unir sous la conduite de l'Allemagne. » Enfin, un but à plus long terme est projeté par Holstein, toujours influent depuis sa cellule de la Wilhelmstrasse : le conflit russo-japonais offre l'occasion de revenir à l'Alliance germano-russe, voire d'entraîner la France dans le sillage de cette alliance. Une Russie vainqueur en Asie sera reconnaissante à l'Allemagne qui l'aura soutenue, aidée ; une Russie vaincue sera affaiblie et contrainte de se rapprocher de l'Allemagne.

Le 3 janvier 1904, un mois avant l'attaque-surprise du Japon, Guillaume redouble de conseils et de projets auprès du tsar : « En Allemagne, tout le monde comprend que la Russie doit avoir un débouché sur la mer et posséder des ports à l'abri des glaces. Tu as le droit de posséder Vladivostok et Port-Arthur, et aussi l'hinterland, l'intérieur des terres, afin que tu puisses construire des voies ferrées.» Mais, quinze jours plus tard, un télégramme de Nicolas exprime l'espoir d'éviter la guerre. Guillaume en conçoit une vive déception, qu'il va exprimer à Bülow, lorsqu'il surgit, sans s'annoncer, au palais de la Chancellerie.

— Je pensais que mes dernières lettres au tsar, si chaleureuses, le décideraient à mettre toutes ses forces en ligne contre le Japon. Or, il est toujours aussi veule! Il paraît ne pas vouloir se battre! Il va abandonner la Mandchourie aux Japonais sans un coup de fusil, sans résistance sérieuse! Nous devons à tout prix agir pour que les événements ne prennent pas cette tournure!

— Sire, si le tsar a l'impression que nous le poussons à en venir aux mains avec le Japon, si nous l'excitons de manière imprudente, alors il s'arrêtera le plus vite possible et il signera une paix précipitée et mal assise.

Le Kaiser reprend un thème qui lui est cher: celui d'une sorte d'internationale des monarques européens. La vision des souverains des principales puissances d'Europe est plus ample et à plus long cours que celle des gouvernants ordinaires, qu'il qualifie tout de même d'«hommes d'État»...

— Vous avez peut-être raison, en tant qu'homme d'État. Mes sentiments sont différents: ce sont ceux d'un souverain. La pusillanimité du tsar est une honte pour tous les monarques, et d'abord pour moi. Tous les souverains légitimes sont compromis dans cette affaire. Pour l'honneur des souverains européens, pour le prestige monarchique, nous devons conduire le tsar à un comportement plus courageux.

— Je ne comprends pas Votre Majesté. Votre devoir est de sauvegarder votre honneur et l'intérêt du peuple prussien et du peuple allemand. Vous n'êtes pas responsable des actes des autres souverains, ni des autres peuples d'Europe. Ni l'empereur Guillaume Ier, ni le Grand Frédéric ne se sont mis martel en tête pour autrui. Ils n'ont jamais tenté de ramener Napoléon III ou Louis XV à une plus haute conception de leur tâche souveraine.

Guillaume enrage. Il se sent incompris de son chancelier, qu'il tient à convaincre:

— Mais les temps ont changé! Il n'y avait ni socialistes, ni nihilistes sous le Grand Frédéric ou Guillaume Ier! L'attitude pitoyable du tsar fait tort au principe monarchique, car tous ces opposants guettent les fautes des princes... Le tsar devrait se réveiller, aller à Moscou, appeler la Sainte Russie aux armes, marcher avec la croix, mobiliser toute son armée!

Bülow s'obstine:

— Que Votre Majesté laisse le tsar libre de le faire s'il le veut vraiment. Votre insistance peut susciter sa méfiance. Le tsar n'aime probablement pas qu'on lui fasse la leçon. De même que Votre Majesté n'accepte les conseils qu'à contrecœur...

L'allusion arrache un sourire à Guillaume.

— Au point de vue diplomatique classique, vos arguments sont certainement exacts. Mais vous ne voyez pas un immense danger, que je discerne en tant que souverain – mieux que la plupart des diplomates qui ne vivent que dans le présent : le péril jaune, le plus grand danger qui ait jamais menacé la race blanche et toute la chrétienté, toute notre civilisation ! Si les Russes ne réagissent pas, les Japonais seront à Moscou dans vingt ans !

— Votre Majesté sait que je ne partage pas sa vision d'un péril jaune. Et, à supposer que ce péril existe, la Russie, l'Angleterre du fait de l'Inde, les États-Unis, voire la France, présente en Indochine, seraient en première ligne. Laissez jouer ces puissances... Vous considérez les événements à partir d'un verre grossissant. Vous surestimez le péril jaune...

— Il faut que nous montrions le péril jaune au tsar. Le pauvre homme ne le perçoit absolument pas.

— Je vois le risque : le tsar nous demandera de le secourir par les armes. Puis-je être franc ? Votre Majesté a «l'esprit batailleur» mais n'a pas, comme le Grand Frédéric ou Napoléon Ier, «une âme guerrière». Vous ne voulez pas de la guerre. Vous ne l'avez jamais voulue.

— Je garde mon opinion. Notez tout ce que je viens de vous dire et déposez-le dans vos archives, afin que la postérité sache avec quelle perspicacité j'ai jugé le futur péril jaune.

Le Kaiser, de plus en plus sombre et agité, part pour des chasses en Silésie, mais sa dépression est toujours aussi vive. Il multiplie les courriers à l'adresse du tsar. Bülow tente de lui rendre courage :

— Sire, la Prusse a toujours été menacée, crainte, détestée, depuis l'origine de son établissement. Elle a toujours été défendue par l'effort unanime de ses fils. Les envieux et les ennemis ne nous abattront pas davantage si nous restons fidèles à nous-mêmes et à l'esprit de l'histoire de Prusse.

Au lendemain de l'attaque japonaise du 9 février, Guillaume télégraphie au tsar : «L'ouverture des hostilités vient d'avoir, pour ta flotte, des conséquences pénibles, qui m'ont profondément affligé. Pouvais-je ne pas l'être ? Ne suis-je pas un amiral russe, fier de ce titre ? Je comprends la tristesse que tu dois ressentir, après avoir tant fait pour éviter la guerre. Mais ta conscience est calme et pure. Je ne doute pas que ces événements soient voulus par la Providence. C'est une épreuve que Dieu t'envoie pour ta patrie et toi-même...» Le ton a changé: «Notre Seigneur Jésus-Christ», érigé en seigneur de la guerre, devait conduire à la victoire les armées russes; désormais, comme chez les anciens Hébreux, Dieu reste caché et veut envoyer une épreuve à la Russie. Une intention tactique, plus prosaïque, dans la même dépêche: «Puisque tu n'as rien à craindre de moi, n'hésite plus à dégarnir tes forteresses de la Vistule et du Niémen.» D'autres messages suivent, sur des hauteurs mystiques retrouvées: «Le fait que les Japonais soient, pour l'heure, vainqueurs ne prouve pas que Bouddha soit supérieur à Jésus-Christ.»

Dès le 10 février, les troupes russes ont franchi le fleuve Yalou, qui marque la frontière coréenne. Le Japon déclare alors, officiellement, la guerre à la Russie et envahit les plaines mandchoues, s'établit devant Moukden et accule les troupes russes dans leur forteresse de Port-Arthur. Les soldats japonais ont appris, dans leurs manuels d'instruction militaire, que «le devoir a plus de poids qu'une montagne et que la mort est plus légère qu'une plume»; fanatisés, au service de leur empereur, ils laissent 40 000 morts devant Moukden.

Le conflit russo-japonais procure un premier avantage à l'Allemagne: la Russie, affaiblie, accepte de négocier un traité de commerce avec Berlin. Le traité présentera un double intérêt: il prémunira l'Allemagne du danger d'un isolement économique; il pourrait être le prélude de cette alliance russe, maintenant si vivement souhaitée par le Kaiser.

Le chancelier Bülow est le père du traité: il l'a conçu et n'a pas voulu d'une négociation classique, qui pourrait s'enliser dans les arguties des conseillers-rapporteurs, des technocrates des deux Empires. Il a fait contacter par des voies obliques – le banquier Mendelssohn, à Berlin – l'ancien ministre russe des Finances, Serge de Witte, tombé en semi-disgrâce. Un courrier de Guillaume II au tsar, sur un mode ironique, a permis un accord sur la procédure: «Chassons tout nuage des relations entre la Russie et l'Allemagne en supprimant les tracasseries de douane et concluons une entente économique. Et, pour aller plus rapidement, enfermons deux hommes d'État jusqu'à ce qu'ils parviennent à un accord satisfaisant pour les deux parties: je propose la plus haute autorité financière et politique de Russie, M. de Witte, et le chancelier d'Allemagne. Il n'est pas indispensable de les incarcérer dans une prison: ils pourraient se retrouver à Norderney, où le chancelier passe la saison chaude ; l'air marin sera salutaire à de Witte.» Nicolas II a facilement donné son consentement...

La négociation s'ouvre en juin, à Norderney, cette île de Frise-Orientale, station balnéaire sur la mer du Nord – chaque été, Bülow y contemple, depuis les fenêtres de sa résidence, la villa Edda, «la mer allemande aux flots sombres». Serge de Witte descend, par son père, d'une famille d'Allemands de la Baltique, très anciennement enracinée dans l'Empire russe – son établissement est antérieur au règne de Pierre le Grand. Il est né à Tiflis, en Géorgie et a été éduqué à Odessa. Après des études poussées de mathématiques, il est devenu l'un des dirigeants des chemins de fer russes. Remarqué par Alexandre III, il entre au gouvernement, d'abord comme gestionnaire des réseaux ferroviaires puis, très rapidement, comme ministre des Finances. Il a achevé la construction du Transsibérien, créé le rouble-or qui a donné un élan à l'économie russe, et surtout appelé plusieurs centaines d'investisseurs étrangers, surtout français et belges, à collaborer au développement de l'industrie russe. Dans son *Court traité de soviétologie*, Alain Besançon a comparé le «système de Witte» à... celui mis en place, trois quarts de siècle plus tard, par Leonid Brejnev, dans ses accords avec l'Occident : «Ce système consistait à faire subventionner la puissance économique et militaire de la Russie par ses alliés. Ceux-ci consentaient des prêts considérables, qui étaient injectés dans l'économie russe et dont le service était assuré par de nouveaux prêts. Les emprunts russes étaient consentis parce que les alliés tenaient à l'alliance russe et que les prêteurs, voulant rentrer dans leurs fonds, avaient intérêt à maintenir l'économie russe dans un état de solvabilité. Ce qui faisait ainsi marcher la pompe aspirante de l'emprunt russe était le caractère "réversible" que le système de Witte gardait à tout moment.»

Malgré ses origines baltes-allemandes, de Witte se sent plus proche de la France. Mais il veut maintenir la paix avec l'Allemagne car il est un fervent monarchiste et il a la conviction qu'un grand conflit armé germano-russe aboutirait à la chute de la dynastie des Romanov. Il déploie donc tout son talent pour la réussite de la négociation. Les travaux prennent forme le matin, naturellement dominés par le ministre russe, un personnage massif, puissant, aux traits relativement grossiers. De Witte dîne tous les soirs chez Bülow et dépasse les «commérages et chamailleries» entre fonctionnaires des finances en avançant des solutions toujours pratiques. Un délégué allemand lui oppose-t-il, un jour, que le Reichstag pourrait exiger, sur tel point, que le gouvernement de Berlin tienne bon ? Il rugit : «Par une simple dépêche, je puis, moi, obtenir un oukase impérial augmentant nos exigences de quatre cents pour cent. Laissons là ces enfantillages.»

Dans ses conversations avec Bülow, de Witte explique sa situation gouvernementale ambiguë : il accuse la tsarine d'avoir monté Nicolas contre lui ; elle aurait répandu la rumeur selon laquelle le tsar n'était qu'une marionnette entre les mains de son ministre. De Witte a donc été renvoyé du ministère des Finances pour être nommé à la présidence du Conseil des ministres... Une fonction alors purement honorifique. De Witte devient violent lorsqu'il décrit la scène :

— J'ai fait mon rapport habituel. Le tsar, embarrassé, a fixé son bureau puis m'a dit, d'une voix basse, que ma santé le préoccupait et qu'il voulait m'éviter tout surmenage ! J'ai perdu patience devant une telle hypocrisie. J'ai lancé au tsar : «Pourquoi jouez-vous cette comédie avec moi ? Pourquoi voulez-vous me cantonner dans cette présidence du Conseil des ministres dont chacun sait qu'elle n'est, en Russie, qu'une sinécure ? Envoyez-moi plutôt au Caucase ou en Sibérie !»

Un silence. Le ton de De Witte est soudain plus doux.

— Mais quel homme, notre tsar ! De quels tendres sentiments est-il capable ! Le soir même, il m'a fait porter une grosse enveloppe qui contenait 400 000 roubles ! Je suis très fier d'avoir reçu une telle indemnité !

Le 12 août 1904, malgré les informations catastrophiques en provenance d'Asie, un sursaut d'allégresse soulève le peuple russe dans ses profondeurs : la tsarine Alexandra Fedorovna, déjà mère de quatre filles, met au monde le fils tant désiré, après nombre de prières et de pénitences, sans oublier le recours à divers rites d'occultisme... Le tsarévitch est nommé, dès le jour de sa naissance, chef d'un régiment finlandais de la Garde, d'un régiment de chasseurs de la Sibérie orientale, de deux autres régiments de la Garde et de quatre régiments de ligne, hetman de tous les régiments cosaques. La tsarine n'est pas oubliée : elle devient colonelle d'un régiment de dragons.

Nicolas II offre à Guillaume, son cher «Willy», d'être le parrain du nouveau-né – la même proposition étant faite à Édouard VII, dans un souci d'équilibre diplomatique. Guillaume est enthousiaste. Il se fera représenter au baptême par son frère Henri. Il remercie le tsar, avec des accents très chaleureux – c'est un autre Guillaume qui apparaît ici, très humain, très intime, évoquant, pour une fois, la place des femmes dans une vie d'homme, et surtout la part à faire à l'alcool, à travers une collection d'adages – «Un bon verre d'eau-de-vie, vers minuit, ne fait jamais de mal», «C'est dans le vin qu'est la vérité» –, un autre Guillaume à cent lieues du surmoi impérial et des allocutions guerrières : «Tu ne peux t'imaginer notre joie lorsque nous avons lu ton télégramme. Ce qui se fait beaucoup attendre est toujours bon, dit un vieil adage germanique. Qu'il en soit ainsi pour ton petit bonhomme ! Qu'il devienne un brave soldat et un homme d'État sage et puissant. Que la bénédiction divine le suive éternellement et le protège. Qu'il soit toujours, pour vous deux, un rayon de soleil comme il l'a été aujourd'hui, à cette heure d'épreuves. J'inclus pour mon petit filleul une coupe dont il usera, j'espère, quand il comprendra que la soif d'un homme ne peut être uniquement étanchée par le lait ! Je citerai la phrase de notre grand réformateur, Martin Luther : "Qui n'aime pas le vin, la femme et la chanson, restera sot toute sa vie" – tels sont les principes selon lesquels je souhaite que mon filleul soit éduqué.»

«Le puissant Empire russe doit réagir !», telle est la conviction de Guillaume dont les courriers au tsar s'accélèrent, se répandent en suggestions toujours plus impératives, et alternent avec des imprécations contre les Japonais. Parmi les conseils désordonnés que délivre l'empereur allemand : l'envoi de l'escadre russe de Sébastopol sur le front extrême-oriental, le refus catégorique d'une médiation franco-britannique, l'esquisse d'une menace contre les Anglais aux confins de l'Inde…

Ouvrir un contre-feu en menaçant les Anglais en Asie ? «J'apprends, par une voie secrète et sûre, que les Anglais préparent une expédition au Tibet et en Afghanistan… La seule chose qu'ils redoutent est une attaque des Russes contre les Indes par le Turkestan.» Le problème est que les Russes rassemblent tous leurs effectifs disponibles contre le Japon… Guillaume croit avoir trouvé la solution : une simple démonstration militaire sur la frontière afghano-persane, car «les Anglais considèrent comme impossible une apparition de tes troupes tant que durera cette guerre». Au demeurant, même si Nicolas n'a plus assez de soldats pour attaquer l'Inde, il peut toujours, selon le Kaiser, envahir la Perse «qui n'a pas d'armée». «À Londres, les têtes chaudes se calmeront vite. La perte de l'Empire indien serait un coup mortel pour la Grande-Bretagne.» Le vieux rêve d'Alexandre Iᵉʳ associé à Napoléon, ressuscité à l'usage d'un nouveau tsar dont les armées se perdent en Mandchourie…

Refuser une médiation franco-britannique ? Nicolas répond catégoriquement : «Je n'accepterai aucune médiation. Tu peux être sûr que la Russie poursuivra cette guerre jusqu'au bout, jusqu'au jour où le dernier Japonais sera chassé de Mandchourie. Alors, mais alors seulement, on pourra parler de paix, et je n'admettrai qu'une négociation directe entre les deux belligérants.» Guillaume a-t-il voulu lancer un leurre, tester la détermination de Nicolas? Le fait est qu'aucune médiation n'a jamais été envisagée par Paris et Londres.

Envoyer l'escadre de Sébastopol au secours de Port-Arthur? Mais comment la faire sortir de la mer Noire puisque le passage des Détroits est interdit aux navires de guerre? Il faudra passer en force et par surprise, mettre les Ottomans et les Anglais devant le fait accompli: Guillaume rédige un plan très précis de mobilisation de la flotte russe de la mer Noire qu'il soumet à Nicolas.

Finalement, c'est l'escadre de la Baltique, rebaptisée IIᵉ escadre du Pacifique, qui appareille, le 15 octobre 1904, de Libau, en Lettonie, pour un tour du monde vers l'Extrême-Orient. Mais, à peine a-t-elle franchi le Sund et le Kattegat et doublé le cap Skagen, elle rencontre, dans la nuit du 21 au 22 octobre, sur le Dogger-Bank, un groupe de chalutiers anglais sur lesquels elle ouvre le feu – un officier de quart à l'esprit légèrement brouillé ayant pris des embarcations de pêcheurs de Hull, portant leurs feux réglementaires, pour des torpilleurs japonais. Stupéfaction et indignation dominent en Angleterre: comment une telle méprise a-t-elle été possible? Et pourquoi l'escadre russe a-t-elle poursuivi sa route sans secourir les pêcheurs en détresse? À Paris, le pessimisme règne au Quai d'Orsay: le grand dessein du chef de la diplomatie française, Théophile Delcassé, la jonction de l'alliance russe et de la quasi-alliance anglaise, est sur le point de s'effondrer – la guerre peut éclater à tout moment, la flotte britannique se concentre dans la Manche, à Malte, à Gibraltar, l'escadre russe va être bloquée dans la baie de Vigo.

C'est le moment du destin, pour Guillaume. Il télégraphie au tsar: «Si tu as la guerre avec les Anglais, je mettrai ma flotte à ta disposition et je forcerai la France à marcher avec nous.» Il l'exhorte à prendre l'initiative d'une «coalition des trois principales puissances du continent, l'Allemagne, la France et la Russie, à même de résister à la connivence anglo-japonaise». C'est le lancinant projet d'une alliance germano-russe qui resurgit, avec la participation espérée ou contrainte de la France. Nicolas est intéressé par la proposition allemande: «Pourriez-vous m'adresser les grandes lignes d'un tel traité? Dès que nous les aurons acceptées, la France ne pourra que se joindre à son alliée, la Russie...» Le texte d'un projet de traité, rédigé par Holstein, est immédiatement câblé. Guillaume et Bülow mettent une condition au succès de leur offensive diplomatique: la France ne doit pas être informée avant la conclusion du traité par l'Allemagne et la Russie. Le ralliement de la France sera sollicité dans un second temps.

Mais Delcassé, qui fait montre d'un grand activisme en ces heures décisives, reprend la main : l'incident du Dogger Bank sera soumis à un arbitrage international – une commission internationale d'enquête, composée de marins anglais, russes, français et nord-américains, siégera à Paris ; et le projet allemand de coalition continentale sera soumis à l'approbation préalable de l'allié français, une approbation que le ministre français a, par avance, refusée. Guillaume II reconnaît sa défaite, dans un courrier du 26 décembre à Bülow : «Le tsar repousse nettement toute idée d'entente dont la France n'aura pas été avertie préalablement. Bref, résultat complètement négatif pour nous après deux mois d'efforts loyaux et de négociations. C'est le premier échec que j'aie subi personnellement... Delcassé est fichtrement habile et rudement fort.» Et le Kaiser de se lamenter sur la disparition de la souveraineté russe et sur la faiblesse du tsar qui accepte de soumettre au jugement d'étrangers la conduite de ses propres officiers et qui donne barre à la France sur sa propre politique étrangère...

Il ne reste plus qu'une arme au Kaiser pour déconsidérer les nouveaux partenaires de l'Entente cordiale, la France et l'Angleterre, aux yeux du tsar : rappeler l'aide que l'Angleterre a procurée au Japon et démontrer que la France, circonvenue par Édouard VII, a manqué à ses devoirs d'alliée. Sans quoi la Russie aurait, depuis longtemps, châtié l'arrogance de «l'odieux petit Japon».

De fait, le soutien de l'Angleterre s'est révélé décisif. Le 30 janvier 1902, la diplomatie britannique a fait exception à son «splendide isolement» pour se rapprocher spectaculairement du Japon – par un traité d'alliance ambigu, signé par le secrétaire au Foreign Office, Lord Landsdowne, et l'ambassadeur japonais à Londres, Tadasu Hayashi. Il s'agit, d'une part, d'un pacte de non-agression entre les deux parties, d'autre part d'un engagement d'assistance pour le cas où l'un des deux contractants serait agressé par... deux États. L'Europe est surprise : ce traité à demi défensif est conclu sur un pied d'égalité avec une nation asiatique ! Il fait scandale dans les chancelleries, comme jadis l'alliance de François Ier avec Soliman le Magnifique... L'alliance anglaise va dissuader les Européens de toute participation au conflit au côté de la Russie ; et elle va permettre le recours à la place financière de Londres pour le financement de l'effort de guerre nippon. Le président de la Banque nationale du Japon, Takahashi Korekiyo, réussira à négocier quatre grands crédits sans lesquels la guerre du Japon aurait été improbable.

Côté français, l'aide à la Russie est entravée par le lien noué avec la Grande-Bretagne. Les déchirements de Delcassé en sont la preuve :

lorsque l'ambassadeur russe à Paris, Nélidov, sollicite l'assistance de la France pour le parcours de la IIe escadre du Pacifique autour du monde, il n'obtient qu'un concours «occulte, officieux, clandestin», et lorsque la marine russe hésite entre les divers itinéraires possibles pour son escadre de secours vers l'Extrême-Orient, Delcassé préconise le passage par le Cap Horn, la Terre de Feu, les Falkland – un trajet extraordinaire et irréaliste, beaucoup plus long que les autres itinéraires, plus proche des odyssées des explorateurs des XVIIIe et XIXe siècles que de la guerre navale, mais dont le seul avantage serait de réduire au minimum l'implication de la France. Les préoccupations de la France et celles de l'allié russe ne coïncident plus – ce qu'exprime Guillaume dans un langage de caserne, dans un nouveau courrier à Nicolas: «Marianne aurait dû se rappeler qu'elle est ta femme. Son devoir est de coucher avec toi, dans ton lit, sauf à m'accorder de temps en temps, à moi, une caresse ou un baiser. Mais elle n'avait pas le droit d'aller se glisser dans le lit de l'éternel intrigant, du venimeux fourbe, Édouard VII.»

BJÖRKÖ OU LA FAUSSE RENCONTRE

En Extrême-Asie, la litanie des défaites russes face au Japon se prolonge. Le 2 janvier 1905, Port-Arthur, cette grande place d'armes «où brille la Croix du Sauveur», capitule. L'escadre de l'amiral Rojdestvensky va-t-elle pousser plus avant son long périple autour du monde? Elle devait dégager Port-Arthur. Sa mission semble, désormais, sans objet. Mais Nicolas II est déterminé à poursuivre la guerre. Dans un ordre du jour aux armées de terre et de mer, il proclame: «Je suis convaincu, comme toute la Russie, que l'heure du triomphe viendra.»

Nouveau désastre, terrestre cette fois: les Japonais entrent à Moukden, après un siège de quinze jours qui a mis aux prises 700 000 hommes; l'armée du général Kouropatkine se retire dans le désordre. À Berlin, Guillaume est bouleversé par cette «défaite de la civilisation chrétienne»; en même temps, il partage l'espoir subreptice de la presse allemande: c'est peut-être le glas de l'Alliance franco-russe.

Le 17 mars, l'escadre russe appareille depuis la baie de Passandawa, sur le canal du Mozambique, où elle s'était abritée. Les quarante-huit navires russes sillonnent l'océan Indien vers les mers de Chine. Ils doublent la pointe de Singapour et vont mouiller sur les côtes de l'Annam. À Paris, Delcassé est furieux:

— Pourquoi vont-ils encore relâcher sur des côtes qui relèvent de notre souveraineté?

— Parce que c'est le dernier refuge possible avant d'entrer dans la zone des opérations militaires.

— Mais nous violons de manière flagrante le droit international! Nous avons déjà accueilli la flotte russe dans des eaux françaises au Gabon puis à Madagascar... mais elle était encore loin du théâtre des opérations. Pour l'Annam, nous n'avons plus d'excuse. Nous pourrions être considérés comme cobelligérants et subir nous aussi une attaque-surprise du Japon. Que faire? Interdire l'accès de nos rades à l'amiral Rojdestvensky? Ce serait l'envoyer au désastre et susciter les reproches du peuple russe!

Delcassé a, finalement, imaginé un subterfuge:

— Nous allons jouer l'ignorance. Nous ignorons tout du parcours de l'escadre russe, nous ne sommes au courant de rien! Si un télégramme officiel de nos autorités locales nous apprend la présence de navires russes dans nos eaux, nous enjoignons aux marins du tsar de reprendre la mer après le délai régulier de vingt-quatre heures. Avec un peu de chance, l'envoi de la sommation prendra une semaine et les Russes auront eu le temps de se ravitailler. Pour l'Annam, qu'ils aillent à Camranh où nous n'avons pas de fonctionnaire français. Cela tomberait bien... De Saïgon, le ministère de la Marine enverra un croiseur qui demandera, avec ménagements, à l'amiral Rojdestvensky de bien vouloir déguerpir dans les vingt-quatre heures. Le croiseur rentrera à Saigon sans se préoccuper de l'itinéraire futur de l'escadre puis retournera sur les lieux à chaque mouillage dans une baie de l'Annam. Tout cela prendra beaucoup de temps.

Mais ces manœuvres dilatoires ne sont guère appréciées des belligérants. Au Japon, l'opinion publique est soulevée de fureur contre le «double jeu» de la France. À Saint-Pétersbourg, la presse ne cesse de poser la question: «La France est-elle encore notre alliée? Nous n'avons que faire de ses paroles douceâtres et de ses soi-disant conseils.» Le *Novoïé-Vrémia*, le journal russe de référence, envisage même un renversement d'alliances: «N'est-il pas possible de songer à une autre alliance que celle de la France? N'y aurait-il pas un Napoléon d'une autre nation continentale dans la tête de qui germerait cette pensée?» Acrobatie journalistique: l'allusion à la première alliance franco-russe, celle de Tilsit, permet de lancer un appel à la dénonciation de la nouvelle alliance, celle de la IIIᵉ République et de l'Empire des tsars!

En janvier 1905, le «front intérieur» russe s'est brusquement effondré. Jusque-là, la contestation était le fait des étudiants, de l'intelligentsia et de la petite noblesse des assemblées locales, les *zemtsovs*. La majorité paysanne de la population et la classe ouvrière naissante n'avaient pas rompu leur allégeance au tsar. Une atmosphère de crise était, cependant, perceptible: le Congrès des *zemstovs*, réuni à Saint-Pétersbourg du 6 au 9 novembre 1904, avait pu être comparé aux États généraux de 1789 en France; et le refus par le tsar de l'introduction du principe électif au sein du Conseil d'État, préconisée par le ministre de l'Intérieur Mirski, avait provoqué une «campagne de banquets», inspirée de celle de 1848 en France, dominée par la revendication d'une constitution.

Le 22 janvier, le syndicat ouvrier créé par le pope Gapone – un disciple de Tolstoï, soucieux du bien-être principalement spirituel de ses ouailles, un jeune prêtre ardent, ancien aumônier des prisons, aveuglément suivi par le petit peuple de Saint-Pétersbourg, une personnalité charismatique qui jouit du soutien discret du gouvernement, lequel entend développer son propre réseau de syndicats – organise une manifestation afin de porter une pétition au tsar. Depuis la veille, 140 000 ouvriers sont en grève dans la capitale russe : le conflit est né aux usines d'armement Poutilov puis s'est rapidement étendu. Six colonnes surgissent des différents points de la ville, telles des processions religieuses, avec icônes et hymnes – de fait, il s'agit d'une procession solennelle de 20 000 ouvriers porteurs d'une humble supplique : «Nous venons vers vous, Notre père, vous demander justice et protection. Nous sommes arrivés à la limite de l'endurance humaine... Votre nom sera gravé à jamais dans nos cœurs.» À l'approche du Palais d'Hiver, lorsque le flot populaire fait irruption depuis la Perspective Nevski, la police donne l'ordre de la dispersion. Gapone élève un crucifix et tente de parlementer. Dans la confusion, la troupe tire à bout portant sur le cortège – on parle de 4 600 morts et blessés. L'émeute embrase tout Saint-Pétersbourg puis toute la Russie, de Riga à Odessa où, à la mi-juin, les ouvriers sont rejoints par les mutins du cuirassé *Potemkine*. L'agitation est proche de la guerre civile, face à un tsar sans armée : un million de soldats combattent en Asie.

Un débat agite la Russie : Nicolas II n'a-t-il pas perdu la confiance de son peuple ? Il lui suffisait d'accueillir les manifestants, de délivrer quelques phrases paternelles : il aurait maintenu la vénération qui l'entourait... Le sentiment d'insécurité s'étend : la grande-duchesse Marie, née Mecklembourg-Schwerin, tante du tsar et cousine du Kaiser, écrit à ses relations berlinoises : «On s'est rendu maître de l'émeute par la force militaire, mais le calme n'est pas revenu dans les esprits. Toutes les classes et tous les milieux sont pris d'une sorte de fièvre. Le plus triste est l'absence d'une ligne de conduite venant d'en haut.» Le même diagnostic est exprimé par l'ambassadeur de Russie, Osten-Sacken, lorsqu'il promène son désespoir dans les bureaux de la Wilhelmstrasse : «Un peu d'énergie pourrait nous sauver mais elle n'apparaît nulle part.»

La réaction de Guillaume exclut, par contre, tout trouble de conscience. Il approuve Nicolas... et le félicite : «Je suis heureux que tes soldats se soient montrés fidèles au serment qu'ils t'ont prêté.» Mais, le 17 février, le grand-duc Serge, oncle du tsar et gouverneur de Moscou, le symbole de l'absolutisme orthodoxe, est tué dans l'enceinte du Kremlin par une bombe jetée par un terroriste. En proie à une très profonde émotion – devant ce sacrilège, commis au Kremlin, le sanctuaire le plus vénéré des Romanov – Guillaume en vient à condamner la fusillade du 22 janvier, en laquelle il voit maintenant une immense erreur... «Ces grévistes, la plupart ignorants, égarés mais qui, presque tous, considéraient le tsar comme leur père et le tutoyaient, ces malheureux ne doutaient pas qu'ils pouvaient s'approcher de ton palais et te confier leurs misères... Tu aurais dû recevoir leurs délégués puis te montrer à leur cortège, entouré de tes prêtres et de tes aides de camp.»

Que le Kaiser soit capable de compassion, sa réaction seconde au «Dimanche rouge» de Saint-Pétersbourg le montre. Mais il se comporte aussi en analyste très aigu du pouvoir lorsqu'il délivre, avec une grande franchise, ses conseils de gouvernement au tsar: il brosse le portrait de l'autocrate, du «prince absolu» à la manière de Machiavel, dans une très longue lettre de vingt pages à Nicolas. Les vertus de l'autocrate sont, d'abord, la personnalité et le sens de l'initiative; ses sujets doivent le voir occuper la scène de l'Empire et du monde – sur le modèle qu'offre évidemment le Kaiser, portraitiste-portraituré – alors que le tsar a le tort de se dissimuler derrière ses ministres. «Lorsque tu entreprends une réforme, ton peuple dit: "Cela vient de Witte", "de Mouraviev". On ne te nomme jamais car on ignore tes idées. Et lorsque le Conseil des ministres ou le Sénat publie un manifeste "au nom du tsar", cela reste une abstraction qui ne peut créer de l'émotion ou de l'enthousiasme. Sous un régime autocratique, c'est l'autocrate lui-même qui doit donner le mot d'ordre par des proclamations personnelles. Voilà ce que ton peuple attend de toi!» Surtout, l'autocrate est «personnellement et entièrement responsable de la guerre» qu'il déclenche; il doit donc bannir les guerres «impopulaires». Cette fois, le modèle est le grand-père Hohenzollern, Guillaume Ier: «A trois reprises, il dut se résoudre à la guerre... dont il se considérait comme l'unique responsable. Mais sa conscience était pure et légère car tout son peuple le soutenait avec enthousiasme... Autre chose est la responsabilité d'une guerre impopulaire. Quand la flamme du patriotisme ne s'est pas allumée, quand la nation répugne à la guerre et n'y met pas son âme, quand elle envoie ses fils au front uniquement parce que le tsar l'ordonne, la responsabilité du souverain est écrasante... Mes paroles doivent te surprendre et je t'entends protester. Je t'affirme que la guerre est extrêmement impopulaire dans toutes les classes de la société russe, y compris les officiers.»

Alors, que faire? Guillaume donne encore plus de couleur à son épître en mariant des conseils politiques très précis, très ajustés au pouvoir autocratique, à une extraordinaire vision théâtrale : «Jadis, tes aïeux, avant de partir pour une guerre, se rendaient à Moscou, priaient dans les vieilles églises, réunissaient la noblesse dans les palais du Kremlin et le peuple dans les cours. Là, s'entourant de l'appareil le plus majestueux, ils proclamaient que la guerre était devenue inévitable et ils conviaient leurs fidèles sujets à les suivre sur les champs de bataille.» La franchise est totale lorsque Guillaume adresse de lourds reproches à Nicolas, une franchise épurée des calculs habituellement présents dans les approches du Kaiser tendant à envelopper le tsar : «Cette manifestation solennelle, Moscou et la Russie l'attendirent impatiemment de toi, l'an dernier, lors de la rupture avec le Japon. Mais le tsar ne vint pas. Moscou, la ville sainte, fut abandonnée à elle-même!» Suit l'imagination de la mise en scène flamboyante qui rendrait au tsar son charisme : «Tu devrais accomplir cet acte énergique, tu devrais aller immédiatement à Moscou. Entouré par ton clergé, avec bannières, crucifix, encensoirs et saintes icônes, tu paraîtrais sur un balcon, d'où tu haranguerais tes fidèles sujets, réunis en bas, dans la cour, au milieu des troupes rangées la baïonnette au canon et le sabre au poing. Tu leur annoncerais que tu as résolu de partir pour la Mandchourie afin de partager les épreuves de la guerre avec leurs frères et parents, expédiés là-bas sur ton ordre... Tes auditeurs tomberaient à genoux en te bénissant, ta popularité ressusciterait immédiatement. Et la scène du Kremlin produirait une impression inouïe à travers le monde.»

Le 27 mai 1905, l'amiral Togo, embusqué avec la totalité de la flotte japonaise dans le détroit de Tsoushima – alors que les Russes croyaient les forces japonaises dispersées entre les divers passages qui accèdent à la mer du Japon –, assaille et détruit l'escadre du Pacifique, qui terminait son tour du monde. Tous les navires russes sont coulés ou capturés. Le *Souvorov*, qui portait le pavillon de l'amiral Rojdestvensky, a sombré ; l'amiral, grièvement blessé, s'est rendu.

Guillaume est maintenant convaincu que la partie est perdue pour Nicolas : l'heure n'est plus aux exhortations au combat, mais aux conseils à délivrer au malheureux tsar, afin de l'aider à sauver sa couronne face à la colère populaire qui monte et menace la dynastie des Romanov. Nicolas doit plier «devant la volonté divine» et négocier avec ses vainqueurs : «La défaite que ton escadre vient de subir... supprime tout espoir que la fortune puisse te sourire. Les Japonais peuvent maintenant transporter librement en Mandchourie les troupes, munitions, vivres et matériel dont ils auront besoin pour s'emparer de Vladivostok, qui ne leur résistera plus longtemps... Il t'est, certes, possible de continuer les hostilités et d'expédier là-bas trois ou quatre nouveaux corps d'armée, mais un souverain a-t-il le droit de s'obstiner, contre l'indubitable volonté de son peuple, à lui imposer d'horribles sacrifices ? Et cela uniquement parce qu'il comprend à sa manière l'honneur national ! »

Une posture inattendue du Kaiser : Guillaume conteste la conception qu'aurait un monarque, « son frère », de l'honneur national ! De plus, il se retrouve en désaccord avec les chefs de sa propre armée, qui ne cessent d'analyser le conflit d'Extrême-Asie. L'état-major allemand est contre la paix à tout prix, une paix précipitée avec le Japon, qui pourrait être considérée comme une humiliation par le peuple russe : le tsar doit tenir bon jusqu'au bout ; les Japonais peuvent conquérir Sakhaline ou même Vladivostok... Ils seront contraints de s'arrêter en Sibérie. L'endurance, la ténacité du soldat russe seront l'atout décisif – en plus de l'étendue territoriale de l'Empire russe.

Le tsar s'est finalement décidé à la paix, contre l'avis de ses conseillers et de plusieurs de ses généraux : un Conseil de la Couronne a été réuni et les partisans de la négociation l'ont emporté d'une voix – celle du tsar. En outre, Nicolas a accepté la médiation de Theodore Roosevelt, que suggérait Guillaume : les pourparlers se tiendront aux États-Unis, à Portsmouth, dans le New Hampshire. De Witte représentera la Russie.

Nicolas prend quelques jours de repos, en famille, dans les eaux du golfe de Finlande, à bord de son yacht, *L'Étoile polaire*. C'est là que Guillaume vient le surprendre, le 24 juillet 1905, devant l'île de Björkö, à l'ouest de Kronstadt : un tête-à-tête, en l'absence des chefs de gouvernement et des ministres des Affaires étrangères... Une rencontre en principe privée, que Guillaume croira propice à un bouleversement de l'échiquier diplomatique européen – la journée du « tournant dans l'histoire de l'Europe » qu'il retracera avec force détails, dès le lendemain, dans un long message à Bülow, sans oublier les invocations mystiques et les commentaires lyriques.

Le tsar a entraîné Guillaume dans la cabine préférée de son père, Alexandre III, qu'il respecte pieusement, comme un sanctuaire. Éprouvé par les défaites de ses armées en Asie, le tsar a ménagé au Kaiser un accueil enthousiaste et affectueux : il « m'a embrassé, m'a pressé contre lui, comme si j'étais son propre frère. Il me regardait sans cesse, les yeux brillants de joie et de reconnaissance... Son vieux médecin me dit qu'il y avait longtemps que le tsar n'avait été aussi en train». Le Kaiser lui présente le projet de traité germano-russe, rédigé huit mois plus tôt par Holstein et repoussé, à l'époque, par la Russie qui souhaitait consulter, au préalable, son allié français. Un traité que le Kaiser a modifié sur un point : l'assistance de l'un des deux Empires à l'autre, dans le cas d'une agression, ne pourrait être déployée «qu'en Europe». Le tsar «lut une fois, deux fois, trois fois le texte... Je priai le Bon Dieu d'être avec nous en cet instant et de guider le jeune souverain. Il régnait un silence de mort, seule la mer mugissait... J'étais en train de lire l'inscription "Dieu avec nous" sur la croix noire du Hohenzollern qui se dressait devant moi lorsque la voix du tsar s'éleva... "C'est tout à fait excellent. J'approuve totalement." Mon cœur battait si fort que je l'entendais. Je repris mes esprits et je dis d'un air détaché : "Voudrais-tu le signer ? Ce serait un très bon souvenir de notre entrevue." Il parcourut de nouveau la feuille : "Oui, je veux bien"».

Guillaume ouvre l'encrier, passe le porte-plume à Nicolas puis le reprend. Les deux signatures apposées, Guillaume se lève et le tsar le serre dans ses bras :

«Je remercie Dieu et je te remercie. Cela aura de fructueuses conséquences pour mon pays et pour le tien. Tu es le seul véritable ami de la Russie dans le monde. J'ai ressenti cela pendant toute la guerre et maintenant, je le sais.»

Guillaume a les yeux «pleins de larmes de joie» – et aussi «le front et le dos ruisselants», précise-t-il à Bülow. Ultime instant d'extase mystique : le Kaiser a, soudain, la sensation que ses grands ancêtres prussiens, de Guillaume Ier à la reine Louise, assistent à la scène «du haut du ciel».

Guillaume a voulu passer en force : «L'œuvre de rapprochement est couronnée de succès. Le coup est réussi.» Un contre-seing symbolique, pour chacune des deux parties... Le Kaiser fait appel à l'un de ses compagnons de voyage, Tschirschky, qui assure la liaison avec la Wilhelmstrasse (comme ministre de Prusse à Hambourg, il assume une fonction de représentation entre «pays» au sein de la monarchie fédérale allemande, non une fonction diplomatique au sens strict) et il lui demande d'apposer sa signature. Du côté russe, le tsar se tourne vers le vieil amiral Birilew, qui appartient au gouvernement, comme ministre de la Marine, depuis moins de quinze jours et qui l'accompagne dans sa croisière :

— Vous avez confiance en moi, Alexis Alexeïevitch ?

— Votre Majesté ne sait-elle pas que je lui obéis les yeux fermés, quoi qu'elle daigne m'ordonner ?

— J'étais sûr de vous, Alexis Alexeïevitch. Alors, signez ici. Il n'est pas nécessaire que vous sachiez de quoi il s'agit.

Dans l'atmosphère européenne très conflictuelle du début du XXᵉ siècle, la scène de Björkö va susciter de très vives critiques contre le Kaiser parmi les acteurs, témoins ou analystes de l'époque. Ainsi Maurice Paléologue, futur ambassadeur à Saint-Pétersbourg, après avoir innocenté Nicolas II – il n'a pas commis «d'acte déloyal envers la France», il a simplement «poussé trop loin l'inadvertance et l'incompréhension» –, qualifie la conduite de Guillaume de «supercherie»: «On y retrouve tous les procédés constitutifs du vol à l'esbroufe.» Une fois faite la part des passions du temps, la «supercherie», si elle existe, apparaît des plus limitées – sauf à considérer Nicolas II comme un monarque à mettre sous tutelle...

Les auteurs invoquent la «violation des usages diplomatiques» – lesquels dépendent, en réalité, de la nature des régimes politiques considérés. La Russie du tsar est le régime autocratique par excellence: lorsque l'heure viendra du réexamen de l'engagement pris par Nicolas II, ce n'est pas la violation d'une règle constitutionnelle introuvable qui sera invoquée, mais un manque de cohérence au regard de la politique étrangère russe, et d'abord, évidemment, de l'Alliance franco-russe. De retour à Peterhof, le tsar présente le produit de sa négociation à son ministre des Affaires étrangères, Lambsdorff, qui se récrie et lui rappelle les engagements liant la Russie à la France. L'ambassadeur russe à Paris, Alexandre Nelidov, s'émeut à son tour lorsqu'il est informé. Lambsdorff lui explique:

— Le cerveau du tsar a été obscurci, bousculé par tout le verbiage du Kaiser.

Finalement, c'est à l'ambassadeur russe à Berlin, Osten-Sacken, qu'incombe la mission délicate de faire connaître à l'Allemagne que le traité de Björkö est considéré comme inopérant, l'une de ses clauses, la future adhésion de la France, étant irréalisable.

Guillaume entre en fureur; il multiplie les dépêches télégraphiques pour Nicolas, arguments mystiques à l'appui: «Nous avons joint religieusement nos mains, nous avons signé devant Dieu qui a entendu notre serment. Le traité est réalisable. Je suis prêt à accepter des modifications de détail, mais ce qui est signé est signé. Dieu est notre témoin.» Il n'obtiendra pas de réponse du tsar...

Du côté de Berlin, l'initiative du Kaiser est également critiquée... par Bülow, pour des raisons non pas constitutionnelles mais «corporatives» – il importe de montrer à Guillaume le caractère incontournable de l'expertise de son corps diplomatique. Mais l'intervention de Bülow n'est pas aisée: la première mouture du traité de Björkö a bel et bien été élaborée, huit mois plus tôt, par Holstein, sur la demande de la Chancellerie. Le désaveu de l'action du Kaiser ne peut porter que sur la modification enregistrée dans la seconde version du traité : l'assistance entre les deux Empires est maintenant limitée «à l'Europe».

Bülow se tourne, dans un premier temps, vers Holstein... mais, cette fois, l'expert incontesté se noie dans ses expertises successives : «même avec cette limitation, le traité est nettement favorable à l'Allemagne»; puis «la limitation au continent européen modifie le traité de façon désavantageuse, mais il mérite tout de même d'être accepté; le refuser serait une faute»; et finalement «le traité ainsi rédigé sera considéré comme une duperie par l'opinion publique allemande».

Bülow est donc contraint de s'engager dans un débat très technique avec le Kaiser, afin de lui faire comprendre combien le fait de ne pas avoir consulté son chancelier était une erreur... Mais, comme le montrent la correspondance entre le Kaiser et Bülow, voire les *Mémoires* de Bülow, Guillaume soutient parfaitement l'assaut.

— Ce qui me fait hésiter dans le traité, c'est l'adjonction «en Europe» du premier article. La seule chose que les Anglais redoutent vraiment, c'est une attaque russe contre l'Inde. En Europe, avec leur armée et leur flotte détruites, les Russes ne peuvent nous être d'un grand secours. Votre Majesté le comprendra aisément : lorsque les Anglais apprendront que les Russes ne sont tenus de nous soutenir qu'en Europe, qu'ils n'ont pas à marcher contre l'Inde, ils laisseront beaucoup plus facilement éclater une guerre. J'aurais donc préféré la formule : au cas d'une attaque contre l'un des deux Empires, son allié l'aidera de toutes ses forces de terre et de mer.

— La formule «en Europe» a été introduite par moi en pleine connaissance de cause et après mûre réflexion. Sans cela, nous serions obligés de collaborer avec les Russes en Asie. Si, par exemple, un conflit éclatait en Afghanistan entre l'Angleterre et la Russie, cette dernière prétendrait avec raison à une aide militaire de notre part. On parle de «pression sur l'Inde» : c'est une expression diplomatique à la mode et un article d'inventaire pour laboratoire ! C'est un argument illusoire ! Il est à peu près impossible pour une grande armée de marcher sur l'Inde sans des préparatifs énormes et coûteux de plusieurs années et l'Angleterre aurait tout son temps pour faire les siens et prendre des mesures défensives. Il est, en outre, douteux que des troupes d'attaque puissent parvenir en bon état à la frontière de l'Inde : cette idée est à éliminer d'une politique réaliste et sensée.

Guillaume a détruit l'objection de Bülow. Au chancelier, il reste un ultime subterfuge : il remet sa démission au Kaiser.

— Je ne suis pas chicanier, Votre Majesté le sait. Mais lorsque j'ai découvert, dans votre télégramme, l'addition « en Europe », j'ai d'abord cru à une erreur de chiffrage.

Guillaume refuse la démission du chancelier :

— Voyons, Bülow, je n'ai pas mérité cela ! Vous resterez en fonction près de moi et nous continuerons à travailler ensemble pour la plus grande gloire de la Germanie ! Laissez-moi quelques jours pour me ressaisir... L'énervement causé par vos lettres est trop grand pour que je puisse discuter avec calme.

Octobre 1905 : de Witte, le ministre russe, de retour des négociations de paix de Portsmouth, est de passage à Berlin. Bülow l'invite à dîner chez Borchardt, haut lieu du Berlin politique et diplomatique, à quelques pas de la Gendarmenmarkt, la place du marché et des « Gens d'armes » et de ses deux églises baroques, luthérienne et des huguenots... Les deux hommes s'entretiennent de huit heures à minuit, entre les colonnes de marbre et les mosaïques.

De Witte s'étend sur son séjour à Portsmouth. Il parle mal l'anglais mais il met son succès auprès de l'opinion américaine sur son extérieur imposant, l'aisance qu'il qualifie de « slave » de ses manières, et sa prodigalité en poignées de main, une sorte de sport qu'il a pratiquée avec un grand professionnalisme. Il distribuait tant de *shake hands* qu'il devait soigner sa main droite chaque soir en lui appliquant un onguent... Toujours prolixe en commentaires classiques, Bülow ponctue ces révélations en citant son maître en diplomatie :

— Talleyrand avait donc raison de dire « qu'avec un front d'airain et le sourire sur les lèvres, un diplomate de race passe partout ».

Sur le fond des négociations, de Witte reconnaît avoir été aidé par les Anglais qui ont fait pression sur leur allié japonais pour éviter un désastre diplomatique à la Russie. Les deux belligérants se retirent de Mandchourie et restaurent la souveraineté chinoise. Le Japon obtient, certes, la péninsule du Liaodong avec Port-Arthur, ainsi que le réseau ferroviaire russe de Mandchourie et la moitié méridionale de l'île de Sakhaline – mais il revendiquait la totalité de Sakhaline et une compensation financière, qui lui a été refusée.

Le chancelier et le ministre en viennent à redessiner la carte politique de l'Europe :

— Que pensez-vous d'une alliance germano-franco-russe ? Cette formule semble obséder le Kaiser, prêt à prendre tous les risques et à tomber dans tous les pièges pour l'inscrire dans les réalités, malgré mes mises en garde.

— Pour moi aussi, ce serait l'alliance européenne idéale! Mais je suis minoritaire en Russie sur ce point. Et il faudrait que vous fassiez d'importantes concessions aux Français. Vous devriez leur rendre la Lorraine : contre leur engagement de démanteler les forteresses de Metz.

— Mais ce n'est pas possible! Aucun chancelier ni aucun Kaiser n'acceptera jamais de rendre Metz, pour laquelle nous avons tant fait, tant construit, et qui est dans nos mains depuis une génération. À mon tour de vous poser une question : êtes-vous vraiment sûr que les Français, remis en possession de Metz, renonceraient franchement et sincèrement à Strasbourg?

De Witte méprise les finasseries. Il réfléchit :

— Non. Dès le lendemain, ils réclameraient la restitution de Strasbourg et manifesteraient, place de la Concorde, au pied de la statue de Strasbourg... Mais, selon moi, le grand projet d'une alliance continentale germano-franco-russe ne serait pas payé trop cher par votre renonciation à l'Alsace-Lorraine.

— C'est impossible. L'abandon de notre terre d'Empire est plus compliqué que votre évacuation du sud de l'île de Sakhaline! Depuis un quart de siècle, le drapeau allemand flotte sur la cathédrale de Strasbourg et les remparts de Metz!

Et, soudain, ce cri du cœur de Bülow :

— Après coup, on peut se demander si Bismarck avait prévu toutes les conséquences de l'annexion de l'Alsace-Lorraine en 1871. Il avait peut-être sous-estimé le patriotisme français, sa ténacité passionnée, la force de l'unité française, l'importance des liens tissés depuis la Révolution entre l'Alsace-Lorraine et la France.

TANGER OU LE KAISER MALGRÉ LUI

— Lorsque je suis arrivé au pouvoir après le règne grandiose de mon grand-père, j'ai juré, en prêtant serment au drapeau que, autant qu'il me sera possible, les baïonnettes et les canons devront se reposer...

L'étonnant discours! Ce n'est plus le Dieu-Seigneur de la guerre qui s'exprime par son intercesseur, l'empereur de Germanie, mais un prophète de la paix. Le discours que prononce Guillaume à Brême, avant d'embarquer pour une croisière en Méditerranée, le 27 mars 1905, fait exception parmi les quatre centaines d'allocutions et harangues en tous genres qui auront illustré le règne du Kaiser. Un vrai discours de paix, à partir d'une image bucolique : les armes ne peuvent être qu'à usage défensif, lorsqu'il s'agit de protéger «l'entretien de notre jardin» et «l'aménagement de notre belle maison» des troubles provoqués par «l'envie et la jalousie». Et l'empereur de révéler, à la surprise certaine d'une partie de son auditoire, s'être «solennellement promis, en me fondant sur ma connaissance de l'histoire, de ne jamais chercher à atteindre une vaine domination mondiale»!

Suit une vibrante méditation sur la grandeur et le déclin des Empires – à la manière des considérations de David Hume ou de Montesquieu sur le principe de l'équilibre et la monarchie universelle... «Qu'est-il advenu de ces soi-disant grands Empires mondiaux? Alexandre, Napoléon, tous ces grands héros guerriers, se sont baignés dans le sang et ont laissé derrière eux des peuples asservis qui, à la première occasion, se sont de nouveau soulevés et ont amené à la ruine de leurs Empires.» Et le Kaiser de rêver à une autre sorte d'empire mondial, un empire pacifique, un empire des âmes, qui détiendrait une place privilégiée dans la communauté des nations non par les armes, mais par son comportement et par les vertus de la sécurité collective. «L'État allemand nouvellement créé doit jouir de toutes parts de la confiance absolue qu'on accorde à un voisin tranquille, loyal, ami de la paix, et si un jour on doit parler dans l'histoire d'un Empire allemand mondial ou d'une puissance universelle des Hohenzollern, ce ne sera pas du fait de conquêtes l'épée à la main mais de la confiance mutuelle des nations s'efforçant d'atteindre un même but, limité au-dehors, illimité au-dedans...»

Cette description d'un monde idéal nous ramènerait au jeune prince Guillaume et à sa profession de foi inspirée par la lecture du *Projet de paix perpétuelle* de Kant, lorsqu'il était poussé dans ses retranchements... mentaux par son précepteur français, François Ayme, à Cassel. Mais la tonalité du discours change soudain. L'empereur a-t-il brusquement pris conscience du nombre d'uniformes et de casques qui l'entourent, et de la pression morale de ces officiers, voire de ces simples adhérents de la Ligue navale, qui attendent de lui un propos plus guerrier? Le cliquetis des armes envahit le discours de paix: «Notre flotte est sur l'eau et dans les chantiers. Il y règne le même esprit que celui qui animait les officiers prussiens... à Sedan.» Et le Dieu allemand de réapparaître, à la tête de son peuple élu: «Notre tout-puissant Seigneur ne se serait jamais donné une telle peine pour notre patrie allemande s'il ne nous réservait pas encore de grandes choses. Nous sommes le sel de la terre... Nous tiendrons la main posée sur le pommeau de l'épée, avec devant nous le bouclier appuyé sur la terre prussienne et nous pourrons dire: "Amen! Advienne que pourra!"»

On comprend le trouble du Kaiser, et ses contradictions: il a été opéré, quatre mois plus tôt, d'un polype de la gorge; il a pensé qu'il était atteint de ce cancer à la gorge qui avait emporté son père; il a pris conscience de la fragilité de la condition humaine... et de la protection parfois défaillante du Dieu allemand. Mais, dans le même temps, il est harcelé par les Bülow, les Holstein, l'armée, la marine, la nation presque entière qui attendent de lui une initiative sur le Maroc. Ne pas laisser la France de Delcassé prendre un avantage décisif sur cette terre non colonisée jusqu'ici – et, alors, que l'Allemagne semble avoir le droit international pour elle. Comment se maintenir longtemps sur un pacifisme à la Kant alors que vous vous apprêtez à embarquer pour un coup d'éclat à Tanger?

L'apparition du Maroc comme enjeu dans la compétition entre les impérialismes européens était relativement récente. Longtemps, le Maroc s'était à peu près totalement isolé du monde extérieur – malgré la fondation, au XVIIIe siècle, de Mogador, l'actuelle Essaouira, au sud de la côte atlantique, et son ouverture au commerce européen.

L'irruption de la France en Algérie, l'effondrement de la « Régence » d'Alger avaient brisé cet isolement : le *makhzen*, le gouvernement du sultan, avait été bien près d'établir son pouvoir sur le *beylik* d'Oran, le sultan Moulay Abderrahman avait reçu l'allégeance des habitants de Tlemcen, le Maroc avait servi de base arrière à l'insurrection d'Abd-el-Kader. Bientôt, l'Europe avait imposé sa loi : l'« Empire chérifien » avait été défait militairement par la France, en 1844, par l'Espagne, en 1860, et s'était incliné, en 1856, devant les exigences commerciales de l'Angleterre. L'Europe installait ses fonctionnaires, prenait en main les services douaniers, mais l'Angleterre avait fait savoir qu'elle ne tolérerait aucune annexion. Les empiétements sur la souveraineté marocaine étaient compensés par la neutralisation réciproque des puissances. Le 19 mai 1880, une conférence internationale réunie à Madrid, à l'initiative de Salisbury et avec l'accord du sultan, avait interdit au Maroc d'octroyer des avantages aux ressortissants d'un État étranger : la politique de la « porte ouverte » triomphait. Le Maroc semblait exclu des préoccupations françaises : Jules Ferry avait mis fin à la mission du très « activiste » ministre de France à Tanger, Ladislas Ortega, un ami personnel de Gambetta – « le gouvernement de la République ne veut pas d'affaire au Maroc ».

La décomposition politique de l'Empire chérifien a fait resurgir la « question marocaine » depuis cinq années. Les turbulences marocaines affectent la sécurité des frontières de l'Algérie française ; Delcassé déclare, en juillet 1901, qu'une ingérence étrangère « dans un pays limitrophe de l'Algérie française » serait considérée comme un acte inamical. Restent les intérêts des autres puissances européennes : l'Espagne possède les « présides » de Ceuta et Mellila, grossis des acquisitions de sa guerre contre le Maroc ; l'Angleterre, à partir de Gibraltar, assure 40 % du commerce marocain et contrôle le détroit. Les avancées de la France sont rapides : le troc Maroc-Égypte est au cœur des accords franco-anglais du 8 avril 1904 – la France n'entravera pas l'action de l'Angleterre en Égypte, elle aura les mains libres au Maroc. La déclaration franco-espagnole du 3 octobre 1904 enregistre l'adhésion de l'Espagne à « l'Entente » franco-britannique dans ses dispositions sur le Maroc – l'Espagne reconnaît la position prééminente de la France qui « veillera à la tranquillité du pays » et aidera aux « réformes administratives, économiques, financières et militaires », avec une contrepartie secrète, l'octroi d'une « zone d'influence » à l'Espagne dans le nord du Maroc.

Seule l'Allemagne a été oubliée dans ce partage encore théorique, alors qu'un « grand dessein marocain » est en passe de naître dans les milieux «coloniaux» et «pangermanistes»: le Maroc – ou sa côte atlantique, au climat tempéré – pourrait être la première colonie de peuplement allemande, sous souveraineté allemande, et non sous des souverainetés étrangères comme les prospères îlots d'immigration allemande aux Amériques. En outre, la côte marocaine pourrait fournir un point d'appui aux escadres allemandes, en cas de complications internationales, pour maintenir le libre passage entre l'Atlantique et le canal de Suez... Ce double thème est développé par le Congrès de l'Union pangermaniste, à Esslingen, le 20 mars 1904, puis par l'assemblée de la Société coloniale allemande, à Stettin, le 27 mai suivant. Pour le comte Pfeil, rapporteur de la Société coloniale, «l'Empire a encore la possibilité de mettre la main sur une terre où l'Allemand peut prospérer; il faut diriger vers le Maroc les 32 000 émigrants qui vont chercher fortune aux États-Unis chaque année». Reventlow, chef de file des «pangermanistes» au Reichstag, revendique, pour l'Allemagne, la souveraineté sur la côte océane du Maroc, de Rabat à Agadir; Arenberg, plus modéré, souhaite, au nom du Zentrum, l'acquisition d'une enclave commerciale et d'un dépôt de charbon sur cette côte pour la flotte impériale.

L'Allemagne a-t-elle pris son parti de l'accord franco-anglais sur le Maroc? Delcassé le pense, ce 23 mars 1904 – l'accord est sur le point d'être conclu –, lorsqu'il reçoit l'ambassadeur allemand Radolin.

— Où en êtes-vous sur le Maroc? Des journaux parlent d'un protectorat français...

— Si, par ce mot, on entend que la France, déjà maîtresse de l'Algérie et de la Tunisie, doit conserver une situation à part au Maroc, c'est l'évidence.

— Tout le monde est conscient de cette situation exceptionnelle. Mais...

— Je veux vous rassurer: notre politique au Maroc est claire et droite. Nous avons en vue l'intérêt français, mais nous respecterons tous les droits acquis et les intérêts de tous. Notre Algérie a une longue frontière avec le Maroc; le sultan peut donc compter sur notre aide pour entreprendre les réformes nécessaires, dans le respect des mœurs et de la religion du pays, et pour maintenir l'ordre. Mais il est superflu d'ajouter que nous respecterons rigoureusement la liberté de commercer de tous les États européens et de leurs ressortissants.

Cette fois, Guillaume n'est pas responsable de la montée des tensions. Il a dit à Édouard VII son «désintéressement» sur la question marocaine: il estime dangereux d'intervenir dans une demi-colonie française. Il préfère épargner la France en Afrique plutôt que l'humilier – en vue de maintenir les chances d'une éventuelle réconciliation.

Ce sont les responsables de la diplomatie allemande qui veulent en découdre : « Il faut mettre Delcassé dedans ! »

Holstein estime qu'un recul français serait un « nouveau Fachoda ». Le chancelier Bülow souligne que la France viole la convention de Madrid de 1880 – tout avantage qu'elle pourrait acquérir au Maroc devrait recueillir l'accord des différents signataires, dont l'Allemagne. La diplomatie allemande agira en douceur, dans un premier temps : alors que la France accorde un nouvel emprunt au sultan et installe une mission militaire, l'Allemagne jouera sur les ressentiments des grands féodaux écartés du pouvoir.

Delcassé veut pousser les feux : en janvier 1905, le ministre de France à Tanger, Saint-René Taillandier, part pour Fès afin d'inviter le sultan « à rétablir l'ordre dans son Empire, avec l'aide de la France ». La France présente au sultan un vaste programme de réformes : réorganisation de l'armée et des douanes, création d'une banque d'État, développement des travaux publics sous contrôle français. Le protectorat se profile... Le sultan Abd el-Aziz résiste : il prend contact avec le diplomate allemand Richard von Kühlmann, qui vient d'être nommé chargé d'affaires à la légation de Tanger. Kühlmann est alors âgé de trente-deux ans ; il est issu d'une famille d'industriels de Westphalie, récemment anoblie ; il est né à Constantinople, où son père dirigeait les chemins de fer ottomans d'Anatolie. Brillant, cultivé, grand collectionneur d'œuvres d'art, il est vu comme un dilettante, sans vraie passion politique – ce qui ne l'empêchera pas de faire carrière : conseiller à Londres après l'affaire de Tanger, il sera partisan d'une conciliation germano-britannique ; d'août 1917 à juillet 1918, il sera secrétaire d'État aux Affaires étrangères et il dirigera, à Brest-Litovsk, la délégation allemande aux pourparlers de paix avec la Russie soviétique.

Contrairement au discours officiel, l'Allemagne est « intéressée » à l'évolution du Maroc : sa présence commerciale est moins négligeable qu'on ne le croit à Paris ; les négociants de Hambourg et de Brême craignent de se voir fermer le marché marocain. Mais le gouvernement de Berlin ne s'est pas réellement engagé. Les banquiers allemands sont déjà mobilisés par la réalisation du chemin de fer de Bagdad et hésitent à prêter leurs services au sultan. Pourtant, l'intervention est tentante ; elle mettrait à l'épreuve l'Entente cordiale : l'Angleterre peut décevoir la France en ne la soutenant que faiblement ; la France peut décourager l'Angleterre en cédant devant un ultimatum allemand.

À Berlin, on est à la recherche d'une riposte modérée. La proposition vient de Kühlmann : puisque le Kaiser part pour une croisière en Méditerranée, pourquoi ne ferait-il pas une escale symbolique au Maroc ? De fait, Guillaume embarque, le 28 mars 1905 à Cuxhaven, à bord du *Hambourg* que l'armateur Ballin a mis à sa disposition : il est entouré d'une nombreuse suite d'officiers – neuf amiraux ! –, d'industriels, d'universitaires... Mais, au moment où le paquebot lève l'ancre, «Sa Majesté n'a aucunement l'intention» de fouler le sol marocain, comme le reconnaîtra Bülow.

Dans ses *Mémoires*, Guillaume reprochera en termes vifs à son chancelier de «l'avoir mis en scène contre sa volonté». «Comme le moment du départ approchait, Bülow me dit qu'il serait désirable que je passe par Tanger. Ma visite dans ce port marocain renforcerait la situation du sultan à l'égard des Français. Je refusai, car il me paraissait que la question marocaine était une poudrière trop dangereuse et je craignais que ma visite ne fût plus nuisible qu'utile. Bülow revint sans cesse à la charge, sans parvenir, d'ailleurs, à me convaincre de la nécessité et de l'utilité de cette visite.» Le Kaiser a de longs entretiens avec le baron de Schoen, qui représente la Wilhelmstrasse à bord du *Hambourg* : le projet d'escale est abandonné, et un télégramme de Guillaume le confirme depuis Lisbonne. Mais Bülow renouvelle sa demande, de la manière la plus pressante : il insiste pour que le Kaiser tienne compte «de l'opinion aussi bien du peuple que du Reichstag, puisque tout le monde s'était, par extraordinaire, enthousiasmé à l'idée de cette visite. Il était donc nécessaire que j'allasse à Tanger. J'ai cédé, le cœur lourd, car je craignais que mon escale à Tanger, étant donné les circonstances, ne pût être prise à Paris pour une provocation». Avec en outre, le risque d'un appui de Londres à la France en cas de guerre : «Je soupçonnais Delcassé de vouloir utiliser le Maroc comme un moyen de guerre et je craignais qu'il ne se servît à cet effet de la visite à Tanger.» Et un autre risque, pour la sécurité personnelle de l'empereur. Guillaume semble avoir craint la présence, dans la foule marocaine, «d'anarchistes, de filous et d'aventuriers» : «Sur une petite place se trouvait rassemblée une bande d'Espagnols qui agitaient des drapeaux et poussaient de grands cris. L'agent de la sûreté qui m'accompagnait m'expliqua que ces gens étaient des anarchistes d'Espagne.»

La correspondance entre Bülow et le Kaiser montre que le chancelier a plaidé dès le 20 mars, huit jours avant le départ de Cuxhaven, pour l'escale de Tanger : «La visite de Votre Majesté à Tanger mettra M. Delcassé dans l'embarras, s'opposera à ses projets, et servira nos intérêts économiques au Maroc.» Comme le Kaiser hésite, Bülow insiste dans une seconde dépêche du même jour : «J'ai répété aux journalistes de la *Norddeutsche Allgemeine Zeitung* que Votre Majesté ne veut aucun avantage territorial au Maroc et n'y réclame pour l'Allemagne que l'égalité économique avec les autres peuples. Je recommande très respectueusement à Votre Majesté de ne rien changer aux dispositions prises pour son débarquement à Tanger. Si je m'oppose à toute modification, c'est pour prévenir les embûches que M. Delcassé a l'habitude de semer sur notre chemin.» Le 21 mars, Guillaume semble avoir arrêté sa décision – de refus : «J'apprends que la colonie allemande et les Marocains font des préparatifs pour exploiter ma visite. Il faut télégraphier immédiatement à Tanger qu'il est très douteux que j'aille à terre, et que je voyage incognito, en touriste.» Dans sa réponse du même jour, le chancelier feint de prendre acte du caractère «touristique» de l'escale – avec, néanmoins, quelques aspects diplomatiques de pure forme : «Il s'agit en premier lieu de savoir si Sa Majesté peut descendre à terre sans danger pour sa sécurité. Si oui, Sa Majesté, sous la conduite de Kühlmann, visitera les curiosités de Tanger et déjeunera chez Kühlmann. Il faut ensuite savoir qui Sa Majesté recevra à bord comme envoyé du sultan.»

Les 26 et 27 mars, alors que le *Hambourg* va appareiller de Cuxhaven, le chancelier expédie trois dépêches au Kaiser : il lui expose le programme établi par Kühlmann («le sultan est excessivement heureux de la venue de Votre Majesté, il lui envoie son grand-oncle Moulay Abd el-Malek, porteur d'un écrit chérifien et accompagné de trois hauts dignitaires... Sur le débarcadère, se tiendront en cortège les autorités marocaines, le corps diplomatique et la colonie allemande») ; il le félicite pour le discours qu'il vient de prononcer à Brême, avant d'embarquer, pour mieux revenir sur l'escale de Tanger («Votre Majesté a rarement parlé avec plus de force et de profondeur... C'est un excellent prologue à la visite de Tanger sur laquelle tous les regards sont maintenant fixés, ici comme à l'étranger. Pour la première fois depuis longtemps, Delcassé se trouve dans l'embarras... Si la visite se passe suivant nos désirs, Delcassé avec sa politique germanophobe sera déconsidéré comme Européen») ; et, surtout, il aborde dans un ultime et très long télégramme «absolument secret» l'ensemble des thèmes à aborder par le Kaiser, dans le discours qui est désormais prévu (il ne devra pas être «pompeux» mais «le plus simple possible»), dans les conversations avec le sultan et ses envoyés, dans les réponses à la presse. Un léger piège à tendre à la France est même prévu : le Kaiser devra exprimer l'espoir de voir le sultan triompher du soulèvement d'un marabout et agitateur tribal, Bou Amama, «l'homme au turban», auquel il est confronté... et demander au souverain marocain quelles sont les ressources financières du rebelle, tout en excluant par avance, avant d'avoir reçu une réponse, que la France «soit capable d'une telle infamie!» Submergé, Guillaume oppose une ultime résistance, le 28 mars, depuis Lisbonne: «À Tanger, le diable est déchaîné. Un Anglais a presque été assassiné et je considère la situation là-bas comme très inquiétante.» Il a demandé au ministre d'Allemagne à Lisbonne, Tattenbach, de l'accompagner: «Avec sa vieille expérience, il partage mes inquiétudes. Il commencera par examiner la situation avant que j'aille à terre.»

Dans ses propres *Mémoires*, Bülow se justifie, sans dissimuler les pressions qu'il a exercées sur le Kaiser... et en faisant la part des éléments climatiques: «L'empereur se résolut à contrecœur à cette visite. Il ne s'agissait pas ici, il le sentit et le vit au ton de ma lettre, d'une promenade de touriste, mais d'un acte politique de grande importance. À cela s'ajouta, au moment où Sa Majesté suivait ma suggestion, une tempête, une mer démontée, le débarquement en chaloupe avec le risque de prendre un bain froid.»

Le débarquement à Tanger, le 31 mars 1905, révèle donc un Guillaume II des plus indécis. Une traversée houleuse et... la crainte d'une action des «anarchistes espagnols» effacent en lui le projet d'une «entrée historique» au Maroc. Le Kaiser veut renoncer. Kühlmann surgit, ruisselant d'eau, après avoir atteint le pont en se hissant sur une corde incertaine en grand uniforme des uhlans bavarois. Guillaume lui crie: «Je ne débarque pas!» Un de ses aides de camp fait un débarquement d'essai. Le Kaiser se risque alors, mais une nouvelle épreuve apparaît: la monture qui l'attend sur le débarcadère, un étalon berbère ombrageux, pourrait le désarçonner devant la foule des badauds marocains. Il perd de son assurance, se borne à quelques phrases convenues sur l'amitié germano-marocaine devant l'oncle du sultan venu l'accueillir. Arrivé à la légation allemande, il s'est repris et semble même surexcité quand il prononce les phrases décisives rappelant l'indépendance du Maroc, «un pays libre». Les puissances européennes sont mises en garde contre toute atteinte à la souveraineté du Maroc; le sultan propose de soumettre le programme français de réformes à une conférence internationale.

Au retour, Guillaume est accueilli très froidement à Gibraltar: l'Angleterre et la Royal Navy ne peuvent tolérer une intrigue politique de l'Allemagne si près d'une de leurs voies de communication vitales. Il réagit en assurant qu'il n'acceptera jamais la mainmise de la France sur le Maroc. «Nous connaissons déjà le chemin de Paris...» L'enjeu est clair : la France va-t-elle pouvoir poursuivre sa marche vers l'établissement du protectorat, c'est-à-dire la fin, en fait sinon en droit, de la souveraineté marocaine ? Le gouvernement de Londres maintient son soutien à la France mais, à Paris, Delcassé se heurte à la prudence et à la volonté de conciliation avec l'Allemagne du président du Conseil Rouvier et il est contraint à la démission. Bülow obtient la convocation d'une conférence internationale, qui se réunira à Algésiras, le 7 avril 1906, autour de Theodore Roosevelt, choisi comme médiateur.

Après ce succès liminaire, Algésiras tournera au désastre diplomatique pour l'Allemagne. Seule l'Autriche-Hongrie soutiendra la délégation allemande, isolée. En fait, le gouvernement de Berlin ne parvient pas à adopter une «ligne» cohérente : doit-il participer au partage des «dépouilles» marocaines ? Ce serait illogique puisque Guillaume s'est érigé, à Tanger, en champion de l'indépendance du Maroc. Peut-il faire appel à des puissances tierces, de préférence neutres, pour exercer les compétences de souveraineté au Maroc, au nom de la communauté internationale ? Il ne parvient pas à empêcher la France et l'Espagne d'obtenir la police des ports marocains – sous le contrôle théorique d'un inspecteur suisse. C'est un fiasco pour la puissance initiatrice de la conférence d'Algésiras, même si Theodore Roosevelt félicite courtoisement le Kaiser pour son «double succès» : le maintien de l'indépendance du Maroc et l'ouverture de son commerce extérieur... Au Reichstag, l'opposition, menée par le social-démocrate Bebel, s'en prend à l'échec de la politique «impérialiste» de Bülow... qui s'évanouit, très opportunément, en plein débat parlementaire.

UNE ODEUR DE GUERRE

La rivalité navale entre l'Angleterre et l'Allemagne s'imprime toujours plus dans les opinions publiques des deux pays. La littérature de politique-fiction s'en mêle : à l'été 1903, Robert Erskine Childers rencontre un immense succès avec son *Énigme des sables* (*The Riddle of the Sands*), souvent considérée comme le livre fondateur du récit d'espionnage. Childers connaîtra personnellement un destin hors du commun : protestant de père anglais et de mère irlandaise, ferme partisan de l'Empire britannique, il participe à la première guerre des Boers comme officier d'artillerie ; il rejoindra plus tard les rangs nationalistes irlandais, ses positions radicales lui vaudront d'être fusillé en 1922 par les autorités de l'État libre d'Irlande, État dont son fils deviendra le quatrième président ! En 1903, s'inspirant de ses traversées de marin le long des côtes allemandes, il décrit les préparatifs d'une invasion de la Grande-Bretagne à partir des îles Frisonnes – son roman contribuera au renforcement des bases de la côte est de l'Angleterre. Trois ans plus tard, William Le Queux, ancien correspondant de guerre dans les Balkans, et auteur à succès de plus de deux cents romans policiers, publie, dans le *Daily Mail*, un feuilleton sur *L'Invasion de 1910*, bombardements de Londres et proclamations (imaginaires) de Guillaume à l'appui. Le Premier ministre condamne la publication comme trop alarmiste ; Guillaume confie être passionné par la série. Entre-temps, les Allemands auront, eux aussi, leur best-seller avec *L'Étoile des mers* (*Seestern*) du journaliste de Leipzig Ferdinand Grautoff : cette fois, la surprise vient de la flotte britannique, qui détruit, par une attaque-éclair, les bâtiments allemands.

Le débat public officiel est aussi heurté. Le Premier Lord de l'Amirauté, William Waldegrave Palmer – deuxième Lord Selborne –, souligne, dans son rapport à la Chambre des Communes pour 1905, que la marine britannique doit être prête à affronter un ennemi et à porter le premier coup. La flotte du royaume est restructurée : une flotte « de l'Atlantique » est constituée, parallèlement à celle « de la Manche ». Dans le même temps, le vice-amiral en retraite Fitzgerald, dans un entretien à la *Deutsche Revue*, explique que la guerre est inévitable si l'Allemagne continue d'accroître sa marine de guerre. Un organe officieux, l'*Army and Navy Gazette*, précise qu'en d'autres temps une flotte rivale aurait été simplement anéantie par l'Angleterre : il importe que la montée en puissance navale de l'Allemagne soit arrêtée. Aux Communes, le chef de l'opposition, Campbell-Bannerman, se demande si l'Angleterre ne provoque pas l'Allemagne... Il est désapprouvé, même dans les rangs libéraux.

À la fin août 1905, des navires de guerre anglais montrent leur pavillon sur la Baltique. Guillaume envoie deux de ses aides de camp à Swinemünde, l'avant-port de Stettin, afin de surveiller les évolutions de la flotte britannique ; des navires allemands devront « suivre ceux des Anglais comme leur ombre, jeter l'ancre près de l'endroit où ils auront mouillé, offrir un dîner à leurs équipages, les griser à fond pour leur arracher leurs projets » ! En fait, la « filature » sera des plus routinières, et empruntera les formes traditionnelles, courtoisie incluse. Mais la rupture de l'union entre la Suède et la Norvège, intervenue en juin – l'union entre les deux nations avait été nouée lors du Congrès de Vienne en 1815 –, ajoute à la tension dans la région. Édouard VII parvient à imposer son gendre, Charles de Danemark, comme souverain du nouveau royaume norvégien, sous le nom d'Haakon VII plus en harmonie avec les premières légendes vikings... et malgré les supplications de sa fille Maud qui préférerait rester à Sandringham. (Édouard lui répond que les princesses « n'ont pas de caprices mais des devoirs. ») L'impression d'encerclement redouble en Allemagne, mais Guillaume, magnanime, fait escorter par des navires allemands le vaisseau du nouveau monarque – qui débarque à Christiania, le 25 novembre.

À Paris, Delcassé multiplie les révélations, au fil des semaines, dans deux quotidiens parisiens, *Le Gaulois* et *Le Matin*. Sa thèse centrale est que, par couardise, le Parlement et la classe politique française n'ont pas compris que l'Entente cordiale offrait une assurance tous risques à la France. L'ancien chef de la diplomatie aurait communiqué au Conseil des ministres une information qui ne va cesser d'inquiéter Guillaume et de traumatiser l'opinion publique allemande : en cas d'attaque de l'Allemagne contre la France, l'Angleterre aurait été prête à mobiliser sa flotte, à occuper le canal de Kiel, et à débarquer 100 000 hommes dans le Slesvig-Holstein. Le débat s'enflamme en tous sens. Le leader socialiste Jean Jaurès traite Delcassé de « ministre vaniteux » et l'Angleterre de «puissance tentatrice», tandis que la plupart des quotidiens déplorent que Delcassé ait révélé des secrets d'État. À Londres, l'agence Reuter déclare, «de source autorisée», que les engagements prêtés à l'Angleterre sont inexacts. À Berlin, l'ambassadeur d'Angleterre, Lascelles, vient rassurer le chancelier Bülow : le gouvernement de Londres lui a demandé de démentir les affirmations de Delcassé. Mais l'organe semi-officieux de Cologne, la *Kölnische Zeitung*, soutient qu'il ne faut pas prendre pour des «rêveries ridicules» les révélations du *Matin* et du *Gaulois* et que l'Europe a échappé de peu à la guerre.

Face au risque de guerre, l'Allemagne doit être prête. Guillaume organise, dans la première quinzaine de septembre, des manœuvres militaires en Rhénanie, qu'il dirige depuis Coblence. Dans son élan guerrier, il délivre à son chancelier le brevet de major général avec le droit de «porter l'uniforme du 1er régiment des hussards du roi de Prusse» – un uniforme que Bülow revêtira lors du défilé final des troupes.

Le 29 décembre, Guillaume II reçoit, au Nouveau Palais de Potsdam, le financier londonien Alfred Beit, un ami personnel d'Édouard VII et son conseiller pour ses placements en Bourse. Beit est né à Hambourg, dans une famille juive allemande ; il a émigré en Afrique du Sud où il a fait une «fortune colossale» – c'est l'expression du Kaiser – avant de s'établir en Angleterre : de fait, il a fondé en 1889, avec Cecil Rhodes, la fameuse De Beers, entreprise prépondérante sur le marché de l'exploitation du diamant. «C'est le plus grand spéculateur et agioteur de la City, commente Guillaume dans une lettre à Bülow, un de ceux qui ont déclenché la guerre des Boers et le mirage des mines africaines.» Suit une pique à l'adresse du monarque-oncle d'Angleterre : «Il prend soin de toutes les spéculations d'Édouard VII, l'associe même à ses transactions. Et il faut qu'il lui procure sans cesse des monceaux d'or, car les besoins du roi sont de plus en plus grands. On peut dire : il court pour le roi.» Beit a un côté original : il habite à Londres une maison assez petite, encombrée de chefs-d'œuvre de maîtres de la peinture classique, car il est un grand collectionneur ; son lit semble écrasé par les Titien et Rembrandt, qui l'encerclent, le dominent dans sa chambre à coucher. Guillaume lui fait visiter les appartements du Grand Frédéric, puis un dialogue politique s'engage :

— En réalité, nous sommes, l'un et l'autre, des Anglo-Allemands. Nous avons, l'un et l'autre, une même admiration et une même affection à la fois pour l'Angleterre et l'Allemagne. Et nous éprouvons la même tristesse devant l'antagonisme qui s'aggrave entre nos deux grandes nations. Je suis tout de même satisfait de toutes ces réunions par lesquelles on s'efforce, de part et d'autre, d'atténuer les frottements...

Beit interrompt le Kaiser, avec sa vivacité naturelle :

— J'approuve pleinement Votre Majesté. D'autant plus que l'Angleterre n'a qu'un désir : vivre en bons termes avec vous. Le seul point noir est le Maroc.

— Pourquoi ?

— L'opinion dominante en Angleterre est que vous voulez faire la guerre aux Français parce qu'ils ont conclu l'Entente cordiale.

— C'est une ineptie de premier choix ! Les Anglais peuvent conclure autant d'ententes cordiales qu'ils le souhaitent. Cela nous est aussi indifférent que l'Alliance franco-russe qui ne nous a nullement émus... Évidemment, l'Angleterre a cédé ses intérêts à la France et se désintéresse de l'affaire, mais cela ne concerne que l'Angleterre. Malheureusement, elle a fait plus : elle a concédé à la France des privilèges aux dépens d'autres États, ce qui est inadmissible et contraire aux conventions internationales. Ce qu'il advient des États placés sous la souveraineté ou le protectorat français, on le sait bien, que ce soit à Tunis ou à Alger...

— ... ou à Madagascar, précise Alfred Beit qui, en chef d'entreprise sud-africain, semble s'être heurté à la présence française dans la « grande île ».

— C'est ce qui nous menace tous au Maroc, et que nous n'admettons pas. En outre, personne n'a jugé convenable de nous communiquer quoi que ce soit au sujet de cet accord, dans lequel nos droits sont ignorés. Enfin, les intrigues anglaises à Paris, qui nous sont révélées par Delcassé, suffisent à gâter notre humeur. Nous avons l'impression de nous trouver en présence de deux voyous qui se seraient entendus pour nous assaillir pendant une promenade. Il est naturel que nous portions la main à notre revolver.

Beit coupe le Kaiser :

— Je précise que l'offre d'intervention armée, rapportée par Delcassé, ne s'applique qu'au cas où l'Allemagne attaquerait la France sans raison, sans justification. Par l'Entente cordiale, l'Angleterre se considère liée à la France ; elle soutient les demandes de la France au Maroc parce que c'est une des conditions de l'Entente et qu'elle tient avant tout à l'amitié de la France. En cas de guerre franco-allemande, l'Angleterre considérera comme son devoir absolu de voler aussitôt au secours de la France, et elle le fera certainement. Mais, par ailleurs, de l'autre côté de la Manche, aucun Anglais ne songe à déclarer de lui-même la guerre à l'Allemagne ou à l'attaquer à l'improviste! La nation entière est opposée à la guerre et souhaite entretenir de bonnes relations avec vous! Le gouvernement de Londres, dont je connais les membres, est animé des mêmes sentiments. Il est donc essentiel que l'affaire du Maroc soit réglée, qu'elle disparaisse de l'ordre du jour... C'est un cauchemar pour les Anglais.

— Il n'est pas question d'une guerre franco-allemande, je le répète. Nous parviendrons à régler nos litiges avec les Français, si les Anglais ne viennent pas troubler nos rapports.

— Attention, Sire! En France, on est presque aussi convaincu qu'en Angleterre que la guerre est proche. Je pense que la conférence sur le Maroc suivra un cours normal, mais je crains une mauvaise surprise. Il est incontestable qu'il y a quelque chose dans l'air. De plus, à Paris, on s'apprête secrètement à la guerre. Les officiers de réserve auraient reçu leurs ordres d'appel pour dans deux mois. À Paris, on est grave, inquiet, résolu – et confiant dans l'aide anglaise.

— Cette aide de l'Angleterre à la France, nous savons maintenant, depuis les révélations de Delcassé, qu'elle est assurée. Nous savons que nous trouverons toujours l'Angleterre au côté de nos adversaires du moment. Mais la peur qu'ont les Français de la guerre est ridicule et frise la démence. S'ils sont décidés à se comporter loyalement, en gentlemen, à la conférence sur le Maroc, nous aurons la même attitude et il en résultera une saine compréhension. Le danger serait que les Français, se fondant sur l'appui britannique, deviennent tellement grossiers, récalcitrants, provocants, que notre honneur national soit en jeu. Alors, nous serions contraints de recourir aux armes, de dégainer, et ce serait l'occasion donnée à l'Angleterre d'intervenir.

— Cela ne doit pas se produire, Sire! Je le dirai haut et fort à mon retour à Londres : les Allemands demandent seulement que Londres laisse Paris tranquille, sans s'ingérer dans les rapports franco-allemands. Alors Français et Allemands trouveront des compromis. Berlin n'a pas empêché l'Angleterre de conclure son «entente cordiale»; que Londres laisse maintenant l'Allemagne conclure une telle entente avec la France, qu'elle aide même à la conclusion d'une telle entente. C'est le vrai chemin de la paix, qui correspond à la volonté de paix du gouvernement anglais... À la vérité, je ne vois qu'un ennemi de la paix à Londres : l'amiral John Fisher qui a récemment déclaré que l'Angleterre était prête à l'affrontement, que l'Allemagne ne l'était pas et que c'était le moment de frapper un grand coup de massue sur la tête des Allemands.

— Rien ne m'étonne de la part de Sir John Fisher. J'ai pris les mesures de précaution nécessaires. Je considère les instructions données à la marine britannique depuis deux mois comme des préparatifs de mobilisation et de guerre.

— Votre Majesté ne doit pas s'inquiéter de ce genre de déclaration... Fisher est une tête chaude; en politique, il ne compte pas. Il arrive aux amiraux de faire des discours d'après-boire... à ne pas prendre au sérieux. Ainsi la menace de débarquer 100 000 hommes sur vos côtes est-elle ridicule, inepte...

— ... Ce n'est nullement inepte! Vous oubliez la supériorité numérique de la flotte anglaise. Un tel débarquement est concevable sur la côte danoise.

— Quand ils auraient abordé, vous les massacreriez tous...

— C'est une autre question, et c'est uniquement notre affaire... Mais je le réaffirme : il n'y a aucune raison de guerre ou d'attaque brusquée de notre part. La cause de tous ces ennuis, il faut la chercher non à Paris mais à Londres. C'est cette maudite excitation systématique organisée par l'Angleterre, ces calomnies, ces mensonges propagés dans la presse de tous les pays, afin de soulever le monde contre nous!

— C'est le gouvernement anglais que vous soupçonnez?

— Non, c'est le capital anglais, de riches particuliers qui rendent ainsi service à leur gouvernement... Les Anglais achètent la presse parisienne pour la publication d'articles contre nous.

— Je m'en doutais. J'avais reçu des informations persistantes sur ce point...

— Les Russes aussi achètent la presse parisienne. Il en va de même à Bruxelles : des chefs de file du parti libéral se plaignaient auprès de moi des campagnes anti-allemandes menées par leurs journaux, qu'ils ne contrôlent plus car ils sont achetés par les capitaux étrangers! La presse russe aussi est achetée pour jeter son venin sur nous... Je pourrais vous donner des détails, des chiffres sur les sommes engagées, et les noms des manipulateurs, qui fabriquent des articles sous pseudonymes...

Le financier semble convaincu... et déterminé à réagir à son retour à Londres :

— Mille tonnerres! Je vous garantis qu'on ne se doute pas de tout cela dans les milieux que je fréquente en Angleterre. Vous avez raison de vous plaindre, Sire. L'attitude de la presse est inqualifiable; elle est la principale responsable de la situation actuelle. Et il est vrai que beaucoup d'argent anglais a été mis dans la presse étrangère – à des fins que je ne savais pas aussi déloyales... Mais nous sommes au début d'un rapprochement sincère. Je vais user de toute mon influence pour mettre fin aux intrigues et aux excitations de la presse. Je le ferai avec d'autant plus de plaisir que vous m'avez prouvé que vous voulez sincèrement la paix.

La tension est-elle trop forte? Guillaume a fait montre d'un grand sang-froid dans son entretien avec Alfred Beit; ses arguments ont ébranlé l'homme d'affaires sud-africain. Le 31 décembre 1905, il adresse une «lettre de la Saint-Sylvestre» à Bülow qui trahit l'émotion du Kaiser, son souci d'éviter la guerre «coûte que coûte»: l'Allemagne a besoin d'encore une année pour conclure une grande alliance avec la Turquie et «tous les souverains arabes et maures», pour renouveler son parc d'artillerie ainsi que l'armement de l'infanterie – en outre, «à Metz, il y a beaucoup de forts et de batteries inachevés» – et pour juguler l'opposition interne. «Il faut d'abord fusiller, décapiter les socialistes, les réduire à l'impuissance, si besoin est par un carnage, et ensuite viendra la guerre extérieure, mais pas avant!»

LE KAISER ENTRE DEUX ALLEMAGNES

«Nous sommes devenus un autre peuple», écrit l'historien Treitschke. L'Allemagne romantique et rêveuse que décrivait Germaine de Staël, l'Allemagne dont Michelet disait qu'elle n'était que «naïveté, poésie et métaphysique» a disparu en 1871. Elle est devenue un État national, impérial et militaire, un État prussien élargi, mais elle est angoissée à l'apogée de sa puissance et de sa gloire. Elle s'est hissée au premier rang des nations, mais elle s'imagine seule contre le reste du monde. «Sa réussite n'est-elle pas un défi au destin?»: c'est ainsi que Pierre Bertaux interprète l'inquiétude allemande. Le mot d'ordre de Tirpitz résume l'incertitude de l'Allemagne: franchir la zone dangereuse, celle où sa puissance inquiète le reste du monde mais ne lui permet pas encore de lui résister.

Puis surgit encore une autre manière d'être allemand. L'Allemagne ne s'est pas seulement «prussianisée», elle s'est industrialisée. Elle est devenue une grande puissance industrielle, sur un terreau très ancien… Car, en plein XIXᵉ siècle, l'Allemagne était restée une nation médiévale, l'Allemagne du Saint-Empire avec ses villes libres, et ses duchés ou principautés aux dynastes paternalistes, cette forme allemande de la liberté. Sur cette Allemagne médiévale, ses maisons à pignon, ses places du marché, ses églises baroques, s'est greffée l'une des sociétés industrielles les plus dynamiques et les plus rudes. À l'Allemagne traditionnelle qui subsiste, avec ses paysans en symbiose avec leur terroir comme partout en Europe, ses bourgeois des vieilles cités qui ont toujours échappé à l'emprise féodale et font la solidité de la nation, son aristocratie terrienne, ses hobereaux prussiens qui, autour de Bismarck et des Hohenzollern, ont construit le nouveau Reich et continuent de fournir les cadres de l'État et de l'armée, une seconde Allemagne est apparue avec ses immenses migrations internes, ses masses paysannes fascinées par les grands centres industriels de la Ruhr à la Silésie, ses millions de paysans arrachés à leur mode de vie millénaire et jetés dans l'anonymat des usines et des faubourgs industriels et aussi ses «nouveaux messieurs», les nouveaux princes de l'industrie et de la Bourse, la nouvelle élite du Reich qui tente de rejoindre l'ancienne, celle des junkers, de s'assimiler à elle, de se fondre en elle par le style de vie ou, procédé le plus radical, par l'acquisition de titres nobiliaires.

Guillaume reste en contact avec les deux Allemagnes, comme il incombe à un empereur allemand, et sous leurs influences parfois opposées. Son premier cercle est naturellement militaire : les cadres de l'armée et de la marine, les officiers supérieurs et généraux. L'armée doit-elle rester le fief de l'aristocratie? Le jeune prince Guillaume s'élevait déjà contre la trop forte proportion de nobles parmi les élèves-officiers dans la cavalerie, suscitant les protestations de ses compagnons d'armes. Devenu Kaiser, il manifeste le même non-conformisme en proclamant, en 1890, dans un ordre du jour, que l'aristocratie héréditaire ne suffit plus, que l'essentiel est «l'aristocratie de l'âme» – dans les rues de Berlin, les vendeurs de journaux crient: «Le dernier cadeau du Kaiser! L'aristocratie est interdite! Seule l'aristocratie de l'âme est autorisée!» Dans sa critique des régiments dits «nobles» parce qu'ils ne choisissent leurs officiers que parmi les aristocrates, Guillaume appuie la campagne du chancelier Bülow :
— Il s'agit de taches qui déparent l'image superbe de notre armée. L'exclusion partielle des bourgeois, totale des juifs est une erreur. Je parle de la situation en Prusse – en Bavière, elle est meilleure. Sans ces exclusions, qui sont connues de notre opinion publique, nos demandes de crédits militaires passeraient plus facilement au Reichstag.
Un combat difficile devant la force des préjugés: en 1900, le premier régiment de la Garde à pied compte treize princes et dix comtes et la plupart des régiments de la Garde, de la cavalerie et de l'infanterie de ligne ont tendance à «s'aristocratiser». Pourtant, en 1914, le traditionalisme prussien a fortement décliné dans l'Allemagne unifiée: les «bourgeois» représentent 70% du corps des officiers d'une armée permanente de près de 800 000 hommes, qui fait figure de creuset de la nation et d'école de discipline ; parmi les officiers généraux et supérieurs, la proportion de nobles a fortement diminué, elle est passée de 80 à 52%.
Ses discours triomphaux à la gloire des Germains permettent d'imaginer une étroite proximité du Kaiser avec les milieux pangermanistes... Pourtant, ses relations sont souvent conflic-

tuelles avec la droite prussienne, qui estime trop timides ses prises de position. En 1903, le fondateur de l'Association pangermanique, Heinrich Class, préside une grande réunion publique afin de dénoncer «l'effondrement de la position internationale de l'Allemagne»… depuis l'accession de Guillaume à la Couronne. Le discours de Class est publié: il devient un pamphlet très largement diffusé. Class proclame qu'une «opposition nationale, étendue et déterminée», vient de naître.

En réalité, Guillaume a l'intelligence de percevoir, contrairement à son ami Eulenburg, le caractère en partie multinational de l'Empire allemand: une adhésion trop marquée à une doctrine d'exaltation d'un groupe racial serait un facteur de division. Ses enthousiasmes sont donc rapidement freinés. Il en va ainsi de ses rapports avec Houston Stewart Chamberlain, qu'il rencontre à l'automne 1901 chez Eulenburg, à Liebenberg. Ce Chamberlain – qui n'a rien de commun avec le ministre anglais – est le gendre de Richard Wagner. Anglais éduqué en Allemagne, il a connu un vif succès, deux ans auparavant, en 1899, avec son essai sur *Les Fondements du XIXe siècle* – dans lequel il soutient que la race aryenne est l'ancêtre des diverses classes dominantes d'Europe et d'Asie et qu'elle survit à l'état pur en Allemagne. Guillaume est sous le charme: Chamberlain chante la mission d'essence divine de la Maison de Prusse et célèbre le Kaiser comme «le plus grand des Germains». Malgré cet éloge de la dynastie, Guillaume se reprend et n'a plus que des relations espacées avec le gendre de Wagner.

Paradoxalement, l'influence d'un Allemand des Pays baltes, historien peu connu de l'Europe de l'Est, semble plus forte: Theodor Schiemann est né en Courlande, il a rejoint sa patrie allemande mais il vit à Berlin dans une certaine médiocrité, comme archiviste puis lecteur à l'Académie militaire. Bülow, qui ne l'aime pas et regrette de l'avoir introduit auprès du Kaiser, brosse de lui un portrait misérabiliste: au retour de la première croisière de Guillaume en Méditerranée, en mars 1904, Hülsen, le chef du cabinet militaire, interpelle le chancelier:

— Pourquoi nous avez-vous envoyé cet abominable Schiemann? C'est un parasite, un hypocrite et un flatteur. C'est trop à la fois.

— Je reconnais que je me suis souvent trompé sur les êtres humains. Lorsque j'étais secrétaire d'État, Waldersee et Holstein avaient attiré mon attention sur un professeur d'histoire balte, qu'ils me disaient dans la gêne. Je l'invite à dîner. Il connaît bien l'histoire de la Russie. Il me plaît, malgré une obséquiosité exagérée. Il paraît vraiment en mauvaise situation. Je lui donne quelques subsides. Il exprime l'ardent désir d'être présenté à l'empereur. J'organise un dîner auquel Guillaume assiste. Je fais débiter par Schiemann ses grands airs sur l'assassinat du tsarévitch par son père Pierre le Grand, de Pierre III par sa femme Catherine, de Paul Ier avec la connivence de son fils. Je le fais mettre sur la liste des invités pour la croisière en Méditerranée. Je le fais équiper à neuf pour le voyage, afin qu'il puisse paraître sans honte dans la suite de Sa Majesté... Il devient de plus en plus flagorneur et nous crée bien des ennuis par l'emprise qu'il prend sur Sa Majesté!

Dans ses *Mémoires*, le Kaiser dessine un tout autre portrait : «un brillant historien, un écrivain de race, un véritable Balte». En juillet 1906, il livre à son entourage stupéfait les perspectives germano-baltes qu'il a conçues, après de nombreux entretiens avec Schiemann :

— S'il se confirme que la Russie est sur la voie du délitement et qu'elle va exploser en une série de républiques plus ou moins fédérées, alors je n'abandonnerai pas les Provinces baltes ! J'irai à leur secours. Nous les incorporerons à l'Empire. Tant que subsiste la Russie impériale, je ne soulève pas le petit doigt. Mais s'il se produit une catastrophe en Russie, je suis d'accord pour le rétablissement du royaume de Pologne. Les Polonais voudront pousser leurs frontières jusqu'à la mer et je ne le tolérerai pas ! Le moment sera venu. Tous les grands propriétaires des Pays baltes devront me prêter un serment d'allégeance.

La cour est en alerte. Le capitaine Hintz, attaché naval à Saint-Pétersbourg, dément les rumeurs de «dissolution» de la Russie :

— Jusqu'à présent, les éléments allemands des Provinces baltes ne paraissent nullement menacés. Le professeur Schiemann juge la situation là-bas avec des idées préconçues.

Bülow s'en prend, à son tour, à la subjectivité de l'historien balte :

— C'est un de ces Baltes qui voient les événements et le monde sous l'angle étroit de leur petite patrie. Il exprime une lutte séculaire pour le germanisme. Ce patriotisme de clocher est touchant mais dangereux. Nous ne pouvons pas subordonner les intérêts de l'Empire aux passions et aux espoirs d'une petite fraction de la race germanique.

En 1918, Schiemann croira pourtant au succès de sa croisade... Guillaume le nommera curateur de l'université germanique créée à Dorpat, en Estonie, lors de l'avancée des armées allemandes. Une création des plus éphémères...

Au fond de lui-même, le Kaiser aspire à réconcilier les courants antagonistes qui se développent au sein de l'Empire; mais il est prisonnier de son rôle de héraut de l'Allemagne triomphante et il ne peut aller vers les mouvements littéraires et artistiques non conformistes qui se dressent contre un patriotisme dogmatique.

Guillaume tend donc à rejeter une part de l'extraordinaire créativité qui se réveille sous son règne – pour la première fois depuis l'époque des grands romantiques – comme l'expression d'un «matérialisme non germanique». Dans ses discours, il parle du théâtre comme de «l'une de ses armes» et, de fait, le théâtre est le lieu privilégié du combat pour «un art et une littérature germaniques» – d'abord à Berlin où il y a autant de théâtres que d'églises, fréquentés par toutes les classes sociales. Son auteur dramatique préféré est un lointain cousin, descendant illégitime des Hohenzollern, Ernst von Wildenbruch, qui écrit de grandes pièces historiques et patriotiques – Guillaume les apprécie d'autant plus que Wildenbruch glisse parfois dans ses dialogues les propres phrases de «Sa Majesté». Malheureusement, la faveur du public va à Gerhart Hauptmann, qui connaît un immense succès avec *Les Tisserands*, qui traitent de la révolte silésienne de 1844, avec l'intention transparente de dénoncer les souffrances et les injustices de l'Allemagne de ce tournant des XIXe et XXe siècles : le gouvernement impérial dénonce ce théâtre social comme une incitation à la révolte contre l'ordre établi ; Hauptmann est la cible de poursuites policières, il est qualifié de «prophète de la destruction». Pourtant le réalisme et l'humour qui caractérisent l'ensemble de l'œuvre théâtrale d'Hauptmann valent à son auteur le prix Schiller – le Kaiser intervient, casse la décision du jury et le fait attribuer à Wildenbruch – et surtout le prix Nobel de littérature 1912, à la grande déception de la cour...

Heureusement, à l'Opéra de Berlin, proche du château royal, Guillaume est chez lui : il est consulté sur la programmation, les œuvres qu'il a désignées sont présentées «par ordre souverain», et les jours de parade militaire, les trois quarts des places sont réservés à l'armée. Par contre, il ne manifeste guère d'intérêt pour la littérature de son époque, les Thomas Mann ou Rainer Maria Rilke qui revitalisent l'allemand, cette langue de «maîtres d'école et de sergents-majors» selon Nietzsche. En musique, Guillaume communie dans les concertos pour piano d'Edvard Grieg, militant d'un art musical national, certes norvégien mais tout de même nordique – on sait la passion qui a embrasé Guillaume, au contact d'Eulenburg, pour le folklore scandinave ; le *Peer Gynt* de Grieg, d'après Ibsen, est encore aujourd'hui au programme des deux scènes lyriques berlinoises. En peinture, il est fasciné par Adolph von Menzel, un pré-impressionniste qu'il décore de l'Aigle noir pour ses tableaux historiques sur le Grand Frédéric à Sans-Souci... et pour avoir peint le couronnement de son grand-père, Guillaume Ier – la peinture non officielle se rassemblant, chaque année, au « salon des sécessionnistes ». En architecture, Walter Gropius et l'école du Bauhaus prennent leur essor, après avoir édifié en 1911 la première usine aux parois de verre – mais Guillaume n'y est pour rien, Gropius doit tout à la protection du grand-duc de Saxe-Weimar.

Le combat du Kaiser contre les créations « non germaniques » peut donner l'impression d'une grande rigidité psychologique – une impression renforcée par les... six cents procès qu'il intente pour crimes de lèse-majesté ! En réalité, l'empereur a évolué, a gagné en libéralisme au fil des années, a semblé plus sensible à l'humour, même à un humour dont les traits le transpercent. À partir de 1906, les procès cessent pratiquement : seuls devront être poursuivis les coupables de lèse-majesté par méchanceté volontaire, non ceux qui ont agi par ignorance ou manque de réflexion. Et le Kaiser intervient personnellement pour faciliter l'importation d'un recueil de caricatures françaises intitulé *Lui*, alors que le journal satirique parisien *Le Rire*, présentant le voyage de Guillaume en Terre sainte comme un spectacle de variétés, se vantait, en première page, d'être « interdit en Allemagne ».

Au demeurant, le Kaiser est beaucoup plus à l'aise dans ses rapports avec les milieux scientifiques et industriels que sur la scène littéraire et artistique. Il accompagne l'Allemagne dans sa montée à l'avant-garde de la science. Il fonde, en 1911, la « Société de l'empereur Guillaume pour la promotion des sciences » – qui deviendra, après 1945, la prestigieuse « Société Max Planck » –, le premier centre de recherches scientifiques en Europe distinct des universités, afin de dispenser de cours des savants en herbe ou confirmés qui pourront ainsi se consacrer totalement à leurs recherches : une initiative qui permettra un progrès rapide de la chimie allemande. Il crée les « universités techniques », en transformant, sur la proposition d'Adolf Slaby, professeur d'électronique, l'académie technique de Charlottenburg et, dans son souci de leur donner un rang égal à celui des universités traditionnelles, il fait entrer leurs représentants à la chambre haute, la Chambre des Seigneurs, de Prusse. Il se passionne pour l'archéologie, au sein de la Société Allemagne-Orient, particulièrement pour l'assyriologie « qui permet, dit-il, d'illuminer et de vivifier l'Ancien Testament » et il suit de près les fouilles de Walter Andrae à Assur et de Robert Johann Koldewey à Babylone ; dans cet esprit, il lance, en 1912, la construction du plus impressionnant musée berlinois, le Musée de Pergame, qui offre à ses visiteurs la reconstruction de la porte d'Ishtar, élevée à Babylone par Nabuchodonosor II, au vie siècle avant notre ère.

En juin 1899, l'armateur Albert Ballin organise un dîner d'ouverture des régates de Kiel – qui deviendra traditionnel, comme cérémonie inaugurale des régates annuelles. Il vient de prendre la direction de la compagnie transatlantique Hambourg-America, l'une des principales sociétés de navigation mondiales. Il a fait construire, en 1898, sur l'île de Veddel, face aux quais de Hambourg, un ensemble de halles et de docks avec deux hôtels, une église, une synagogue et un réfectoire cacher, un auditorium de musique, un hôpital et deux terrains de sport. Il a un an de plus que Guillaume et l'amitié entre le Kaiser et l'armateur est immédiate. Guillaume reviendra plusieurs fois à l'assaut, il veut l'anoblir, il veut aussi faire de lui son chancelier – mais Ballin refuse : il explique au Kaiser que l'un de ces gestes serait reçu comme une provocation par la Prusse des junkers, imprégnée d'antisémitisme. Car Ballin est juif, et un juif pratiquant respectueux des six cents prescriptions de la religion judaïque ! Il va présenter au Kaiser les notables de la communauté juive – un retour aux sources puisque les juifs berlinois ont été les premiers juifs d'Europe à sortir du ghetto et à être émancipés par le Grand Frédéric et son successeur, Frédéric-Guillaume II. Une phase nouvelle s'ouvre dans les relations du Kaiser avec ses sujets : l'intérêt qu'il prend à ses rapports avec ses sujets juifs, surtout les scientifiques et les industriels. Guillaume donnera parfois dans des plaisanteries marquées de l'antisémitisme mondain, en honneur à la cour ; il éructera contre la presse dirigée par des journalistes juifs, qui ne l'épargne pas, et contre les chefs de file de la social-démocratie, souvent d'origine juive, mais il ne se ralliera jamais à la mystique raciale et antisémite du national-socialisme. Et Ballin aura, avec sa descendance, un destin hors du commun : il se suicide, le 9 novembre 1918, lorsqu'il apprend la fuite et l'abdication du Kaiser. Son fils fera disparaître, après 1933, tous les documents prouvant sa filiation. Son petit-fils sera élu, le 13 mai 1974, chancelier de la République fédérale d'Allemagne – sous son nom, Helmut Schmidt.

Ballin a présenté au Kaiser Walter Rathenau, fils du fondateur du grand consortium AEG, la «société générale d'électricité», lui-même industriel et essayiste à succès. Rathenau symbolise l'intégration et le patriotisme des juifs allemands. Il se sent chrétien de cœur, comme il le reconnaît dans ses *Polémiques de la foi* : «Si vous avez lu mes écrits, vous savez que je suis du côté de l'Évangile.» Il défend passionnément son appartenance au peuple allemand dans une lettre à son ami l'ultranationaliste Wilhelm Schwaner : «Tu dis, lorsque tu t'adresses à moi : mon peuple et ton peuple. Mon peuple, ce ne sont que les Allemands. Les juifs sont, selon moi, une race

allemande comme les Saxons ou les Bavarois... Ce qui détermine
le fait d'être intégré à un peuple, c'est le cœur, l'esprit, la manière
de penser, l'âme.» Le chancelier Bülow et, plus tard, la maréchale
Hindenburg, souhaitent le voir devenir secrétaire aux Affaires
étrangères : il se dérobe – «ma profession d'industriel me suffit, mes
études littéraires me sont un besoin vital». Il rencontre le Kaiser,
une ou deux fois par an. La première fois, en 1901, ce fut pour
refaire, devant Guillaume, une conférence qu'il avait faite devant un
large public sur «les ressources de l'énergie électrique» : «Le Kaiser
était assis juste en face de moi et je pouvais parfaitement l'observer.
Qu'il était différent de l'idée que je m'étais faite de lui! J'avais vu,
sur des portraits arrogants, ses joues larges, ses moustaches en
croc, ses yeux menaçants. Je connaissais ses discours incendiaires,
j'avais entendu parler de ses télégrammes audacieux... Mais, devant
moi, était assis un homme d'allure juvénile, en uniforme chamarré,
couvert de décorations étranges... Un vrai prince, possédé du désir
d'en imposer, en lutte constante avec lui-même, se contraignant
sans cesse à une attitude de force et d'autorité. Une impression de
faiblesse, un besoin d'être soutenu, une puérilité refoulée derrière
un déploiement d'énergie et d'activité vantardes. Un homme qu'il
aurait fallu protéger d'un bras robuste... Un ami me demanda mon
impression. Je répondis : il est charmant et condamné. C'est une
nature sans souplesse, divisée, et qui ne comprend pas ce qui la
divise. Il marche à sa perte.»

DÉPIT AMOUREUX AVEC LA FRANCE

Régates de Kiel, 1907. De nombreux Français ont été invités, surtout des aristocrates. Ils sont enthousiasmés par l'accueil qui leur est ménagé. Guillaume est heureux. Seule déception : le temps est abominable – bourrasques et tourbillons. Le *Météor* a été pris et a perdu son beaupré.

Le Kaiser repère, parmi ses hôtes, un Rohan-Chabot.

— Êtes-vous parent des Rohan autrichiens ?

— Ce sont des cousins. Plusieurs membres de ma famille ont été guillotinés pendant la Révolution. Quelques survivants se sont réfugiés en Autriche.

— Ils ont eu raison. Sans quoi ils auraient été, eux aussi, massacrés.

— Je ne suis pas de votre avis, Sire. Quand on a l'honneur d'être Français... On se laisse plutôt trancher la tête que d'abandonner son pays...

L'ambassadeur de France, Jules Cambon, est absent, alors que les ministres du Japon et des États-Unis ont fait le voyage de Kiel. La participation d'un navire de guerre français avait été décidée à Paris, puis annulée... Les hôtes français parlent d'une « bêtise incomparable ».

Jules Cambon vient d'être nommé ambassadeur à Berlin, après avoir gouverné les départements français d'Algérie puis représenté la France à Washington, où il a négocié les préliminaires de la paix hispano-américaine, et à Madrid, où il a relancé les négociations pour un rapprochement franco-espagnol. Son influence est considérable au sein de l'appareil diplomatique français. Il est l'un des diplomates « républicains », issus des rangs des partisans de Gambetta et proches de Delcassé. Avec son frère Paul qui, ambassadeur à Londres, a négocié le dossier de l'Entente cordiale, et avec Camille Barrère, ambassadeur à Rome, il constitue le puissant « triumvirat » du Quai d'Orsay. Le «triumvirat» a entretenu des rapports d'égalité avec le ministre Delcassé qui sollicitait les conseils des trois ambassadeurs, acceptait leurs critiques, voire leurs remontrances, et élaborait avec eux son «grand dessein» pour la France.

Guillaume a la conviction que Cambon a reçu l'instruction de ne pas le rejoindre à Kiel. Bülow prend la défense de l'ambassadeur, qu'il connaît depuis vingt ans.

— Il est venu spontanément me voir pour me dire qu'il n'avait pas été invité.

— Sottises! Il n'avait qu'à demander.

— Il pense qu'il ne faut rien précipiter dans les relations franco-allemandes. Il veut le calme, sans soubresauts.

— Ses insolences, Cambon peut les garder pour lui. Calme ou soubresauts: la manière dont nous traiterons les Gaulois, c'est mon affaire.

— Il m'a assuré que la France s'en tiendra à l'acte d'Algésiras. Si certaines de ses dispositions sont périmées dans quelques années, la France et l'Allemagne renégocieront.

— Votre Cambon ne dit rien de nouveau. Il nous ressert de vieilles rengaines. Ce que la France veut faire au Maroc, personne ne le sait... Ses observations sont au niveau des conversations de salon.

Guillaume II est-il un amoureux transi de ceux qu'il appelle «les Gaulois»? Ses relations avec la France relèveraient-elles du dépit amoureux? Le Kaiser rêve d'une réconciliation avec la France, dont il pratique la langue et aime la culture, mais avec une France qui accepterait d'être amputée de l'Alsace-Lorraine. Dès son avènement, il a incité sa mère à faire le voyage de Paris: ce fut un fiasco, avec ce commentaire de Bismarck: «Le hurrah prussien ne suffit plus à notre souverain, il a envie d'un "Vive l'empereur!" français.» En réalité, les relations de l'Allemagne avec la France restent figées sur la défaite française de 1870 et le traité de Francfort qui la scelle. Comme sa mère, Guillaume croit gagner la France par son amabilité... Mais les Français ne peuvent renoncer aux terres perdues, à l'Alsace-Lorraine; ils s'en tiennent au mot d'ordre de Gambetta: ne jamais parler de revanche, mais y penser toujours. L'ambassadeur allemand à Saint-Pétersbourg, Radolin, a sondé le ministre des Affaires étrangères russe, Mouraviev, sur la perspective d'une entente entre l'Allemagne, la Russie et la France: pourrait-on être certain qu'aucun des trois associés virtuels n'aurait de revendication territoriale sur les deux autres? Après réflexion, Mouraviev a répondu qu'il pourrait prendre un tel engagement pour la Russie mais non pour la France, dont l'irrédentisme est évident... Le ministre français qui accepterait un engagement de ce genre ne resterait pas au pouvoir plus de vingt-quatre heures.

En mars 1904, alors qu'il navigue en Méditerranée à bord du paquebot de la Hamburg Amerika, Guillaume apprend que le président français Émile Loubet vogue vers Rome. Il éprouve le vif désir d'une entrevue avec lui. Quel cérémonial adopter ? Impossible de faire jouer *La Marseillaise* lorsque Loubet montera à bord du navire allemand : un hymne révolutionnaire alors que le Kaiser se veut « légitimiste » ! Peut-être la *Marche de Sambre et Meuse*, après tout aussi sanguinaire. Une dépêche de Berlin le ramène aux réalités : selon Bülow, il y a peu de chances que Loubet accepte la rencontre ; il aurait à affronter tout le clan des inconditionnels de la « revanche », de Déroulède à Clemenceau. Pourtant, le Kaiser s'obstine : le trajet du navire est modifié – il devait aller à Corfou et à Venise, il met le Cap sur Gênes. Loubet a embarqué à Naples. S'agit-il de surprendre le président français entre Naples et Gênes, de croiser dans le sillage de la flotte française, de rencontrer par hasard l'escadre française ? Bülow à Berlin, l'ambassadeur allemand Monts à Rome, Tschirschky, qui représente la Wilhelmstrasse à bord du navire impérial, s'agitent en tous sens et opposent leurs arguments au Kaiser : « Nelson lui-même n'arriva pas à rejoindre la flotte de Bonaparte voguant vers l'Égypte, et il ne serait pas commode pour le commandant allemand de rejoindre en haute mer les cuirassés de la République. »

Loubet ne s'est pas prêté à l'entrevue si ardemment souhaitée, et Guillaume en veut aux Français. Il envisage de prononcer un grand discours au pied d'un monument aux morts, à Metz ou à Sarrebruck, pour « doucher » l'arrogance gauloise – le prudent Bülow le dissuade... Nouvelle volte-face : l'empereur assiste à une course d'automobiles à Hombourg. L'auto est sa nouvelle passion : il a détesté les premiers véhicules à moteur qui apparaissaient sur l'Unter den Linden et il menaçait de « tirer au petit plomb dans les fesses de chaque chauffeur ». Les temps ont changé : il s'est mis lui-même à conduire et il préside le grand prix qui se tient à Hombourg. En 1904, c'est un coureur français qui triomphe et ses compatriotes présents crient « Vive l'empereur ! », depuis les tribunes en forme de cirque romain. C'est un moment de grâce pour Guillaume. Ces acclamations l'enthousiasment. Il entrevoit une réconciliation avec « les Gaulois » et salue, dans un télégramme à Émile Loubet, « l'intelligence et le courage du vainqueur, la victoire de l'industrie française, les sentiments des deux pays, désormais libres de toute rivalité ». Devant la presse, il est encore plus dithyrambique : « La course a été splendide ; l'assistance, en partie venue de France, était énorme; les hourras des Français présents en mon honneur montrent que les deux pays ont fait un pas l'un vers l'autre.»

À défaut d'une vraie réconciliation avec la France, Guillaume tient le compte des Français qui font le voyage de Berlin. En juin 1905, au moment de la chute de Delcassé, il accueille dans l'allégresse le général de Lacroix, venu représenter la France au mariage du Kronprinz avec Cécile de Mecklembourg: il le convie à une manœuvre de campagne organisée et lui confie que, désormais, l'Allemagne n'accordera plus aucune importance au Maroc... à la stupéfaction des diplomates présents. Puis Maurice Rouvier, le vainqueur de Delcassé et son successeur au Quai d'Orsay, arrive dans la capitale allemande, auréolé de sa victoire. Le sous-secrétaire d'État Mühlberg le présente comme un «financier avant tout; comme tous les gens de cette catégorie, il veut la paix. Il désirerait éviter toutes les complications avec nous et ses tentatives de rapprochement me semblent loyales... Nous verrons s'il continue à nous jouer ses gentils airs de flûte».

En septembre, c'est la visite d'Alexandre Millerand, à l'époque l'un des chefs de file des socialistes français – en 1919, il prendra la tête du Bloc national, deviendra président du Conseil puis de la République et sera contraint à la démission par la «grève des ministères» réussie par la nouvelle majorité du Cartel des gauches. Le secrétaire d'État aux Affaires étrangères, Oswald Richthofen, reçoit Millerand et rapporte son entretien au Kaiser: «C'est un petit homme, rondelet et très poli, qui appartient à la bourgeoisie moyenne. Il est très sévère pour Delcassé mais il attendait mieux de l'Allemagne après la chute de ce trublion... Il affirme qu'on se trompe en Allemagne sur le sens de l'Entente cordiale. Ce n'est pas une alliance. Seuls les Anglais tentent de la présenter ainsi. Le seul allié de la France, c'est la Russie. La France est bonne amie avec l'Angleterre, et avec l'Allemagne si elle le veut.»

Retour en 1907, aux régates de Kiel. Le prince de Monaco, Albert Ier, a présenté Eugène Étienne au Kaiser, qui l'a immédiatement invité à dîner, le 25 juin. Étienne, député d'Oran, est le chef de file du puissant groupe colonial à la Chambre. Fort d'un cinquième des députés à sa création, le groupe rassemble toutes les tendances politiques: deux tiers d'hommes du centre, qualifiés de «républicains ministériels», mais aussi une dizaine de députés d'extrême gauche et, à droite, des partisans du général Boulanger, des conservateurs classiques, des monarchistes, opposants de l'intérieur, heureux de s'associer à l'expansion de la nation, outre-mer...

Jadis membre de l'entourage immédiat de Gambetta, Étienne a été sous-secrétaire à la Marine et aux Colonies et ministre de l'Intérieur puis de la Guerre en 1905-1906 ; il a joué un rôle majeur dans la conclusion de l'Entente cordiale. Dans un courrier du 26 juin à Bülow, resté à Berlin, Guillaume le décrit comme « un homme extrêmement énergique, épais, tassé, avec une grosse tête lourde, une abondante chevelure grise, des sourcils épais et foncés » ; il lui reconnaît « un regard intelligent et un caractère jovial ». La conversation a porté immédiatement sur le Maroc et le Kaiser salue « la vivacité et l'éloquence persuasive et bien française » de son interlocuteur.

— L'Allemagne doit reconnaître la France comme puissance prépondérante au Maroc, lance Étienne. La France ne veut que rétablir là-bas l'ordre et la paix. Un Maroc plein de troubles serait un voisin intolérable pour notre Algérie.

— C'est donc la conquête ? réplique Guillaume.

— Non, pour cela il faudrait 150 000 hommes.

— Alors, c'est le protectorat ?

— Oui, mais ne le comparons pas avec la Tunisie. Au Maroc, c'est une prépondérance morale seulement, afin de pouvoir conseiller le pays.

— C'est ce que nous faisons tous sur la base de l'acte d'Algésiras.

— La France est allée à Algésiras sur la demande de l'Allemagne. Nous croyions que vous nous aideriez à faire reconnaître notre prépondérance au Maroc. Cela ne s'est pas produit : d'où l'irritation de l'opinion française contre l'Allemagne. En outre, nous attendions de vous, à Tanger, une déclaration, un mot pour la France. De là, une certaine humeur de notre part... Quant à moi, je ne désire rien tant qu'une bonne entente entre l'Allemagne et la France. Une entente qu'il est en votre pouvoir de faire naître : un mot, un beau geste de vous et tout ira bien. Alors, on pourrait établir un bon accord entre nos deux pays et vous dédommager avec des rectifications de frontières dans nos colonies, en Afrique par exemple.

L'empereur réagit avec vigueur. Le ton est inflexible. L'irritation est sensible, dès qu'il évoque l'Entente cordiale – le temps où l'Allemagne semblait accepter les explications minimalistes d'Édouard VII semble largement dépassé.

— La France a conclu avec l'Angleterre cet accord de 1904 derrière notre dos, sans nous aviser, donc contre nous. Nos intérêts se sont trouvés considérablement compromis comme ceux de tous les autres États européens établis au Maroc ; les chefs des différentes entreprises allemandes au Maroc m'ont tenu personnellement informé de leurs difficultés. J'ai laissé à la France un délai d'un an pour me notifier l'accord, elle ne l'a pas fait. C'est pourquoi la conférence d'Algésiras a été réunie – afin que les affaires marocaines soient réglées en commun par les principales puissances. Le Maroc est un pays libre, sous une dynastie indépendante et héréditaire. Une grande puissance isolée ne peut y obtenir de «prépondérance» que par la conquête ou le protectorat, qui sont interdits par l'acte d'Algésiras... Quant aux «beaux gestes», j'en ai fait toute une série au cours de mes dix-neuf années de règne!

Étienne plie immédiatement, comme s'il donnait dans la politesse de cour:

— Oui, oui, cela nous a touchés au cœur.

Le Kaiser est implacable:

— Vous n'avez pas su en tirer parti!

Il poursuit sur un ton vif – les acquiescements d'Étienne ne semblent pas apaiser son ressentiment.

— Je me réjouis que vous soyez partisan d'un accord entre nos deux pays. C'est l'intérêt de la France et la seule bonne solution. Mais quelques petites complaisances dans les colonies ne nous suffiraient pas.

Soudain prophétique:

— Les grands problèmes de l'avenir exigent une Europe unie. Il faut que l'Allemagne et la France aillent la main dans la main.

Étienne approuve entièrement... mais tente de rassurer le Kaiser sur l'Entente cordiale.

— Les ententes conclues récemment sont inoffensives et l'Allemagne n'a pas à s'en inquiéter...

Le Kaiser le coupe, d'un trait ironique:

— L'Allemagne est assez forte pour considérer avec une souriante indifférence de telles plaisanteries politiques. En dépit de toutes les ententes, on ne pourra pas se passer de nous. Les grands pays de l'avenir comptent déjà avec nous et prennent position à nos côtés... Par contre, la France a perdu sa liberté d'action; elle est à la remorque de l'Angleterre; celle-ci dicte à Paris son bon plaisir et la France est devenue son esclave soumise.

Étienne, consterné, tente de contester l'image de la France-esclave et de revenir au Maroc et au «beau geste» attendu de l'empereur.

— Maintenant, c'en est fini du «beau geste», reprend Guillaume, inexorable. C'est à la France de nous donner des preuves tangibles de sa bonne volonté. J'examinerai avec bienveillance son désir d'une «prépondérance morale» au Maroc, mais seulement après que la France aura conclu une alliance fixe avec l'Allemagne. Une fois que les Français seront mes alliés, ils trouveront chez moi une oreille complaisante. Ils s'en trouveront tout aussi bien et leur existence sera autant en sécurité que celles de l'Autriche et de l'Italie. Mais je récuse la méthode employée jusqu'ici par la France : le bras aux Russes, la main aux Anglais et un salut à l'Allemagne. Je réclame moi aussi la main et, pourquoi pas, le bras. Donc : d'abord l'alliance avec l'Allemagne, ensuite vous aurez la «prépondérance morale» au Maroc.

Étienne esquisse un geste de désespoir et prend à témoin le prince de Monaco... qui lui refuse son appui :

— L'empereur a dit la vérité, je partage absolument son opinion.

Nouveau déjeuner, le 26 juin, chez Albert de Monaco. Selon le prince, Étienne a été profondément impressionné.

— Après avoir pesé le pour et le contre, il a acquis la conviction qu'une alliance franco-allemande était la meilleure solution. Mais il souligne qu'il faudra «beaucoup travailler»; l'évolution des esprits sera lente.

Albert Ier présente au Kaiser Léopold Mabilleau, qui a dirigé le «Musée social», un institut de recherches fondé sous l'influence de Léon Say et Frédéric Le Play afin de développer une «politique sociale» présentée comme une alternative aux projets «révolutionnaires» du parti socialiste naissant. Il est proche de Léon Bourgeois, l'apôtre d'un «solidarisme», entre libéralisme et socialisme... Il se révèle lui aussi séduit par l'idée d'une future alliance franco-allemande. Il s'adresse au Kaiser :

— Vous avez donné une belle leçon à Étienne ! Je vous en suis reconnaissant car c'était absolument nécessaire... Étienne se faisait des illusions. La perspective que vous avez tracée devant lui est la seule raisonnable. À présent, il voit clair et, je le connais, il en tirera toutes les conclusions.

Et Mabilleau de souligner qu'il insufflera le même esprit à ses cinq millions de mutualistes et qu'il va se rendre auprès de Léon Bourgeois. Ministre des Affaires étrangères, Bourgeois a représenté la France à la conférence d'Algésiras : «Il est l'homme qui monte en France ; le projet d'alliance sera une bonne arme dans ses mains.»

Le printemps 1909 pourrait être considéré comme celui de l'entrée dans des relations franco-allemandes apaisées. L'année précédente, une nouvelle crise a éclaté – cette fois sur l'application de l'acte d'Algésiras. Le 26 septembre 1908, une brève dépêche du Maroc a suscité un vif émoi dans les deux pays : six soldats de la Légion étrangère ont tenté de déserter, la veille, à Casablanca, sous la protection du vice-consul d'Allemagne. Reconnus par des marins français de service sur le port, ils ont été arrêtés au moment où ils embarquaient pour gagner le large. Au cours de la rixe qui a suivi, les marins ont été bousculés par le vice-consul d'Allemagne

– qui, lui-même, a été menacé par le revolver brandi par l'un des marins français. La presse allemande s'enflamme, décrit l'action des marins français comme une provocation et une violation de l'acte d'Algésiras. Du côté français, on condamne à grands cris l'existence, à Casablanca, d'une officine de désertion, créée avec l'appui du consulat allemand par le correspondant du quotidien de Cologne, la *Kölnische Zeitung* – une officine auprès de laquelle les légionnaires candidats à la désertion peuvent trouver un gîte, des vêtements, de l'argent et des conseils. On précise, en outre, que si trois des légionnaires étaient allemands, les trois autres étaient de nationalités autrichienne, suisse et russe.

Six jours après l'incident, le 2 octobre, Bülow a reçu une lettre du Kronprinz, alarmé par un article de la *Rheinisch-Westfälische Zeitung*, l'une des citadelles du pangermanisme, qui réclamait l'envoi d'un navire de guerre allemand à Casablanca. Le prince héritier n'a ni la vivacité d'esprit, ni le talent oratoire de son père, mais il a aussi une plus grande résistance nerveuse que le Kaiser; habitué à se comporter en hussard de la Garde, prêt à toutes les charges de cavalerie, il n'a aucune vanité et accepte toujours de voir ses thèses rectifiées par le chancelier auquel il est très lié. Cette fois, il reproche à Bülow d'avoir inculqué «à notre peuple, jadis soucieux de son honneur et sans crainte», l'idée que la paix est le bien le plus précieux.

«Je suis fermement convaincu que l'incident de Casablanca n'est pas une affaire fortuite, mais une épreuve de force que lance la France pour savoir jusqu'où notre amour de la paix lui permet d'aller... Notre honneur est très fortement engagé et il est grand temps que cette bande insolente de Paris sente de nouveau ce que peut faire le grenadier poméranien. Une grande partie de la nation pense ainsi et l'armée entière n'a d'autre désir que de montrer ce qu'elle vaut. Si l'affaire était arrivée à un consul anglais, quatre croiseurs anglais auraient mouillé devant Casablanca, avec les hommes aux pièces.»

Bülow a décidé de jouer, une fois de plus, les maîtres d'école:

«Au point de vue du droit international, il n'est pas sûr que notre consulat à Casablanca ait été en droit de favoriser la fuite des déserteurs français. Il n'aurait pas dû s'occuper aussi de déserteurs non allemands... Naturellement, les Français aussi ont commis des fautes dans cette affaire et c'est pourquoi nous réclamons.»

Puis le chancelier, s'appuyant sur une ancienne prise de position de Bismarck, souligne qu'il s'agit de déserteurs: leur défense ne serait-elle pas contraire aux valeurs prussiennes?

«Les individus dont il s'agit ne méritent en fait que peu de sympathie, puisque ce sont des déserteurs. À l'époque du prince de Bismarck, selon l'avis du grand chancelier, nos consulats ne devaient pas s'occuper des déserteurs, car de tels individus ne méritaient pas de nous être rendus. Et Sa Majesté le Kaiser a exprimé le même avis par une note marginale.»

Enfin, que rapporterait une guerre à l'Allemagne si l'incident de Casablanca devait provoquer une conflagration générale?

«J'ai la conviction que, quand l'honneur du pays est en jeu, il faut frapper coûte que coûte, et quelles que soient les chances. Mais, si notre honneur n'est pas engagé, nous avons à nous demander toujours ce qu'il y a à attendre d'une guerre. Une guerre en Europe ne peut pas nous rapporter grand-chose. Quels avantages tirerions-nous de la conquête de nouveaux territoires slaves et français? Nous ne ferions que renforcer les éléments centrifuges, déjà trop abondants chez nous.»

La volonté de paix de Bülow a merveilleusement joué : la France et l'Allemagne décident de «tester» la procédure d'arbitrage proposée par la conférence de la paix de La Haye. Devant le tribunal arbitral, présidé par l'ancien ministre de la Justice suédois Hammarskjöld, l'Allemagne soutient la prééminence de sa compétence personnelle sur ses nationaux – en la circonstance, trois des légionnaires; la France invoque sa compétence en raison des services publics – ici dans le domaine du maintien de l'ordre, qui lui a été confié par l'acte d'Algésiras et qui prime la compétence territoriale du Maroc. La France obtient gain de cause, le 22 mai 1909 – même si le tribunal refuse prudemment d'émettre une opinion sur l'organisation de la Légion étrangère et son emploi au Maroc, les questions politiques de fond qui étaient, du côté allemand, à l'origine des incidents.

Un parti pro-allemand serait-il en passe de naître dans une IIIe République qu'on croyait vouée à l'observation de la «ligne bleue des Vosges»? Il s'agirait plutôt d'un mouvement pacifiste. Le sénateur d'Estournelles de Constant, un quart de siècle auparavant, alors qu'il était secrétaire de légation auprès du ministre résident à Tunis, avait accompagné Bülow, premier secrétaire de l'ambassade allemande à Paris, dans une partie de son grand voyage en Algérie et Tunisie. Cette fois, Bülow le reçoit à Berlin : d'Estournelles a été invité à s'exprimer devant la Chambre des Seigneurs prussienne; sa conférence, très suivie, porte sur «la réconciliation franco-allemande», qu'il estime possible à force de tact et de prudence, mais qui sera très lente. En 1914, lors de la déclaration de guerre, d'Estournelles se redécouvrira ardent patriote français : il signera, dans l'enthousiasme, l'appel «Aux armes, citoyens!»

MARIENBOURG OU LES MARCHES DE L'EST

— Notre but est d'étendre l'expropriation des Polonais dans nos Marches de l'Est, de relancer l'installation de colons allemands. Plus notre colonisation avance, plus les Polonais redoublent d'efforts pour empêcher le passage de leurs terres dans des mains allemandes. Surtout, ils s'efforcent de rendre impossible aux Allemands l'acquisition de biens d'un seul tenant, ils sont toujours présents pour morceler les domaines, interdire les remembrements. Cette loi doit nous donner le moyen d'acquérir des terres contre le gré de leurs propriétaires, de briser l'obstruction polonaise !

Bülow descend, au côté du Kaiser, le grand escalier de marbre qui relie les divers étages du château de Berlin et lui expose, en ce début novembre 1907, les motifs et les dispositions du projet de loi qu'il doit soumettre au Landtag de Prusse sur les biens polonais dans les Marches de l'Est, ces provinces prussiennes qui s'étendent de la Prusse-Occidentale à la Posnanie et à la Silésie, de Dantzig à Posen et à Breslau. La question polonaise à l'est est parallèle à celle de l'Alsace-Lorraine à l'ouest : des populations-frontières qui s'estiment discriminées et que Berlin enrage de ne pouvoir « incorporer » – mais à l'ouest, le problème est allemand, l'Alsace-Lorraine étant « terre d'Empire », à l'est il est prussien, les provinces dites polonaises relevant du royaume de Prusse.

L'affaire des Marches de l'Est souligne combien la conception allemande de la nationalité est différente de celle, très volontariste, à la Renan, de la France – « un vouloir vivre ensemble », au-delà des origines ou des confessions. Les « Polonais » qu'il convient d'exproprier sont des sujets prussiens, ils sont représentés par des députés au Landtag de Prusse et au Reichstag de l'Empire ; mais intervient ici la *Heimat*, la filiation par le sang, la patrie charnelle et non pas juridique. Un « Polonais » annexé par le royaume de Prusse reste un « Polonais » ethnique, à distinguer des Prussiens de souche – avec ce résultat pour le moins illogique qu'il est considéré comme un ennemi de l'État dont il est le ressortissant! L'autre révélation de cet épisode est le nationalisme exacerbé, peu apparent jusqu'ici, de Bülow, réputé libéral. Serait-ce un réflexe de «Vieux Prussien»? Le chancelier se love derrière la «raison d'État»: «Dès mon arrivée au pouvoir, je m'étais attaché avec un intérêt particulier au problème... Les tentatives des Allemands pour gagner les Polonais par des prévenances ont toujours été nuisibles à nos intérêts. On soutient l'agriculture polonaise, on nomme un gouverneur – un statthalter – polonais et on obtient pour résultat le soulèvement de 1830. Je n'ai jamais éprouvé de sympathie pour les Polonais. Je n'ai pas oublié leur conduite lors des révolutions européennes de 1830 et 1848. Et comment se comportent-ils eux-mêmes envers leurs propres minorités? Les Ruthènes des Carpates élèvent les mêmes plaintes contre les Polonais que les Polonais contre nous. Si jamais les Polonais dominaient les Allemands, ils seraient plus cruels que nous...» Suit un argument de politique étrangère: la Russie, autre maître de la Pologne, exige de l'Allemagne une attitude très ferme: «Les Russes nous soupçonnent de vouloir nous assurer la coopération des Polonais en cas de guerre contre eux. Notre fermeté est une des conditions de nos bonnes relations avec la Russie.»

L'humaniste déchiré réapparaît pourtant chez Bülow, contraint d'appliquer la «raison d'État» – qui serait de «soutenir la nationalité allemande», traduisons: les Prussiens de souche, contre les sujets prussiens d'origine polonaise:

— Sire, je n'ai jamais autant souffert qu'en préparant ce projet de loi. Je peux dire que c'est le projet de loi le plus pénible de ma longue carrière! Le centre est solidaire des Polonais au nom du catholicisme; les libéraux sont, par tradition, hostiles à toute politique vigoureuse dans les Marches; je suis moi-même plein de scrupules sur le principe de l'expropriation...

Guillaume s'impatiente:

— Allez-y! N'y allez pas de main morte! Voilà longtemps que je souhaite une loi comme celle-là!

Le ministre des Finances prussien Rheinbaden suivait le Kaiser et le chancelier. Il interpelle Bülow:

— Mais pourquoi, diantre, avez-vous versé dans le vin mousseux de l'enthousiasme de l'empereur l'absinthe de vos doutes?

— Mon devoir était de présenter à Sa Majesté le pour et le contre. Estimons-nous heureux si elle ne lâche pas pied. Il est facile de l'enthousiasmer pour une idée ou une entreprise nouvelle. Il est plus difficile d'obtenir qu'elle persévère, qu'elle n'aille pas par sauts et par bonds, qu'elle ne fasse pas volte-face...

De fait, plus tard, il arrivera au Kaiser de blâmer, à propos de cette loi, l'inintelligence politique et l'infériorité morale de Bülow.

Pourtant le Kaiser s'est exprimé, dans un grand élan romantique, cinq ans plus tôt, le 3 juin 1902 – dans l'un des lieux qui touchent aux racines de la Prusse. La forteresse de Marienbourg, en Poméranie, d'abord simple commanderie, est devenue le siège de l'Ordre teutonique au XIVe siècle, après la perte de la Terre sainte. Le Kaiser est à l'aise dans cette architecture militaire : les châteaux-couvents des croisés, un haut château quadrangulaire, ou plutôt des châteaux imbriqués les uns dans les autres, des tours isolées reliées à l'enceinte principale par des galeries couvertes, les fossés, ponts-levis et murs de garde. Le romantisme a réhabilité le passé médiéval ; quarante ans plus tôt, l'historien Treitschke a fait de l'Ordre teutonique le creuset de la nation allemande. À Marienbourg, à l'ombre des chevaliers, Guillaume a la vision d'un éternel champ de bataille sur lequel s'affronteraient les Germains et les Slaves barbares, envers manichéen des Germains.

Le Kaiser a décidé de tenir un chapitre solennel de l'ordre de Saint-Jean dans la chapelle de Marienbourg. Chacun des invités devra revêtir un costume médiéval. Guillaume vient vérifier celui de Bülow et demande son avis au valet de chambre italien du chancelier...

— La tenue est magnifique. On croirait celle d'un vieux Romain du Transtevere !

... Une allusion au quartier populaire de l'autre rive du Tibre.

Les invités du Kaiser admirent, sur une tour, un étendard miraculeusement conservé, avec tête de sanglier noir et soies hérissées.

— C'était l'époque malheureuse où les familles allemandes, arrivées avec l'Ordre teutonique, s'alliaient aux Polonais, commente sentencieusement Bülow. Que la forteresse de Marienbourg ne revive plus des temps d'abaissement de l'Allemagne !

Le Kaiser aperçoit le gouverneur russe de Varsovie, le général Tschertkof, qui est venu de l'autre Pologne. Il improvise pour lui le début de son allocution :

— J'ai aujourd'hui des relations si confiantes avec l'Empire russe et le tsar Nicolas que j'ai décidé de déclasser la place de Posen. Une protection militaire est inutile face à un ami.

Le général russe ne semble pas convaincu. Il ironise à voix basse :

— Cela ne tient pas... La forteresse de Posen ne vaut plus rien, d'où son déclassement. Mais les Allemands ne cessent d'édifier de nouvelles places...

Guillaume s'est déjà lancé dans un discours improvisé :

— On peut percevoir, dans l'histoire de ces chevaliers au manteau blanc et à la croix noire, la main de la Providence. Après un insuccès en Terre sainte, les croisés arrivent au bord de la Vistule !

Et le Kaiser d'appeler les chevaliers qui l'entourent et qui affichent souvent âge et embonpoint, à le soutenir «dans sa lutte contre les Polonais», et de «s'armer du glaive de l'Ordre teutonique pour courir sus aux Sarmates, châtier leur insolence, les anéantir».

Selon une procédure désormais routinière, Bülow veut remanier le discours avant sa transmission aux agences de presse... Guillaume est saisi d'une grande colère :

— Mon discours était digne de ceux des grands maîtres de l'Ordre. Vous en faites une leçon pour pensionnat de jeunes filles !

— Peut-être, Sire, mais il y a ce «châtiment des Sarmates»... N'est-ce pas une allusion trop violente aux Polonais ?

— Je ne visais pas nécessairement les Polonais. Hérodote nous apprend que les Sarmates habitaient les bords du Don.

— Mais Strabon n'est pas d'accord avec lui. Il les voit plutôt autour de la Vistule.

Finalement, Guillaume accepte la révision de sa prose, à la condition que le texte original, non corrigé, soit conservé aux archives :

— Mes successeurs verront ainsi que j'avais du cran.

Comment traiter les Polonais, dont la Prusse a hérité au fil des partages successifs de la Pologne, en 1772, 1793, 1795, et qu'elle a perdus en 1807, à la création du grand-duché de Varsovie par Napoléon, avant de les retrouver en 1815 au Congrès de Vienne ? Le Grand Frédéric, lors de l'incorporation de la Silésie au royaume de Prusse, après deux siècles de souveraineté des Habsbourg, s'était comporté avec pragmatisme : il avait, certes, dissous la Diète de la province pour éviter la cristallisation d'un foyer d'opposition, mais il avait maintenu l'administration et la justice dans les mains de la noblesse silésienne et il avait reconnu à l'Église catholique son rôle dominant, ses libertés et son patrimoine. Et ce prince protestant d'un royaume protestant avait pris acte de l'arrivée de ses nouveaux sujets catholiques en faisant construire un lieu de culte à leur intention dans sa capitale, la cathédrale Sainte-Hedwige à Berlin. Pour Bülow, qui s'érige en expert de la question polonaise, la souplesse de Frédéric n'est plus qu'une insigne faiblesse chez ses successeurs : «Après avoir repris la Posnanie et la Prusse-Occidentale, Frédéric-Guillaume III avait traité ses sujets polonais avec la plus grande douceur... Frédéric-Guillaume IV, nature romantique, encore moins capable de comprendre la raison d'État que son béotien de père, détestait ce "bougre d'État" comme il disait... Cette politique aboutit à une faillite complète.»

Heureusement, Bismarck vint – nous fait comprendre Bülow!
«Il commença la lutte pour la possession du sol par sa loi fondamentale de colonisation de 1886.» De nouveaux reculs après la chute
du premier chancelier, qu'analyse Bülow avec un certain cynisme:
Caprivi aurait eu une belle occasion de «favoriser la pénétration
de l'élément allemand... La situation misérable de l'économie avait
fait fortement baisser le prix des propriétés [polonaises]. Il n'était
pas difficile d'obtenir des Polonais eux-mêmes une énorme quantité
de biens fonciers pour notre colonisation éventuelle». Une occasion
perdue. Passe encore que Caprivi ait fait des avances aux Polonais
sur les questions religieuses et scolaires: «Moi-même, je fus toujours
d'avis qu'il n'était ni nécessaire, ni politiquement utile de tracasser
les Polonais en ces matières»... Mais Caprivi commit l'erreur
suprême – du point de vue nationaliste de Bülow – d'accorder des
fonds aux banques foncières polonaises qui s'essayaient au sauvetage des terres polonaises... que la commission de colonisation,
créée par Bismarck, tentait de racheter.

Bülow a donc mis ses pas dans ceux de Bismarck, non sans
être confronté à la résistance polonaise. Dans les écoles, la langue
allemande est imposée: au début janvier 1902, un incident scolaire
dans la petite ville de Wreschen provoque des manifestations
hostiles à l'Allemagne dans... les Polognes russe et autrichienne, à
Varsovie et à Lemberg. À Varsovie, la police russe tire sur la foule, à
Lemberg, les autorités autrichiennes restent passives... ce qui leur
vaut de vives critiques du chancelier dans un discours devant le
Landtag, le 13 janvier. En 1906, 100 000 écoliers se mettent en
grève quand on leur interdit les cours de catéchisme en polonais.
Mais la question du transfert des terres reste la plus sensible: le
26 novembre 1907, lorsqu'il propose sa loi sur le «durcissement»
des procédures d'expropriation, Bülow estime qu'il a installé dans
les Marches de l'Est, depuis sa nomination à la Chancellerie en
1900, deux fois plus de familles de colons allemands que pendant
les quatorze années précédentes. Le 16 janvier 1908, il défend son
projet devant la chambre basse du Landtag, sous les huées de la
fraction parlementaire polonaise et du Zentrum catholique et sous
les applaudissements des nationaux-libéraux et des conservateurs
agrariens:

— Le premier devoir de l'État prussien est de se conserver
lui-même. Nous ne pouvons renoncer à notre protection la plus
efficace, notre politique de colonisation, au moment où elle
commence à promettre des résultats durables.

L'approbation est encore plus difficile à obtenir devant la
chambre haute, celle «des seigneurs» de Prusse. Le cardinal Kopp,

pourtant un ami très proche de Bülow, joue pour la première fois les opposants, non sans tenir un discours plus nuancé dans un tête-à-tête avec le chancelier :

— Je vous soutiens où je peux. L'Allemand est ainsi fait : la communauté de confession entre les catholiques allemands et polonais est un mot d'ordre qui agira toujours sur les Allemands. Mais qui ne fera même pas bouger un chien polonais de derrière le poêle ! Une «polonisation» de nos Marches ne répond pas, j'en suis persuadé, aux intérêts de notre Église catholique.

Pour répondre aux objections, Bülow ira jusqu'à déplorer le «juridisme» de ses compatriotes :

— Notre peuple se distingue par un vif sentiment du droit, qui est peut-être sa plus belle qualité. Le revers de la médaille, c'est une tendance, souvent dangereuse, à se perdre dans le formalisme. C'est notre habitude invétérée de juger, même des grandes questions politiques, uniquement du point de vue du droit privé...

Le chancelier recevra les félicitations de l'Ostmarkenverein, la Ligue des Marches de l'Est, pour sa «pénible mais décisive victoire». Après la Première Guerre mondiale, 700 000 Allemands «ethniques» seront expulsés des Marches, incorporées à la nouvelle Pologne.

SCANDALE À LA COUR DE PRUSSE

L'axe Holstein-Eulenburg, cette digue qui protège le pouvoir impérial, va exploser. L'ermite Holstein et le courtisan Eulenburg ont rompu leurs relations. Holstein, l'ermite, ne sort guère de son bureau exigu de la Wilhelmstrasse et n'a aucune amitié, aucun contact dans Berlin, mais il inspire, à partir de ses cornues et alambics diplomatiques, la politique étrangère du Reich, fondée sur la volonté de tenir haut le prestige de l'Allemagne et d'humilier la France, cette ennemie héréditaire – et il est largement détesté pour son influence secrète et son allure chafouine, méfiante. Eulenburg, le courtisan, est un faiseur de rois : il suggère à son ami intime, le Kaiser, qui le tutoie et qu'il vouvoie, les nominations aux plus hauts postes du Reich – mais il est terriblement envié, à la fois pour son intimité avec l'empereur, qu'il reçoit dans son domaine du Liebenberg, et pour son ambassade prestigieuse auprès de la Hofburg, à Vienne... qu'il assume en dilettante.

À l'origine de leur rupture : un différend, qui pourrait sembler secondaire. Holstein a mené campagne contre le chef de la diplomatie austro-hongroise Goluchowski, qu'il hait ; il est allé jusqu'à communiquer à l'ambassadeur autrichien à Berlin des notes manuscrites du Kaiser, défavorables au ministre viennois. Eulenburg a pensé qu'il était de son devoir, en tant qu'ambassadeur à Vienne, de soutenir Goluchowski. Leurs derniers échanges épistolaires, en forme de vœux de nouvel an, ont été des plus ambigus. Eulenburg pleure sur le passé : « Nous avons vécu ensemble tant de choses pénibles. En un sens, nous avons été soudés l'un à l'autre. » Holstein a répondu en maniant une ironie... glacée : « J'espère que ce mois glacial vous aidera, vous et votre famille, à avoir une conception sereine de la vie, si vous ne l'avez déjà. »

Eulenburg a tenté de se retourner vers Bülow, d'obtenir son appui : « Quand je pense que je n'ai fait que du bien à Holstein, que j'ai pris parti pour lui, que je l'ai aidé tant que j'ai pu, que j'ai énormément souffert pour lui, et maintenant, cette hostilité, cette haine!» Mais Bülow voit surtout l'occasion de se débarrasser de l'homme qui l'a mené à la Chancellerie: Eulenburg ne caresserait-il pas le projet de «faire» un nouveau chancelier? Il semble se poser la question à travers les réactions qu'il prête au Kaiser: «Si tu mènes cette affaire énergiquement, ce sera l'occasion de montrer au Kaiser que tu es toujours le même»; «Le Kaiser ne connaît personne, actuellement, qu'il pourrait mettre à ta place»... Bülow a donc décidé d'enfermer Eulenburg dans sa déprime, de le convaincre de quitter le service diplomatique: «Ne te laisse pas dominer à ce point, maîtrise tes nerfs! Pense d'abord au rétablissement de ta santé afin que tu puisses encore, pendant de nombreuses années, vivre, agir, employer tes riches dons de manière heureuse pour toi.» Eulenburg se laisse déjà à moitié convaincre: «Mon état de santé est un véritable martyre, c'est la pure vérité. Dix ans de travail terrible, exténuant, auprès de notre cher souverain, m'ont laissé épuisé. Selon mon médecin, je ne ferai pas long feu.» Bülow en rajoute... sur la rigidité prussienne: «Le caractère prussien est brutal. Des natures fines comme la tienne ne sont pas faites pour cela.» Eulenburg prend sa décision: il abandonne la partie. «Je ne veux plus abuser de ton amitié et supporter cette oscillation entre caprices, soupçons, compliments... Ma carrière, la politique, la vie mondaine passent au second plan. Je vois devant moi ma musique, mon paisible Liebenberg, ma famille, mon retour à la vraie vie.»

Eulenburg quitte le service diplomatique, en avril 1903... Est-ce une fausse victoire pour Bülow – et pour Holstein? L'ancien ambassadeur à Vienne reste le premier des courtisans, l'ami intime du souverain. Après vingt ans de service diplomatique, loin de se consacrer «à sa musique et à sa famille», il accompagne plus que jamais le Kaiser – dans ses croisières en Norvège, dans ses parties de chasse à Rominten, puis dans son propre château du Liebenberg où il le reçoit chaque automne. Et c'est lui qui assure la liaison avec le ministère de la Wilhelmstrasse... et qui collabore aux prises de décision politiques du Kaiser.

Après la demi-chute d'Eulenburg: la chute de Holstein – que même Bismarck n'avait pas osé imaginer, «car il pourrait bavarder à l'étranger».

Comment expliquer les imprudences de Holstein qui vont le mettre à découvert face aux attaques dont il est la cible? L'ermite a-t-il changé et rêve-t-il désormais d'être présent au monde? Le voyage du Kaiser à Tanger, qui était son invention et celle de Bülow, lui a donné l'impression de maîtriser totalement la politique étrangère allemande... Le voici multipliant les exigences, les revendications – ce qu'il n'avait jamais fait au long de sa carrière! Il intrigue pour le départ du secrétaire d'État Richthofen, qui a été nommé lors de l'accession de Bülow à la Chancellerie – en vain. Il propose sa démission. Il s'exaspère: ses rapports ne parviendraient que rarement jusqu'au Kaiser, la majeure partie resterait rangée dans les rayonnages du ministère. Comment s'étonner, dans ces conditions, que le Kaiser considère comme inefficace l'administration de la Wilhelmstrasse? Il propose à nouveau sa démission, mais il prévient: il défendra le travail qu'il a accompli «par tous les moyens à [sa] disposition». Un parfum de chantage... La réplique de Bülow claque comme une bannière dans le vent: «Rien d'important ne s'est produit dans notre politique étrangère, depuis la révocation de Bismarck et le non-renouvellement du traité avec la Russie, sans que Holstein ne l'ait conseillé.» Nouvelle menace de démission: cette fois, Holstein veut sortir de l'ombre, obtenir la direction de la division politique du secrétariat d'État – une division à laquelle serait désormais rattaché le service de presse, qu'anime le conseiller Otto Hammann.

Hammann est vulnérable, et Holstein a un dossier sur lui – qui commence comme un roman policier classique et tourne au conte de Boccace: sa femme est morte lors d'une promenade à pied en Forêt-Noire, et cette mort n'était peut-être pas naturelle; puis le chef du service de presse a eu une liaison passionnée, sous la surveillance d'un mari jaloux qui suivait de très près l'infidèle et troublait ses rendez-vous. Au demeurant, Holstein a toujours eu un dossier sur Bülow: la séduisante Marie de Camporeale, que le chancelier a épousée lorsqu'il était jeune diplomate à Rome, avait été très éprise du pianiste Karl Tausig et Holstein s'est emparé, par ruse, de sa correspondance intime – un épisode d'un passé lointain que Bülow ne voudrait pas voir resurgir sous le regard outragé de Dona et du Kaiser... Mais le chancelier est maintenant décidé à passer en force. Il rassure Hammann:

— Je comprends l'aversion morale que vous inspire ce maître chanteur. Dès qu'il ne pourra plus nuire par ses ignominies aux intérêts de l'Empire, je l'éloignerai.

Bülow n'a pas répondu aux offres de démission de Holstein, mais les a laissées en suspens. La conférence d'Algésiras s'est terminée, par un échec relatif de l'Allemagne – dans lequel Holstein a sa part de responsabilité. Le 5 avril 1906, alors que Bülow se prépare à intervenir devant le Reichstag, le nouveau secrétaire d'État, Tschirschky, présente au Kaiser... les courriers de Holstein. Guillaume accepte l'offre de démission et la signe immédiatement. Le conseiller-rapporteur est congédié, avec ses droits à pension. Dans les couloirs de la Wilhelmstrasse et dans les chancelleries européennes, c'est un véritable séisme...

Holstein en est convaincu : ce coup, qu'il n'attendait pas et qui le laisse anéanti, privé de cette fonction bureaucratique qui était devenue son élan vital, ne peut avoir été préparé que par Eulenburg. Ce dernier n'est-il pas toujours le favori du Kaiser, qui vient de lui décerner l'Aigle noir ? Les quelques lignes qu'il adresse à son ancien associé, le 1ᵉʳ mai 1906, après trois semaines de réflexion, reflètent sa fureur : « Le but que vous poursuiviez depuis de longues années – mon éloignement – est enfin atteint. Les attaques vulgaires qui sont dirigées contre moi répondent certainement à vos désirs. Sans doute est-il dangereux d'avoir des relations avec vous... Je rendrai publiques vos fautes le jour où vous ambitionnerez de revenir aux affaires. » Eulenburg se précipite à Berlin, choisit ses témoins, décide qu'il y aura échange de balles jusqu'à l'incapacité de combattre ou la mort. Effondré, le secrétaire d'État Tschirschky prévoit « un des plus énormes scandales du monde ». Un rassemblement s'opère pour éviter le duel. Des explications sous serment sont exigées d'Eulenburg, la signature d'un protocole est arrachée à Holstein : « Le prince Eulenburg ayant déclaré, sur son honneur, qu'il n'avait en aucune mesure participé à ma révocation... je retire les expressions blessantes dont j'ai usé dans la lettre que je lui ai envoyée. »

Holstein ne tient pas encore sa vengeance contre Eulenburg ; il la met dans les mains d'un des plus brillants pamphlétaires allemands, Maximilien Harden, qui a, naguère... pourfendu son action, et il lui transmet tous les documents en sa possession.

Harden se veut libéral – de la manière où le fut Bismarck après sa chute, Bismarck dont il fut alors le porte-parole dans la presse et auquel il trouvait une politesse « de grand style » et une force de séduction « pour ainsi dire lyrique ». Ses conversations avec Bismarck restent la grande aventure de sa vie... D'origine juive polonaise, sans attache avec les partis, il est un polémiste au style âpre et vigoureux ; il semble déterminé à discréditer l'entourage impérial tout en proclamant son loyalisme, son attachement à la dynastie des Hohenzollern et à la grandeur allemande – il dit poursuivre une œuvre de salubrité publique en éliminant les influences qui pourraient se révéler nocives sur le Kaiser. Après un début de carrière de comédien – il joua, pendant trois ans, les jeunes premiers sur les scènes de Berlin et de Hambourg – il a fondé pratiquement sans capitaux la *Zukunft*, « L'Avenir », un hebdomadaire aux colonnes grises, sans illustrations et qui a rapidement connu le succès : il est l'homme-orchestre de son journal, dont il rédige l'éditorial, les nouvelles brèves (*Mon carnet*) et la critique théâtrale. Son engagement dans l'affaire Eulenburg vaudra à la *Zukunft* une interdiction dans l'ensemble des gares allemandes et à son propriétaire quatre mois de forteresse, près de Dantzig.

Lorsque Holstein prend contact avec lui, Harden est un homme de quarante-cinq ans au masque glabre et dense, les yeux clairs, les lèvres serrées et une chevelure droite, «redressée sur son crâne, comme un fez» selon le chroniqueur de la *Revue blanche* qui le rencontre lors de l'un de ses séjours à Paris. Eulenburg a immédiatement perçu le danger que lui fait courir la collusion Harden-Holstein et il tente d'alerter Bülow :

— Le rapprochement évident entre Holstein et Harden ouvre des perspectives extrêmement troublantes. J'y vois non seulement la vengeance mais quelque chose de beaucoup plus dangereux et je ne puis dissimuler mes soucis.

Harden commence sa campagne dans la *Zukunft* par des avertissements discrets, en termes codés, en faisant allusion à des personnalités proches du Kaiser et en les désignant par les surnoms ésotériques qu'ils se donnent. Le Reichstag s'émeut : une interpellation est lancée sur la coterie du Liebenberg, les invités habituels du château d'Eulenburg – qui sont, pour l'hebdomadaire de Harden, les «initiés de la Table ronde impériale». Le 7 novembre 1906, le Kaiser est arrivé à Liebenberg, pour son séjour annuel à l'invitation d'Eulenburg : il ignore tout des attaques de la *Zukunft* et des inquiétudes de son entourage... car il ne lit pas directement les quotidiens et périodiques et il se limite à la revue de presse, très sélective, que lui prépare son cabinet. Dix jours plus tard, les accusations de l'hebdomadaire sont plus précises : le prince d'Eulenburg aurait une influence des plus nocives sur le Kaiser, car il lui conseillerait d'agir en autocrate. Eulenburg tente de s'appuyer sur Bülow, qui négocie un compromis secret avec Harden : Eulenburg partira pour l'étranger – il s'installera en Suisse, à Montreux – et la campagne de Harden cessera. Le polémiste aura ainsi «assaini» l'entourage du trône et écarté les influences négatives sur l'empereur.

Mais Eulenburg ne peut décidément rester éloigné de la cour : Harden et Holstein apprennent qu'il doit accompagner le Kaiser lors d'une visite protocolaire à Wiesbaden. La *Zukunft* se déchaîne, de février à avril 1907 : le groupe du Liebenberg mettrait en danger la sécurité de l'État car il compte, parmi ses associés, le premier secrétaire de l'ambassade de France, Raymond Lecomte, à la fois familier d'Eulenburg et informateur privilégié du Quai d'Orsay ;

la « table ronde impériale » serait d'autant plus vulnérable que ses principaux chefs de file, Eulenburg et l'un des membres de la famille Moltke, Kuno, commandant de la place de Berlin, auraient des tendances homosexuelles – une orientation sanctionnée pénalement par le très rétrograde code prussien. Le scandale est énorme. Il faut prévenir le Kaiser, briser la conspiration du silence qui l'encercle. Le Kronprinz se dévoue, porte au Kaiser la collection de la *Zukunft* : « Jamais je n'oublierai l'horreur et la souffrance qui assombrirent le regard de mon père, sa consternation quand, dans le parc du palais de Marbre, je lui appris les écarts de ses amis. »

L'affaire est emportée dans une spirale ascendante... Guillaume exige la démission de Kuno Moltke ; il fait demander à Eulenburg, par l'entremise de Bülow, de renvoyer sa décoration de l'Aigle noir et de s'installer définitivement à l'étranger. Moltke et Eulenburg protestent de leur innocence. Eulenburg suggère au procureur de la Couronne d'ouvrir une instruction contre Harden et la *Zukunft* mais le procureur refuse, arguant que les allégations de Harden n'ont pas troublé l'ordre public. Moltke et Eulenburg déposent des plaintes en diffamation : Harden est acquitté puis condamné à la prison en forteresse mais sa peine est cassée en appel et des magistrats, sourdement hostiles à la Couronne, parviennent à faire tourner les débats au discrédit du régime impérial... Guillaume s'en prend à la « presse juive », à « l'insolence, la diffamation, le mensonge juifs ». Eulenburg est brisé : il souffre d'une inflammation chronique du myocarde, sa fille a fui le domaine familial du Liebenberg avec son secrétaire particulier. La presse européenne s'enflamme. Dix ans plus tard, Guillaume assurera le fils d'Eulenburg qu'il est convaincu de « l'innocence absolue » du prince, « fidèle martyr du premier assaut contre la monarchie ».

JOURS HEUREUX À HIGHCLIFFE

— Ma famille et le peuple anglais tout entier accueilleront avec joie la visite prochaine de Votre Majesté.

Le ton est affectueux. Édouard VII a expressément demandé la publication de son toast, très chaleureux : il exprimait sa gratitude, non seulement aux autorités mais aussi au peuple allemand pour l'accueil enthousiaste qu'avait suscité sa très rapide rencontre avec Guillaume, à Wilhelmshöhe, le 14 août 1907. Il rappelait son ardent souhait de relations «les meilleures et les plus agréables», dans un esprit de «paix et de bonne volonté» entre les deux nations. Et il avait lancé une invitation à une visite officielle du Kaiser.

Avant le dîner, l'oncle et le neveu ont fait une longue promenade dans les environs de Wilhelmshöhe et dans la ville de Cassel, mêlant, sans contrainte, considérations politiques et réflexions privées.

Édouard VII a insisté sur l'une de ses mises en garde habituelles – sur le rôle de la presse :

— Parce que, de nos deux côtés, la presse est déraisonnable, nos deux gouvernements doivent faire preuve d'un surcroît de sang-froid.

Guillaume a demandé comment allait Eckardstein, cet Allemand le plus en vue naguère dans les salons de Londres, qu'il avait fait spontanément nommer huit ans plus tôt à l'ambassade d'Allemagne pendant sa dernière visite officielle à Victoria, et qui était devenu, pour un temps, l'intercesseur officieux entre le roi et le Kaiser. La réaction d'Édouard est méprisante :

— Je ne sais pas ce qu'est devenu ce personnage…

— Vous ne le recevez plus ?

— Oh, mon Dieu ! Il n'est plus reçu nulle part ! Il s'est comporté envers sa femme de manière très inélégante ! Vous savez qu'elle est la fille du richissime John Blundel Maple, notre grand fabricant de meubles… Eckardstein lui a extorqué des sommes de plus en plus importantes pour des spéculations hasardeuses et insensées à la Bourse. Elle s'est séparée de lui et elle a fait savoir qu'elle ne répondait plus des dettes de son mari. Il a agité la menace d'un scandale. Elle n'a pas été impressionnée. Il a introduit une plainte contre elle, l'accusant de le tromper avec son médecin. Le procès a tourné à la confusion d'Eckardstein, qui a été hué à la sortie de l'audience et a été bien près d'être rossé...

Guillaume est très irrité : il se veut le gardien des bonnes mœurs allemandes et le voici pris en défaut devant son oncle anglais !

— J'ignorais totalement cette affaire ! L'honneur de la diplomatie allemande est en jeu... Je vais immédiatement casser Eckardstein de son grade, le radier de nos cadres et faire publier tout cela dans le bulletin officiel de l'Empire.

Mais Bülow, en chancelier « de velours », convertira la sanction en simple mise en disponibilité du trublion.

L'atmosphère semble à l'apaisement en Europe. Deux mois plus tôt, le 6 juin, Guillaume, intrigué par les rumeurs de rapprochement entre la Russie et l'Angleterre, a eu une entrevue avec Nicolas II, à Swinemünde, à bord du nouveau yacht du tsar, le *Standart*. Nicolas a prononcé une allocution qui tranchait sur son laconisme habituel, rappelant avec force les relations de parenté entre les deux familles régnantes et les deux Empires à travers l'Histoire. Du même coup, Guillaume s'est enflammé : il a ignoré les quelques mots de circonstance préparés par ses services pour improviser une déclaration célébrant sa « flotte magnifique » qu'il brûlait de présenter à son « frère et ami » le tsar... avant de souhaiter à Nicolas de partager son bonheur de marin lorsqu'il aurait reconstruit la flotte russe, mise à mal par le conflit avec le Japon.

Le 15 juin, s'est ouverte à La Haye la deuxième conférence internationale de la paix – à l'invitation de la Russie, qui, en réalité, estime ne plus avoir les moyens d'une présence parmi les puissances navales. La réduction des budgets militaires et des programmes de développement naval a donc été inscrite à l'ordre du jour des discussions de La Haye mais elle s'est heurtée à la vive opposition de l'Allemagne. Devant le Reichstag, Bülow a souligné « l'irréalisme » de toute proposition sur le désarmement : il a déploré les « phrases creuses des rêveurs » et les « assurances hypocrites des envieux », qui ne visent qu'à sacrifier la sécurité de l'Allemagne. Signe des temps : son discours a été approuvé à Londres – l'Angleterre ne souhaitant pas plus que l'Allemagne un encadrement international de sa politique navale, sauf à imaginer des échanges de vues confidentiels entre Berlin et Londres. Paradoxalement, le chancelier, tout en jouant les trouble-paix, a convaincu le Kaiser de se garder de tout geste propre à le présenter comme l'ennemi de La Haye et de ne pas couvrir la conférence de ses sarcasmes. Autre signe d'apaisement : le délégué allemand, l'ambassadeur à Constantinople et ancien secrétaire d'État Marschall, s'est imposé comme la personnalité dominante de la conférence – contribuant à la création d'un tribunal d'arbitrage permanent... tout en repoussant le principe de l'arbitrage obligatoire.

Guillaume a invité le sous-secrétaire anglais aux Colonies, Winston Churchill, à assister à des manœuvres en Silésie. Churchill a vu dans le Kaiser «une personnalité fascinante» et il lui a rappelé l'amitié qu'il avait nouée avec son père, Randolph Churchill, un réformateur du parti tory ; il s'est déclaré frappé de stupeur devant la puissance de l'appareil de guerre allemand :

— Heureusement, il y a une mer entre nous !

Le voyage en Angleterre du couple impérial était prévu pour le 9 novembre 1907. Il eut un étrange prélude. Le 31 octobre, Guillaume téléphone à Bülow : il vient d'avoir un accident, un vertige, une légère syncope ; sa tête a frappé le sol ; sa femme, effrayée par le bruit, s'est précipitée dans sa chambre. Puis c'est au tour de l'impératrice d'appeler Bülow : la syncope et le choc n'ont jamais existé que dans l'imagination de Guillaume. L'affaire tourne au litige interétatique. Édouard VII est exaspéré : il a reçu l'annonce de l'annulation de la visite du Kaiser ; il déplore une décision subite, aux conséquences très défavorables sur des relations anglo-allemandes qui s'amélioraient ; il exige des explications. L'ambassadeur d'Angleterre, Lascelles, surgit, consterné, chez le chancelier : il ne comprend plus... il vient de croiser le Kaiser, galopant gaiement au milieu de ses aides de camp, dans une allée transversale du Tiergarten.

Le soir, Bülow rejoint Guillaume dans sa loge, au théâtre. Il le découvre de fort bonne humeur : son indisposition est terminée ; une promenade à cheval lui a fait le plus grand bien ; il est prêt à partir pour Londres... L'explication finale sera donnée par le maréchal de la cour : en prenant connaissance de nouvelles attaques de la *Zukunft* contre Eulenburg et ses amis, et surtout de la relation, par le *Times* des «scandales à la cour de Prusse», le Kaiser a été pris de panique à l'idée d'affronter la société londonienne sur ce fond de rumeurs sulfureuses... puis il s'est rassuré.

Dans le même temps, Tirpitz a plaidé pour le maintien du voyage. La course aux armements navals s'est intensifiée avec le lancement d'un cuirassé britannique d'un nouveau type, armé de canons

de gros calibre, le *Dreadnought*, mais Tirpitz a réalisé que l'Allemagne pourrait trouver avantage à cette révolution technique : les
armements précédents sont comme annihilés, la compétition repart
sur un pied de quasi-égalité. À la condition d'avoir les moyens
d'affronter les nouveaux coûts : or la discussion de crédits supplé-
mentaires est bien engagée devant le Reichstag – qui vient même de
ratifier la proposition de réduire la durée du service actif des navires
de guerre et donc d'accélérer la modernisation de la flotte, avec
un taux de remplacement de vingt-cinq pour cent par an. À cette
cadence, l'attaché naval britannique à Berlin estime qu'en 1911
l'Allemagne comptera deux cuirassés de plus que l'Angleterre.
Le voyage du Kaiser à Londres permettra d'éviter une réaction
brutale du nouveau maître de la marine britannique, l'inflexible
amiral Sir John Fisher, et l'attaque-surprise qu'on le soupçonne de
préparer et qui ne cesse de hanter les dirigeants allemands.

Guillaume et Dona débarquent en Angleterre, le 10 novembre.
Le 12, le grand dîner officiel de Windsor suscite, par sa magnificence,
les commentaires admiratifs de la suite du Kaiser. Édouard VII salue
malicieusement l'arrivée de son neveu, en faisant allusion à l'incident de « l'indisposition » : « Heureusement, Vos Majestés jouissent
maintenant d'une si resplendissante santé ! » Avant de souhaiter, « de
tout cœur, la prospérité et le bonheur » du grand Empire allemand…
et le « maintien de la paix ». Le lendemain, Guillaume est convié à
un déjeuner par le lord-maire de Londres au Guildhall. Très ému, il
souligne que « le sang est plus épais que l'eau » : ses liens de parenté
avec la famille régnante d'Angleterre sont plus importants que les
mers qui séparent les deux pays. À Oxford, Lord Curzon, l'ancien
vice-roi des Indes, lui remet les insignes de docteur en droit *honoris
causa* : « À Guillaume II, aussi habile dans l'art de la paix que
dans celui de la guerre. » Édouard VII s'abstient de toute discussion politique et se contente d'organiser des parties de chasse et
d'accompagner ses hôtes au théâtre. Le secrétaire au Foreign Office,
Sir Edward Grey, est responsable de la partie politique de la visite :
il affirme au Kaiser que l'alliance anglo-japonaise n'est dirigée
contre aucun pays, que le rapprochement avec la Russie a pour seul
objet la sécurité de la frontière de l'Inde et que l'Angleterre n'a
pas à critiquer les constructions navales allemandes ni à en prendre
ombrage puisque son propre budget naval est en augmentation.

Guillaume est apparu tendu et vieilli prématurément : il a surpris
Edward Grey par ses imprécations contre la « presse juive » dans
l'affaire Eulenburg – mais il a été acclamé dans les rues de Londres
et de Windsor. La visite officielle prend fin le 18 novembre ; Dona et

les dames de sa suite rentrent en Allemagne. Le Kaiser reste, à titre privé : il a demandé à louer une résidence dans le sud de l'Angleterre, «pour deux semaines de convalescence». Édouard VII a pris contact avec son ami le colonel Stuart-Wortley, propriétaire du château de Highcliffe, près de Bournemouth – qui refuse de «louer» sa résidence mais se réjouit de la «prêter» au Kaiser et à sa suite, à la condition qu'il puisse rester comme leur hôte. Rosa Lewis, la cuisinière de l'hôtel Cavendish, réputée la meilleure de Londres, accepte d'être enrôlée par le colonel... Guillaume séjournera pendant non plus deux mais trois semaines à Highcliffe et se félicitera d'avoir pu «goûter au confort de la vie familiale de la province anglaise».

Comme beaucoup d'aristocrates anglais, les Stuart-Wortley ont des liens de famille avec l'Allemagne et sont ulcérés par les attaques de la presse britannique contre le Kaiser. Ils accueillent très chaleureusement Guillaume, qui se prévaut rapidement de sa toute nouvelle intimité avec le colonel : les deux hommes parcourent ensemble la campagne du Hampshire, rendent visite ensemble aux propriétaires terriens, aux *landlords* du voisinage. Guillaume décrit son enthousiasme dans ses lettres à Dona : «Je me sens l'invité du grand peuple anglais, qui m'a accueilli les bras ouverts.» Il confie très librement au colonel ses préoccupations et ses espoirs politiques : il lui dit son attachement au pays de sa chère grand-mère Victoria et il récapitule, devant lui, tous ses efforts pour améliorer les rapports anglo-germaniques. N'a-t-il pas, aux «jours sombres» de la guerre des Boers, suggéré une ligne d'action militaire à l'Angleterre ? Certes, il ne prétend pas que la stratégie de Lord Roberts a été exactement celle qu'il préconisait... mais la reine Victoria l'a remercié pour ses conseils. Il explique les «vraies raisons» de son conflit avec Bismarck : le «vieux chancelier» voulait briser les manifestations de rue en appelant la troupe et en faisant tirer sur les socialistes... or, «jamais, face au Très-Haut, je ne me résoudrai à faire tirer sur mon propre peuple». Il revient sur le «péril jaune», qu'il a prévu «depuis vingt ans» : c'est pour prêter assistance à l'Angleterre le jour où elle sera agressée par le Japon qu'il développe sa marine de guerre.

Pendant le séjour à Highcliffe, Guillaume reste en étroit contact avec Berlin : Édouard VII a fait installer une liaison postale et télégraphique exceptionnelle. Un incident avec le chancelier Bülow, resté en Allemagne, va suivre.

Le chef de file du Zentrum, le député Spahn, interpelle, devant le Reichstag, le gouvernement, sur les actes «dignes de la Rome païenne», révélés lors des procès intentés au journaliste Harden. Le chancelier est visé, alors que le Kaiser et le Kronprinz sont remerciés pour la promptitude avec laquelle ils auraient porté le fer dans la plaie... Bülow répond, le 28 novembre, qu'il n'a eu connaissance des faits précis évoqués qu'au printemps 1907. «Qu'aurait-on dit si j'avais émis des accusations sans preuve? Ne sommes-nous pas entourés de commérages et de mensonges?» Et le chef de l'exécutif berlinois de préciser que «rien dans l'état de l'armée allemande ne rappelle la décadence de l'Empire romain». Au demeurant, «la haute moralité du couple impérial est un modèle pour le pays» et «le Kaiser balaiera sans ménagement tout ce qui ne correspond pas à la pureté de son caractère».

Les opposants insistent:

— N'existe-t-il pas une *camarilla* qui graviterait autour du pouvoir impérial?

Bülow contre-attaque:

— On appelle *camarilla* une plante vénéneuse d'origine étrangère, la plante de la coterie de cour, qui n'a aucune chance de s'implanter dans la nation allemande! Car cette plante ne peut prospérer que si le souverain vit à l'écart, manque de personnalité, n'a pas de volonté personnelle. Vous savez bien qu'on ne peut formuler de tels reproches contre notre Kaiser!

L'hilarité gagne à travers les divers groupes. Bülow sent le moment venu de porter l'estocade:

— Le député Bebel a prétendu qu'il n'y a de *camarilla* que dans les monarchies. Je lui réponds que c'est totalement faux: ne voyez-vous pas l'esprit de cour s'étendre à la tête de la social-démocratie? C'est la *camarilla* rouge à côté de la *camarilla* de cour! Laquelle est la plus redoutable? Dans l'art de l'adulation et de la flagornerie, la *camarilla* des démagogues dépasse de loin celle des courtisans du prince! Vous pouvez m'en croire: j'ai vu à l'œuvre les uns et les autres!

Et le chancelier de conclure:

— Aujourd'hui, la tyrannie d'en haut n'est plus redoutable pour un ministre. Que risque-t-il? D'être renvoyé? Est-ce un si grand malheur? Ce qu'un ministre devra redouter, de nos jours, c'est la tyrannie d'en bas, celle des démagogues, la plus écrasante et la pire de toutes...

De manière inattendue, Guillaume a très mal pris l'intervention de Bülow, intégralement rapportée par l'Agence Reuter. Il convoque sa suite à Highcliffe:

— Il est inouï que Bülow débatte de ces sujets devant le Reichstag! Il devrait être interdit de parler de *camarilla* et d'intrigues de cour dans l'enceinte parlementaire! Bülow aurait dû immédiatement refuser l'interpellation... Il n'a pas assumé ses responsabilités. Je vais rédiger un télégramme pour le lui faire remarquer.

Seul l'ambassadeur à Londres, Wolff-Metternich, a le courage d'intervenir – en quatre ans d'ambassade, il a amplement démontré son indépendance d'esprit :

— Sire, si vous lui envoyez un tel télégramme, le chancelier vous remettra sa démission par retour du courrier. Alors que, selon moi, il a rendu un plus grand service à Votre Majesté en prenant votre défense devant le Reichstag qu'en se tenant à un silence embarrassé sur des événements dont tout le monde parle...

— Je suis en total désaccord avec vous sur une éventuelle démission de Bülow. Le chancelier sait qu'on ne démissionne pas lorsqu'on est ministre, on doit attendre d'être révoqué !

Mais la colère de Guillaume semblait retombée. Il froissa machinalement la formule télégraphique qu'il s'apprêtait à expédier, il en fit une boulette qu'il lança dans la salle et se leva en maugréant :

— Eh bien, soit !

NUAGES NOIRS SUR LA MER DU NORD

Le cauchemar de Bismarck semble sur le point de se réaliser, les 8 et 9 juillet 1908 : l'ours et la baleine, la Russie et l'Angleterre, proclament leur entente, avec l'entrevue, à Reval, d'Édouard VII et du tsar Nicolas II. La France souhaitait ce rapprochement entre son alliée russe et son amie britannique ; l'affaiblissement du pouvoir tsariste, après la défaite infligée par le Japon et les troubles révolutionnaires qui ont suivi, a facilité le règlement des litiges en cours en Asie. L'ambassadeur anglais à Saint-Pétersbourg, Nicholson, et le ministre russe des Affaires étrangères, Isvolski, avaient « trois dents à soigner » : le Tibet, l'Afghanistan et la Perse. Les intérêts anglo-russes sont clairement délimités par la convention du 31 août 1907 : l'Angleterre retire sa mission militaire du Tibet, la Russie renonce à l'Afghanistan, la Perse sera soumise à l'influence russe au nord, anglaise au sud, avec une zone tampon, « neutre », au centre. C'est le modèle des accords fondateurs de l'Entente cordiale franco-britannique qui a été repris : il s'agit, en apparence, d'un simple arrangement technique pour la liquidation des contentieux coloniaux, mais une coopération politique entre les deux États peut désormais se développer librement. Le triangle France-Grande Bretagne-Russie, qui restait ouvert sur l'un de ses côtés, est désormais fermé, achevé. La Triple-Entente émerge, encore en pointillé, sans engagement d'assistance formel, alors que la Triplice se lézarde, ébranlée par les hésitations italiennes.

Cette fois, l'encerclement de l'Allemagne est bel et bien en marche : c'est la France, isolée au lendemain du conflit franco-prussien de 1870 et encerclée par le réseau d'alliances tissé par Bismarck, qui organise l'encerclement de l'Allemagne de Guillaume II. L'échec diplomatique est évident : le Kaiser a laissé dépérir l'héritage bismarckien.

Guillaume a déjà réagi : le 29 mai 1908, il a pris une posture guerrière sur le champ de manœuvres de Döberitz. Devant son corps d'officiers préféré et en présence des attachés militaires étrangers, il prononce une harangue dramatisée : « On veut nous encercler, mais le Germain ne s'est jamais mieux défendu que lorsqu'il était cerné de toutes parts. Qu'ils y viennent ! » Et le Kaiser de prendre pour guide le Grand Frédéric : entouré d'ennemis de toutes parts, il les a tous vaincus, l'un après l'autre. Deux semaines plus tard, il est acclamé à Hambourg, où il a été invité par l'Union maritime du port hanséatique. Un enthousiasme inédit, sans précédent durant son règne. Il est surpris et s'interroge. On lui répond spontanément : « C'est notre remerciement pour le discours de Döberitz ; il nous a vraiment enflammés. Ce fut une parole vraie, dite au bon moment. »

　　Bülow prêche la prudence. Rien n'est vraiment perdu, côté britannique. Le roi ne veut pas d'une guerre contre son neveu. Il aurait déclaré, selon un informateur du chancelier, qu'« il ne tolérerait pas une rupture avec l'Allemagne ». Certains officiers de marine britanniques observent avec indulgence la montée en puissance de la « plus jeune marine du monde » – pour reprendre les mots de Guillaume. Le contre-amiral Montagu s'est lié d'amitié avec le Kaiser lors des régates de Cowes et il correspond avec lui depuis octobre 2~~9~~03 : il *1903* est fier de constater que les nouveaux modèles de chaloupes et de canots dont il a équipé la Royal Navy sont repris par les navires de guerre allemands. Il adresse tout de même une légère mise en garde à Guillaume : « Ne construisez pas de nouveaux navires de guerre, Monsieur, sinon un jour l'Allemagne voudra se battre contre nous. » Une discussion intense s'engage entre Bülow et Tirpitz :

　　— Je rends hommage à votre talent d'organisateur, à votre génie, à votre patriotisme ardent. Mais pourquoi maintenir notre flotte en mer du Nord, face à l'Angleterre, au lieu de montrer notre pavillon en Méditerranée ou dans l'océan Pacifique ? Pourquoi nous concentrer sur la construction de vaisseaux de ligne et non à la fortification des côtes, voire au perfectionnement des sous-marins ?

　　Tirpitz se réfugie derrière le Kaiser : Guillaume craint la destruction par surprise par la Royal Navy de ses vaisseaux de ligne s'ils venaient à sortir des eaux allemandes… En cas de conflit, l'idée directrice consisterait en une sortie immédiate des unités allemandes, qui contraindrait les Britanniques à une bataille décisive en haute mer.

　　La volonté du Kaiser d'accélérer la construction de vaisseaux de ligne semble l'emporter sur toutes les autres considérations. Guillaume met en garde le chancelier et ses ministres : il les conjure de ne plus l'engager à modérer le rythme d'expansion de sa flotte de guerre. Le 11 août 1908, il a une rapide entrevue avec Édouard VII à Hombourg – et surtout un dialogue conflictuel avec le sous-secrétaire au Foreign Office, et futur vice-roi des Indes, Charles Hardinge, qui lui lance :

— Sire, la construction de votre flotte cause une grave appréhension dans tous les milieux anglais. Notre peuple est surexcité et inquiet.

— C'est de l'ineptie. Qui vous a conté ces sornettes ?

— Nous nous référons aux documents de l'Amirauté britannique.

— Moi, je me réfère au *Nauticus*, le manuel de notre ministère de la Marine et à ses statistiques... Considérez avec moi ces courbes de construction...

Mis au pied du mur et peu habitué à la consultation de tels tableaux, Hardinge manifeste «une stupéfaction indicible» – selon le témoignage de Guillaume... – alors que l'ambassadeur d'Angleterre, Frank Lascelles, se réjouit ouvertement du bon tour joué par le Kaiser en brandissant le *Nauticus*. L'échange reprend :

— Sire, pourriez-vous arrêter vos constructions navales ? Ou au moins produire moins de vaisseaux ? Ne faudrait-il pas trouver un arrangement pour limiter ces constructions ?

— Alors, nous vous combattrons, car c'est pour nous une question d'honneur national et de dignité.

Et Guillaume de regarder fixement Hardinge... qui s'incline et s'excuse pour ses «observations inconsidérées». Dans la soirée, il recevra des mains du Kaiser l'ordre de l'Aigle rouge de première classe.

Ultime incident : Guillaume, dans son souci de convaincre les Britanniques du caractère inoffensif de sa marine de guerre, expédie, en toute candeur, un courrier au Premier Lord de l'Amirauté, Dudley Tweedmouth : une lettre recommandée qui arrive à Whitehall par la voie postale ordinaire, portant le cachet de Potsdam et la signature de Guillaume, «amiral de la flotte». L'initiative est purement personnelle, elle n'a été partagée avec aucun membre du gouvernement, elle reflète une tentative sincère de minimiser le «danger allemand» : la marine allemande est «cinq fois moins forte que la Royal Navy» ; «elle ne menace personne et est seulement conçue pour satisfaire les besoins de l'Allemagne et de son commerce international en développement rapide». Édouard est exaspéré de ce nouveau manquement aux procédures diplomatiques ; il ironise dans une lettre à son neveu : Guillaume a-t-il inauguré une nouvelle ère des relations internationales ? La lettre du Kaiser devait rester confidentielle : une fuite opportune permet sa publication par le *Times*, avec un éditorial corrosif : «Tweedmouth est au service de quel roi ?» Le Premier Lord de l'Amirauté se défend avec dignité devant les Communes. Il est néanmoins relevé de sa charge, un mois plus tard.

Guillaume serait-il prêt à une concession de principe – donc à l'esquisse d'un dialogue avec l'Angleterre sur le niveau des armements navals? Le 3 juin 1909, Bülow ouvre à la Chancellerie une conférence gouvernementale qu'il a réunie sur l'initiative du Kaiser. Sont présents, au premier plan : le secrétaire à la Marine, Tirpitz, et l'ambassadeur à Londres, Wolff-Metternich, qui a fortement déplu à Guillaume lorsqu'il a affirmé, dans une note diplomatique : «Personne ne fera admettre aux Anglais qu'une flotte telle que la nôtre soit sans importance pour eux. Tous les arguments techniques que nous produisons pour justifier l'allure de notre développement ne font qu'augmenter leur méfiance.» Plus en retrait : les nouveaux secrétaires à l'Intérieur, Bethmann-Hollweg, peu porté sur les dossiers internationaux, et aux Affaires étrangères, Schoen, que Bülow décrit comme «craintif et aussi insuffisant que peu sûr»; le chef du cabinet naval du Kaiser, le vice-amiral Müller, encore dévoué à l'époque à Tirpitz avant de devenir son pire adversaire; le nouveau chef d'état-major général, Helmuth von Moltke, très modeste, comme s'il se sentait éclipsé par le souvenir de son oncle, le chef d'état-major de la Prusse de Bismarck et général en chef des campagnes du Slesvig puis de France.

Le chancelier donne lecture de la lettre de mission du Kaiser : il s'agit d'élaborer, à partir de propositions de Tirpitz, une formule permettant de conclure une entente avec l'Angleterre; l'empereur blâme, au passage, l'ambassadeur Wolff-Metternich qui n'aurait obtenu de Londres aucune contrepartie à d'éventuels sacrifices de l'Allemagne et qui aurait simplement transmis à Berlin les remarques britanniques. C'est sur ce dernier point – le rôle d'un ambassadeur allemand – que s'engagent les débats... Bülow est déterminé à se porter au secours de Wolff-Metternich et à rompre des lances avec le Kaiser s'il le faut.

— Parmi les personnalités réunies ce matin, il ne peut être question de susceptibilité personnelle. Nous sommes tous unis par la volonté de servir de notre mieux l'Empire et l'empereur. Mais je voudrais éclaircir un point : le premier devoir d'un représentant de Sa Majesté à l'étranger est d'exposer les situations telles qu'elles sont, dans leur vérité. Un ambassadeur qui agit ainsi sera toujours couvert par le chancelier que je suis... que cette vérité soit ou non agréable à entendre. Nous savons tous qu'il ne sert à rien de se fâcher contre le baromètre parce qu'il indique le mauvais temps... Cette remarque préliminaire faite, nous devons débattre de nos rapports avec l'Angleterre. D'après toutes les informations qui me parviennent, l'opinion publique britannique est dressée contre nous ; l'Angleterre craint intensément que nos constructions navales rattrapent les leurs et, sous l'empire de cette crainte, elle nous devient hostile partout dans le monde et tente de retourner d'autres puissances contre nous. Certains cercles anglais prédisent, avec insistance, une guerre anglo-allemande et il serait intéressant de connaître nos chances dans un tel conflit ; l'amiral Tirpitz nous dit que nous ne sommes pas encore prêts et que nous devons éviter à tout prix l'affrontement militaire. Il nous faut donc bien envisager la question d'une entente avec l'Angleterre... Mais comment parvenir à un accord ? La diplomatie seule ne suffit pas pour tranquilliser l'Angleterre. Pourrait-on, simultanément, ralentir le rythme des constructions navales, en Angleterre et ici ? Devrait-on ajouter des concessions de politique coloniale, ou commerciale ? Cela dit, il me faut préciser que nos relations avec l'Angleterre sont le seul point noir à l'horizon de notre politique extérieure. Jamais, depuis vingt ans, nous n'avons été aussi estimés, admirés et... redoutés, c'est vrai, à travers le monde.

L'ambassadeur Wolff-Metternich intervient, très calme, flegmatique. Son ton est froid. Il est sans illusions : homme de conviction, il combat la politique navale du Kaiser et il sait que, du même coup, il se marginalise :

— Il y a vingt ans, l'opinion britannique nous était favorable, ainsi qu'à la Triplice. Mais il y a eu notre attitude pendant la guerre des Boers. Et surtout notre montée en puissance navale. Ce fut là l'élément fondamental. Les Anglais se sont imprégnés de la conviction de plus en plus ferme que notre flotte les menace. Leur supériorité sur mer est pour eux une question vitale, le socle de leur sécurité. Le reste est beaucoup moins important : ils pourraient accepter la concurrence de nos entreprises sur le marché économique mondial. Ce sont les vaisseaux qui sortent de nos chantiers qui les irritent au plus haut point...

Tirpitz tente de s'aligner sur la clarté et la concision du discours de Wolff-Metternich mais il a du mal à maîtriser sa passion, ses sentiments patriotiques, sa confiance dans son œuvre de ministre de la Marine :

— Évitons les malentendus. J'ai toujours dit au Kaiser que je ne refusais pas a priori une discussion sur les armements navals avec l'Angleterre. À l'automne dernier, nous aurions pu tenter de négocier sur la base de quatre nouveaux vaisseaux pour les Anglais contre trois pour nous. Notre proposition aurait pu, alors, aboutir. Maintenant, ce serait beaucoup plus difficile... Au demeurant, je ne crois pas à un danger de guerre imminent. L'irritation britannique actuelle est suscitée par notre concurrence économique sur les marchés, voire par notre influence politique grandissante – non par notre politique navale, si on excepte les déclarations de quelques amiraux anglais surexcités. L'ambassadeur Wolff-Metternich a peut-être eu une attitude trop conciliante... Face à un gouvernement de Londres au discours belliqueux, nous n'avons pas intérêt à rechercher une entente sur la construction navale. En fait, nos mises en chantier tomberont, en 1912, de quatre à deux unités. Cela pourrait être présenté comme une concession aux Britanniques, mais laissons-les faire le premier pas...

Mis discrètement en accusation par Tirpitz, Wolff-Metternich réagit :

— Je ne vois pas où est mon «attitude trop conciliante»... J'ai indiqué aux Anglais, sur l'ordre très précis de Sa Majesté le Kaiser, que nous n'avions pas l'intention de dépasser le programme naval établi.

Par un mouvement croisé, Bülow s'en prend maintenant à Tirpitz :

— Je suis surpris d'apprendre qu'à l'automne dernier nous aurions pu négocier. Les notes que j'ai pu échanger avec l'amiral Tirpitz et mes entretiens avec lui ne me le laissaient pas soupçonner. Par ailleurs, je ne comprends pas pourquoi ce qui était possible, voire désirable, à l'automne dernier, apparaîtrait abominable aujourd'hui. Soyons réalistes : l'amiral nous dit que nous ne pouvons pas, aujourd'hui, sortir victorieux d'un conflit avec l'Angleterre et que nous devrons traverser une période dangereuse avant d'avoir atteint nos objectifs et achevé notre programme de développement naval. Il nous faut donc conclure une entente avec l'Angleterre. Bien entendu à partir de concessions réciproques et à la condition que la dignité de notre nation soit préservée.

Tirpitz se défend :

— J'ai conscience du danger présent. J'ai même fini par désapprouver l'agitation des militants des ligues de soutien à notre effort naval. J'ai indiqué à l'empereur, il y a six mois, que nous ne pourrions pas repousser une proposition britannique de réduction des constructions navales simultanément dans nos deux pays, car un tel refus nous mettrait dans une situation morale difficile.

Le secrétaire à l'Intérieur Bethmann-Hollweg tient manifestement à ne heurter ni le chancelier ni l'empereur absent... La voie médiane lui semble être celle d'un scepticisme prudent qui, en fait, ajoute à la confusion :

— Nous ne devrions prendre l'initiative d'une entente avec

l'Angleterre sur les politiques navales que si nous avons défini auparavant une proposition de négociation, mais nous n'en sommes pas arrivés là. Peut-être pourrions-nous instaurer une certaine détente avec l'Angleterre dans le domaine colonial ou de la politique commerciale, mais il faudrait que Londres renonce au protectionnisme dans ses échanges avec ses possessions outre-mer...

Le scepticisme de Bethmann-Hollweg est contagieux : Bülow suggère de renoncer, côté allemand, à la définition d'une proposition précise – qui était, pourtant, l'objet de la réunion – et de faire confiance à l'habileté manœuvrière de l'ambassadeur Wolff-Metternich...

— Nous pourrions autoriser l'ambassadeur à dire aux Anglais, sous la forme d'entretiens, que nous sommes prêts à discuter... Notre ambassadeur ne ferait pas de propositions concrètes. Il laisserait entendre que nous pourrions faire des concessions, qui pourraient consister dans le ralentissement de notre effort naval...

Moltke sort de son silence pour tourner autour du sujet débattu – de façon raisonnable et claire. Paradoxalement, le chef de l'état-major général ne parle pas en homme d'action, mais en commentateur de l'actualité.

— J'imagine que nous n'avons guère de chances de sortir victorieux d'un conflit armé avec l'Angleterre. Je suis donc, moi aussi, partisan d'une entente honorable. Sur quelles bases ? Probablement : un ralentissement du rythme des constructions. Mais ne nous dissimulons pas qu'un échec des tentatives d'entente pourrait signifier la guerre.

L'incertitude gagne décidément, au sein du cénacle gouvernemental, en même temps que le flou des interventions. Tirpitz en profite pour reprendre la main :

— Je vous rappelle tout de même que la valeur de notre flotte croît d'année en année. Si nous retardons notre progression, par exemple si nous reportons à 1925 le tonnage de notre marine prévu pour 1920, c'est l'ensemble de notre programme que nous anéantissons.

Bethmann-Hollweg l'interrompt :

— La valeur de notre programme, c'est précisément ce qui inquiète les Anglais. Que pourrait offrir notre amirauté si les Anglais proposaient une discussion amicale ?

Tirpitz se dérobe :

— Notre offre dépendra de la proposition anglaise ; elle ne peut être formulée à l'avance.

L'amiral Müller, chef du cabinet naval, fait diversion... C'est une manière de venir en aide à Tirpitz.

— Qu'il soit bien entendu qu'une entente avec l'Angleterre n'est possible que si le gouvernement de Londres offre une contrepartie dans ce même domaine des constructions navales.

Tous opinent. Le chancelier tente de revenir sur l'objet de la réunion :

— La question est toujours : puisque nous sommes dans une phase dangereuse, que l'amiral Tirpitz évalue à encore cinq années, comment sortir, en ce moment même, de la passe ?

Tirpitz est dos au mur :

— Je crois possible d'écarter le danger au moyen d'une entente sur les mises en chantier nouvelles, dans la proportion de trois unités pour nous contre quatre aux Anglais.

Bülow saisit la balle au bond. Il se tourne vers le secrétaire à la Marine :

— Alors je vous demande, pour que nous puissions en finir, d'élaborer une formule de conciliation à présenter aux Anglais, conformément aux ordres de Sa Majesté le Kaiser.

... Mais Tirpitz se dérobe, encore une fois :

— Non, pas de formule, surtout pas de formule ! Ce serait une source de malentendus dans une éventuelle négociation... L'élaboration d'une formule ne serait utile qu'en réponse à une vraie démarche des Anglais pour une entente avec nous sur la question des armements. C'est uniquement à partir de l'analyse des efforts de conciliation des Britanniques que nous pourrions discerner la formule idéale à présenter. Et surtout, l'initiative d'une négociation ne doit pas venir de nous !

La conférence a échoué dans sa recherche d'une «formule de négociation» idéale avec l'Angleterre. Tirpitz a gagné, puisqu'il ne voulait pas avoir les mains liées. Et Guillaume semble satisfait de cette absence de résultat... Il fait attendre Bülow qui doit lui rendre compte. Il ne le reçoit que huit jours plus tard, le 11 juin, pour conclure :

— De toute manière, je ne crois pas à une menace britannique. Les Anglais, seuls, ne nous attaqueraient jamais et, actuellement, ils ne trouveraient pas d'alliés. Au demeurant, s'ils nous attaquaient, nous pourrions leur faire beaucoup de mal sur mer. La prétendue agitation anglaise n'est qu'un vaste bluff, répondant à des motifs de politique intérieure. C'est l'avis de Tirpitz et je le tiens pour juste.

L'AFFAIRE DU *DAILY TELEGRAPH*

Le 28 octobre 1908, un «scoop» du *Daily Telegraph* – il faudrait plutôt parler d'une «bombe» journalistique – stupéfie l'opinion publique européenne puis provoque une véritable crise du régime impérial à Berlin. Le quotidien de Londres publie un «entretien» avec le Kaiser. Guillaume, manifestement sincère, se dit blessé par l'incompréhension dont l'Angleterre fait montre à son égard:

«Vous, Anglais, êtes fous. Pourquoi vous laissez-vous aller à des soupçons indignes d'une grande nation? Que pourrais-je faire de plus que je n'aie déjà fait? J'ai déclaré, aussi nettement que j'ai pu, dans mon discours du Guildhall, que mon cœur est à la paix et mon vœu le plus cher de vivre dans les meilleurs termes avec l'Angleterre! N'ai-je pas tenu parole? La fausseté, le mensonge sont étrangers à ma nature. Mes actes devraient parler d'eux-mêmes, mais vous ne prêtez l'oreille qu'à ceux qui les dénaturent. Je considère cette attitude comme une insulte personnelle. Être continuellement mal jugé, voir mes offres réitérées d'amitié examinées d'un œil jaloux et défiant, met ma patience à bout.

«J'ai répété dix fois que je suis un ami de l'Angleterre et votre presse, ou plutôt une grande partie de votre presse, conseille au peuple anglais de refuser la main que je lui tends et insinue que mon autre main est armée d'un poignard. Comment puis-je convaincre une nation contre sa volonté?

«Je répète que je suis l'ami de l'Angleterre. Mais vous me rendez réellement cette affirmation difficile. Ma tâche personnelle n'est pas des plus commodes. En Allemagne même, les sentiments qui l'emportent dans le peuple profond et la classe moyenne envers les Anglais ne sont pas amicaux. C'est seulement une minorité, dans mon propre pays, qui reçoit mes paroles – une minorité composée, il est vrai, des meilleurs éléments. De même qu'en Angleterre, seule une minorité est bien disposée envers l'Allemagne. Pour cette raison aussi, je vous en veux de repousser mes avances. Je ne cesse de combattre pour l'amélioration des relations germano-britanniques et vous ne cessez de répéter que je suis votre ennemi!»

Une supplication, une imploration presque larmoyante, de la part du tout-puissant empereur allemand! D'autant plus surprenante qu'elle s'appuie sur les trois «preuves» de l'amitié de Guillaume pour l'Angleterre – que le Kaiser a déjà, souvent, brandies dans ses conversations privées et que Bülow qualifie immédiatement d'«énormités» et d'«élucubrations incongrues»:

– les gouvernements russe et français auraient invité le Kaiser à se joindre à eux pour sauver les républiques boers et «humilier l'Angleterre jusqu'à lui faire mordre la poussière», mais il aurait refusé en faisant valoir qu'il ne pouvait courir le risque d'un conflit avec une puissance navale telle que l'Angleterre – il aurait même communiqué à la reine Victoria le texte exact des notes confidentielles de Saint-Pétersbourg et de Paris;

– pendant la période la plus sombre pour l'Angleterre de la guerre sud-africaine, il réaffirme qu'il aurait élaboré un plan de campagne pour les Anglais... ressemblant fort à celui que Lord Roberts aurait finalement exécuté: il précise maintenant qu'il avait fait rédiger par un officier allemand un rapport sur le nombre de combattants des deux armées et sur leurs positions, et que la stratégie qu'il proposait à partir de ces données aurait été approuvée par le grand état-major allemand;

– il affirme que l'Allemagne construit sa flotte non pour rivaliser avec l'Angleterre en Europe, mais pour l'employer, le jour venu, en Extrême-Asie contre le Japon, donc afin de se comporter en alliée de l'Angleterre en Asie...

Que s'est-il passé? L'article du *Daily Telegraph* n'est pas un «entretien» au sens classique, mais une manière d'essai qui reprend, en style direct, des remarques éparses du Kaiser lors de ses journées à Highcliffe, mais aussi lors de ses conversations plus récentes avec le colonel Stuart-Wortley, qu'il a convié à assister aux manœuvres impériales en «terre d'Empire», les 8 et 10 septembre près de Metz. Dans le but d'améliorer les relations anglo-allemandes, et par un soupçon de snobisme, Stuart-Wortley a proposé à Guillaume de publier un compte rendu de leurs échanges dans le *Daily Telegraph*, dont il fréquente le propriétaire à son club de Fleet Street. Guillaume a fini par accepter, mais Stuart-Wortley lui a envoyé une version préliminaire de l'article afin de recueillir son approbation.

On entrevoit ici les «ratés» de la puissante machine bureaucratique allemande – Bülow le reconnaît dans ses *Mémoires*: il a reçu

du Kaiser, alors qu'il est en villégiature dans son cher Norderney
– ou, dit-il, à sa table de travail, «devant cette mer que, enfant de la
basse Elbe, j'ai tant aimée depuis mes premières années» –, «un gros
manuscrit, d'une écriture entièrement illisible, sur mauvais papier
pour machine à écrire»; une lettre d'envoi demandait au chancelier s'il voyait des objections «à la publication du manuscrit dans
un journal anglais, publication désirée par Sa Majesté». Que fait
Bülow? Il n'ouvre pas le petit paquet «dont le contenu – écrira-
t-il plus tard... sans indulgence – devait faire voir les incohé-
rences, les défaillances de mémoire et toute l'impéritie politique
de Guillaume II, si bizarrement jointes à un besoin excessif de
manifestation extérieure», car il décide qu'il n'a pas le temps de le
lire et le fait suivre aux services de la Wilhelmstrasse, avec la lettre
d'envoi et une note écrite de sa main: «Prière de lire soigneusement
cet article, puis le faire copier sur papier avec marge, en écriture
de chancellerie ou mieux encore à la machine à écrire, et porter
dans la marge les corrections, additions et suppressions désirables.
Conserver pour Sa Majesté une copie avec le texte modifié. Prière
de tenir ce manuscrit rigoureusement secret et me le renvoyer le
plus tôt possible.» Que font les diplomates de la Wilhelmstrasse, qui
portent successivement leurs regards sur le fameux manuscrit – car
la relecture est déléguée d'un bureau à l'autre et échoit successivement à MM. Jenisch, Stemrich, Klemet? Ils sont saisis de respect
lorsqu'ils découvrent qu'il s'agit d'un entretien avec l'empereur et
se limitent à quelques corrections de forme. Le «petit paquet» est
de retour sur la table de travail de Bülow. le chancelier ne se décide
toujours pas à l'ouvrir et le transmet au ministre Müller, conseiller
diplomatique de la Chancellerie, «avec l'ordre formel d'examiner
de nouveau à fond cette affaire». L'entretien peut-il être publié, sans
problème? Müller répond «oui», avec emphase. Pulvérisation des
responsabilités, après l'émiettement des tâches à accomplir... Après
l'éclatement du scandale, Bülow trouvera un responsable dans la
chaîne des re-lecteurs, le malheureux conseiller de légation Klemet:

— Comment avez-vous pu laisser passer ces incroyables déclarations du Kaiser?

— J'ai eu l'impression très nette que le Kaiser tenait à cette
publication et surtout aux passages les plus énergiques.

Bülow enrage. Pour la première fois, il perd contenance au sein
de son propre service:

— N'avez-vous pas encore compris que les désirs personnels de
Sa Majesté sont parfois des fariboles?

Puis il s'en prend au secrétaire d'État Schoen et au sous-
secrétaire Stemrich, qui ont paraphé, sans le lire, le rapport de

Klemet... Il finit par proposer sa démission au Kaiser, que ce dernier refuse.

Guillaume est tellement sincère qu'il s'attendait à remporter un grand succès dans l'opinion anglaise ; il ne provoque qu'exaspération et... hilarité. Exaspération d'Édouard VII qui estime que la vérité n'a rien à voir avec le récit des échanges dynastiques pendant la guerre des Boers. Les lecteurs du *Daily Telegraph* s'esclaffent lorsqu'ils apprennent que le plan de Lord Roberts aurait eu pour véritable auteur le Kaiser ; à la Chambre des Communes, un député demande au ministre de la Guerre, Haldane, si les courriers du Kaiser, avec ses suggestions de campagne, ont été conservés dans les archives de son ministère. Haldane répond qu'il n'a trouvé aucune trace desdits courriers, dans aucun des ministères qui auraient pu être concernés... L'hilarité est, alors, générale à la Chambre. Le *Times* donne à son tour dans l'ironie – son éditorialiste feint ne rien comprendre aux questions navales : si la flotte de guerre allemande est destinée à l'océan Pacifique, pourquoi est-elle concentrée dans la Baltique et la mer du Nord, avec un rayon d'action insuffisant pour quelque croisière au long cours ? «Nous n'avons plus qu'à fermer boutique ici !» soupire l'ambassadeur d'Allemagne, Wolff-Metternich.

Dans d'autres capitales, l'exaspération tourne à l'incident diplomatique. À Saint-Pétersbourg, Nicolas II convoque l'ambassadeur d'Angleterre pour lui expliquer que le souhait de la Russie, en 1900, était seulement celui d'une médiation pacifique ; seul le Kaiser avait adopté une posture belliqueuse en préconisant une action russe à la frontière indienne. À Tokyo, le gouvernement japonais s'indigne contre le harcèlement dont il s'estime l'objet de la part du Kaiser et il le met en demeure de prouver en quoi le Japon menace la sécurité de l'Angleterre et de l'Allemagne.

En Allemagne, les révélations du *Daily Telegraph* suscitent une réprobation générale et une campagne d'une violence inouïe contre les convictions affichées par l'empereur et sa personne même. Le lien de confiance et de respect qui existait entre la nation et le monarque semble déchiré – pour la première fois depuis la création de l'Empire allemand. Une divergence de fond : alors que la très grande majorité des Allemands manifestait sa solidarité avec les Boers, considérés comme un rameau du monde germanique appelant à l'aide, le Kaiser imaginait – en collusion avec les Anglais ! – les moyens de mettre fin à l'indépendance de ce petit peuple afrikaner. Et cette divergence entraîne une revendication constitutionnelle : il faut décidément lier les pouvoirs du Kaiser et faire dépendre du parlement la nomination des ministres.

Le trouble a d'abord gagné le Bundesrat, la chambre des «princes confédérés», ce pilier du régime impérial : sa commission des affaires étrangères, qui se réunit traditionnellement à la veille de chaque session du Reichstag, bruisse d'un désaveu unanime du «style» du Kaiser – «Sa Majesté devrait enfin surveiller ses paroles et ses actes, sans quoi l'idée monarchique et l'Empire lui-même perdraient leur légitimité». Les princes allemands présents envisagent de se présenter en corps à Berlin pour exposer leurs inquiétudes au Kaiser ; alarmé, Bülow parvient à les convaincre d'abandonner ce projet – «à l'étranger, cette manifestation serait interprétée comme le... début de la fin de l'Empire». Dans la soirée, les ministres de Prusse se joignent aux membres de la commission et joignent leurs doléances à celles des autres pays confédérés, avec une recommandation forte : «Le gouvernement royal de Prusse doit mettre en garde "l'empereur et roi"» ; ce serait l'honneur du premier royaume confédéré. Le secrétaire à l'Intérieur, Bethmann-Hollweg, interpelle le chancelier, sur un ton solennel :

— Vous n'êtes pas un chancelier de cour, mais un chancelier d'État, ne l'oubliez pas !

Le ministre de la Guerre, von Einem, fait part du mécontentement des officiers :

— Les abus du gouvernement personnel, les éclats et les caprices du Kaiser ont un effet démoralisant sur le corps des officiers – qui feront leur devoir en cas de guerre, comme ils l'ont toujours fait, de la campagne contre Napoléon en 1813 au conflit avec la France en 1870, mais qui ne peuvent plus tolérer une telle confusion de l'être et du paraître chez un roi de Prusse...

Même le secrétaire à la marine, l'incontournable Tirpitz, entend exprimer des réticences :

— L'arme de la Marine est reconnaissante de l'intérêt particulier que le Kaiser lui porte mais le plus grand service qu'il pourrait lui rendre serait d'être plus réservé, plus positif, plus sérieux, plus circonspect dans sa façon d'être.

Les 10 et 11 novembre 1908, une tempête politique s'abat sur le Reichstag : les chefs de file des groupes de la majorité, soutiens naturels de la monarchie, lancent l'assaut ! Ils accusent le Kaiser de se tenir à l'écart de la nation. Le président du parti national-libéral, Bassermann, pourfend «une allégation imprudente et dangereuse de l'empereur lorsqu'il soutient que la grande majorité du peuple allemand n'aurait pas de sentiments amicaux, voire aurait même des sentiments hostiles, pour l'Angleterre». Le fait grave n'est pas la publication de ces propos : ils circulent, « de bouche en bouche », en Angleterre. Décidé à porter le scalpel sur l'ensemble des déclarations du Kaiser, Bassermann proteste contre les propos qu'il a tenus sur le rôle mondial de la flotte allemande, sa présence virtuelle comme alliée de l'Angleterre dans l'océan Pacifique : « Le Reichstag doit, au contraire, déclarer solennellement que la loi navale allemande n'a qu'un caractère défensif, que notre marine de guerre est destinée à défendre nos côtes, nos fleuves et nos villes portuaires, que surtout la grande majorité du peuple allemand, plein de bon sens et pacifique, ne considère nullement l'Angleterre et le Japon comme des puissances ennemies. » Le président du groupe conservateur, Heydebrand, s'appuie sur « l'agitation qui règne en Allemagne », qu'il décrit comme « sérieuse et profonde » : le danger serait de ne pas en apprécier toute la portée, de ne pas comprendre qu'il s'agit d'un « mécontentement de longue date, répandu même dans les milieux qui ont toujours été attachés à l'Empire » ; le chancelier et le gouvernement doivent être plus énergiques et parler nettement à l'empereur… D'autres députés conservateurs sont plus fougueux et frôlent la lèse-majesté : Libermann « regrette profondément que le Kaiser ne pense pas et ne sente pas comme un Allemand à tous les instants de sa vie » ; pour Gamp, « c'est une triste destinée pour un souverain de se trouver si souvent en désaccord avec les vues de la grande masse de la population et d'avoir, jusqu'à présent, si peu tiré les leçons des événements ». Le Wurtembergeois Conrad Haussmann, au nom du Zentrum, se réjouit de constater que le Reichstag s'est « transformé en tribunal : personne n'a défendu les actes de l'empereur et tous les partis expriment la même opinion… Les excès de langage de l'empereur vont-ils cesser? Nous voulons des garanties ». Et le social-démocrate Singer de s'exprimer, parado-xalement, avec plus de mesure – il a fait savoir, la veille, au chance-lier, qu'au-delà de désaccords en politique intérieure, son parti entend veiller à l'image internationale de l'Allemagne et éviter de la déchirer dans un débat parlementaire! Il pose, néanmoins, la question constitutionnelle, dans son aspect le plus sensible – la compétence régalienne par excellence, celle qui avait divisé, au début de la Révolution française, l'Assemblée nationale consti-tuante : « Le Reichstag doit se créer un moyen d'action sur le Kaiser et le chancelier pour en finir avec les incidents nés de discours, de lettres, de télégrammes… Il faut modifier la constitution de manière à laisser au peuple la responsabilité de la paix et de la guerre. »

Après le Reichstag, la presse se déchaîne. Comme au parle-ment, les organes réputés les plus favorables à la monarchie, multi-plient les philippiques. La très pangermaniste *Tägliche Rundschau*, connue pour son indulgence habituelle face aux foucades du Kaiser, constate que «des millions d'hommes ont compris, ces jours derniers, combien le bonheur et le malheur de l'Empire dépendent de la volonté d'un seul; or, celui-ci n'a rien fait pour les rassurer». La *Morgen Post*, qui se définit comme «le journal des royalistes», gémit: «Le trésor de sentiments monarchistes, que Guillaume Ier a laissé à son successeur, est sans doute très riche. Mais l'héritage le plus considérable peut être dilapidé... En face des droits du monarque, il y a des devoirs dont la violation peut saper les fondements d'une monarchie.» La *National Zeitung*, organe du parti national-libéral, lance une mise en demeure: «Le sentiment unanime du peuple allemand se traduit par cette phrase: on ne saurait et on ne pourrait continuer à gouverner ainsi.» Un sentiment auquel s'associe le sociologue Max Weber: «L'Allemagne est méprisée par l'ensemble du monde parce que nous avons accepté le régime personnel d'un homme que nous acceptons, que nous excusons.» La *Kreuzzeitung* – la «Gazette de la Croix»... et des junkers – exprime son inquiétude: «Nous ne renonçons pas à tout espoir. Ce ne sont pas des garanties sur le papier mais une détermination générale de l'empereur qui, seule, peut combler l'abîme menaçant, ouvert entre lui et son peuple»... Et elle incite le Kaiser à «demander conseil à Dieu et à sa conscience; il comprendra, alors, que les prières que lui adresse la nation sont complètement justifiées». *Vorwärts* – le quotidien historique de la social-démocratie, dirigé par Wilhelm Liebknecht et illustré, trente ans auparavant, par les critiques d'Engels contre le philosophe Eugen Dühring – ironise sur «la tragicomédie et la farce» auxquelles se résume une «vie constitutionnelle allemande, désormais caduque» et prévient: «l'empereur Guillaume devra se plier aux conséquences de ses fautes».

La censure ne fonctionne plus: seule la *Zukunft* de Harden est saisie, un peu par habitude. D'un titre à l'autre, éditorialistes et caricaturistes rivalisent: l'organe social-démocrate de Cologne, la *Rheinische Zeitung*, décoche un trait acéré au Kaiser: «Il voit tout dans une chambre noire, la tête en bas.» Dans la feuille humoristique *Simplizissimus*, le vieil empereur Guillaume implore la grâce du Seigneur pour son petit-fils: «Il est tout de même empereur par la grâce de Dieu.» Et Dieu, mécontent: «Vous voulez m'en rendre aussi responsable!» Dans les théâtres berlinois, les chansonniers montent eux aussi en ligne et s'en prennent au Kaiser.

Guillaume a fui Berlin. Il a laissé le chancelier faire face au Reichstag et à l'opinion, après lui avoir glissé: «Aidez-moi! Sauvez-moi! À tout prix, tirez-moi de là. Je me souviendrai de vous, matin et soir, dans mes prières...» Fuite? Le terme est, pour une part, inexact: Bülow a conseillé au Kaiser de ne rien modifier aux activités qu'il avait prévues afin de ne pas dramatiser davantage ces journées de contestation...

L'empereur rejoint donc son nouvel ami, l'archiduc François-Ferdinand d'Autriche, pour trois jours de chasse aux cerfs, dans son domaine de Blühnbach. François-Ferdinand s'adonne avec passion au sport préféré des Habsbourg. Passion ou addiction? Il tapisse de ses trophées de chasse tous les murs et les couloirs de son château de Konopischt. Il se prévaudra d'un tableau de chasse de près de 300 000 pièces, dont des grands fauves, abattus dans les Carpates et en Asie. Puis Guillaume se rend en Bavière, à Donaueschingen, dans la résidence du prince Egon de Fürstenberg, cette fois pour une chasse aux renards. Fürstenberg est allemand, mais il détient de nombreux titres de noblesse austro-hongrois et il siège, de droit, aux chambres hautes de Prusse, d'Autriche, du grand-duché de Bade. François-Joseph le juge «très léger» et indigne de l'amitié de Guillaume... mais sa «légèreté viennoise» distrait le Kaiser en ces jours sombres. Fürstenberg a organisé, dans la grande salle de son château, un spectacle de «café-concert»: le général Hülsen-Haeseler, chef de la maison militaire du Kaiser, se produit, travesti en ballerine, en tutu rose – un numéro parodique qui a déjà souvent diverti le Kaiser, lors des soirées à bord du *Hohenzollern*. Hélas! Cette fois, le général de cinquante-six ans s'effondre, à la recherche de son souffle, et les médecins ne peuvent le réanimer.

Cet incident tragique a raison de la résistance nerveuse du Kaiser, qui reste prostré pendant les semaines qui suivent. Il s'alite. Il envisage d'abdiquer. Le Kronprinz déclare à Bülow qu'il est prêt à prendre sa succession. Dona veille Guillaume et l'aide à retrouver son équilibre.

Pendant quelques jours, confronté au torrent de colère du Reichstag, Bülow s'est senti seul responsable du destin de l'Empire. Il lui fallait d'abord contenir l'insurrection parlementaire, la canaliser. Lorsqu'il répond aux interpellateurs, il commence par reprendre, adoucir, redresser les déclarations de l'empereur au *Daily Telegraph*: les efforts de Guillaume pour empêcher une intervention franco-russe dans la guerre des Boers? Ils étaient connus depuis longtemps. Le plan de campagne communiqué aux Anglais? Il ne s'agissait pas d'un plan détaillé, mais de «quelques conceptions académiques», d'«aphorismes»... Un mot qui, sur le coup, provoque des éclats de rire sur les travées socialistes. Le chancelier se tient à son sérieux de maître d'école:

— Je voudrais faire observer aux honorables parlementaires que nous sommes engagés dans un débat important, à grande portée politique. Je réclame le silence...

Et Bülow de poursuivre sa relecture et sa correction des propos de Guillaume : il est vrai que deux chefs d'état-major successifs ont été consultés par le Kaiser sur la guerre des Boers, comme ils le sont sur tous les événements militaires, mais leurs rapports n'ont pas été transmis à Londres. De nombreuses expressions contenues dans l'article du *Daily Telegraph* n'ont pas été heureuses et suscitent des malentendus : on ne peut parler d'une hostilité du peuple allemand à l'Angleterre, mais au contraire de son souhait de relations paisibles et amicales ; il est faux d'évoquer des intentions agressives de l'Allemagne à l'encontre du Japon, alors qu'elle souhaite participer au commerce de l'Asie orientale ; et il est évident que les constructions navales allemandes n'impliquent aucun projet belliqueux dans le Pacifique... ou en Europe.

Sous l'exposé apaisant de Bülow, l'assemblée semble avoir retrouvé son calme habituel. Le chancelier en profite pour délivrer une rapide apologie du Kaiser :

— On est très injuste envers l'empereur quand on doute de la pureté de ses intentions, de son idéalisme, de son amour profond de la patrie.

Puis viennent les paroles décisives, par lesquelles le chef du gouvernement veut définitivement rassurer les parlementaires... et assurer sa victoire personnelle. Des paroles qui lui seront reprochées plus tard car elles ne peuvent que blesser l'amour-propre du Kaiser :

— Les propos que l'empereur a tenus en Angleterre n'ont pas produit l'effet qu'en attendait Sa Majesté, mais ont causé dans notre pays une profonde émotion et de douloureux regrets... Cela amènera Sa Majesté, j'en ai la conviction, à observer à l'avenir, même dans ses conversations privées, cette réserve qui est indispensable aussi bien à une politique gouvernementale cohérente qu'à l'autorité de la Couronne.

Et Bülow d'aller jusqu'à préciser que «s'il n'en était pas ainsi», les responsabilités des événements à venir ne pourraient être assumées ni par lui, ni par son éventuel successeur.

Ainsi le chancelier s'est-il nettement distancié de la politique et de la personne du Kaiser. Il l'a présenté comme un naïf bien intentionné, qui a délivré un message avec candeur sans en apprécier la portée assassine... Et surtout il lui a adressé une manière d'ultimatum : le Kaiser devra se comporter en souverain constitutionnel – sans quoi il ne pourra plus compter sur le concours du chancelier présent ou futur.

Alors qu'il regagne la Chancellerie à pied, à travers le Tiergarten, Bülow croise Bassermann, le chef de file national-libéral, qui lui serre la main :

— Je vous félicite. Aujourd'hui, ce fut un coup de maître d'homme d'État et d'orateur.

Un silence...

— Mais que vont devenir vos relations avec l'empereur ?

Guillaume est de retour à Potsdam. Le 17 novembre, il reçoit Bülow au Nouveau Palais. L'impératrice se porte à sa rencontre, sur la terrasse :

— Soyez très bon et très doux avec le Kaiser. Il est tout à fait brisé.

Guillaume l'entraîne dans son cabinet de travail. Il a, de fait, l'air abattu.

— Vous m'aviez souvent mis en garde. Vous m'aviez prédit tout cela. Et maintenant, que va-t-il arriver ? Pourrons-nous sortir de tout cela ? Que souhaitez-vous que je fasse ? Que je rédige un message au peuple ?

— Il n'est pas question d'exiger une capitulation de Votre Majesté, mais simplement de donner des assurances pour l'avenir. Ce que veut la nation, c'est un retour aux normes constitutionnelles. Voici le projet de déclaration que j'ai rédigé : « Sa Majesté a écouté avec gravité l'exposé que le chancelier lui a présenté de l'émotion du peuple allemand et des débats au Reichstag, puis a formulé sa volonté comme suit : sans se laisser égarer par les exagérations de la critique publique qu'il trouve injustes, l'empereur estime que son premier devoir est d'assurer la continuité de la politique de l'Empire, tout en maintenant les responsabilités constitutionnelles. »

Guillaume approuve... avec empressement. Quatre jours plus tard, il apparaît à l'hôtel de ville de Berlin. Il répond au discours du premier bourgmestre, non par une allocution improvisée, comme à son habitude, mais en prenant ostensiblement des mains de Bülow le texte préparé par la Chancellerie et en le lisant d'une voix forte.

Ainsi le Kaiser vient-il de faire ses débuts de souverain constitutionnel.

Plus tard, son orgueil blessé réémergera.

Pour l'heure, il reste sombre et taciturne. Il craint d'avoir perdu l'amitié de son peuple. Il est hanté par le souvenir des attaques du Reichstag contre le trône des Hohenzollern. Il a perdu confiance en son destin. C'est le temps des désillusions.

CINQUIÈME PARTIE

L'ÉPREUVE DE FORCE

BOSNIE: UN SUCCÈS AUTRICHIEN

Guillaume sait maintenant que Bülow ne sera pas son Bismarck: dans la tempête déchaînée par ses confidences au *Daily Telegraph*, il a vu s'éloigner le chancelier qui a semblé céder à la logique parlementaire. Bülow va argumenter, défendre la stratégie qu'il a adoptée: aller au-devant des critiques, se résoudre à reconnaître des erreurs, faire «la part du feu» pour, finalement, sauvegarder le trône. Le Kaiser n'est pas convaincu: il a l'esprit rectiligne, monolithique, d'un monarque de droit divin, étranger aux considérations tactiques; le chancelier aurait dû combattre à son côté, ne pas prendre une telle distance. Mais Guillaume ne peut pas se séparer immédiatement de «ce fourbe de Bülow», dont le savoir-faire diplomatique sera nécessaire dans la crise de Bosnie-Herzégovine qui vient d'éclater.

Trente ans plus tôt, en 1878, le statut de l'ancien royaume de Bosnie et du duché d'Herzégovine avait été provisoirement fixé par le Congrès de Berlin, réuni par Bismarck – qui se comportait en «honnête courtier» de l'Europe... ou en chef de file de ce «gouvernement de fait» de l'Europe qu'était le Concert européen. Le soulèvement de la Bosnie-Herzégovine en 1876 contre l'autorité ottomane avait ouvert la troisième grande crise orientale du XIXe siècle: face aux beys bosniaques, des Slaves islamisés, «plus turcs que les Turcs» par leur fanatisme religieux et leur conservatisme social, qui dominaient les villes et détenaient le pouvoir politique, les paysans de Bosnie, en majorité orthodoxes, apparaissaient comme les plus pauvres et les plus opprimés des Balkans. À Berlin, les «Puissances» avaient donc dessiné une nouvelle carte balkanique: par l'article 25 de l'Acte final de Berlin, la Bosnie-Herzégovine était confiée à l'administration de l'Autriche-Hongrie, à son occupation militaire, mais les provinces – le *pachalik* – restaient sous la souveraineté théorique du sultan. Du côté austro-hongrois, le commandant en chef de l'armée représentait l'empereur à la tête des territoires et le ministre des Finances de la Double Monarchie avait en charge l'administration civile, par le biais d'un gouverneur aux très larges pouvoirs, résidant à Sarajevo. Après trente années de présence, l'Autriche-Hongrie soulignait la modernisation accomplie, le réseau ferroviaire et routier, les hôpitaux, le tissu urbain des principales cités – tandis que les nationalistes serbes, qui avaient toujours eu des visées sur la Bosnie dans le but de constituer une «Grande Serbie», critiquaient l'alourdissement des impôts et les dépenses militaires, qui ne profitaient pas aux populations.

En 1908, la nouvelle crise bosniaque se ramène à un coup de tête autrichien et à une nouvelle humiliation pour la Russie. L'Autriche-Hongrie souhaite convertir en annexion de plein droit l'administration de la Bosnie. Le statut défini à Berlin n'était que provisoire... Pendant le Congrès, l'Autriche-Hongrie et la Russie avaient échangé des déclarations écrites: la Russie ne ferait pas obstacle à une annexion autrichienne, si elle était décidée dans l'intérêt des Balkans et de la paix européenne. En outre, l'Autriche-Hongrie est maintenant incitée à prendre cette initiative par la révolution «jeune-turque» qui vient d'ébranler l'Empire ottoman: les officiers progressistes du comité «Union et Progrès», formés à l'étranger et dans les loges maçonniques de Salonique, ont dispersé l'entourage du sultan, ne lui laissant plus qu'une façade de pouvoir... Il est temps pour Vienne de procéder à une nouvelle répartition des territoires ottomans, alors que leur souveraineté théorique peut toujours être brandie par les «Jeunes-Turcs». De son côté, la Russie veut compenser l'humiliation de sa défaite face au Japon par l'ouverture des Détroits de la mer Noire aux navires russes. Un échange de bons procédés serait-il possible?

Deux personnalités fort opposées s'agitent sur le devant de la scène, dans un imbroglio qui tourne au vaudeville diplomatique. Le ministre austro-hongrois des Affaires étrangères, Aloys Aehrenthal, a fait presque toute sa carrière de diplomate à Saint-Pétersbourg, comme secrétaire, conseiller puis ambassadeur, et il croit bien connaître les Russes. Il est le petit-fils d'un marchand de grains juif de Prague, anobli – Aehrenthal signifie «vallée des épis» – et ses ascendants se sont unis à la haute noblesse autrichienne. L'esprit aigu, très actif, il se donne, par coquetterie, l'allure lasse, réservée, indolente du diplomate-type... tel qu'il l'imagine. Grand, un peu voûté, les paupières mi-closes, la démarche élégante, il fait contraste avec son collègue Alexandre Isvolski, le chef de la diplomatie russe – un physique de Kalmouk, petit, inquiet, agité.

Ambitieux et irréfléchi, Isvolski est prêt à tout sacrifier pour

réaliser les aspirations russes séculaires d'accès aux mers chaudes
– et de passage par les Dardanelles. Aehrenthal invite Isvolski à
le rencontrer, le 15 septembre 1908, en Moravie, au château de
Buchlau, propriété de l'ambassadeur autrichien à Saint-Pétersbourg, Berchtold. Un accord de principe est rapidement réalisé sur
le principe de l'annexion envisagée, mais aucune date n'est arrêtée et
il n'est même pas dressé de procès-verbal officiel des conversations.
Isvolski a cru qu'il aurait le temps d'informer le tsar et de préparer
les cercles gouvernementaux russes... La proclamation d'annexion
de François-Joseph, le 5 octobre 1908, prend l'Europe par surprise :
à Constantinople, des sujets autrichiens sont malmenés et le boycott
des produits autrichiens est édicté ; à Belgrade, la foule serbe, qui
considère la Bosnie comme son Alsace-Lorraine, manifeste, le
prince héritier en tête du cortège ; la presse russe, survoltée, prend
parti pour les Serbes ; Isvolski, en posture d'accusé devant son
gouvernement, accuse Aehrenthal de mensonge, mais se heurte à
ses démentis. C'est une nouvelle crise orientale... L'Europe est en
émoi. Isvolski, surexcité, les traits contractés, visite en zigzag les
diverses chancelleries européennes, se répandant sur «l'affreux juif
Aehrenthal qui m'a trompé, m'a menti, m'a mis dedans». Bülow
s'enfonce les index dans les oreilles :
    — Tant que vous direz du mal de mon ami Aehrenthal, je serai
sourd.
    Guillaume convie le ministre russe à déjeuner au château royal,
mais multiplie les calembours et refuse tout débat sérieux. Isvolski
se retire avec mélancolie :
    — Le Kaiser s'est beaucoup égayé à mon sujet. J'ai eu l'honneur
de lui servir de tête de Turc.

    Guillaume est indigné d'avoir été mis devant le fait accompli par
les Autrichiens :
    — J'ai été le dernier à entendre parler de l'annexion !
    Quel parti prendre ? Il craint aussi une perte de prestige pour la
Turquie, dont tant de jeunes officiers ont été formés par la mission
militaire allemande. Bülow plaide pour un soutien à l'Autriche :
c'est le seul allié sûr de l'Allemagne. Par l'annexion de la Bosnie,
Vienne contrecarre les projets de «Grande Serbie». Et l'affaire
permettrait d'instiller la discorde au sein de l'Alliance franco-
russe : la France n'a pas d'intérêt direct en Bosnie ; il est douteux
qu'elle suive la Russie lors d'une éventuelle montée aux extrêmes ;
le clan francophile de Saint-Pétersbourg s'en trouvera affaibli.
Guillaume se laisse convaincre : il reprend la posture du «seigneur
de la guerre». Il écrit à son ami, l'archiduc héritier François-Ferdi-

nand : « Je suis prêt à tout ce que Dieu pourra décréter. Je garde ma poudre au sec et reste sur mes gardes. Vous pouvez compter sur nous. » Il autorise son chef d'état-major, Moltke le jeune, à préparer des plans militaires communs avec le commandant en chef autrichien, Conrad von Hötzendorff. Pourtant, il reste partisan de la paix et recherche une éventuelle médiation... Les chefs de l'armée allemande commencent à prendre conscience de l'indécision du Kaiser. Le général von Lynker, à la tête de sa maison militaire, lance :
— Tout ce qui nous éloigne de la gloire est toujours dû à l'influence négative du Kaiser.

Comment sortir de la crise ? Un coup brillant de Kiderlen-Waechter, ce proche de Guillaume, qui vient d'être rappelé à Berlin après dix ans de disgrâce à Bucarest, va transformer l'indécision du Kaiser en succès diplomatique. Kiderlen sait la faiblesse de la Russie, son impuissance à réagir ; il prépare un télégramme-ultimatum, expédié le 21 mars 1909 à Saint-Pétersbourg : la Russie est-elle prête, oui ou non, à accepter l'annexion de la Bosnie par l'Autriche ? Le ton est menaçant. Les Russes cèdent. Au risque de perdre tout prestige, le tsar adjure les Serbes de renoncer à une action contre l'Autriche. La crise est résolue.

Le 13 mai, à la Hofburg de Vienne, Guillaume prononce l'un de ses discours les plus enthousiastes : la paix du monde a été sauvegardée parce que le Kaiser s'est dressé, « épaule contre épaule », dans son « armure étincelante », au côté de « l'auguste et vénéré empereur François-Joseph ».

Un succès diplomatique trop facile ? Un précédent aux conséquences tragiques pour l'avenir ? De la passivité de la Russie dans l'affaire de Bosnie, l'Autriche-Hongrie déduira, cinq ans plus tard, que la Russie ne réagirait pas à une nouvelle humiliation des Serbes...

Bülow a finalement remis sa démission : le projet de loi sur les successions, dont il avait fait la pièce maîtresse de sa réforme fiscale, a été repoussé par le Reichstag, par 195 voix contre 187. Les nationaux-libéraux et les socialistes ont soutenu le chancelier ; le baron von Richthofen-Darmsdorf, un conservateur de vieille roche – il administre en Silésie le domaine de ses ancêtres et il est chef d'escadron de réserve des cuirassiers de la Garde –, a mené l'assaut des junkers, convaincus que le nouvel impôt allait ruiner l'aristocratie prussienne.

Le 26 juin 1909, douze ans jour pour jour après sa première audience auprès du Kaiser et sa nomination au secrétariat d'État, Bülow a rendez-vous avec Guillaume, cette fois encore à Kiel et à bord du *Hohenzollern* – mais ce sera une audience pour fin de mission ! Le nouveau chef du cabinet civil du Kaiser, von Valentini, est venu le prendre à Berlin et l'accompagne dans son voyage en train :

— Je regrette vivement votre départ. Vous allez laisser un grand vide, surtout en politique extérieure. Contrairement à ce que vous pensez, ce n'est pas l'affaire du *Daily Telegraph* qui a mécontenté l'empereur : vous lui avez fait franchir cette crise avec une merveilleuse habileté, un admirable mélange de calme et d'énergie. Ce qui a éloigné l'empereur, lui a inspiré une méfiance croissante, une inquiétude véritable, c'est votre propension à jouer le jeu parlementaire, comme en Angleterre, en Belgique, en Italie... Notre Kaiser ne veut pas du régime parlementaire. Le gouvernement de ses vœux, c'est un vigoureux régime monarchique !

— Je n'ai jamais eu l'intention d'introduire un régime parlementaire chez nous. Les conditions préalables ne sont pas remplies. Notre administration, notre armée, toute l'organisation de la Prusse supposent une colonne vertébrale plus forte. Ce que je voulais, c'était faire davantage appel aux membres du Reichstag, parlementariser lentement et avec prudence l'Allemagne. Que trois ou quatre députés deviennent ministres ou secrétaires d'État et le niveau du Reichstag s'élèvera. Mais je ne souhaitais rien changer aux responsabilités politiques : la survie du cabinet serait toujours liée à la confiance du Kaiser, non aux majorités du Reichstag.

— Jamais Sa Majesté n'entrera dans vos plans de «parlementarisation». Ce qu'elle veut, c'est le contraire : accentuer ce que vous appelez son gouvernement personnel.

— C'est dangereux. Où voulez-vous en venir ? À la situation de la Russie ?

— Pas exactement, mais dans le même genre qu'en Russie. En tenant compte de l'identité allemande. Il faut que le Reichstag soit davantage tenu en bride. Sa Majesté trouve que vous cajolez trop le Reichstag, que vous prononcez trop de beaux discours et que les députés sont devenus impertinents... Sa Majesté estime depuis longtemps, Excellence, que vous tenez trop de place...

Guillaume attend Bülow à la coupée du *Hohenzollern*. Il est nerveux, agité... et embarrassé.

— Pour ce qui est du futur chancelier, mon cher Bülow, ne vous tourmentez pas ! J'ai choisi Bethmann-Hollweg. Vous serez certainement d'accord avec moi. C'est un homme foncièrement loyal, un travailleur colossal et il a du cran. Il va me rabrouer le Reichstag. Un autre point, symboliquement important : c'est chez lui, à Hohenfinow, que j'ai tué mon premier chevreuil.

— Si Votre Majesté a déjà fait son choix, je n'ai plus qu'à dire, avec Hamlet : le reste est silence.

— Expliquez-moi vos scrupules. Mais je suis très pressé, car je dois déjeuner chez le prince de Monaco.

— En politique intérieure, Bethmann est peut-être le meilleur. Avec lui, la gauche trouvera à qui parler. Il ramènera le Zentrum dans la majorité. Les conservateurs sont bien disposés envers lui. Mais il n'entend rien à la politique internationale...

— La politique internationale, je m'en charge ! Avec vous, j'ai beaucoup appris. Tout ira bien.

— Je l'espère. Mais Votre Majesté a besoin d'un collaborateur dans ce domaine. Le secrétaire d'État Schoen est un incapable.

— Il a fameusement réussi dans la question de Bosnie, me semble-t-il.

— Parce qu'il était sous mes ordres.

— Ce qui allait bien sous vos ordres, mon cher Bülow, ira sans doute aussi bien sous les miens.

— Sur le fond des dossiers, permettez-moi de faire deux recommandations graves et urgentes à Votre Majesté.

Guillaume, dans un grand geste d'impatience, consulte sa montre-bracelet :

— Mon cher Bernard, je n'ai vraiment plus le temps.

— Ce que je veux vous dire, je vais le dire à la volée... Mon premier conseil : efforcez-vous de parvenir à un arrangement naval avec l'Angleterre.

Guillaume est très agacé :

— Vous revenez encore à cette affaire ! Je vous ai fait savoir verbalement, par écrit et par je ne sais combien de notes en marge de vos courriers, que je ne donne la parole à personne sur le chapitre des constructions navales ! Toute proposition d'arrangement est une humiliation pour moi et ma marine !

— Je n'ai jamais donné à Votre Majesté un conseil contraire à son honneur ! Et notre honneur ne serait pas atteint par un beau geste qui diminuerait la crainte qu'inspire aux Anglais le rythme de nos constructions navales. Le danger de guerre s'en trouverait diminué.

— Je ne crois pas au danger de guerre... Regardez ces puissants cuirassés qui entourent le *Hohenzollern*, devant nous. N'est-ce pas la meilleure des garanties de paix ?

— Je ne pense pas à un assaut par surprise de l'Angleterre – comme lorsque Nelson attaqua Copenhague et détruisit la petite flotte danoise. Mais je crois que si nous forçons – je dis bien : si nous forçons – la cadence de nos constructions navales, l'Angleterre irritée pourrait se tourner contre nous à la première complication internationale...

— Mon cher Bülow, je veux me séparer de vous en bons termes et en paix. Pourquoi revenir sur ce débat?

— Parce que c'est le bon moment. Je quitte mes fonctions. Un nouveau chancelier va être nommé. C'est l'occasion d'un nouveau départ.

— L'Angleterre ne viendra jamais dicter ses ordres quant au rythme de nos constructions navales! Quelle est votre seconde recommandation?

— Ne pas renouveler l'affaire de Bosnie.

— Mais ce fut un triomphe!

— En politique internationale, les événements se reproduisent rarement à l'identique. Nous avons eu un concours de circonstances favorables, qui ne se répétera plus.

— Vous pensez que nous devons être prudents dans les Balkans?

— Oui. Et ménager les Russes à l'avenir.

— Bien. Je ne l'oublierai pas, soyez tranquille.

LA *PANTHER* À AGADIR

Loin des débats du Reichstag et des tumultes européens, Guillaume redécouvre, chaque année, un calme intérieur, sous le ciel ionien, dans le palais de l'Achilleion, sur la côte orientale de l'île de Corfou : un vaste bâtiment néoclassique de marbre blanc, construit pour Élisabeth d'Autriche, qu'il a racheté en 1907. Au milieu des colonnes doriques, sur la terrasse encadrée de centaures, il retrouve ses rêves de grandeur : il a même fait remplacer la statue d'Achille mourant, d'Ernst Herter, chère à « Sissi », par un Achille triomphant de Johannes Götz, de 11 mètres de haut, en tenue d'hoplite – avec, à son pied, cette dédicace : *Au plus célèbre des Grecs, le plus célèbre des Allemands.*

Les rumeurs de guerre ne parviennent qu'assourdies. D'autant plus que Guillaume se passionne pour des fouilles archéologiques, autour du village de Garitsa, avec Wilhelm Dörpfeld, qui s'est illustré dans les recherches d'Olympie. Lorsque le ministre Kiderlen a commencé à l'entretenir, par une dépêche télégraphique, du projet d'intervention allemande à Agadir, sa première réaction a été de « s'opposer immédiatement et fermement à l'envoi de navires de guerre ». Il reste meurtri par l'affaire de Tanger et ne veut plus avoir à traiter d'un dossier marocain. Kiderlen l'abreuve de nouveaux télégrammes : les Français établissent bel et bien leur protectorat sur le Maroc ; l'Allemagne doit réagir, exiger des compensations. De Corfou, le Kaiser réplique : pourquoi serait-ce toujours à l'Allemagne de réagir ? L'Espagne, qui a au Maroc des intérêts internationalement reconnus, pourrait s'exprimer au nom des « Puissances »...

En mai 1911, Guillaume est de retour en Allemagne. Dans un nouveau mémoire, Kiderlen préconise l'envoi de navires de guerre sur la côte marocaine, à Mogador et à Agadir : plusieurs sociétés allemandes sont implantées dans ces régions et il faut les protéger, puisque l'anarchie gagne au Maroc ; l'Angleterre ne prendrait pas ombrage de cette démonstration navale car ces localités de la côte atlantique sont éloignées de la Méditerranée, son domaine incontesté; un succès diplomatique s'annonce facile, et l'octroi de compensations territoriales à l'Allemagne... Guillaume semble presque convaincu par ce plaidoyer, mais il ajourne toute décision : il doit se rendre en Angleterre et il pourra sonder l'opinion britannique...

Édouard VII s'est éteint, le 6 mai 1910. Soudain, il n'est plus apparu à Guillaume comme «l'homme qui encerclait» l'Allemagne et qu'il qualifiait de «démon» dans les banquets de Potsdam, mais comme son oncle bien-aimé. À Westminster, au pied du catafalque, il a étreint les mains de son cousin George V. Il a traversé Londres à cheval, dans le cortège funéraire, et a été sensible aux manifestations de sympathie de la foule. L'Angleterre est bien sa «seconde patrie»... Un an plus tard, en mai 1911, il assiste à l'inauguration d'un monument à la gloire de la reine Victoria. Accompagné de Dona, il est acclamé dans les rues de Londres et au théâtre. Il n'a jamais trouvé un climat aussi «ouvert et amical» à Buckingham. Il assure George V que «l'Allemagne ne fera jamais la guerre pour le Maroc». Ce sera le dernier voyage de Guillaume en Angleterre.

Alfred von Kiderlen-Waechter est devenu le chef de file de la diplomatie allemande. Guillaume était réticent : il craignait son caractère trop indépendant, son arrogance, son entêtement, son «insubordination» – Kiderlen reste, selon le Kaiser, le «Souabe impulsif». Bethmann-Hollweg avait insisté : il voyait en Kiderlen un grand travailleur et un diplomate expérimenté – le partenaire idéal d'un chancelier spécialisé en politique intérieure.

Guillaume respecte chez Bethmann le monarchiste loyal, fervent, et le haut fonctionnaire rigoureux, qui ne semble jamais effleuré par le doute... En réalité, il connaît depuis plus de trente ans la famille Bethmann! En 1877, pendant son service actif au 1er régiment d'infanterie de la Garde – il avait dix-huit ans ! – il avait été cantonné à Hohenfinow, dans le Brandebourg, chez Félix von Bethmann-Hollweg, landrat de l'arrondissement d'Oberbarnim (il l'a dit à Bülow : c'est là qu'il a abattu son premier chevreuil). La famille lui avait semblé si sympathique qu'il était souvent revenu saluer le vénérable Bethmann, avant d'être reçu par son fils, Theobald, qui était, à son tour, devenu landrat (une sorte de sous-préfet, qui siégerait à l'assemblée locale) d'Oberbarnim. Le hasard du stationnement de Guillaume, jeune officier en manœuvres, chez l'habitant – chez le responsable de l'administration locale –, a fait de Theobald, de deux ans son aîné, le presque-ami d'enfance du Kaiser. Un lien fort qui favorise l'accession du jeune Bethmann aux responsabilités : ministre de l'Intérieur de Prusse puis secrétaire à l'Intérieur du Reich, il est devenu le numéro 2 du gouvernement impérial, chargé de représenter le chancelier devant les princes confédérés, réunis au sein du Reichsrat.

Les Bethmann-Hollweg ne sont pas des junkers mais des descendants de négociants et banquiers de Francfort ; le vieux Félix partage, cependant, la rigidité de la caste dirigeante allemande : l'aîné de ses fils émigrera aux États-Unis et sa rupture sera définitive ; Theobald ne cessera jamais de se plaindre, rétrospectivement, de son éducation trop « corsetée » – il se définit comme un « cosmopolite prussien ». Le nouveau chancelier est ouvert, pragmatique ; étudiant à Strasbourg, à Leipzig et à Berlin, il a refusé d'adhérer aux corporations traditionnelles ; il est un « Européen », familier de Paris et de Londres, amoureux de l'Italie ; il se voudrait au-dessus des partis, menant une politique de « diagonales » vers l'opposition sociale-démocrate. Il multiplie les gestes forts : en octobre 1907, il se rend devant le Congrès des ouvriers allemands, qui rassemble des syndicalistes chrétiens ; en 1908, il fait entrer six sociaux-démocrates à la chambre haute de Prusse. Il est vilipendé par les conservateurs, mais il leur répond en égratignant les « prétendus croisés de la *Gazette de la Croix* » (la *Kreuzzeitung*, porte-fanion des junkers) ou en dénonçant « l'agitation improductive des bouffons, des philistins et des coquins ». Il se comporte en réformateur : ses buts principaux sont la réforme du système électoral des « trois classes » en Prusse qui empêche l'instauration du suffrage universel et, dans l'arène internationale, un compromis qui permettrait l'apaisement des relations avec l'Angleterre.

Dans les premières années de sa présence à la Chancellerie, Bethmann jouit du soutien de Guillaume, même dans l'application de sa politique « progressiste ». Les dissentiments naîtront surtout du « style » de gouvernement du chancelier. Pourtant, le Kaiser ne cesse de louer « le calme, la dignité et la fermeté de la parole » de Bethmann ; il reconnaît que les mémoires qu'il lui adresse sont équilibrés et approfondis, que ses discours sont parfaitement construits. Mais, même si le chancelier sait faire montre d'un certain sens de l'autodérision – il se présente comme un « castor du nord, à l'esprit pesant » –, il manifeste, avec le temps, le côté pédant du fonctionnaire prussien et se met, progressivement, à jouer les pédagogues auprès du Kaiser. Déjà, ses camarades de classe, qui ne pouvaient pas le supporter, l'avaient surnommé « la gouvernante ». Guillaume croyait s'être libéré de la tutelle de

Bülow : il a maintenant la sensation d'être sous la coupe d'un autre tuteur.

Pourquoi revenir sur le dossier marocain, après l'affaire de Tanger et la conférence d'Algésiras, qui semblait avoir mis un terme au contentieux franco-allemand, à l'avantage relatif de la France ? La réponse allemande est claire : parce que l'emprise de la France sur le Maroc ne cesse de s'accentuer. À quoi les Français répondent qu'il s'agit de faire face à une anarchie grandissante à l'intérieur de l'Empire chérifien. Mais cette situation n'a pas été prise en considération par l'Acte d'Algésiras…

Une guerre civile multiforme. Le sultan Abd el-Aziz, discrédité par ses relations avec les Européens, est contesté par l'un de ses frères, Moulay Hafid, qui finit par l'emporter avec le soutien des tribus du Sud, et notamment du Glaoui de Marrakech. Encouragés par l'inefficacité de l'armée chérifienne, les montagnards du Rif et de l'Atlas razzient le «plat pays». Dans les villes, les Européens sont attaqués, molestés – ou assassinés, comme le docteur Mauchamp dans son dispensaire de Marrakech ou des ouvriers européens sur les chantiers du port de Casablanca. Des tribus belliqueuses, comme les Beni Snassen dans la région-frontière d'Oujda, s'en prennent aux colonnes et convois militaires. Toute la côte atlantique est en pleine insurrection et un croiseur français a débarqué des renforts à Casablanca… Le gouvernement de Paris s'efforce, cependant, d'éviter tout ce qui pourrait ressembler à une occupation définitive : les troupes françaises sont contraintes d'abandonner les terrains conquis – ainsi de la casbah de Settat, enlevée et évacuée à quatre reprises. Après le règlement de l'affaire des déserteurs de Casablanca par la Cour d'arbitrage de La Haye, un espoir – éphémère – est mis dans une coopération économique franco-allemande au Maroc : une «Union des mines marocaines» associe les entreprises allemandes emblématiques Krupp et Thyssen au groupe français Schneider… Le siège de Fès par la plupart des tribus du Nord, entrées en dissidence à la suite de l'une d'entre elles, les Cherarda, et la proclamation de la déchéance de Moulay Hafid conduisent la France à intervenir : une colonne de 15 000 hommes, commandée par le général Moinier, occupe Rabat et marche sur Fès, qu'elle atteint le 21 mai 1911 – par une lettre prudemment antidatée, le sultan a sollicité l'appui de la France.

L'expédition de Fès a fourni à l'Allemagne l'occasion de rouvrir le contentieux marocain : c'est ce qu'explique Kiderlen au Kaiser lorsqu'il va à sa rencontre à Kiel, le 26 juin, en marge des régates annuelles. Il s'agit d'user de la présence de navires de guerre pour obtenir de la France un droit d'entrée dans le Maroc méridional, riche en ressources minérales inexploitées, comme l'Espagne a obtenu de prendre pied dans le Nord marocain... ou pour contraindre la France à un échange avec d'autres territoires coloniaux, en Afrique. Guillaume donne son accord au secrétaire d'État. Le 1ᵉʳ juillet au matin, la canonnière *Panther*, de 1 700 tonneaux, et un équipage de 125 hommes, prend position dans le port d'Agadir. Une crise internationale de quatre mois va suivre, mettant l'Europe à l'extrême bord d'une guerre générale – la plus grave menace de guerre depuis quarante ans.

Pourtant le déroulement de la crise trompe toutes les attentes. L'Allemagne espère une neutralité, ou une certaine distance, de l'Angleterre, dont les intérêts ne sont pas directement engagés : le gouvernement de Londres va la surprendre par la vivacité de sa réaction. Le secrétaire au Foreign Office, Sir Edward Grey, demande des explications à l'ambassadeur d'Allemagne... qu'il n'obtient pas. Le 21 juillet, le chancelier de l'Échiquier, Lloyd George, adresse une sévère mise en garde à Berlin, au nom des «intérêts vitaux» de la Grande-Bretagne – et il est dénoncé comme fauteur de guerre par la presse allemande. La crise a donc resserré l'Entente cordiale franco-britannique – des conversations d'état-major se sont même déroulées afin de définir les modalités d'une intervention britannique lorsque la guerre semblait imminente. Par contre, malgré l'existence d'une alliance défensive entre la France et la Russie, le gouvernement du tsar a fait profil bas : il a «calqué» son attitude sur celle de la France pendant la crise bosniaque – il a, tout de même, fait savoir qu'il remplirait scrupuleusement ses obligations si un conflit, qu'il ne souhaitait pas, était déclenché. La plus grande surprise est venue de Paris : le cabinet qui vient d'être constitué est présidé par Joseph Caillaux, dont la personnalité détonne dans la grisaille de la classe politique de la IIIᵉ République. Caillaux est un grand bourgeois, petit-fils d'un banquier, fils d'un polytechnicien qui préside l'une des plus importantes sociétés de chemins de fer jusqu'à sa mort et qui a été ministre dans les gouvernements «d'ordre moral» des débuts de la IIIᵉ République. Brillant inspecteur des finances, l'un des rares experts en fiscalité de la Chambre, Caillaux est d'abord un partisan de la paix, un Européen convaincu : il rejette l'antagonisme franco-allemand, est conscient de l'apocalypse que serait un conflit général en Europe, rêve d'un continent dominé par une entente franco-allemande. La réaction du ministère Caillaux sera donc mesurée et attachée à la recherche d'un compromis, qui permettrait de fonder une ère de coopération.

Guillaume est parti en mer, à bord du *Hohenzollern*, pour son habituelle croisière dans les eaux norvégiennes. Il fait, lui aussi, profil bas : il reproche à Kiderlen d'exiger des Français des concessions trop lourdes en Afrique centrale – des concessions qu'aucun gouvernement français ne pourrait accepter, sauf à être immédiatement renversé. Et il a pris conscience du désintérêt de l'allié autrichien pour les affaires marocaines... Un accord est conclu, le 4 novembre 1911 : l'Allemagne «n'entravera pas l'action de la France au Maroc» et accepte, en fait, le protectorat français – dont la mise en place se trouve ainsi accélérée. En échange, Caillaux a d'abord tenté de «bazarder quelques bibelots de famille» – les Comores, les Terres australes, les Marquises. L'Allemagne réclame tout le Congo français. Elle n'obtient finalement qu'une partie du Moyen-Congo et de l'Oubangui – 250 000 kilomètres carrés et un million d'habitants, de Séré à Bonga – et une bande de 15 000 kilomètres carrés au Cameroun. Et l'Allemagne cède à la France le «bec de canard», au sud de Fort-Lamy, entre les fleuves Logone et Chari.

Le mécontentement que suscite le dénouement de la crise, à Berlin comme à Paris, reflète la montée des nationalismes.

Les 9-11 novembre 1911, le Reichstag engage un débat sur l'affaire d'Agadir. Il ne s'agit pas de ratifier le traité du 4 novembre : les parlementaires allemands ne disposent pas de cette compétence. Mais les attaques contre la politique étrangère du gouvernement impérial et contre la personne même du Kaiser se déchaînent : jamais, depuis l'affaire du *Daily Telegraph*, Guillaume n'a été ainsi mis en cause. La presse berlinoise a adopté une ligne dure : la *Post* fait part d'un «sentiment de profonde honte et de vif mécontentement». Le Kaiser est présenté comme le champion de l'apaisement ; il serait le principal obstacle à la poursuite d'une politique volontariste. L'Allemagne vient de vivre un «déshonneur national», une «humiliation».

Le résultat des quatre mois de négociations est présenté comme dérisoire : «La France nous offre dix milliards de mouches tsé-tsé... Nous abandonnons le Maroc pour les marécages du Congo.» Tous les partis blâment la Wilhelmstrasse pour avoir donné d'immenses espoirs à la nation allemande, sans les tenir. Bethmann-Hollweg intervient pour expliquer que l'Allemagne n'avait voulu provoquer ni menacer personne, et qu'elle n'avait au demeurant jamais eu l'intention de s'établir au Maroc : il provoque une explosion de rires sur les bancs des partis «monarchistes». Sa conclusion est optimiste : il salue une éclaircie dans les relations avec la France et l'Angleterre, mais ses mots tombent dans un silence glacial. Heydebrand, Bassermann, Hertling, chefs de file des Agrariens, des nationaux-libéraux et du Zentrum, s'en prennent au discours menaçant de Lloyd George, qui aurait provoqué «un éclat de fureur populaire comparable à nul autre événement depuis 1870»; «ce n'est pas par des concessions que nous assurerons la paix mais par notre épée allemande».

La fronde s'étendrait-elle à la famille régnante? L'héritier de la Couronne, le Kronprinz, fils aîné de Guillaume, a applaudi avec ostentation, depuis le premier rang de la loge impériale, le réquisitoire des orateurs de la droite... Il va faire figure de héros national dans la presse pangermaniste! Dona soutient implicitement son fils, dans la soirée du 9 novembre, quand elle lance à Kiderlen: «Reculerons-nous toujours devant les Français? Supporterons-nous toujours leurs insolences?»

Le lendemain, au Reichstag, le député Wiener, un «radical» connu pour son pacifisme, déplore l'intervention du Kronprinz:

— Cet incident incite un quotidien parisien à affirmer l'existence d'un parti de la guerre en Allemagne.

— Dieu merci! répondent en chœur les députés des divers groupes de droite.

Le 9 janvier 1912 se réunit, au palais du Luxembourg, la commission du Sénat français chargée d'examiner les deux traités franco-allemands, signés le 4 novembre précédent, au sujet du Maroc et du Congo: seul le second traité comporte cession de territoire et doit être ratifié, mais les deux traités ont été considérés comme indivisibles. L'émotion soulevée par l'envoi de la *Panther* n'est pas retombée. L'atmosphère parlementaire semble même plus enfiévrée: les négociations avec l'Allemagne sont qualifiées d'obscures; la publication des accords du 3 octobre 1904 avec l'Espagne sur le Maroc, jusqu'ici tenus secrets, réduit encore les avantages attendus du futur protectorat français; à la Chambre, les députés des départements de l'Est ont refusé de participer au vote d'approbation pour ne pas «paraître souscrire à un rapprochement avec l'Allemagne qui aurait un douloureux retentissement dans notre Lorraine mutilée» – ils ont ainsi accru le malaise du Parlement et le trouble de l'opinion.

Joseph Caillaux retrace, avec sang-froid et lucidité, les grandes lignes de la politique marocaine de la France depuis l'Acte d'Algésiras: il reconnaît un certain manque d'esprit de suite, la France ayant tenté de collaborer avec l'Allemagne dans le royaume chérifien, parfois par la création d'entreprises communes, puis s'étant repliée avec précipitation. L'envoi de la canonnière aura été une réponse arrogante et brutale à l'indécision française.

Conscient du succès que vient de remporter son exposé lumineux, et ne parvenant peut-être plus à contenir sa passion, le président du Conseil s'engage soudainement sur un chemin où personne ne l'avait entraîné :

— On a essayé d'établir, dans la presse et ailleurs, que des négociations avaient été poursuivies en dehors du ministère des Affaires étrangères. Je donne ma parole qu'il n'y a jamais eu de tractations politiques ou financières d'aucune sorte, autres que les négociations diplomatiques officielles.

Stupide inspiration, baignée d'émotivité ! Chacun sait, dans les rédactions et les couloirs du Parlement, que Caillaux a multiplié les intermédiaires et les informateurs officieux, jusqu'à irriter le Quai d'Orsay et l'ambassade à Berlin ! Clemenceau, à demi caché au dernier rang de la commission, bondit :

— Le ministre des Affaires étrangères peut-il confirmer cette déclaration du président du Conseil ? Notre ambassadeur à Berlin ne s'est-il pas plaint de l'intrusion de certaines personnes dans les relations diplomatiques franco-allemandes ?

Les deux questions sont incisives... Le ministre des Affaires étrangères de Selves, stupéfait, semble chercher une réponse. Les commissaires, haletants, font silence, conscients de vivre un grand moment de ce sport parlementaire qui fait le charme de la IIIᵉ République. Caillaux veut fournir une explication. Clemenceau l'interrompt :

— C'est au ministre des Affaires étrangères que je pose mes questions.

De Selves bredouille quelques mots :

— J'ai toujours eu un double souci : la vérité, d'une part, et la réserve que m'imposent mes fonctions, d'autre part. Vous m'autoriserez à ne pas répondre.

Le malheureux ministre démissionne dans la soirée. Le lendemain, tout le cabinet Caillaux se retire. Un ministère présidé par Raymond Poincaré est immédiatement constitué : il obtiendra une large approbation du traité sur le Congo, par 212 voix contre 42 – après une philippique enflammée de Clemenceau :

— Dans l'histoire déjà longue et trop mouvementée de l'Allemagne et de la France au Maroc, l'accord du 4 novembre n'est qu'une halte d'un jour. Des négociations mystérieuses ont conduit à l'enfantement d'un monstre diplomatique, qui n'est pas sans analogie avec le fameux cheval de Troie...

LES BALKANS EN FEU

Serait-ce la « solitude d'âme » grandissante avec l'âge ? Guillaume a cinquante-quatre ans. Ses discours sont moins tranchants. Sa posture semble – par intermittence – celle d'un observateur du jeu politique international, plus que d'un acteur. Il est vrai que l'horlogerie politique européenne est déréglée : les petits États se comportent de manière autonome, prennent des initiatives, déclenchent des conflits, poursuivent ce qu'ils considèrent comme leur intérêt national – sans calquer leurs actes sur ceux des « Puissances » dont ils sont proches.

Les conflits qui embrasent les Balkans mais ne concernent pas directement l'Allemagne pourraient donc ne pas le préoccuper. Encore que... Pendant ses séjours dans son palais ionien de l'Achilleion, le Kaiser pourrait apercevoir, par-delà le détroit de Corfou, les montagnes d'Albanie, entrées en révolte ouverte contre l'administration ottomane.

La situation révolutionnaire de l'Empire ottoman et les ambitions coloniales de l'Italie sont à l'origine des guerres balkaniques des années 1912-1913. Les Jeunes-Turcs du Comité Union et Progrès, lorsqu'ils ont pris le pouvoir en 1908, ont suscité l'enthousiasme des minorités nationales ou chrétiennes, séduites par leur orientation libérale et leur exigence d'un État de droit ; mais cette adhésion reposait sur un malentendu : les nouveaux dirigeants turcs étaient, d'abord, d'ardents patriotes, des nationalistes intransigeants, déterminés à mettre fin aux empiétements des puissances étrangères, à éviter le démembrement de l'Empire et à construire un État national, unifié et centralisé. Cette sensibilité « jacobine » conduit à « turquiser » la Macédoine où la situation des chrétiens s'est dégradée et elle provoque le soulèvement des Albanais, qui devient ouvert dans le Kosovo de 1910.

Les crises s'imbriquant les unes dans les autres, le succès « marocain » de la France après Agadir entraîne directement le débarquement en Tripolitaine et en Cyrénaïque, le 4 octobre 1911, d'une Italie décidée à obtenir des « compensations ». La zone côtière est facilement occupée et l'annexion de Tripoli et de Benghazi proclamée ; mais, à l'intérieur du pays, la résistance s'organise, une guerre de guérilla prend forme, les unités ottomanes s'unissant aux tribus locales des Senoussis. Impuissante à obtenir une victoire décisive et à asseoir sa domination, l'Italie porte la guerre en mer Égée, s'emparant de Rhodes et des îles du Dodécanèse en avril 1912 et bombardant les Dardanelles.

Les États balkaniques estiment alors les difficultés de la Turquie propices à une coalition contre l'Empire ottoman – afin de libérer la Macédoine. La Serbie et la Bulgarie concluent une alliance défensive, le 13 mars 1912, en cas d'attaque d'un État-tiers, qui pourrait être la Turquie ou l'Autriche-Hongrie ; un protocole secret prévoit le partage de la Macédoine et de la région voisine – la Vieille-Serbie, c'est-à-dire le Kosovo, reviendrait à Belgrade, les territoires à l'est du Rhodope et la vallée de la Struma seraient attribués à Sofia, et la partie centrale, entre la Stara Planina et le lac d'Ohrid, devrait être érigée en province autonome ou serait soumise à arbitrage. Le 29 mai, la Grèce se lie à la Bulgarie par un accord d'assistance mutuelle en cas de guerre avec l'Empire ottoman ; cette fois, aucun règlement territorial pour les lendemains d'un éventuel conflit n'est prévu, car les deux États convoitent Salonique. Le Monténégro rejoint la coalition, quatre mois plus tard, en concluant des conventions militaires avec la Bulgarie, le 27 septembre, puis la Serbie, le 6 octobre. Une « Ligue balkanique » est née, avec l'appui de la Russie, qui a contribué au succès des négociations et promis l'arbitrage du tsar si des contentieux territoriaux survenaient.

La Russie s'est relevée de sa défaite face au Japon et des troubles révolutionnaires qui l'ont traversée en 1905 ; elle aspire à reprendre place sur l'échiquier balkanique. Son allié français lui lance un avertissement, qui est un appel à la prudence : en visite à Saint-Pétersbourg en août 1912, le président du Conseil Raymond Poincaré découvre les dispositions du traité serbo-bulgare, s'inquiète et présente ses objections. Le ministre Sazonov intervient auprès de Belgrade et de Sofia pour délivrer de nouveaux conseils de modération. Mais la course de vitesse entre les futurs belligérants est déjà engagée : la Turquie signe, dans la précipitation, la paix avec l'Italie, le 15 octobre 1912 ; elle promet de se retirer de Tripolitaine et de Cyrénaïque afin de concentrer ses forces en Macédoine. Les Serbes et les Bulgares ont mobilisé le 30 septembre ; ils somment la

Turquie de confier la Macédoine à la communauté internationale en nommant un gouverneur belge ou suisse. Le 8 octobre, des unités militaires du Monténégro entrent en Albanie du Nord et dans le sandjak de Novi-Bazar. Le 17 octobre, les ambassadeurs de Serbie et de Bulgarie sont expulsés d'Istanbul et la guerre est déclarée.

Contrairement aux attentes de l'opinion publique européenne, qui prévoit une victoire rapide des armées turques, le désastre ottoman est immédiat. La coalition balkanique aligne, en réalité, des forces plus importantes que celles de la Turquie, qui ne dispose que d'une partie de son potentiel car elle est contrainte de monter la garde autour de ses possessions du Caucase et de ses provinces arabes ; en outre, la détermination des nations chrétiennes, tendues vers la réalisation d'objectifs nationaux, est plus forte que celle des soldats ottomans, démoralisés par la situation intérieure de l'Empire. Les Bulgares mènent une offensive brillante : ils ne sont arrêtés que sur l'ultime ligne de défense turque, à cinquante kilomètres d'Istanbul ; leur deuxième avancée leur ouvre la voie de Salonique, où ils sont précédés de peu par les Grecs, venus par le sud. Les Serbes envahissent la Macédoine du Nord et le Kosovo. L'armée monténégrine assiège Scutari, en Albanie. Le 3 décembre 1912, Turcs et Bulgares signent un armistice. L'Empire ottoman a perdu la quasi-totalité de ses territoires européens.

Sur l'initiative de Poincaré, une conférence internationale se réunit à Londres, mais ses travaux sont rapidement suspendus. Les États balkaniques revendiquent tous les territoires conquis, ainsi que les îles de la mer Égée, l'Albanie et la ville d'Edirne (ou Andrinople en grec). Les Turcs considèrent ces conditions comme inacceptables : Enver, héros de la révolution jeune-turque, ressaisit le pouvoir que le Comité Union et Progrès avait abandonné depuis six mois et l'armée turque reprend le combat, le 3 février 1913. Les Ottomans offrent plus de résistance, mais la supériorité balkanique reste évidente. Le 30 mai 1913, la conférence de Londres contraint l'Empire à abandonner toutes ses possessions en Europe, à l'ouest d'une ligne Enos-Midia, ainsi que la Crète et les îles de la mer Égée.

Bientôt, le conflit resurgit entre les vainqueurs car le partage des dépouilles ottomanes s'avère difficile : la Bulgarie réclame la partie centrale de la Macédoine et dispute Salonique à la Grèce ; la Serbie est frustrée par la création d'une principauté d'Albanie indépendante ; la Roumanie, qui entre avec retard dans le jeu balkanique, demande avec insistance une compensation pour sa renonciation à la Valachie, une région de la Macédoine habitée par un «peuple frère», les Valaques. Le 30 juin 1913, les Bulgares entreprennent de repousser les lignes grecque et serbe : c'est la seconde guerre balkanique. La Bulgarie, isolée et faisant figure maintenant de trublion des Balkans, est défaite sur tous les fronts par la nouvelle coalition que forment ses adversaires. Les Roumains marchent même sur Sofia, les Ottomans profitent du nouveau conflit pour reprendre Edirne. Le traité de Bucarest du 10 août 1913 consacre la défaite bulgare : Sofia ne conserve qu'un lambeau de Macédoine, la vallée de la Struma ainsi que la Thrace occidentale ; la Serbie et la Grèce annexent la Macédoine, au sud et au nord du lac d'Ohrid, la Roumanie s'installe en Dobroudja du Sud, l'Empire ottoman récupère la Thrace orientale, les îles de la mer Égée sont confiées à la « reconsidération » des grandes puissances.

Dans la compétition entre les deux grandes alliances du continent, la Triple Alliance a montré une plus grande cohésion que sa rivale : l'Autriche-Hongrie a opposé son veto à l'accès de la Serbie à la mer Adriatique et elle a manifesté la volonté d'obtenir la constitution d'un État albanais aussi étendu que possible afin de réduire les ambitions serbes – et elle a été soutenue par ses deux alliés, l'Allemagne et l'Italie. Au contraire, du côté de la Triple-Entente, l'Angleterre a refusé de s'engager et la Russie regrette d'avoir été entravée dans son rôle de protecteur de la première coalition balkanique par la France.

Le Kaiser a porté un regard très détaché sur les guerres des Balkans, dont il suit pourtant de près les évolutions. Il le montre, ce 12 janvier 1913, dans une conversation apaisée avec l'ambassadeur de France, Jules Cambon, en marge d'un banquet à Potsdam.

— Tous ces conflits sont envenimés par des querelles de personnes…

Et de citer la Roumanie du roi Carol, un Hohenzollern !

— Le gouvernement de Bucarest a envoyé à Londres Mishu puis Take Jonesco et, pour négocier à Constantinople, Philipesco… Ces hommes politiques roumains se détestent, sont animés d'une jalousie réciproque qui les amène à faire assaut d'exigences, de revendications, et à exaspérer le sentiment public en Roumanie. J'ai donné pour instruction à mon ambassade de Londres de tout faire pour rapprocher délégués bulgares et roumains.

Puis Guillaume fait allusion au sort d'Andrinople, que revendiquent les Bulgares.

— La question n'est pas réglée. Je suis d'accord pour que les « Puissances » adressent une note collective à la Turquie, mais je n'irai pas au-delà ! Je refuserai de prendre part à une démonstration navale. Ce n'est tout de même pas aux principales puissances européennes de s'engager militairement pour satisfaire les ambitions bulgares! Nous conseillerons aux Turcs de céder Andrinople, nous ne disputerons pas cette ville à la Bulgarie, mais si les Turcs refusent, que les Bulgares la prennent eux-mêmes!

Après le banquet, Guillaume fait appeler Cambon, pour poursuivre l'entretien – en fait, un monologue. Ses inquiétudes portent maintenant sur la situation en Turquie… qui est, pourtant, son alliée et dont l'armée est encadrée par des officiers allemands:

— Le régime des Jeunes-Turcs est menaçant. Après leurs premiers échecs, ils reviennent en force mais ils vont susciter des réactions violentes et des troubles parmi les populations turques.

Mais le vrai danger vient de Saint-Pétersbourg… Le Kaiser a été ému par une déclaration du ministre Sazonov: «Si la guerre recommence, la Russie pourrait être contrainte de sortir de sa neutralité.» Depuis, le gouvernement russe a expliqué que cet avertissement avait été mal compris et dénaturé… Guillaume se tient à l'interprétation la plus aiguë.

— Ce serait très dangereux. Une intervention russe dans l'Empire ottoman, une ingérence dans les affaires arméniennes, par exemple, entraînerait toute l'Europe… Croyez-moi, je souhaite du plus profond de mon cœur que le litige ne se prolonge pas et je ferai tout pour éviter qu'il s'élargisse. Il est essentiel que les «Puissances» n'y soient pas mêlées.

Le Kaiser en messager de la paix…

L'allié austro-hongrois est plus déterminé: Vienne a eu la satisfaction d'assister à l'éclatement de la Ligue balkanique, mais elle a soutenu les ambitions bulgares et elle considère l'échec de la Bulgarie comme une défaite pour la Double Monarchie – d'autant que le spectre d'une Serbie puissante subsiste, Belgrade ayant étendu son territoire avec 1,2 million de citoyens de plus sous sa souveraineté. L'état-major austro-hongrois était prêt à se lancer dans une guerre «offensive» contre la Serbie: cette fois, le chancelier allemand, Bethmann-Hollweg, l'a arrêté. Un irrédentisme bulgare est né. Vienne entend préparer le prochain conflit en constituant une nouvelle coalition balkanique… autour de la Turquie et de la Bulgarie.

Pourtant, les positions de Vienne ne semblent pas encore définitivement figées. Entre des puissances européennes qui ne sont pas encore séparées par des idéologies irréductibles, les arabesques de la diplomatie de l'équilibre sont infinies… Un «tour de valse» semble s'esquisser entre Vienne et Paris en novembre 1911: il agitera les chancelleries, ou plutôt leurs couloirs, jusqu'au printemps 1912, et nourrira encore des polémiques après le premier conflit mondial sous la plume de l'ambassadeur de France à Vienne, Philippe Crozier. Ce dernier se fait le champion d'un rapprochement entre la France et l'Autriche-Hongrie, qui enfoncerait un coin dans la Triplice. Il prend pour indices l'affirmation d'une «communauté de vues» entre Paris et Vienne sur les questions balkaniques, qui revient régulièrement dans les interventions et rapports officiels du ministre des Affaires étrangères Aehrenthal et de son successeur Berthold, et surtout la demande formulée par Vienne d'un double emprunt, autrichien et hongrois, de 500 millions de couronnes à placer sur le marché parisien... Un emprunt austro-hongrois comme prélude à un rapprochement politique avec la France? L'ambassadeur Crozier aurait pu invoquer le précédent des rapports franco-russes, les prêts de la France ayant eu leur part dans la genèse de l'alliance. Mais le gouvernement de Paris considérera que l'emprunt aurait eu pour principal but de financer de nouveaux efforts d'armement du plus fidèle allié de l'Allemagne.

En novembre 1913, dix mois après son entretien avec Guillaume, Jules Cambon estime que le Kaiser «ne croit plus en la paix». Il a reçu les confidences du baron Beyens, ministre de Belgique à Berlin. Le roi des Belges, Albert, est venu en Allemagne pour passer en revue le régiment dont il est colonel honoraire et il pensait retrouver Guillaume dans ses dispositions pacifiques de naguère... Le 10 novembre, il a subi les récriminations contre la France d'un Kaiser vieilli, surmené, irritable: l'action de la France contrecarre partout les initiatives allemandes; son peuple est animé par la seule idée de revanche. Dans ces conditions, comment éviter la guerre? Au demeurant, la supériorité de l'armée allemande se révélera écrasante. Puis, ce fut l'exposé du chef d'état-major, Moltke le jeune:

— La guerre est nécessaire et inévitable. La victoire sera rapide. Cette fois, il faut en finir. Votre Majesté ne peut pas imaginer ce que sera l'enthousiasme irrésistible du peuple allemand tout entier.

Et Cambon d'estimer que Guillaume est contraint de damer le pion à son fils, Frédéric-Guillaume, l'héritier du trône, de plus en plus populaire dans les milieux pangermanistes.

SAVERNE: TUMULTES EN TERRE D'EMPIRE

L'incident de Saverne, qui va raviver les meurtrissures de l'Alsace-Lorraine et provoquer la plus grave crise constitutionnelle de l'Empire, commence comme l'hilarant récit que Jules Romains écrira, neuf ans plus tard : *Les Copains*. De même qu'une bande d'amis, en quête de divertissement, grimés en ministre de la IIIe République, en théologien-prédicateur, en prétendu sculpteur, réveillèrent, par surprise, les cités endormies d'Ambert et d'Issoire, un pochard savernois se fait passer pour le grand-duc de Bade et inspecte de nuit la caserne du 99e régiment d'infanterie prussienne, stationné dans la ville de Saverne, à quarante kilomètres au nordouest de Strasbourg, sur le passage de la plaine d'Alsace au plateau lorrain, à travers les Vosges.

Le lendemain matin, 3 novembre 1913, les officiers apprennent la supercherie et sont furieux. Le lieutenant Förstner, qui doit réunir un groupe de recrues alsaciennes et lorraines pour leur enseigner les devoirs du soldat, enjoint à ces hommes de se présenter à lui avec la déclaration suivante : « Ma qualité d'Alsacien-Lorrain autorise mon supérieur à me traiter de voyou. » Émotion des jeunes soldats, puis de la ville quand la nouvelle de l'offense se répand. Plusieurs des nouvelles recrues rapportent les insultes subies au journal local, l'*Elsaesser*, qui relate l'affaire le 15 novembre. Le colonel Reutter, qui commande le 99e de ligne, considère alors qu'il y eut un acte de « délation » de la part des soldats appartenant à la section du lieutenant Förstner : neuf d'entre eux et un sous-officier sont mis au cachot.

L'affaire prend une dimension nationale au sein du Reich. Le 24 novembre, des demandes d'interpellation sont déposées au Reichstag. Le 28, la population de Saverne manifeste ; le colonel Reutter invoque un ordre de cabinet de 1820, intercalé dans le règlement de 1899 sur les troubles intérieurs, pour faire procéder au hasard, dans la foule, à trente arrestations, parmi lesquelles celles du procureur impérial et de deux conseillers à la cour. Le 29, le conseil municipal de Saverne proteste, par télégrammes, auprès du chancelier Bethmann-Hollweg et du gouverneur d'Alsace-Lorraine, le statthalter Wedel, contre l'abus de pouvoir du colonel. Le 2 décembre, le lieutenant Förstner, incapable de se maîtriser face aux reproches qui l'assiègent, frappe du plat de son sabre un infirme qui l'a insulté, en plein centre du village de Dettwiller.

À Berlin, le gouvernement du Reich ordonne deux enquêtes : l'officier insulteur, qui a déjà été sanctionné, doit maintenant comparaître devant le conseil de guerre de la 30ᵉ division ; un procès est ouvert contre le colonel du régiment de Saverne devant le tribunal militaire supérieur de Strasbourg. Mais une véritable crise politique, encore plus intense que celle qui avait suivi l'article du *Daily Telegraph*, éclate au Reichstag, le 3 décembre, se prolonge dans la presse et dresse deux Allemagnes, l'une face à l'autre. Le 4 décembre, le Reichstag vote une résolution qui blâme le gouvernement impérial. Le gouverneur d'Alsace-Lorraine, Wedel, est destitué.

Stupéfiante affaire, qui aurait pu ne jamais être ! La population de Saverne s'est indignée parce qu'elle ignorait l'épisode du grand-duc de Bade : les insultes dont étaient gratifiées les jeunes recrues lui semblaient un reflet de l'arbitraire et de la haine insurmontables du Reich ! Les officiers du 99ᵉ s'interdisent de révéler les racines de l'affaire, les origines de l'altercation parce qu'ils estiment que leur dignité est en jeu, que la vérité tournerait à la farce à leurs dépens. Aujourd'hui encore, la quasi-totalité des récits de l'incident sont muets sur l'épisode de la nuit, sur l'apparition simulée du grand-duc. Rigidité psychologique, surmoi intransigeant des cadres d'un État militaire… Ainsi allait l'Europe à huit mois de la plus grande des confrontations.

Guillaume et l'Alsace…

Son grand-père n'avait visité Strasbourg qu'en mai 1877, six ans après l'annexion : il ne voulait pas brusquer une opinion qu'il savait hostile. Il était présenté, dans les nombreuses brochures de propagande du Reich, non comme un guerrier mais comme un patriarche bienveillant, un pacificateur qui avait rendu l'Alsace et la Lorraine à leur patrie légitime. Son voyage fut l'occasion de commémorer les nombreuses visites en Alsace d'empereurs ou souverains germaniques à travers les siècles – une autre manière de prouver la «germanité» des provinces «retrouvées», d'introduire une continuité historique dans la germanité. Il voulait «réconcilier les cœurs» et «incliner les esprits vers l'ordre nouveau», mais, par précaution, il s'engageait dans une politique de germanisation systématique: 400 000 Allemands immigraient en Alsace et Lorraine, 80 000 soldats et 100 000 fonctionnaires, souvent originaires de Poméranie ou du Brandebourg, encadraient la «terre d'Empire».

Dès son accession au trône, Guillaume est beaucoup plus présent dans cette «marche» du Reich. Mû par la volonté d'affirmer la puissance de l'Empire devant les populations locales mais aussi par une vraie passion pour les provinces annexées, qui l'incite à les ériger en vitrine culturelle et scientifique de l'Allemagne, il se rend presque chaque année en Alsace ou en Lorraine. Il surveille ses chantiers, car il veut concrétiser dans la pierre la politique de reconquête de ces anciennes possessions du Saint-Empire: il poursuit, à Strasbourg, la construction d'un nouveau quartier, autour du palais impérial et de l'université; trente-cinq édifices publics sont rassemblés sur quatre cents hectares – une urbanisation imposante et techniquement remarquable. À Metz, ville de garnison, il aménage la gare, qui sera inscrite un siècle plus tard au patrimoine mondial de l'Unesco. Il lance, avec l'architecte Bodo Ebhardt, la restauration du château du Haut-Koenigsbourg, à partir des ruines offertes par la municipalité de Sélestat: pour Guillaume, le Haut-Koenigsbourg sera en terre d'Empire le pendant de Marienbourg dans les Marches de l'Est. Et les visites impériales aux communes alsaciennes et lorraines deviennent presque banales: le Kaiser apparaît sous un baldaquin à ses couleurs qui décore la gare locale, passe entre les haies d'honneur de jeunes filles vêtues de blanc et encadrées par des religieuses, salue les dragons disposés autour de la place, remonte par les villages fleuris sous les acclamations.

Guillaume a-t-il «réconcilié les cœurs» ou «incliné les esprits», comme le souhaitait son grand-père? La situation a incontestablement évolué, et aussi les esprits. L'Empire a apporté avec l'essor industriel une certaine prospérité, l'amélioration du niveau de vie, des lois sociales supérieures à celles de la France. Le Reich devient progressivement un État de droit, sous le voile de l'autocratie de droit divin – et cette évolution se vérifie à travers les crises politiques qu'il traverse. Le mouvement protestataire, si puissant en 1871, semble s'être épuisé. Les catholiques déplorent la politique anticléricale qui triomphe en France. Une stratégie autonomiste se développe, derrière le Zentrum d'Alsace-Lorraine: obtenir du Kaiser qu'il élève la terre d'Empire au rang d'État confédéré ne serait-ce pas le meilleur moyen de conserver à l'Alsace-Lorraine son identité? Le Kaiser répond favorablement à cette revendication, par la constitution du 31 mai 1911: un parlement d'Alsace-Lorraine est créé – avec une chambre haute, à moitié nommée par l'empereur, et une chambre basse élue au suffrage universel, ce que n'a jamais obtenu le Landtag de Prusse !

Le 18 octobre 1913, Guillaume a inauguré, à Leipzig, le monument de la « bataille des nations », un siècle jour pour jour après la défaite décisive de Napoléon face à la coalition formée par la Prusse et les royaumes allemands, l'Autriche, la Russie et la Suède. Le très haut monument, de style « colossal », orné de statues géantes et de l'inscription attendue, GOTT MIT UNS, « Dieu avec Nous », édifié par l'architecte Bruno Schmitz, se dresse au cœur même de l'ancien champ de bataille, dans le quartier de Probstheida, où un demi-million de soldats furent aux prises dans des combats acharnés... La commémoration de la « guerre de libération » contre l'Empire napoléonien explique-t-elle les accès de chauvinisme et de nationalisme, la remise en question de la politique envers les provinces annexées et la dégradation des rapports entre l'Allemagne et la France ?

Les tensions ont resurgi dès 1912. Des incidents qui peuvent sembler mineurs se succèdent et prennent aussitôt une grande signification politique ; les sensibilités sont à vif et les amours-propres exacerbés. En 1913, les *Mémoires* de Raymond Poincaré ressemblent à la page 2 d'un quotidien populaire parisien : le chef de l'État relate un amoncellement de faits divers, auquel se résument les rapports franco-allemands... Le directeur de l'usine métallurgique de Grafenstaden, l'Alsacien Heyler, refuse l'entrée de ses ateliers à un groupe d'Allemands qui portent l'uniforme d'officier. Le mouvement pangermaniste lance une pluie d'anathèmes. Le gouvernement de Berlin enjoint à l'administration ferroviaire de ne plus passer de commande à cette usine. Un dirigeable zeppelin s'égare au-dessus du territoire français et finit par atterrir à Lunéville, d'où il repart, une fois les réparations nécessaires effectuées. Berlin, sous la plume du secrétaire d'État Schoen, dit sa « vive reconnaissance » pour le sauvetage effectué par la France, puis plonge dans un concert d'imprécations, sous le prétexte que les autorités civiles françaises ont entravé les manœuvres souhaitées par le commandant du zeppelin ! Trois jours plus tard, un groupe de touristes allemands venus pour une journée à Nancy, sont harcelés par des vendeurs de journaux puis par les passants à chacune de leurs étapes, au casino, puis dans une brasserie du centre-ville et enfin à la gare : des horions sont échangés, l'algarade devient générale. Le Reichstag s'émeut, le secrétariat d'État allemand proteste. À Paris, le cabinet Barthou s'incline : le préfet de Meurthe-et-Moselle est relevé de ses fonctions, deux agents de police, en faction à la gare de Nancy, sont révoqués. La presse conservatrice et pangermaniste, la *Deutsche Tageszeitung* et la *Post*, jugent ces sanctions insuffisantes et exigent des regrets de Paris... Puis chaque jour apporte son incident : une troupe de boy-scouts allemands franchit, par plaisanterie, la frontière française ; un biplan allemand, du centre d'aviation de Darmstadt, atterrit à Arracourt – les deux officiers qui sont à bord disent avoir été trompés par le brouillard...

Guillaume envisage de revenir sur cette concession que fut la constitution de 1911. Le 13 mai 1912, il déjeune chez le baron Zorn de Bulach, héritier de l'une des plus vieilles familles alsaciennes, devenu secrétaire d'État pour l'Alsace-Lorraine. Le Kaiser s'exclame :

— Si cela continue, je mettrai la constitution en morceaux. Vous ne connaissez de moi que mon bon visage. Prenez-garde à ne pas découvrir l'autre ! Oui, si l'Alsace-Lorraine ne se transforme pas, j'en ferai une province prussienne !

Et les opposants d'ironiser : la Prusse serait donc une « maison de correction » pour population indisciplinée ! Pourtant, le nouveau statthalter d'Alsace-Lorraine, von Dallwitz, rédige un mémoire dans le même sens : « Le régime de l'autonomie ne favorise pas le développement d'un sentiment national allemand dans la population indigène. La solution qui répondrait le mieux aux intérêts de l'Empire est la réunion de la province à la Prusse. »

À la veille de la Première Guerre mondiale, la sociologie de la « terre d'Empire » s'est modifiée. Les dirigeants politiques, les hauts fonctionnaires et les universitaires sont d'origine allemande et vivent isolés du reste de la population... mais à Metz, les immigrés allemands sont devenus majoritaires. En Alsace, trois classes dirigeantes coexistent – que François-Georges Dreyfus a analysées : la grande bourgeoisie francophone, qui affiche son particularisme linguistique et culturel et manifeste ouvertement son opposition au régime allemand ; la bourgeoisie allemande immigrée ou alsacienne ralliée au régime, composée d'administrateurs, d'universitaires, de cadres du commerce et de l'industrie – elle est essentiellement protestante, mais souvent en conflit avec les protestants alsaciens ; la petite bourgeoisie, profondément alsacienne, très conformiste, soumise à l'influence des clergés – elle est l'armature de la société, elle a le culte de l'obéissance et du travail bien fait, mais elle souffre de ne pas être la force directrice de la terre d'Empire.

Le 12 avril 1914, Friedrich Curtius, président du consistoire de l'Église luthérienne d'Alsace et ancien collaborateur direct du statthalter Hohenlohe, brosse un tableau de l'Alsace-Lorraine d'un point de vue allemand : « Non seulement les Lorrains francophones, mais même les Alsaciens de sang germanique, n'ont guère d'attache avec le Reich. » La sensibilité dominante reste anti-allemande. L'armée stationnée dans le Reichsland ignore tout du pays et de la population et se comporte en armée d'occupation. Pourtant, les coutumes et la langue de l'Alsace restent proches de celles de l'Allemagne... Pourquoi le Reich n'est-il pas parvenu à toucher la population alsacienne ? Un effort doit être fait par le Reich, en direction de la population alsacienne...

Le 19 janvier 1914, l'attaché naval français, Faramond, est convié à dîner chez l'amiral von Pohl, chef d'état-major de la marine du Reich. La situation de sa femme à la cour est particulière : elle est américaine d'origine et sa sœur a épousé le baron Sternberg, un ami personnel du Kaiser qui devint ambassadeur à Washington. Tirpitz assiste au dîner. Sorti de table, il s'avance vers Mme de Faramond, l'entraîne dans un coin du salon et lui livre une longue tirade sur les relations franco-allemandes – qu'il lui demande de rapporter au président français. Contrairement à toute attente, s'agissant du calme et de la froideur ordinaires de l'amiral Tirpitz, le ton est exalté... et parfois exaspéré.

— Pourquoi la France persiste-t-elle à nous bouder ? Il y a de terribles souvenirs entre nos deux pays... Nous vous avons fait du mal, il y a quarante-trois ans. Mais ce fut bien peu en comparaison des défaites et des humiliations que vous nous avez infligées pendant un siècle et demi ! Des incursions françaises pendant la guerre de Trente Ans, de l'Alsace arrachée au Saint-Empire par les traités de Westphalie aux soldats de Napoléon occupant et réoccupant Berlin et au traitement subi par nos souverains prussiens, nous devons nous considérer comme quittes et nous tendre la main !

— Les Français souffrent de l'Alsace-Lorraine, Excellence...

— Oui, tout est là. Mais vous ne voyez pas qu'il nous est aussi pénible pour nous d'être sur ces terres que pour vous de les avoir perdues ? Vous trouvez notre situation enviable en Alsace-Lorraine ? Nous sommes dans un perpétuel état de siège ! Ce sont des considérations militaires qui nous ont mis là. Nous n'avons pris Metz qu'à notre corps défendant, pour assurer la paix dans l'avenir. Si la France renonçait à une politique de sentiment envers l'Alsace-Lorraine, tout serait si facile ! Notre rapprochement aurait une conséquence immédiate : le bonheur et la prospérité pour l'Alsace-Lorraine !

Un silence.

— Pour obtenir cela de vous, nous sommes prêts à de grandes concessions. Vous avez fondé un immense Empire en Afrique du Nord. Vous avez pris le Maroc. Nous vous les abandonnons sans restriction. Développez ces magnifiques pays, faites-en ce que vous voulez – mais renoncez à une politique de sentiment envers l'Alsace-Lorraine. La France ne peut mettre sa foi dans l'amitié anglaise ! C'est un contresens. L'Angleterre est la plus égoïste des nations. Elle ne songe qu'à ses propres intérêts et ne tient jamais ses engagements. À l'heure critique, elle vous lâchera.

L'épouse de l'attaché naval tente d'interrompre l'amiral.

— Excellence, vous parlez comme si un grand danger nous menaçait ! Qui songe à déchaîner une guerre ?

— Ce n'est pas nous, jamais nous ne vous déclarerons la guerre. Comme les Français, nous ne désirons pas la guerre. Mais, attention ! Vous n'avez pas une idée très exacte de notre puissance ! Jamais, à aucune époque de notre histoire, notre armée n'a été aussi prête.

À l'Élysée, Raymond Poincaré se perd en hypothèses. Que signifie le message de Tirpitz ? La France est invitée à oublier le passé, à répudier ses souvenirs, à exploiter le Maroc. En échange, l'Allemagne lui promet la paix, tout en soulignant que l'armée allemande n'a jamais été aussi forte… Rompre l'Entente cordiale, se mettre à la merci de l'Allemagne, telle serait la paix allemande ?

LA RÉGATE INTERROMPUE

Dans l'après-midi du 28 juin 1914, Guillaume est à Kiel : il mène dans la course... qui porte son nom, car il adore remporter les compétitions qu'il a créées et dotées. Les régates de Kiel sont particulièrement brillantes cette année : quatre jours plus tôt, l'élargissement du canal a été célébré ; les cuirassés de fort tonnage peuvent maintenant le franchir. Une escadre britannique est présente, composée de quatre cuirassés et de trois croiseurs : des réceptions chaleureuses se succèdent à bord des bâtiments anglais et de ceux de la flotte allemande ; le nouvel ambassadeur allemand à Londres, Lichnowsky, qui vient de recevoir un doctorat *honoris causa* d'Oxford, a fait le voyage. Le Kaiser a été accueilli à bord du *King-George V* : il s'est présenté en uniforme d'amiral britannique et il a provoqué l'un de ces incidents dont il a le secret... Apercevant sur le gaillard d'arrière un conseiller de l'ambassade britannique à Berlin, Sir Horace Rumbold, qui porte jaquette et haut-de-forme, il entre en fureur :

— On ne porte pas de haut-de-forme sur un navire ! Si je le croise à nouveau, j'enfonce ce chapeau !

Le Kaiser est en tête de « sa » course, à bord du yacht *Meteor*. Dans son sillage, apparaît soudain le chef de sa maison navale, l'amiral Muller, qui tente de le rejoindre sur une vedette très rapide. Muller finit par rattraper le *Meteor* dans la baie de Kiel. Quand les deux bâtiments sont bord à bord, l'amiral gesticule et hurle une information – mais le Kaiser ne veut rien entendre car il est proche de la victoire. L'amiral griffonne un message, le glisse dans son étui à cigarettes qu'il lance sur le pont du *Meteor*. La course est arrêtée : Guillaume vient d'apprendre l'assassinat de l'archiduc héritier d'Autriche-Hongrie François-Ferdinand et de son épouse Sophie à Sarajevo.

Un attentat qui n'aurait jamais dû être perpétré. François-

Ferdinand est venu assister aux manœuvres militaires de Bosnie et Sophie a déjà fait une incursion dans la capitale provinciale de Sarajevo où elle a été chaleureusement accueillie. Mais une première tentative a visé l'archiduc et son épouse dans la matinée, sur le chemin de l'hôtel de ville où ils doivent être reçus par les notables de Sarajevo : une bombe a été lancée, elle a rebondi sur la capote de l'automobile et elle a blessé un colonel dans la voiture qui suivait. Le trajet initial à travers la vieille ville a alors été modifié : les voitures rouleront à toute vitesse le long de l'artère principale, la Miljacka, afin d'aller saluer, à l'hôpital militaire, le colonel victime de la première bombe. Mais le hasard intervient : le chauffeur de la voiture de tête du cortège n'a peut-être pas saisi le nouvel itinéraire ; il suit le premier parcours et tourne à la hauteur de la Franz Josef Strasse pour s'engager dans la vieille ville puis, ayant réalisé son erreur, il fait une marche arrière, afin de reprendre le nouveau trajet indiqué et la voiture de l'archiduc est immobilisée pendant les quelques secondes de la manœuvre ; les coups de feu de l'un des conspirateurs, le Serbe – mais de nationalité autrichienne – Gavrilo Princip, qui attendait au coin du quai et de la Franz Josef Strasse, retentissent.

La Double Monarchie avait installé en Bosnie-Herzégovine une administration moderne et rigoureuse, soutenue par les musulmans et les Croates qui se rangent derrière Vienne, alors que le mouvement national serbe trouve plus d'intensité dans son combat contre l'annexion. Depuis Belgrade, des sociétés secrètes prêchent l'irrédentisme aux populations serbes. Les nationalistes serbes définissent la Bosnie-Herzégovine comme le «noyau de la Serbie… et donc le cœur du peuple serbe qui ne peut être cédé à un État étranger». Et le géographe serbe Jovan Cvijic de préciser qu'elle «n'est pas seulement notre Alsace-Lorraine mais ce que sont la région de Moscou pour les Russes, les parties les plus pures de l'Allemagne et de la France pour les Allemands et les Français, la partie qui incarne le mieux la nation». À l'encontre de François-Ferdinand qui voulait resserrer les liens de la Double Monarchie avec les Slaves du Sud et opposer ainsi une digue à l'ambition de la Serbie de rassembler lesdites populations slaves.

Guillaume est effondré. François-Ferdinand était son ami et son futur partenaire. L'année précédente, il avait été l'un de ses invités à Kiel. Deux semaines plus tôt, lors du week-end des 12-14 juin, le Kaiser avait rejoint l'archiduc en Bohême, dans le pavillon de chasse de Konopitscht. Ils s'étaient réconciliés, après un léger dissentiment sur le Premier ministre de Hongrie, Istvan Tisza, qui avait fortement impressionné Guillaume alors que François-Ferdinand le soupçonnait de trahison et envisageait de le démettre après son accession au trône. Ils avaient surtout réfléchi à l'avenir de la Double Monarchie et à la nécessité de détruire le «nid de frelons» serbe. Le journaliste Wickham Steed soutiendra même qu'ils avaient envisagé le découpage de deux nouveaux royaumes balkaniques, à l'intention des deux fils de l'archiduc.

— Tout est à recommencer! s'est écrié Guillaume, à bord du *Meteor*, lorsqu'il a appris l'assassinat.

L'ambassadeur austro-hongrois à Berlin, Szoegyenyi, laisse filtrer ses réserves sur l'archiduc lorsqu'il s'abandonne à quelques confidences:

— Comme chrétien et comme Hongrois, je déplore le destin tragique de l'héritier de la Couronne et de sa noble épouse. D'un point de vue purement politique, l'élimination de François-Ferdinand est peut-être une grâce de la Providence. Le fanatisme de l'archiduc, sa détestation des Magyars, son cléricalisme outré auraient pu nous entraîner dans une guerre civile. Et qu'aurait-il donné comme allié de l'Allemagne? Peut-être se serait-il révélé un partenaire entêté, bien incommode...

À Vienne, l'organisation des funérailles prouve que le vieil empereur François-Joseph continue de poursuivre de son animosité, par-delà leur mort, l'archiduc et surtout son épouse morganatique... Sophie n'a droit qu'à un corbillard bas et terne à côté du char aux roues dorées, surmonté de la couronne archiducale, de son mari. Et comme François-Ferdinand avait fait construire une chapelle sur les bords du Danube pour y être enseveli auprès de sa femme puisque la crypte des Habsbourg dans l'église des Capucins leur était interdite, l'empereur ordonne que les obsèques se déroulent en pleine nuit.

Pendant ces semaines décisives, Guillaume est emporté par sa conception du droit divin des monarques qui va finir par embrumer son analyse des rapports de forces, de l'état d'esprit des gouvernants européens, des pulsions des opinions publiques nationales. Sa conviction est que l'esprit saint repose directement sur les têtes couronnées... ou appelées un jour à la Couronne. Devant ce crime suprême que constitue l'assassinat de l'héritier présomptif austrohongrois, une atteinte à l'ordre du monde oint par le Seigneur, la solidarité des monarchies ne peut que se manifester – il est inimaginable qu'elle ne se manifeste pas, les monarques européens se doivent non seulement de comprendre la nécessité du châtiment des Serbes mais aussi d'encourager les Austro-Hongrois dans leur expédition punitive, une expédition qui doit être immédiate. Un incident, pourtant : l'ambassadeur allemand à Vienne, Tschirchky, déconseille au gouvernement autrichien des « mesures précipitées ». Guillaume le réprimande sur-le-champ :

— Qui lui a donné des pouvoirs pour cela ? Il doit me faire le plaisir de laisser ces bêtises de côté ! Cela ne le regarde pas du tout... Il faut balayer les Serbes, et rapidement !

Le Kaiser ne peut donc pas imaginer une absence de réaction anti-serbe à Saint-Pétersbourg, même s'il a moralement rompu avec le tsar depuis la déception de Björkö – Nicolas ne manquera pas d'être horrifié par l'acte sacrilège d'un terroriste serbe. Guillaume ne peut comprendre les progrès du panslavisme dans la capitale et l'Empire russe – comme le pangermanisme a progressé à Berlin et dans le Reich – et la solidarité avec une petite nation slave dont va faire montre la Russie.

Guillaume se reproche aussi de n'avoir pas été suffisamment proche de la Double Monarchie pendant les crises balkaniques. Pour l'Autriche-Hongrie, le défi est maintenant vital : les aspirations des Slaves du Sud à l'extérieur mais aussi à l'intérieur peuvent provoquer un éclatement de l'Empire des Habsbourg.

Le 1er juin précédent, lundi de la Pentecôte, Guillaume avait eu une étonnante entrevue avec le conseiller du président américain Woodrow Wilson, l'influent colonel Edward House, qui voulait expérimenter la « neutralité médiatrice » des États-Unis. C'était à Potsdam, à l'occasion de la *Schrippenfest*, la « fête du petit pain blanc », un banquet offert au « bataillon modèle » dont les soldats reçoivent du pain blanc au lieu du pain noir de leur ordinaire. Le Kaiser préside la cérémonie dans le « salon des coquillages » du palais – les murs sont recouverts de coquillages incrustés dans le plâtre ; assis au milieu de ses troupes, il boit dans un verre dont s'est déjà servi un simple soldat. House et l'ambassadeur américain à Berlin, Gerard, semblent perdus dans leurs habits noirs au milieu des uniformes étincelants – « deux corbeaux noirs », commentera Guillaume. House apprécie « l'anglais très clair et choisi du Kaiser », qui s'est probablement discipliné en présence de l'envoyé de Wilson... puisque House le trouve « trop gentleman pour accaparer la conversation ».

L'entrevue a consisté en deux monologues juxtaposés – House prêchant pour une « entente des nations civilisées » et Guillaume déplorant l'encerclement dont la nouvelle Allemagne, à l'apogée de sa puissance, est victime :

— Je veux la paix car l'intérêt de l'Allemagne exige la paix.

L'Allemagne fut pauvre, elle s'enrichit et elle s'enrichira encore plus avec quelques années de paix. Mais, de tous côtés on la menace. Les baïonnettes de l'Europe sont pointées sur elle.

Pourtant, le Kaiser s'exprime avec bienveillance et admiration sur l'Angleterre… et les États-Unis.

— Angleterre, États-Unis et Allemagne constituent une même famille et devraient se rapprocher.

Suit une pluie de commentaires désobligeants sur les Latins et les Slaves :

— L'Angleterre est folle de s'allier à ces peuples, qui ne sympathisent nullement avec nos idéaux ! Ce sont des alliés incertains, auxquels on ne peut se fier, des demi-barbares. Seuls l'Angleterre, les États-Unis et l'Allemagne peuvent faire progresser la civilisation chrétienne.

Étonnant opportunisme du colonel House ! L'Américain s'infiltre dans la brèche ouverte pour revenir à son projet d'entente internationale des nations civilisées :

— La Russie, voici le véritable danger pour la civilisation et pour la sécurité de l'Angleterre ! L'Allemagne rend un service inestimable à l'Angleterre en tenant tête aux avancées du monde slave.

Guillaume est surpris et flatté. Il ne prend aucun engagement mais il encourage House à présenter à Londres son plan d'organisation internationale. À Washington, à la lecture du rapport de House, Wilson éprouvera un « tressaillement de joie ».

Malgré la tension internationale, Guillaume lève l'ancre, le 6 juillet, à bord du *Hohenzollern*, pour sa croisière annuelle dans les eaux norvégiennes. Les ministres et l'état-major l'ont encouragé à partir : n'est-ce pas un moyen pour eux d'échapper à ces ordres et contre-ordres du Kaiser en temps de crise, à ce parcours en zigzag, ce *Zickzackkurs* qu'ils lui reprochent de plus en plus ? Les messages les plus importants reçus à la Wilhelmstrasse sont télégraphiés au yacht impérial, mais il reste possible de filtrer certaines informations.

Guillaume suit la côte au nord de Bergen et pénètre dans le Sognefjord : il est protégé, depuis le 10 juillet, par une escadre de cuirassés et de croiseurs qui a appareillé de Wilhelmshaven. La crise s'aggrave : le gouvernement de Vienne a l'intention de présenter un ultimatum à la Serbie le 23 juillet, dans des termes que Belgrade ne pourra que repousser. À Berlin, la conviction prévaut que l'opération autrichienne restera localisée, que l'affrontement austro-serbe ne dégénérera pas en un conflit général européen. Mais, le 25 juillet, les dépêches d'agences et les rapports de l'ambassade allemande font part de la très vive émotion qui embrase Saint-Pétersbourg. Guillaume interrompt sa croisière, appareille vers Kiel, regagne Potsdam le lundi 27 juillet.

Dans ses *Mémoires*, le Kaiser semble regretter ces vingt jours d'absence en juillet 1914 : «Très inquiet de la tournure que pouvaient prendre les événements, je me décidai alors à abandonner le projet de mon voyage dans les pays du Nord et à rester à Berlin.» Il aurait été contraint au départ par le chancelier : «Von Bethmann m'expliqua succinctement que si j'abandonnais encore une fois un projet de voyage annoncé, cela ferait croire que la situation était plus grave qu'elle ne l'était en réalité. Il se pourrait même que l'abandon de mon projet contribuât à déchaîner la guerre dont on pourrait alors me rendre responsable.» Un élément troublant : il est vrai que lorsqu'il prend connaissance de la réponse serbe à l'ultimatum autrichien, le 28 juillet, Guillaume relève que toutes les exigences autrichiennes sont acceptées par la Serbie, qu'il s'agisse de l'arrestation et du châtiment des auteurs de l'attentat, et même de la coopération avec l'Autriche-Hongrie pour réprimer le terrorisme et éradiquer les groupes subversifs.

— C'est beaucoup plus qu'on ne pouvait l'espérer, une grande victoire morale pour Vienne.

Et de s'interroger :

— Je ne vois plus de réelle cause de conflit...

Il n'est donc vraiment pas à la pointe du «parti de la guerre»; il suggère même, dans une note pour le secrétariat d'État, que les questions litigieuses qui subsisteraient soient réglées par la négociation. Mais les propositions du Kaiser sont retenues dans les services de la Chancellerie, puis édulcorées lorsqu'elles sont transmises à Vienne : elles semblent maintenant un encouragement à une action autrichienne.

Dans le même temps, Guillaume échange une correspondance télégraphique avec Nicolas – en anglais, il s'agit donc d'un échange privé, très personnel. Le Kaiser demande au tsar, au nom de leur «tendre et chaleureuse amitié, si ancienne», de l'aider à résoudre «les difficultés qui pourraient encore surgir». En retour, Nicolas incite Guillaume à «empêcher ses alliés d'aller trop loin». Mais l'Autriche se comporte comme si elle avait l'assurance que l'Allemagne lui était liée par automatisme et inconditionnellement, qu'elle ne pouvait qu'adhérer aux objectifs autrichiens : l'ambassadeur autrichien a déjà quitté Belgrade, sans se prêter à un examen sérieux de la réponse serbe ; l'Autriche déclare la guerre à la Serbie et la flotte austro-hongroise du Danube ouvre le feu sur la citadelle de Belgrade.

Le 29 juillet, Bethmann a pourtant émis une protestation nette auprès de l'allié autrichien : il a exigé la reprise des pourparlers directs interrompus avec Saint-Pétersbourg : « Nous sommes prêts à remplir nos devoirs d'alliés, mais nous refusons de nous laisser entraîner par Vienne dans un cataclysme universel, à la légère, sans qu'on écoute nos conseils. » Il est vain de s'adonner à la rétro-politique-fiction. L'ancien chancelier Bülow ne peut résister aux séductions et aux vertiges de cet exercice, dans ses *Mémoires* : la montée aux extrêmes de la crise, soutient-il, aurait été interrompue si l'Allemagne avait cessé de donner carte blanche à sa principale alliée.

Le président de la République française, Raymond Poincaré, a choisi, lui aussi, de traverser les mers malgré la tension internationale... qui semble peu ressentie à Paris. Les ministres et le corps diplomatique étaient réunis sur le champ de courses de Longchamp, pour le Grand Prix, au milieu d'une foule insouciante et joyeuse et dans l'élégance des toilettes ; ils observaient d'un regard distrait le galop des chevaux lorsque la rumeur de l'attentat de Sarajevo s'est répandue à partir d'une dépêche de l'agence Havas. Quelles seraient les conséquences de l'assassinat de l'archiduc ? Le chef de l'État et ses interlocuteurs se sont interrogés sur l'avenir des Habsbourg et sur la recrudescence des conflits balkaniques ; ils ne semblent pas avoir perçu un risque de guerre européenne. Auparavant, ils n'avaient abordé les rapports avec l'Allemagne que sous un angle anecdotique : Aristide Briand devait-il accepter l'invitation d'Albert de Monaco de l'accompagner aux régates de Kiel ? En l'absence d'une invitation officielle du Kaiser, ils avaient conseillé à Briand une réponse négative.

Poincaré, accompagné du chef du gouvernement, René Viviani, a appareillé de Dunkerque le 16 juillet, à bord du croiseur *France*, suivi, à distance respectueuse, d'un autre croiseur, le *Jean-Bart* ; il a repris la route marine qui mène à la rade de Kronstadt, pour une visite officielle à l'allié russe, deux ans après un autre voyage officiel, en tant que président du Conseil. « Que se passe-t-il à Vienne et à Berlin ? note Poincaré dans ses *Mémoires*. Nous nous le demandons encore avec plus de curiosité que d'inquiétude. » L'inquiétude puis l'angoisse prévaudront, tout de même, pendant la traversée de retour : des radiogrammes incomplets évoquent, dans le désordre et une semi-obscurité, l'ultimatum autrichien. Viviani expédie un message : il suggère de substituer une enquête internationale à l'enquête autrichienne, qu'il estime trop humiliante pour la Serbie.

Le 27 juillet, l'anxiété domine à bord du *France*: les escales-visites officielles au Danemark et en Norvège sont annulées. Un croiseur allemand, traversant la baie de Mecklembourg, salue le chef de l'État français. La confusion continue de dominer dans les dépêches qui arrivent à bord. Depuis Berlin, où la foule chante *La Garde au Rhin* et d'autres chants patriotiques, Jules Cambon s'inquiète de l'état d'esprit qui se développe dans la capitale du Reich: «L'Allemagne penserait, si la situation actuelle ne se dénoue pas pacifiquement d'ici à quelques jours, à frapper un coup.» Aurait-il été plus sage d'annuler la visite en Russie? Les arguments de Viviani sont identiques à ceux de Guillaume pour sa croisière en Norvège: «C'était accroître, par nous-mêmes, l'état de tension à peine visible.» Le 29 juillet au matin, Poincaré et Viviani débarquent à Dunkerque – après la déclaration de guerre autrichienne à la Serbie et le bombardement de Belgrade...

Poincaré a-t-il délivré des «assurances» excessives à la Russie pendant son séjour à Saint-Pétersbourg? Il s'en est toujours défendu – tout en déployant toute son énergie pour soutenir son alliée, alors que l'attitude de la France avait été très réservée lors de la crise bosniaque de 1909. Après la guerre, les auteurs «pacifistes» des années 1920 et 1930 s'adonneront à une virulente critique du président français. Pour Mathias Morhardt, lié à la Ligue des droits de l'homme, Poincaré avait, dès juillet 1914, abandonné le destin de la France entre les mains du gouvernement russe, «le régime le plus corrompu du monde». Alfred Fabre-Luce érige la Triple-Entente en un «syndicat de conquérants», Paris donnant, en juillet, à la Russie «un appui sans réserves». Certes, l'Allemagne a pris «l'initiative de la provocation diplomatique... mais elle n'avait pas la volonté d'aller jusqu'au bout, l'Entente aurait dû le comprendre». Dans une étude plus nuancée, René Gérin, après avoir posé quatorze questions au président français auxquelles Poincaré a répondu avec précision, conclut que «l'Allemagne avait rendu la guerre possible» mais exclut toute préméditation de sa part.

Rejeter sur la Russie la responsabilité d'une éventuelle guerre européenne... Le gouvernement de Saint-Pétersbourg semble se prêter à ce souhait du Kaiser en décrétant la mobilisation – partielle, le 29 juillet, générale, le 31. L'étendue du territoire russe, la difficulté des transports et communications peuvent expliquer cette décision... mais l'importance de la mobilisation semble avoir été en partie cachée à l'ambassadeur de France, Maurice Paléologue. À Berlin, «l'état de guerre imminente» est proclamé; Guillaume exige de la Russie qu'elle suspende ses préparatifs militaires.

La question de l'impact de la décision de mobilisation russe sur le cours des événements a été largement débattue dans les nombreux écrits sur les origines du premier conflit mondial. Dans le cadre de la commission d'enquête créée en novembre 1919 par le Reichstag, un universitaire allemand, Hermann Lutz, a établi un partage à peu près égal des responsabilités: la Russie porterait la part la plus lourde avec sa mobilisation précipitée, suivie de l'Autriche-Hongrie puis des grands belligérants. Pierre Renouvin, dans son étude sur *Les Origines immédiates de la guerre*, publiée en 1925, constate que l'Allemagne et l'Autriche-Hongrie souhaitaient la localisation du conflit serbe et un simple succès de prestige limité – et non une guerre générale; mais les deux puissances centrales, en défiant la Russie, acceptaient néanmoins de courir le risque d'une guerre européenne. Dans son essai *Comment vint la guerre*, paru en 1930, l'historienne américaine Bernadotte Schmitt montre que l'Allemagne s'était étroitement associée au règlement de comptes serbe de l'Autriche et que Berlin et Vienne s'attendaient à une protestation russe, mais non à une protestation qui prendrait la forme d'une intervention armée.

Pourquoi déclarer la guerre à la Russie dès le 1er août? Ballin pose la question au chancelier... qui évoque la politique intérieure. L'adhésion des socialistes allemands – le plus grand parti social-démocrate d'Europe – est une chance pour le Kaiser. Encore faut-il justifier cette union de la nation allemande par un combat contre la Russie du tsar, l'autocratie par excellence en Europe.

Impréparation de la chancellerie et de la diplomatie allemandes. Ballin fait irruption dans le salon du rez-de-chaussée, à la Wilhelmstrasse. Le chancelier va et vient à grands pas, dans l'attente de l'oracle de son conseiller juridique, Kriege, un juriste consciencieux qui recherche une formule de déclaration de guerre. Très agité, Bethmann s'inquiète:

— La déclaration de guerre à la Russie est-elle prête?

— Encore quelques instants, Monsieur le chancelier...

Et Kriege, le visage décomposé, de se perdre dans les manuels de droit des gens, de Grotius à Blüntschli et Heffter, à la recherche de la formule consacrée.

Le 3, ce sera le tour de la France, après que la chancellerie allemande eut invoqué un lâcher de bombes imaginaire sur la voie ferrée entre Nuremberg et Ingolstadt, et eut exigé, en guise de remise de gages, Belfort, Toul et Verdun.

Avec l'allié – théorique – italien, c'est la méfiance qui prévaut:

nulle information sur les opérations autrichiennes, aucune concertation préalable avec l'Italie. La Triple Alliance est violée dans son esprit et dans sa lettre...

Pendant sa croisière norvégienne, Guillaume n'a cessé de dire sa conviction que l'Angleterre resterait neutre : le roi d'Angleterre manifesterait une certaine solidarité monarchique et son gouvernement ne laisserait pas un conflit local austro-serbe tourner à la confrontation européenne générale. Surtout, les émissaires officieux qu'il avait envoyés en Grande-Bretagne, parmi lesquels son frère, le prince Henri, lui assuraient que le nouveau roi, George V, avait rompu avec l'attitude anti-allemande d'Édouard VII – au contraire, il est vrai, des rapports officiels de l'ambassade d'Allemagne. Et il n'avait jamais cru à la réalité et à la solidité de la Triple-Entente... Lorsque les événements prennent une tout autre allure, Guillaume entre dans une violente colère contre cette Angleterre à laquelle tant de liens l'unissent. Il se sent poursuivi, tel un nouvel Hamlet, par le spectre de son oncle, Édouard VII :

— Édouard VII mort se révèle plus puissant que moi qui suis en vie !

Et le Kaiser de se persuader qu'il a été trompé, «la machine diplomatique allemande ayant flanché, tout entière». L'Allemagne aurait été victime d'une agression préparée «de longue main» à Londres et à Saint-Pétersbourg, ainsi que par des puissances d'opinion transnationales, agissant dans l'ombre, telle la franc-maçonnerie – «le Grand Orient» – même s'il souligne que les loges allemandes lui sont restées fidèles... Dans son exil, à travers les *Mémoires* et autres essais qu'il publiera, il cédera aux thèses de la «conspiration» internationale.

Une explication idéologique à la «trahison» britannique : l'Angleterre est une «ploutocratie» qui a refusé de faire une place à l'Allemagne dans le partage des richesses. Elle est, certes, une nation civilisée; elle incarne la civilisation. Mais l'Allemagne incarne la culture, c'est-à-dire une plus haute conscience de ses responsabilités internationales et une morale. L'Angleterre symbolise l'accumulation des richesses, l'Allemagne le vieil idéalisme germanique. Finalement, le Kaiser en veut moins à la France : le souci de revanche, la question des provinces perdues rendent plus compréhensible – mais non plus légitime – son entrée en guerre contre l'Allemagne.

En réalité, l'Angleterre est longtemps restée indécise. Elle a proposé, en vain, la réunion d'une conférence des «quatre puissances étrangères à l'affaire serbe» – la France, l'Allemagne, l'Angleterre et l'Italie – qui aurait présenté l'avantage de mettre en relation les deux grandes coalitions, chacune représentée par deux de ses États membres ou associés relativement moins engagés. Elle est décidée à soutenir la France, en cas de nécessité, mais aussi à modérer l'intransigeance éventuelle de la France et, surtout, de la Russie. Elle n'est pas liée par un traité formel à ses amis de l'Entente. Elle est d'autant plus hésitante que le peuple britannique est manifestement indifférent aux problèmes de l'Europe de l'Est. Par contre, l'invasion de la Belgique, le 2 août, indigne l'opinion britannique : le 4, le Royaume-Uni déclare la guerre à l'Allemagne.

Bethmann-Hollweg semble prisonnier de ses illusions. La guerre qui vient ?

— Ce sera un orage violent, mais très court. Une guerre de trois ou de quatre mois. J'ai organisé toute ma politique en ce sens. Malgré la guerre et après la guerre, j'espère que nous parviendrons à des rapports amicaux, confiants et loyaux avec l'Angleterre et la France. Un groupement germano-anglo-français serait le triomphe de la civilisation européenne.

Le chancelier interroge l'ambassadeur Schoen, retour d'un Paris débordant de fièvre guerrière :

— L'Allemagne parviendra-t-elle à s'allier avec la France ?

— Oui, sans aucun doute. À condition que nous ne portions pas la guerre en territoire français, et que nous ménagions la France... Par exemple en lui restituant une partie de la Lorraine.

À son retour à Berlin, le 27 juillet, Guillaume est attendu à la gare par le chancelier Bethmann-Hollweg, le visage défait.

— Comment tout cela est-il arrivé ? Vous m'avez toujours affirmé que la paix n'était pas menacée, que vous mainteniez le contact avec l'Angleterre...

Bethmann est accablé :

— Sire, je me suis complètement trompé. Je vous présente ma démission.

— Non ! Vous m'avez préparé ce plat-là. Vous le mangerez !

LE KAISER EN CAMPAGNE

Lorsque Guillaume a nommé « Moltke le jeune » à la tête de l'état-major, il a précisé, pour vaincre les hésitations du général : « Acceptez sans crainte ! Vous n'aurez qu'à expédier les affaires courantes. Si la guerre éclate, je serai le véritable chef d'état-major. » Ainsi la guerre est-elle une épreuve de vérité pour le Kaiser : pendant des décennies, il s'est donné l'apparence d'un homme de guerre ; aura-t-il la force intérieure nécessaire pour conduire les opérations et prendre la tête de la plus forte armée d'Europe ? La tradition héritée de ses ancêtres Hohenzollern rejoint la constitution prussienne du 31 janvier 1850 : « Le roi exerce le commandement suprême de l'armée. » Le Kaiser est le chef suprême de l'armée, le chef d'état-major et les commandants militaires n'ont pas de pouvoir de décision, ils ne sont que les conseillers de l'empereur. Le général Ludendorff le confirme dans ses *Souvenirs de guerre* : « Le Kaiser possédait le pouvoir suprême de commandement de l'armée et de la marine. Les chefs supérieurs de l'armée et de la flotte lui étaient subordonnés. Le chef de l'état-major de l'armée en campagne dirigeait les opérations, mais conformément aux désirs de Sa Majesté. Les décisions importantes nécessitaient l'approbation impériale. Le chef d'état-major n'avait pas le droit de commandement. »

Avant même l'ouverture du feu sur le front occidental, les revirements du Kaiser déstabilisent le chef d'état-major, le général Helmuth von Moltke – qui, il est vrai, est déjà âgé de soixante-six ans, souffre d'une douloureuse maladie rénale et va révéler une résistance nerveuse aussi fragile que celle de Guillaume. Moltke sait qu'il doit toute sa carrière au souvenir laissé par son oncle, dont il porte le nom et le premier prénom, l'autre Helmuth von Moltke, dit « l'ancien », le généralissime de la guerre des Duchés puis des guerres austro-prussienne et franco-prussienne... et il sait qu'il n'est pas à la hauteur de cet héritage : « Je suis trop scrupuleux, j'ai le sang trop lourd, je ne peux pas tout risquer en une seule décision comme mon oncle ou le Grand Frédéric.»

Une rumeur venue de Londres – en fait, un grossier malentendu – indique que la France pourrait rester neutre, sous la garantie de l'Angleterre, face au conflit germano-russe. Le 1er août, le Kaiser convoque Moltke :

— Nous allons donc concentrer toutes nos forces sur le front oriental !

Mais, pour Moltke, la machine de guerre est en marche : elle lamine les volontés individuelles et exclut les contre-ordres.

— C'est impossible, Majesté. Ce serait transformer une armée organisée de millions d'hommes en une cohue désordonnée d'hommes armés, dépourvus de ravitaillement.

— Votre oncle m'aurait donné une autre réponse !

— Nous devons absolument maintenir les plans prévus : une forte offensive à l'ouest, une plus faible à l'est.

Moltke se dit brisé : «J'étais complètement abattu et je versai des larmes de désespoir. Je restai dans ma chambre, plongé dans une humeur sombre et sans rien faire.» Mais ses états d'âme n'empêchent pas le chef d'état-major de transférer, le 25 août, 80 000 hommes du front occidental à celui de l'Est. Le coup qui devait être asséné à l'armée française au début du conflit est affaibli. D'autant que la résistance acharnée de l'armée belge ralentit la progression allemande à travers la Belgique : pour Moltke, ces difficultés ne peuvent s'expliquer que par l'action de francs-tireurs et de «terroristes»; le chef d'état-major multiplie les exécutions sommaires, les tueries, les destructions de villes et de villages… Joffre redéploie les forces françaises de la Lorraine vers Paris et attaque l'armée allemande, trop avancée, sur son flanc : la bataille de la Marne va provoquer la destitution de Moltke qui est le premier à percevoir la défaite – «Majesté, nous avons perdu la guerre» – avant de donner dans l'ésotérisme et de faire venir à son chevet le fondateur de la secte théosophique, Rudolf Steiner.

Le ministre prussien de la Guerre, Falkenhayn, est appelé à prendre la tête de l'état-major. La fiction du Kaiser-décideur suprême est maintenue : Falkenhayn soumet ses plans stratégiques au Kaiser. Il s'accorde avec lui sur un point essentiel : chercher une décision sur le front occidental, alors que d'autres officiers du quartier général veulent exploiter à fond les victoires sur la Russie à l'est. Une fois la Russie mise à genoux, l'Angleterre et la France céderaient… Avec la bataille de Verdun, la guerre de positions tourne au profit des Alliés. Et la Roumanie – conduite

par un Hohenzollern! – se range parmi les adversaires du Reich...
L'affaiblissement de l'armée de l'Est a eu pour effet la rupture du
front par les Russes. Au quartier général, on épingle la politique
du Kaiser, qui aurait manifesté trop de scrupules au moment de
s'engager contre l'Italie – dans le souci de ménager le Saint-Siège
et, au Reichstag, le Zentrum.

Tirpitz porte un regard de plus en plus désapprobateur sur un
Kaiser passif, inapte à la guerre, enfermé à l'arrière-front mais
conservant un fond d'arrogance et aveuglé par les mensonges
des courtisans. Décembre 1914: «L'empereur voit partout des
victoires gigantesques, mais il veut seulement calmer son inquiétude. Selon le médecin en chef de l'état-major, il a demandé
qu'on le libère de toute obligation.» Mars 1915: «L'empereur
devrait se faire porter malade pour huit semaines ou davantage.
Cela devrait venir de lui-même ou de l'impératrice. Sans quoi,
on devrait persuader le roi de Bavière de conseiller à l'empereur
cette mise en congé médical. Comment convaincre l'empereur de
transmettre son pouvoir, par exemple à Hindenburg? Une grande
défaite pourrait provoquer un tel changement, mais alors ce serait
trop tard.» Juillet 1915: «L'empereur n'est actif qu'une heure par
jour. Autour de lui, la société s'est lentement endormie... alors
que l'armée et le peuple allemand se surmènent, souffrent et
tombent d'épuisement.» Courtisaneries sans fin: lorsque le député
du centre Matthias Erzberger vient de Rome, en mars 1915,
informer le Kaiser des intentions de l'Italie, l'aide de camp lui
glisse: «Je vous préviens: n'apportez à l'empereur que des bonnes
nouvelles!» Et Guillaume est d'autant plus anxieux et isolé que le
monde extérieur se répand en malédictions autour de cet homme,
au fond pacifique, qui est considéré comme un nouvel Attila – il
est vrai qu'il avait jadis, dans un grand élan de rhétorique, incité
ses sujets à se comporter comme des Huns.

Lorsque le commandement de l'état-major est remis à Hindenburg
– ce vieux grognard qui n'a rien d'un courtisan mais qui est imposé
par sa popularité dans l'opinion publique depuis sa grande victoire
des lacs masuriques sur le front de l'Est – associé à Ludendorff,
l'officier à la volonté de fer, «l'homme au visage de sergent-
major», devenu «premier intendant général de l'armée», un titre
et une fonction créés pour lui, la fiction tombe: Guillaume rentre
volontairement et définitivement dans l'ombre; sa force nerveuse
est épuisée; il se décharge de ses responsabilités sur le pouvoir
militaire. Le Kronprinz le confirme, dans ses propres *Mémoires*:
«Sa modestie le poussait presque à un complet effacement de sa
personne devant les chefs d'état-major.» Ainsi qu'Hindenburg:

«Sa Majesté se contentait, dans la plupart des cas, d'accepter mes raisons.»

Toute la nation allemande est entrée en guerre, convaincue de se battre pour une juste cause. Au Reichstag, l'ensemble des forces politiques – des junkers agrariens au centre catholique et aux socialistes – a fait bloc autour du Kaiser qui a affirmé, en retour, ne plus connaître des partis politiques mais simplement des Allemands. «Ce n'est pas un appétit de conquête qui nous inspire, a affirmé Guillaume devant les députés. Nous tirons l'épée avec une conscience pure et les mains nettes.» Dans son message aux armées, il n'a pu s'interdire une invocation au Dieu biblique, avec lequel il entretient une très ancienne connivence: «Notre peuple est le peuple élu de Dieu. L'esprit divin est descendu sur moi, empereur allemand. Je suis l'armure de Dieu, son épée.»

Prématurément usé, le Kaiser s'est effacé en fait, trois ans avant d'abdiquer en droit. Sa principale préoccupation est d'affirmer la supériorité du commandement militaire sur le pouvoir politique – alors que Bismarck, en son temps, avait souligné que la détermination des buts de guerre et la conduite même de la guerre restaient «une tâche politique». La *Frankfurter Zeitung*, l'organe des milieux industriels rhénans, se permet-elle de publier, dans son numéro de Noël 1915, un texte célèbre de Clausewitz: «Le point de vue militaire doit se subordonner au point de vue politique»? Le Kaiser s'indigne, rédige une note sur ces «citations déplacées», supprime le quotidien de Francfort de la liste des publications auxquelles le palais est abonné. «La politique doit se taire jusqu'à ce que la stratégie lui permette à nouveau de parler.»

Ayant renoncé à influer sur les mouvements de ses armées, Guillaume se consacre à ses marottes dynastiques: il a été trahi par ses cousins russes – et surtout anglais, qui n'ont pas voulu de la paix qu'il leur proposait! Une trahison amplifiée lorsque les premières bombes anglaises tombent sur la résidence intermittente du Kaiser à Charleville près de son quartier général provisoire de Mézières: l'entente tacite, qui lui semblait une loi non écrite, pour épargner réciproquement la vie des souverains, est violée; «maintenant, on pourra bombarder le palais de Buckingham!». Et de multiplier des analyses de plus en plus éloignées de la réalité: les Français sont à plaindre pour leur naïveté; ils n'ont pas compris que les Anglais veulent mettre la main sur leur pays et qu'ils n'évacueront jamais Calais… Mais, après sa victoire, l'Allemagne volera au secours de la France et l'aidera «à renvoyer John Bull dans son île». Il reviendra souvent sur ce thème: «L'Italie est hors-jeu, la France à bout de souffle, l'Angleterre sera bientôt hors de combat. Les États-Unis et l'Angleterre se concertent pour attaquer le Japon. À l'extrême fin de la guerre, l'Allemagne prendra la tête d'une grande alliance continentale, avec la France à son côté, et s'engagera dans une nouvelle guerre punique contre l'Angleterre.» Lorsque Nicolas II est contraint d'abdiquer, le 15 mars 1917, Guillaume ressent douloureusement cette nouvelle atteinte au principe monarchique : il attribue la révolution «bolchevique» à «l'or anglais»; l'Angleterre a voulu corriger le tsar qui était sur le point d'accepter une paix séparée. En fait, c'est l'Allemagne qui a financé la *Pravda*, comme le reconnaîtront les services de la Wilhelmstrasse...

Pour occuper le Kaiser, le commandement militaire l'incite à de longs voyages, sur tous les fronts, afin de soutenir le moral des unités allemandes ou des alliés du Reich. Il redevient, comme au début de son règne, le *Reise Kaiser*, l'empereur-voyageur! De la Galicie et de la Lituanie, il part pour les Flandres puis retourne vers l'est, en Lettonie; il visite le front roumain et rencontre Ferdinand de Bulgarie puis gagne la Serbie et est reçu solennellement en Turquie, au palais de Yildiz comme vingt ans plus tôt. Après la défaite des Italiens à Caporetto, à l'automne 1917, il se rend à Trieste et rencontre le nouvel empereur d'Autriche-Hongrie, Charles Iᵉʳ. Dans ses moments d'optimisme – par exemple lorsque la Russie des «Bolcheviks» semble se désagréger – Guillaume redessine la carte de l'Europe, redistribue les trônes de Roumanie, de Belgique, de Lituanie, de Pologne; il veut poser la candidature d'un prince allemand à la couronne de Finlande et il manifeste un vif intérêt pour une annexion de la Courlande... Il pourrait y chasser l'aurochs.

Rapidement devenu le simple spectateur de la guerre sur terre, le Kaiser tente de garder le contrôle de «sa» flotte et des opérations navales. Ne s'est-il pas toujours considéré comme le chef suprême de l'Amirauté? N'a-t-il pas passionnément voulu la montée en puissance de la marine de guerre, cette machine de guerre navale qui est sa création et son domaine réservé? N'a-t-il pas supervisé les constructions navales, les décisions budgétaires, malgré les réticences du Reichstag, et jusqu'au choix des élèves de l'Académie navale et jusqu'aux promotions d'officiers? Ses proclamations sont sans ambiguïté: «Je n'admettrai aucun intermédiaire entre moi et ma marine. Je n'ai pas besoin d'un commandant en chef.» Au demeurant, aucun plan n'a été préparé pour l'utilisation de la marine et la posture du Kaiser est attentiste: il faut ajourner, le plus longtemps possible, une sortie de la flotte allemande. La doctrine élaborée avant la guerre pour obtenir des crédits devient réalité : la flotte ne doit pas être un instrument de combat, mais un moyen de négociation. Dès le cinquième jour de la guerre, Guillaume ordonne à ses bâtiments... de rester au port : «À partir des informations que j'ai reçues, je considère que la flotte de haute mer doit se tenir, pour le moment, à une attitude défensive... Aucune action offensive avant que j'en donne l'ordre.» Il veut éviter un «Trafalgar du XXᵉ siècle». Fureur de Tirpitz, qui veut engager la guerre sur mer à l'heure où l'Allemagne «lutte pour sa survie». Le 4 septembre 1914, il constate : «C'est l'empereur qui freine... Il ne veut rien risquer avec sa flotte, une action décisive ne pourra être accomplie que sur ses indications. Ah, si nous avions un Bismarck et un Guillaume Iᵉʳ!» Dès novembre, le secrétaire à la Marine propose le blocus de l'Angleterre par des navires de surface et des sous-marins. Nouveau refus du Kaiser – l'amiral anglais Scott estimera, plus tard, que le blocus aurait pu provoquer une débâcle britannique...

Pourtant, la Royal Navy britannique et la marine impériale allemande, la Kaiserliche Marine, finiront par s'affronter dans la plus grande bataille navale de la Première Guerre mondiale, en mer du Nord, les 31 mai et 1ᵉʳ juin 1916 – la bataille du Jutland pour les Britanniques, du Skagerrak pour les Allemands. La GrandFleet de l'amiral Jellicoe a réussi à contraindre la Hochseeflotte, la flotte de haute mer, de l'amiral Scheer, à une confrontation à deux cents kilomètres au nord-ouest de la péninsule danoise du Jutland. 250 navires de tous types sont impliqués. Les Britanniques sont supérieurs en nombre : ils peuvent opposer 33 navires de ligne à 18 du côté allemand, mais le combat va révéler leur retard technologique, l'insuffisance du blindage de leurs croiseurs de bataille, la supériorité de l'organisation nocturne et du système de signalisation allemands. Les Allemands crient à la victoire, car ils ont infligé de plus lourdes pertes aux Britanniques. En réalité, le sort des armes est resté incertain : l'Angleterre conserve la maîtrise des mers ; grâce à une manœuvre hardie, les bâtiments allemands ont pu traverser de nuit le dispositif britannique et regagner leur base de Wilhelmshaven. La marine allemande n'effectuera plus que de rares sorties, en août 1916 et en avril 1918 ; elle se contentera de constituer une menace virtuelle pour les Britanniques, dont elle immobilisera ainsi de nombreux navires en mer du Nord, et elle se consacrera à la guerre sous-marine.

Un autre différend altère les rapports entre le Kaiser et l'encadrement naval : Guillaume est hostile à l'utilisation des sous-marins contre les navires marchands et aux bombardements de l'Angleterre par des zeppelins de la marine – il exprime le souhait que les raids soient limités aux objectifs industriels et n'aient pas un caractère «terroriste». Mais il est hésitant : il autorise, par la suite, l'attaque des navires marchands sans avertissement, avant de l'interdire après le naufrage du *Lusitania* le 7 mai 1915 ; il accepte le bombardement des villes de la côte anglaise par les zeppelins puis suspend les raids sur Londres. Ses objections sont morales : «Si je commandais un sous-marin, je ne torpillerais jamais un navire qui transporterait des femmes et des enfants...» confie-t-il lors d'une visite à la base navale de Wilhelmshaven. Elles relèvent aussi de la politique concrète : il partage, avec le chancelier, la crainte d'une entrée en guerre des États-Unis en réaction aux dommages provoqués par les sous-marins allemands. Le 1er mars 1916, il autorise les torpillages puis les limite, une semaine plus tard, aux «navires de commerce armés». Tirpitz donne alors, pour la troisième fois, sa démission – et elle est définitive. Le Kronprinz Frédéric-Guillaume télégraphie à son père qu'il s'agit d'un «désastre national».

Guillaume aura-t-il finalement éprouvé plus de scrupules que certains de ses sujets parmi les plus «modernistes», favorables, avant le conflit, à une entente avec l'Angleterre et à l'évolution «parlementaire» du régime politique allemand ? Lorsque Albert Ballin apprend, le 1er février 1917, la décision sur la guerre sous-marine à outrance, il réagit en patriote déçu par le retard pris, donc au nom de l'opportunité et de l'efficacité :

— C'est trop tard. Et il aurait fallu garder Tirpitz. Maintenant l'Angleterre a eu deux ans pour armer presque tous ses vapeurs et organiser sa défense au moyen de chasseurs de sous-marins, de filets contre-sous-marins, de mines sous-marines, de dirigeables et de bateaux écouteurs...

Le chancelier Bethmann-Hollweg est, dès les débuts de la guerre, la cible du commandement militaire : il apparaît comme un «philosophe au cœur sensible», dont les hésitations aggravent celles du Kaiser. Le 4 août 1914, devant le Reichstag, il a déploré l'invasion de la Belgique par les armées allemandes... comme une «injustice», ce qui était une manière originale d'entrer dans le conflit pour un chancelier allemand. «Un discours inouï, commente son prédécesseur, Bülow... Bethmann est-il le chef du gouvernement de la France, de la Belgique ou de l'Allemagne ?» Il est vrai que, le soir même, le chancelier a fait volte-face : il qualifie la neutralité belge de «chiffon de papier». Il suscite également les dissentiments de la plupart de ses ministres, ainsi que des députés conservateurs, nationaux-libéraux et d'une partie du centre lorsqu'il fait campagne, à l'été 1915, par ses interventions devant le Reichstag, pour la création d'un État polonais indépendant, sur les terres conquises par l'avancée vers l'est des forces allemandes. Pour Bethmann, il importe d'effacer le vieil antagonisme polono-allemand et de délivrer la Pologne du joug russe. Dans l'atmosphère rétractée, sans perspectives, de l'Allemagne en guerre, les critiques fusent sur une «création artificielle à nos frontières», d'une Pologne «mercenaire de la France», qui empêchera une paix rapide avec l'Empire russe.

Le Kaiser a maintenu Bethmann à la Chancellerie car il est convaincu que sa présence le protège de la «Révolution». Mais le rythme du conflit s'accélère: le 6 avril 1917, le Congrès américain déclare la guerre à l'Allemagne et, le 2 juillet, les premières troupes américaines débarquent en France. Lors d'un Conseil de la Couronne, au château de Pless, en Haute-Silésie, le ministre de l'Intérieur, Loebell, s'en prend à Bethmann qu'il estime trop usé. Au début juillet, le Kronprinz a une série d'entretiens avec des membres des divers groupes parlementaires – qui apprécient son tact et «l'intelligence de ses questions» – et il considère que le chef du gouvernement ne peut pas être l'homme d'une éventuelle conférence de la paix. Le 13 juillet, Bethmann est remercié.

Commence, alors, une étonnante ronde des chanceliers – et autres responsables politiques. Guillaume nomme un fonctionnaire inconnu, qu'il n'a jamais rencontré. Au sein de l'entourage impérial, chacun a proposé un nom. L'initiative est venue du général de Plessen, aide de camp du Kaiser.

— J'ai un chancelier! Je ne sais plus comment il s'appelle, Michel ou quelque chose d'approchant. Il s'occupe des fournitures de pain et il a prononcé récemment un fameux discours, selon lequel il passerait l'épée à travers le corps de quiconque lui barrerait la route.

Le chef du cabinet civil, von Valentini, se redresse, au fond du salon:

— Je le connais. Il ne s'appelle pas Michel mais Michaelis. Il n'est pas dans la boulangerie, mais sous-secrétaire au Ravitaillement de la Prusse. Il n'a pas parlé de coup d'épée dans le ventre des gens, mais de la force de la loi, une arme qu'il est prêt à manier rudement. Faire de lui un chancelier n'est pas une mauvaise idée. Je vais informer l'empereur...

Depuis le quartier général, Hindenburg opine: «Michaelis est un bon Prussien et il craint Dieu.» Guillaume prend acte de cette suggestion:

— Je ne sais absolument pas qui il est ni comment il est fait... Mais je serai heureux de le connaître.

Le sous-secrétaire George Michaelis se rend à la convocation de l'empereur, qui lui propose de devenir le sixième chancelier du

Reich. En digne membre de la «Société des chrétiens déterminés», à tendance piétiste, il se tient la main devant les yeux et déclare, solennel :

— Je sens que j'ai l'appui d'en-haut. J'accepte.

Malheureusement, la mort politique de Michaelis est rapide : malgré le soutien de Guillaume qui le considère comme un «saint homme», «le meilleur de mes chanceliers», cet homme honnête, sans ambition, ne reste que cent onze jours à la Chancellerie – en proie aux attaques de la droite du Reichstag pour sa passivité alors qu'une mutinerie a éclaté à Wilhelmshaven, au sein de l'équipage du cuirassé *Prinzregent Luitpold*.

L'ancien chancelier Bülow est de passage à Berlin, venant de sa retraite romaine. Il observe une scène banale, qui reflète les inconstances de «l'Arrière». Un groupe de jeunes fonctionnaires de la Wilhelmstrasse déjeune à son côté, à l'hôtel Adlon, l'un des centres nerveux de la capitale du Reich, près de la porte de Brandebourg. L'un d'eux interroge :

— Quelles sont les nouvelles du front ?

L'un de ses collègues, qui lui fait face, le rabroue :

— Laissez-moi tranquille avec vos histoires du front ! Je voudrais surtout savoir si le secrétaire d'État Jagow, qui fait le gros dos comme un chat depuis qu'il a été démis, recevra l'ambassade à laquelle il rêve.

Bülow est reçu par le Kaiser, qui l'interroge sur le climat politique romain :

— Que pense de la guerre la reine Marguerite d'Italie ?

— Elle prévoit, Majesté, un grand progrès des idées démocratiques.

— C'est exactement le contraire. Les Berlinois estiment qu'ils n'ont jamais été mieux gouvernés qu'en ce moment, par un général. Si on laissait faire le peuple allemand, il fermerait cette boîte à bavards du Reichstag, il déclarerait les ministres superflus et il remettrait tous les pouvoirs aux généraux !

En réalité, la pression des Alliés, le discours en faveur de la démocratie qu'ils répandent, comme les concessions à faire aux Allemands qui combattent avec abnégation au nom de l'Empire ou qui souffrent dans leurs villes et villages, vont contraindre le Kaiser à aller vers la nation et à «ouvrir» le régime, en mettant fin à l'archaïque système des «curies» prussiennes et en envisageant un gouvernement de type parlementaire pour le Reich. Le 8 février 1917, dans son message de Pâques, chaleureusement accueilli par l'opinion, Guillaume donne à ses sujets «l'assurance de ses sentiments libéraux» et promet une révision de la constitution. Le Conseil de la Couronne de Pless débat longuement de la réforme électorale en Prusse : Guillaume est heureux, il ne «savait pas ses ministres si intelligents».

Le Kaiser s'est maintenant converti aux réformes : «Je suis convaincu que le destin impose à la monarchie la tâche de comprendre l'énorme bouleversement provoqué par la guerre dans la vie des peuples. Les forces les meilleures du peuple doivent se révéler. La monarchie sortira renforcée de l'épreuve.» Le 20 juillet 1917, il reçoit, pour la première fois, les chefs des partis représentés au Reichstag. L'état d'esprit parlementaire a évolué : le 24 mars 1916, un groupe minoritaire de socialistes, mené par le député Haase, a refusé de voter les crédits militaires ; et sous l'aiguillon de Matthias Erzberger, chef de file du centre, le Reichstag vient de voter, le 17 juillet 1917, un «appel public pour une paix sans annexions ni indemnités». Ce premier contact avec le Kaiser laisse, cependant, les parlementaires frustrés : Guillaume ironise sur la «paix de compensation» souhaitée par le Reichstag et feint de dénaturer cette proposition. En fait, il croit encore à la victoire et s'égare dans un long monologue :

— Dans deux ou trois mois, on en aura fini avec l'Angleterre. Mes officiers ne rencontrent plus un seul navire anglais en haute mer... Le Bas-Danube devra être dévié vers la mer Noire après la guerre : ce sera un juste châtiment pour la trahison de la Roumanie.

De même, lorsqu'il rencontre Albert Ballin, qui se prononce pour une médiation de Wilson, Guillaume répond que Hindenburg va stabiliser le front, et que le temps de la médiation viendra ensuite.

Le Kaiser semble maintenant vouloir plonger dans l'Allemagne profonde, afin d'animer une résistance patriotique. Le 9 septembre 1918, il s'adresse, à Essen, aux ouvriers des usines Krupp, depuis une tribune d'orateur improvisée :

— Mes chers amis, où est la haine? Le Germain ne connaît pas la haine. La haine n'existe que chez les peuples qui se sentent inférieurs... Chacun sait l'entêtement des Anglo-Saxons. Ils vont jusqu'à tenter de renverser le gouvernement «bolchevique» de Russie qui veut faire la paix avec nous!

Cette marque de sympathie inattendue pour les autorités révolutionnaires de Petrograd trouble l'auditoire... Le Kaiser n'a pas pris la pleine mesure du nouveau régime ; il a même expliqué aux diplomates de la Wilhelmstrasse qu'il souhaiterait conclure une «espèce d'alliance» avec le nouveau pouvoir. Puis il conclut sur un ton patriarcal :

— Dieu va-t-il nous abandonner au dernier moment? Que Dieu nous vienne en aide. Portez-vous bien, mes braves!

Le 1ᵉʳ novembre 1917, George von Hertling, Premier ministre de Bavière, s'est installé à la Chancellerie; il avait déjà été pressenti par le Kaiser, lors de la chute de Bethmann-Hollweg, mais il avait alors invoqué son âge et son état de santé – cette fois, il estime ne pouvoir refuser la mission qui lui est assignée. Hertling est un aristocrate bavarois, un catholique romain – le second chancelier catholique, après Hohenlohe; il est, avec Erzberger, l'un des deux chefs de file du Zentrum. Il est considéré, au Reichstag, comme un homme compétent et expérimenté, mais il a soixante-treize ans et il est miné par l'artériosclérose; malgré les intrigues qui se nouent autour de lui, les pressions du commandement militaire, les dissidences parlementaires qui s'accentuent, la colère populaire, il parviendra à assumer pendant onze mois les responsabilités gouvernementales et mourra, quatre mois après son retour en Haute-Bavière, dans sa maison de Ruhpolding.

La présence d'un autre catholique au secrétariat aux Affaires étrangères a contribué à l'acceptation de Hertling : il s'agit du brillant Richard von Kühlman, qui s'était illustré, douze ans plus tôt, lors de l'affaire de Tanger – il avait rejoint le Kaiser sur le *Hambourg* en se hissant à bord, dans la tempête, grâce à une échelle de corde... Les armées allemandes n'ont cessé d'avancer à l'est. Des négociations de paix s'ouvrent à Brest-Litovsk avec le nouveau régime russe, le 22 décembre 1917 – conduites, côté allemand, par Kühlmann et par le général Max Hoffmann pour les aspects militaires. C'est une éclaircie pour l'Allemagne en guerre : les pourparlers s'engagent dans une grande transparence, les Allemands ne procéderont à aucun transfert de troupes vers le front occidental, les comptes rendus des discussions seront publiés. La délégation allemande impose aux «Bolcheviks» un apprentissage traumatisant des rapports de forces internationaux : la partie russe plaide-t-elle pour la reconnaissance du droit à la libre détermination et pour la renonciation à toute domination non consentie? L'Allemagne répond que, dans les anciens territoires de l'Empire russe occupés par ses armées, la volonté des peuples s'est déjà exprimée en sa faveur et elle invite le gouvernement nationaliste et anticommuniste ukrainien à la table des négociations. Trotski imagine alors un retrait du conflit sans signature du traité de paix... mais les armées allemandes et autrichiennes se lancent dans une nouvelle offensive, de la Baltique à l'Ukraine, et menacent Petrograd. La paix est signée le 3 mars 1918 à Brest-Litovsk et le 7 mai à Bucarest, avec la Roumanie.

À l'ouest aussi, l'Allemagne semble engranger des victoires qui grisent, pour un temps, le Kaiser. La ville d'eaux de Spa, en Belgique, est réquisitionnée : elle devient le siège du nouveau quartier général, et, faute de résidence, Guillaume loge à bord du train impérial. Le 21 mars 1918, la «bataille du Kaiser» est déclenchée ; soixante-deux divisions allemandes attaquent les Alliés sur un front de cent dix kilomètres, à partir de Saint-Quentin, et avancent de soixante-cinq kilomètres en une semaine. Une deuxième vague offensive s'empare d'Armentières, une troisième atteint Soissons puis la Marne – à soixante-cinq kilomètres du centre de Paris. Les pertes alliées sont considérables, en hommes et en matériel.

En juin, le déferlement allemand est brisé. Le 16 juillet, Foch lance une contre-offensive vers Soissons et Château-Thierry. Le 8 août, les Alliés libèrent Amiens. Hindenburg et Ludendorff reconnaissent leur échec : il faudra mettre fin à la guerre dès que la situation militaire aura été relativement rétablie ; négocier en position de faiblesse serait catastrophique.

UNE DOUBLE TRAGÉDIE

Le 19 août, Guillaume se réfugie à Wilhelmshöhe, lové dans les souvenirs de sa scolarité à Cassel... Il se sent «un chef d'État vaincu». Il est hanté par le sort de Nicolas II : s'est-il suffisamment préoccupé du destin du tsar détrôné et des Romanov lorsque l'Allemagne dominait ses interlocuteurs à Brest-Litovsk?

Les quatorze points du président Wilson, énoncés le 8 janvier 1918 et précisés par la déclaration de Mount Vernon le 4 juillet, seront réitérés, le 14 octobre, par un message du secrétaire d'État américain : le «pouvoir autoritaire» de Berlin doit être «détruit» avant toute négociation de paix. La mise à l'écart de Guillaume, voire de la dynastie des Hohenzollern, est devenue un préalable à la paix.

Empereur déjà errant, Guillaume prend la parole à Kiel, le 25 septembre, dans un ultime effort de redressement, devant quatre cents officiers sous-mariniers puis devant l'équipage d'un poseur de mines... Pendant ses allocutions, on lui transmet de nouvelles informations dramatiques : le front balkanique s'est écroulé, les Anglais sont entrés à Sofia, Ferdinand de Bulgarie demande un armistice. Guillaume n'a plus d'illusions : ses propres alliés vont s'effondrer, la désintégration de l'Empire ottoman et celle de l'Autriche-Hongrie sont imminentes. Plus tard, à l'heure des bilans et des reproches, il se concentrera sur le comportement de l'empereur Charles et les responsabilités de la Double Monarchie : «Nous fûmes continuellement trompés par Vienne. Si Charles avait été encore, pendant trois semaines, maître de ses nerfs, la face des choses aurait changé. Mais il poursuivait depuis longtemps déjà, avec son ministre Andrassy, des pourparlers, derrière notre dos, en Suisse, avec l'Entente.»

De retour à Spa, Guillaume reçoit, le dimanche 29 septembre, Hindenburg et Ludendorff :

— Où en sommes-nous?

— La situation devient intenable, sur le front comme à l'arrière.

Ludendorff regarde Guillaume dans les yeux et reprend les mots de l'empereur autrichien :

— L'armée a besoin d'un armistice immédiat.

Le 2 octobre, une attaque de tanks anglais – une nouveauté, la première utilisation de chars blindés en ligne – pourfend les unités allemandes.

Il ne reste plus qu'à présenter, dans l'urgence, une nouvelle Allemagne, à la façade libérale, avec l'espoir que l'Entente et les États-Unis accepteront de négocier avec elle.

Trois mois plus tôt, en juin, Kühlmann, qui était destiné par Guillaume à la succession du chancelier Hertling, a été littéralement chassé du secrétariat d'État par le commandement militaire pour avoir lucidement déclaré devant le Reichstag que « la fin de la guerre ne pourra résulter de la seule force des armes ». Le 2 octobre, Hertling se démet : il n'est plus l'homme de la situation ; libéral, il a été dépassé par l'accélération des événements – n'a-t-il pas procédé, devant la commission des affaires étrangères du Reichstag, à une critique serrée des Quatorze Points ? Guillaume porte donc son choix sur la maison princière allemande à l'image la plus libérale – celle du pays de Bade.

La famille régnante de Bade a toujours manifesté une grande ouverture à la démocratie et au progrès. Le prince Max, cousin du grand-duc de Bade Frédéric II... et du Kaiser, de huit ans son aîné, est fidèle à cette tradition. Il préside la première chambre badoise, le Landtag, qui ne se réunit que tous les deux ans. Le 14 décembre 1917, il a prononcé un discours-programme qu'il a fait tenir à Guillaume, car c'est son manifeste de candidat à la Chancellerie : il veut disculper l'Allemagne des péchés dont on l'accable en Occident ; les Allemands sont un peuple libre, animé d'un « sentiment profond de responsabilité envers la collectivité humaine » ; il affirme qu'au lendemain du conflit, toutes les classes sociales de l'Empire seront unanimes à vouloir modifier leur système politique.

L'ancien chancelier Bülow a brossé, dans ses *Mémoires*, un portrait acerbe de Max de Bade. Il aurait été un incurable dilettante : « Sans posséder de connaissances particulières, il avait le titre de docteur ès sciences politiques... *honoris causa* ; il n'avait servi que quelques années dans les cuirassiers de la Garde et il n'avait commandé que peu de temps un régiment de dragons badois... mais il était général de cavalerie. » Ses discours devant le Landtag de Bade ? « Il se les faisait rédiger par un professeur de Heidelberg ou de Fribourg et prenait le temps de les apprendre par cœur. » Coup de pied de l'âne : lorsque le Kaiser fait demander au grand-duc de

Bade s'il formule des objections à la nomination de son cousin à la Chancellerie, Frédéric II répond par une autre question : la dépêche a-t-elle été mal chiffrée ou s'agit-il d'une idée brusque de l'empereur, à ne pas prendre au sérieux ?

Guillaume est aussi vindicatif, dans ses propres *Mémoires* : il relève que le prince Max était surnommé par la presse « le chancelier de la Révolution », qu'au demeurant il fut incapable de s'occuper des affaires car l'épidémie de grippe l'obligea à s'aliter une dizaine de jours et que son gouvernement, ballotté au hasard des événements, mérita le sobriquet de « club des débats ». Des jugements évidemment partiels et partiaux : Guillaume a toujours été convaincu que Max de Bade l'avait trahi, et Bülow se sentait frustré de ne pas avoir été rappelé à la Chancellerie...

Les circonstances sont dramatiques. L'Empire allemand se désagrège. Ses dirigeants politiques et militaires – ou qui croient encore exercer des responsabilités – ont perdu leurs repères et cèdent à la panique, décident puis se contredisent. À peine nommé à la Chancellerie, Max de Bade est convoqué à un Conseil de la Couronne, réuni à la hâte, le 2 octobre. Le Kaiser l'aborde :

— Hindenburg réclame l'armistice !

— Je ne suis pas devenu chancelier pour capituler immédiatement ! Pas de paix immédiate ! Nous allons d'abord tenir tête à Wilson.

Le Kaiser est furieux :

— Le commandement suprême estime l'armistice nécessaire et tu n'es pas venu ici pour bloquer tout cela !

Le chancelier va néanmoins créer, dans l'urgence, un nouveau régime politique allemand, une monarchie constitutionnelle, un Empire parlementaire : le gouvernement sera bien responsable devant le Reichstag. Après une longue hésitation, Guillaume signe le manifeste fondateur du nouveau régime.

Le Kaiser a rejoint Hindenburg :

— En réalité, le gouvernement du prince cherche à se débarrasser de moi.

De fait, le nouveau chancelier espère que Guillaume abdiquera de lui-même. Il l'a écrit, plusieurs mois auparavant, au prince-héritier Rupert de Bavière, qui commande avec compétence le groupe d'armées du Nord sur le front occidental. Peut-être sauvera-t-il ainsi la monarchie, la dynastie des Hohenzollern et les familles princières qui règnent sur les « pays » confédérés... Le 1ᵉʳ novembre, un émissaire du prince Max, le ministre prussien de l'Intérieur Drews, arrive au quartier-général pour réclamer l'abdication. Le général Groener, un Wurtembourgeois qui vient de remplacer Ludendorff, réplique fermement que le Kaiser doit être maintenu tant que l'armée se bat : son abdication pourrait provoquer un effondrement de la discipline militaire... puis il part pour Berlin, consulter le chef socialiste Ebert, qui préconise l'abdication de Guillaume en faveur de l'un de ses fils, à l'exception du Kronprinz, détesté à gauche pour ses liens avec les pangermanistes.

Le cabinet civil du Kaiser entreprend, alors, une étrange démarche – qui sera sans lendemain. L'un de ses membres se rend à l'ambassade d'Espagne :

— Au cas où Sa Majesté serait contrainte de quitter l'Allemagne, pourrait-elle compter sur un bon accueil en Espagne ?

— Le roi et le peuple d'Espagne n'ont pas caché, pendant la guerre, leurs sympathies pour l'Allemagne. Ils ménageraient à l'empereur allemand une hospitalité conforme à l'esprit chevaleresque de la nation espagnole. Mais comment Sa Majesté envisaget-elle d'aller de Berlin en Espagne ? Elle ne pourrait suivre l'itinéraire habituel Paris-Hendaye-Irun, ni faire le voyage par l'Italie puis, par la mer, jusqu'à Barcelone...

Et le visiteur d'expliquer, en confidence, que le voyage se ferait en sous-marin jusqu'à Saint-Sébastien, un parcours réussi récemment par le hardi commandant d'un submersible...

Guillaume se sent cerné. Il veut partir pour le front, à la tête de son armée, ou rester en Allemagne pour rétablir l'ordre, écraser les mutineries, mais les pourparlers de paix sont déjà engagés à Compiègne et la loyauté des unités est de plus en plus incertaine. De toute manière, Groener anéantit la perspective héroïque d'un Kaiser imitant le Grand Frédéric à l'assaut des ponts sur l'Oder...

— L'armée retournera en Allemagne en bon ordre, sous la conduite de ses généraux, mais non sous le commandement de Votre Majesté car elle n'est plus derrière Votre Majesté.

À Wilhelmshaven, l'état-major de la marine envisage une sortie de la flotte de haute mer qui défierait les Anglais, le Kaiser prenant place à bord du navire-amiral. Mais, finalement, il faut bien constater que la contestation gagne parmi les marins... Le Kaiser est mélancolique : la flotte, sa « chère flotte... le laisse tomber », soupire-t-il. Puis il apprend que le drapeau rouge flotte sur Kiel et que son frère, le prince Henri, a échappé de justesse aux marins mutinés.

Le 9 novembre, Hindenburg revient à la rencontre du Kaiser : il ne peut plus garantir sa sécurité ; le prince Max, aux abois face à l'insurrection qui monte, vient, de sa propre initiative, d'annoncer l'abdication de Guillaume et la renonciation du Kronprinz à sa succession. Hindenburg conseille à l'empereur un départ rapide pour la Hollande.

Le 10, à cinq heures du matin, le train impérial quitte Spa… et s'arrête dix minutes plus tard : Guillaume et sept officiers de sa suite prennent place dans deux automobiles qui vont contourner Liège par de petits chemins de campagne – la rumeur d'une mutinerie des soldats allemands qui occupent la cité wallonne s'est répandue, le train pourrait être pris d'assaut par les mutins à son passage dans la gare de Liège. Peu après sept heures, Guillaume et son escorte atteignent le poste frontière hollandais d'Eysden, après avoir franchi, sous de fausses identités, un barrage de miliciens bavarois. À Eysden, la surprise est totale, les douaniers de service n'ont aucune instruction et il leur est difficile de joindre des responsables de leur administration un dimanche matin à l'aube. À huit heures, un major hollandais arrive de Maastricht, à dix kilomètres de la frontière, et tente de joindre le gouvernement à La Haye. Nouvelle perplexité : la Hollande s'est tenue en dehors du conflit ; elle pourrait offrir un refuge à l'ex-Kaiser, mais ne sera-t-elle pas moralement et politiquement vilipendée par les Alliés qui s'apprêtent à condamner pénalement Guillaume ?

Guillaume attend toute la matinée au poste frontière, plongé dans la brume ; il fait les cent pas et fume nombre de cigarettes. Dans l'après-midi, les fugitifs sont autorisés à gagner la gare d'Eysden, où le train impérial vient d'arriver. L'indécision se prolonge jusqu'à minuit : après seize heures d'hésitation, la reine Wilhelmine des Pays-Bas a décidé d'accorder l'asile à l'ancien empereur d'Allemagne. Lundi, à neuf heures du matin, deux heures avant la conclusion de l'armistice qui met fin au premier conflit mondial, Guillaume part pour Amerongen, dans la province d'Utrecht : le comte Bentinck a accepté de le recevoir dans sa maison du XVIIe siècle, entourée de douves et perdue dans la campagne hollandaise. Le comte Bentinck n'a jamais rencontré Guillaume et ses sympathies sont acquises aux Alliés, plusieurs membres de sa famille ont combattu dans l'armée anglaise – mais il est chevalier de l'ordre de Saint-Jean de Jérusalem dont Guillaume est commandeur et il s'estime tenu à accorder sa protection à l'ancien Kaiser. Et surtout, ils ont un ancêtre commun : Guillaume et Bentinck sont tous deux des descendants de Guillaume le Taciturne, dont Bentinck offrira le portrait à l'ex-Kaiser.

C'est le dernier voyage de celui que ses sujets avaient surnommé l'empereur-voyageur – pour ses croisières nordiques ou méditerranéennes et ses visites officielles en Europe ou en Orient qui l'éloignaient sans cesse de Berlin… Un court dernier voyage, entre Belgique et Hollande.

En ce 11 novembre en fin d'après-midi, à son arrivée à Amerongen, Guillaume est désorienté par la succession très rapide des événements. Il ne sait comment se comporter envers son hôte. Il se tourne vers le comte Bentinck, qui vient de l'accueillir. Peut-être a-t-il cherché un mot historique... mais il ne trouve qu'une demande à exprimer, digne du petit-fils de la reine Victoria :

— Maintenant, s'il vous plaît, j'aimerais une tasse de très bon thé anglais.

Dans les mois qui suivent, le pire semble à venir pour l'ancien Kaiser : Guillaume a obtenu un asile politique en Hollande, mais, pour les vainqueurs, il est un proscrit, la cible d'une justice pénale internationale à inventer. À la fin novembre, alors que s'ouvre la campagne pour le renouvellement de la Chambre des Communes, le destin du dernier empereur allemand devient un enjeu électoral : le Premier ministre, Lloyd George, se prononce pour une condamnation à mort – Guillaume II devrait être fusillé ; l'opinion publique britannique semble suivre le chef du gouvernement, mais elle préférerait la mort par pendaison. Winston Churchill est réticent : serait-ce le souvenir de ses voyages en Allemagne et de l'amitié née entre son père, Randolph, et Guillaume ?

Le traité de Versailles, signé le 28 juin 1919, consacre deux de ses dispositions à la responsabilité de l'Allemagne – «l'agression de l'Allemagne et de ses alliés» (article 231) – et à celle de l'ancien monarque (article 227). Les Alliés «mettent en accusation Guillaume II de Hohenzollern, ex-empereur d'Allemagne, pour offense suprême contre la morale internationale et l'autorité sacrée des traités». Un tribunal international sera constitué, composé de «cinq juges nommés par chacune des cinq puissances... les États-Unis, la Grande-Bretagne, la France, l'Italie et le Japon». Il assurera à l'accusé «les garanties essentielles du droit de défense» ; il jugera «sur motifs inspirés des principes les plus élevés de la politique entre les nations». Mais la classe politique du nouveau régime allemand répond par un refus radical : des «nationaux-allemands» au Centre catholique et aux socialistes, elle refuse de considérer l'Allemagne comme seule coupable et proteste contre les clauses pénales qui frappent l'ex-Kaiser. Le 7 mai 1919, lorsque les plénipotentiaires allemands font leur entrée à la Conférence de la paix, leur chef, Brockdorff-Rantzau, s'exprime sur un ton amer : «Un tel aveu de culpabilité serait un mensonge... Nous sommes loin de décliner toute responsabilité, mais nous ne pouvons admettre que l'Allemagne et son peuple aient été les seuls coupables de cet immense conflit.» Le 29 mai, un long mémorandum d'une centaine de pages, rédigé par Walter Schücking, professeur de droit international public, et expressément approuvé par le cabinet allemand, s'ouvre sur une réfutation de l'ensemble du traité et conteste les diverses clauses particulières : la mise en accusation du Kaiser ne serait fondée sur aucune base légale ; les citoyens allemands ne pourront être traduits en justice pour «actes contraires aux lois de la guerre que si les nationaux des États vainqueurs qui ont commis de tels actes sont également inculpés» ; plus généralement, l'Allemagne reconnaît l'obligation de réparer les dommages qu'elle a causés... mais non le fondement juridique de cette obligation, sa responsabilité dans les origines de la guerre.

Est-il sage d'insister sur la mise en accusation de Guillaume ? Le prophète-reconstructeur de l'ordre mondial, Woodrow Wilson, hésite : ne court-on pas le risque de faire de l'ex-Kaiser un martyr, comme, jadis, Charles Ier, auréolé par son supplice ? Dirigeants français et britanniques font valoir que leur survie politique dépend des sanctions à imposer aux vaincus. Clemenceau rédige une note pour le gouvernement hollandais et demande l'extradition de Guillaume au nom de la justice internationale... Dona, qui a rejoint Amerongen le 28 novembre 1918, est hantée, tel un personnage shakespearien, par la perspective d'un enlèvement et d'une exécution de son époux : elle erre, hagarde, dans les salles du château et ne cesse d'évoquer le spectre de Nicolas II. Ses angoisses redoublent après la tentative de deux officiers américains, qui se présentent, le 5 juin 1920, à Amerongen et prétendent avoir pour mission d'accompagner l'ex-Kaiser à Paris. Plus calme, l'empereur déchu travaille à sa future défense devant un tribunal international. Il reste convaincu que l'Allemagne était, en août 1914, en état de légitime défense, menacée par la mobilisation générale des armées russes ; et il entend montrer qu'il s'est opposé, tout au long du conflit, aux attaques sous-marines sans discrimination ou aux bombardements aériens, par avions ou zeppelins, sans objectifs définis et limités. Mais il n'aura pas à plaider sa cause : le gouvernement de La Haye maintient qu'il a accordé l'asile politique à l'ancien empereur allemand et que, n'étant pas signataire du traité de Versailles, il est en droit de refuser son extradition.

L'ex-Kaiser vivra vingt-deux années d'exil. Une autre vie, immobile, pour l'ancien monarque trépidant... Guillaume est, moralement, assigné à résidence : après un séjour de dix-huit mois à Amerongen, il acquiert un château délabré du XIVe siècle, rebâti au XVIIIe, dans le village de Doorn, à huit kilomètres de la propriété du comte Bentinck – mais il ne franchit guère le portail du grand parc qui ceinture sa nouvelle demeure, de crainte des manifestations d'hostilité des paysans alentour.

Une vie devenue purement privée, avec ses tragédies et ses bonheurs. Le plus jeune de ses fils, Joachim, se suicide à Potsdam, en juillet 1920. Désespérée, Dona meurt en avril 1921. Guillaume fait montre d'une affliction théâtrale, si profonde que ses proches craignent qu'il n'attente à ses jours... mais il se reprend et épouse, le 15 septembre 1922, la princesse Hermine de Reuss, une jeune veuve de guerre, avec laquelle il va partager une vive passion pour les roses et les rhododendrons des jardins de Doorn. L'ancien Kaiser accède à une certaine sérénité. Il rédige ses *Mémoires* et esquisse une histoire de l'Europe de 1878 à 1914 ; il consacre une part de son temps à des entretiens avec l'archéologue Dörpfeld sur les fouilles entreprises à Corfou en 1910-1911 ; et, pour entretenir sa forme physique et la robustesse de son bras droit, il scie des rondins sur un chevalet.

Guillaume a longtemps cru qu'il pourrait retrouver son sceptre. Son grand-père bien-aimé ne s'était-il pas exilé, lui aussi, en 1848 – un exil de trois mois –, avant d'être rappelé par son peuple ? Le premier président de la nouvelle République, le socialiste Ebert, n'est-il pas un «socialiste du Kaiser», un socialiste monarchiste qui laisse entendre que la chute du Kaiser ne signifie pas la fin définitive de la monarchie ? Certes, Ebert lui a infligé une nouvelle humiliation ; dix-sept jours après l'arrivée de Guillaume à Amerongen, une délégation du nouveau gouvernement de Berlin lui a demandé d'abdiquer dans les formes en signant un acte solennel : «Je renonce à tous mes droits à la couronne de Prusse et à ceux afférents à la couronne impériale d'Allemagne.» Surtout, le «lien de fidélité» avec le Kaiser, cette marque d'allégeance personnelle, féodale, entre vassaux et suzerain, devenue la pièce essentielle du droit public de l'Empire allemand, est dénoué : «Je délie tous les fonctionnaires du Reich allemand et de la Prusse, ainsi que les officiers, sous-officiers et soldats de la marine et de l'armée prussiennes et les troupes des unités fédérales du Reich, du serment de fidélité qu'ils m'ont prêté en tant que leur empereur, roi et chef suprême.» Et l'ancien Kaiser d'inciter ses anciens vassaux à substituer à ce lien l'allégeance au nouveau pouvoir, honni ! «J'attends d'eux... qu'ils aident les dépositaires de la force effective en Allemagne à protéger le peuple allemand contre les dangers menaçants de l'anarchie, de la famine et de la domination étrangère.» Mais Walter Rathenau remarque, en 1919, que «la conscience monarchique et militaire des masses existe encore». Lorsque le maréchal Hindenburg devient chef du Reich, le 16 avril 1925, il est entouré de conservateurs classiques qui travaillent au retour des Hohenzollern ; le chancelier Brüning est ouvertement favorable à la restauration de l'Empire – de même que Göring, qui fait le voyage de Doorn en 1931; la candidature du Kronprinz à la présidence du Reich est même évoquée en 1932 et Hindenburg envisage, dans cette hypothèse, son propre retrait. Lors de l'inauguration d'un monument à la mémoire de la bataille de Tannenberg, Guillaume adresse à Hindenburg un télégramme enthousiaste : «Puisse l'esprit de Tannenberg pénétrer et unifier notre peuple déchiré! Alors, nous ferons de nouveaux miracles, nos héros ne seront pas tombés en vain et, avec l'aide de Dieu, notre peuple reprendra sa marche en avant. »

En 1934, un an après l'accession d'Adolf Hitler à la Chancellerie, Guillaume fait une conférence, devant les villageois de Doorn, sur la symbolique de la croix gammée, la «swastika» : la croix, explique-t-il, est l'un des plus anciens symboles de l'humanité ; en Inde, dans la tradition jaïne, hindoue et bouddhique, elle annonce chance et richesse ; mais l'emblème hitlérien se présente à contresens, la branche supérieure de la croix étant dirigée vers la gauche et non vers la droite comme pour la swastika originaire, il signifie donc «l'obscurité, le malheur et la mort». Et de conclure, avec force et une étonnante prémonition :

— Le jour viendra où le drapeau de la croix gammée, brandi par les nazis après avoir tout saccagé, sera maudit et brûlé par les Allemands!

De fait, la détestation de l'ex-Kaiser pour le régime national-socialiste, qu'il qualifie de «national-bolchevique», est immédiate, malgré les pressions de son fils aîné et de sa nouvelle épouse. Le Kronprinz salue un nouvel élan patriotique et la restauration de l'ordre. «L'impératrice» Hermine multiplie les voyages en Allemagne et c'est elle qui invite à Doorn Göring, jadis décoré de la croix «Pour le mérite» par le Kaiser...

Mépris du dernier des Hohenzollern pour un parvenu, Hitler, le «caporal bohémien», qui n'aurait jamais émergé à l'existence politique au sein d'un Empire maintenu? Mais aussi divergence de fond sur une certaine idée de l'Allemagne. Lors de la «Nuit de cristal» du 9 au 10 novembre 1938, le violent pogrom contre les juifs allemands, l'ex-Kaiser dit «sa honte d'être Allemand» et évoque une «souillure» sur l'honneur de la nation. Le 8 décembre, il condamne, avec force, le national-socialisme dans un entretien avec le *Daily Telegraph*, il se dit «consterné par le traitement réservé aux juifs», et ne pas comprendre que «l'armée n'intervienne pas pour épargner cette honte au Reich»; il rappelle que les juifs, tel son fidèle ami Ballin, «ont servi la patrie allemande et contribué à sa prospérité et à sa gloire» et qu'ils sont «des Allemands comme les autres, souvent parmi les meilleurs» – avant de démentir ses déclarations, car il s'est engagé, auprès du gouvernement de La Haye, à ne pas prendre de positions politiques... et surtout parce qu'il se sait entouré d'espions nazis dans sa résidence de Doorn. Mais, le 27 août 1939, dans un entretien avec un ancien agent du contre-espionnage britannique, Robert Bruce Lockart, qui veut écrire un livre sur lui, Guillaume réaffirme son hostilité totale au Troisième Reich.

Depuis 1934, Guillaume a renoué avec ses cousins britanniques. La famille royale a reçu Victoria-Louise, sa fille devenue duchesse de Brunswick, et deux des fils du Kronprinz. À la mort de George V, en janvier 1936, Édouard VIII souhaite la présence du Kronprinz aux funérailles – mais c'est finalement l'un de ses fils, Frédéric, qui le représente. Lors de son quatre-vingtième anniversaire, Guillaume a la joie de recevoir les vœux du nouveau roi, George VI.

Ces retrouvailles officieuses avec la dynastie anglaise se doublent de perspectives politiques prometteuses mais à peine esquissées : en Allemagne, l'ancien maire de Leipzig, Karl-Friedrich Goerdeler, et les monarchistes qui sont à la tête de l'armée, préparent un renversement du régime. Car l'armée est restée monarchiste ; elle répugne à collaborer avec le «forban qui a fait intrusion dans les affaires de l'État» – c'est le plus indulgent des qualificatifs dont le Führer est affublé au cours des conversations entre officiers supérieurs et généraux, dans les salons du Herren-Klub... L'état-major général est devenu une citadelle de l'opposition, passant de la dissidence passive à la conspiration active : un complot a pris forme en son sein autour de l'amiral Canaris, chef légendaire du contre-espionnage, et du général Ludwig Beck, ancien chef d'état-major du prince Rupert de Bavière, issu non de la caste des «junkers» mais de la nouvelle classe des maîtres de forges. À l'été 1938, les animateurs de «l'Orchestre noir» – la *Schwarze Kapelle* – envoient à Londres un émissaire, Ewald von Kleist, qui est accueilli par les chefs des services de renseignement anglais, Hugh Sinclair et Stewart Menzies, avant d'être reçu par Winston Churchill. Mais le coup de force préparé à Berlin exige une attitude ferme du gouvernement britannique dans la crise tchécoslovaque qui s'aggrave... Kleist transmet le message de Beck et de Canaris :

— Nous attendons de la Grande-Bretagne une aide sans réserve à la Tchécoslovaquie en cas de guerre : nous serons alors en mesure de mettre fin au régime national-socialiste. Par contre, si votre gouvernement cède à Hitler, il perdra ses deux principaux alliés en Allemagne : l'état-major général et le peuple allemand.

Le journaliste Ian Colvin, qui est l'un des intercesseurs entre l'Orchestre noir et les Britanniques, décrit l'extrême déception de Beck lorsqu'il apprend la mission de Chamberlain à Berchtesgaden :

— Lui, aller voir un tel homme! Me suis-je trompé en tendant la main aux Anglais? Ont-ils cru que je leur tendais un piège?

La politique d'apaisement de Chamberlain à Munich décourage les participants au complot: l'État tchèque est démembré; comment arrêter Hitler et faire son procès comme criminel de guerre alors qu'il vient de remporter une victoire diplomatique sans précédent?

Le 10 mai 1940, les divisions allemandes pénètrent en Hollande; le gouvernement des Pays-Bas considère, en conséquence, l'ancien Kaiser comme interné – mais Churchill, qui succède à Chamberlain comme Premier ministre, fait savoir à Guillaume, par l'ambassadeur britannique à La Haye, que l'Angleterre est prête à lui offrir asile «avec des égards et dignement». L'ancien Kaiser est pris dans des allégeances contraires: il est opposé au nazisme mais il est ému, en tant qu'Allemand, par les victoires des armées du Troisième Reich; il doit son aide et sa gratitude à la Hollande, désormais agressée, mais douze de ses petits-fils sont sous l'uniforme allemand, deux sont déjà tombés, en Pologne et dans le nord de la France, et il décide de sortir de Doorn pour aller prier sur les tombes des soldats des deux armées, hollandaise et allemande; et il ne cesse de s'inquiéter pour l'une de ses petites-filles, Frederika de Grèce, qui a fui, avec ses deux jeunes enfants, devant l'offensive des blindés allemands sur Athènes! Guillaume a donc décliné l'invitation de Churchill. À la prise de Paris, il envoie un télégramme de félicitations à Hitler – «Quel tournant du destin! Que Dieu soit à jamais loué!» –, mais l'a-t-il réellement écrit? Ce pourrait être l'œuvre de l'un des sympathisants nazis de son entourage... Pourtant, il confirme, dans une lettre à sa fille, son émotion: «Le drapeau allemand flotte sur Versailles! L'Entente cordiale de l'oncle Édouard VII est anéantie!»

Dans sa dernière année, Guillaume semble avoir retrouvé la posture mentale du monarque germanique: il épingle, sur une carte, les avancées des armées allemandes en Europe... avant de progressivement s'abstraire des affaires de ce monde. En mai 1941, sa fille Victoria-Louise le rejoint à Doorn: il est atteint de troubles cardiaques, sombre dans une pneumonie, murmure que «sans l'Angleterre, l'Allemagne ne peut survivre». Il s'éteint le 4 juin, deux semaines avant l'attaque de l'Allemagne d'Hitler contre l'Union soviétique. Il a laissé une consigne précise: interdire tout drapeau à croix gammée auprès de son cercueil. Les obsèques seront d'une grande sobriété, fort éloignée de la pompe... qui entoura la naissance de Guillaume ou les grandes années du Kaiser: un cantique luthérien, une marche de Beethoven, et une salve tirée par des chasseurs à pied. La marche de Beethoven était dédiée au général Yorck, le commandant du corps auxiliaire prussien qui, en 1812, abandonna la coalition napoléonienne pour rejoindre le camp du tsar, par une convention signée à Tauroggen. Extraordinaire symbole: «l'esprit de Tauroggen», celui de l'alliance entre la Russie d'Alexandre Ier et la Prusse de Frédéric-Guillaume III, n'a-t-il pas fait défaut, dès le début de son règne, à Guillaume?

Le règne de Guillaume II s'est achevé, vingt-deux ans plus tôt, dans une double tragédie.

La tragédie d'un homme, le dernier empereur Hohenzollern. Une intelligence rapide, apte à saisir les différents aspects d'un problème et soutenue par une mémoire solide. Un charme et une courtoisie qu'il était toujours prêt à déployer. Une aspiration à la conciliation, le besoin de concilier les forces rivales au sein de son Empire et les nations rivales sur la scène internationale. Une inclination à la paix, prouvée lors des crises marocaines de Tanger et d'Agadir ou face aux guerres balkaniques – et qui ne disparaît qu'en 1913, dans un grand mouvement romantique, lors de la célébration du centenaire de la guerre de libération prussienne contre Napoléon. Mais aussi une profonde division intérieure, une fragilité nerveuse et physique. Une tension constante afin de surmonter son handicap de naissance – ce bras atrophié et paralysé qui fait de lui, selon son précepteur, le soldat le moins apte physiquement qu'ait jamais compté l'armée allemande... alors qu'il accède, à vingt-neuf ans, à la tête de la Prusse-Allemagne, l'État le plus militaire d'Europe. D'immenses pouvoirs personnels et l'angoisse de ne pas être en mesure de les assumer... Une fuite en avant. Guillaume se fait le porte-parole arrogant de la montée en puissance du Deuxième Reich. Excellent orateur, le meilleur orateur allemand de son temps, il multiplie les discours belliqueux, menaçants, il invite ses armées à se comporter comme «les Huns sous Attila». Il va jusqu'à transformer son visage aux traits sensibles, presque efféminés, en se défigurant avec sa célèbre moustache en croc, aux pointes dressées et jusqu'à transformer sa voix en adoptant l'accent guttural des officiers de Potsdam. Pour, dans un étonnant discours à Brême, en plein apogée du Reich, se livrer à une vibrante méditation sur la grandeur et le déclin des empires...

La tragédie d'une nation, l'Allemagne, unifiée depuis peu, qui voulait prendre toute sa place dans le heurt des ambitions européennes, être une nation conquérante parmi les nations conquérantes d'Europe, toutes soulevées par le besoin «darwinien» d'engager la lutte pour la vie d'où émergerait le peuple le plus fort, le plus entreprenant... Mais une guerre n'était pas nécessaire à l'Allemagne pour devenir l'une des plus puissantes nations. Dernière arrivée dans la compétition impérialiste, elle avait réussi sa politique mondiale: «État tentaculaire», elle était présente en Afrique, au Proche-Orient, en Chine, dans le Pacifique-Sud et ses émigrés formaient des communautés dynamiques, florissantes et restées attachées à la mère-patrie dans les deux Amériques. Portée par la discipline et le talent de ses chercheurs, de ses cadres économiques et de ses ouvriers, elle était au premier rang de la science et des industries les plus jeunes, chimique et électrique, qui partaient, elles aussi, à la conquête du monde. Elle était restée une nation militaire, avec la meilleure armée du continent et la seconde marine de guerre du monde, avec tous les risques qu'engendrait sa concurrence avec la flotte et le pouvoir naval britanniques... mais elle n'était plus une nation exclusivement féodale et militaire : les élites aristocratiques traditionnelles, les junkers qui avaient fait la Prusse, coexistaient désormais avec les «nouveaux messieurs» de l'industrie dans l'atmosphère pluraliste tissée par une presse et un parlement incisifs et remuants – un Reichstag où s'exprimaient nationalistes et libéraux-démocrates, et aussi la plus forte social-démocratie d'Europe.

L'avancée allemande vers l'hégémonie semblait irrésistible à la veille du premier conflit mondial. L'Allemagne continuait, certes, de payer l'erreur de Bismarck, le rapt des provinces françaises de l'Est considérées à tort comme revenant vers leur terreau germanique, une erreur que les successeurs de Bismarck payaient au prix fort puisqu'elle rendait impossible la réconciliation franco-allemande et suscitait l'encerclement progressif de l'Allemagne et de son ultime alliée, austro-hongroise. Pourtant, il est révélateur que les efforts britanniques pour contenir l'une des grandes ambitions de l'Allemagne impériale, la marche germanique vers l'Orient, le *Drang nach Osten*, aient semblé désespérés : le fameux chemin de fer Berlin-Bagdad, cette «arme ferroviaire» brandie par l'Allemagne au milieu des protectorats orientaux du Royaume-Uni, arrivait déjà à Mossoul ; le 19 mars 1914, les Britanniques cédaient le quart des parts de la Turkish Petroleum, c'est-à-dire de l'exploitation des pétroles d'Irak, à la Deutsche Bank.

On peut toujours rêver à ce qu'aurait été l'Europe sans le cyclone de la Première Guerre mondiale et ses neuf millions de morts parmi les générations les plus jeunes, et imaginer une Allemagne impériale qui aurait survécu, avec sa forte structure et ses repères, son évolution vers un parlementarisme classique – une Allemagne où l'aventure hitlérienne n'aurait pu prendre forme... En août 1914, à l'heure où les armées s'ébranlaient, Lyautey s'écriait : «Ils sont fous ! Une guerre entre Européens, ce n'est pas une guerre, c'est une guerre civile !»

BIBLIOGRAPHIE

I – Mémoires, correspondances et essais de/et sur Guillaume II

Kaiser Wilhelm II, Ereignisse und Gestalten, Leipzig et Berlin, 1922.
Kaiser Wilhelm II, Meine Vorfahren, Berlin, 1929.
Une version française abrégée : *Mémoires de Guillaume II*, Paris 1922.
   Le Kaiser présente un double plaidoyer, qui comporte une part de vérité et mérite discussion : il aurait été un souverain «constitutionnel», aux pouvoirs donc limités, et son comportement dans les crises aurait été celui d'un homme de paix. Par contre, dans son élan, il donne dans le «conspirationnisme», en s'appuyant sur les travaux d'universitaires américains peu connus, tenants eux-mêmes des thèses de la conspiration internationale : l'Allemagne aurait été la victime d'une agression préparée de longue main par la Grande-Bretagne, les États-Unis et la France, bien avant la conclusion de l'Entente cordiale... Ce qui est évidemment peu crédible : France et Royaume-Uni étaient aux prises avec l'affaire de Fachoda et l'île-continent américaine bien isolée.

— Du prince héritier :
Kronprinz Wilhelm, Erinnerungen, Stuttgart et Berlin, 1922.
   Contrairement à l'image qu'il s'est donnée du fait de sa collusion avec les milieux pangermanistes du Reichstag, le Kronprinz Wilhelm, fils aîné de Guillaume II, apparaît dans ses *Mémoires* comme un analyste très fin et d'une grande lucidité.

— De l'impératrice Frédéric, mère du Kaiser :
Letters of the Empress Frederick, Londres, 1928. Introduction de Frederick Ponsonby.
   Un document très précieux, les lettres de l'impératrice étant présentées selon un découpage chronologique et thématique, chaque chapitre étant précédé d'une analyse du préfacier. L'ouvrage est très riche sur Frédéric III ; il comporte des chapitres sur la chute de Bismarck et l'ère Caprivi, qui est moins connue. Cf. aussi les chapitres XII et XIV sur Guillaume II.

— **Sur les rapports du Kaiser avec Nicolas II :**
Correspondance entre Guillaume II et Nicolas II, Paris, 1924, et le récit de M. PALÉOLOGUE, *Guillaume II et Nicolas II*, Paris, 1934.

— **Sur les rapports de Guillaume II et de son oncle Édouard VII :**
MARTIN (R.), *Kaiser Wilhelm II und Koenig Eduard VII*, Berlin, 1907.

— **Sur les rapports du Kaiser avec le chancelier Bülow :**
Correspondance secrète de Bülow et de Guillaume II, Paris 1931 – avec une présentation de *Spectator* (il s'agit probablement du journaliste de Zurich T. WOLFF, très lié au chancelier Bülow).

— **Les précepteurs du Kaiser :**
HINZPETER, *Kaiser Wilhelm II*, Bielefeld, 1888.
AYME (F.), *Une éducation impériale : Guillaume II*, Paris, 1897.

— **Les proches du Kaiser :**
EULENBURG (P. zu), *Aus 60 Jahren, Erinnerungen*, Berlin, 1925.
WALDERSEE (A. von), *Denkwürdigkeiten*, Stuttgart, 1923. Très lié à Guillaume, jeune prince. Éternel candidat à la Chancellerie, prend une manière de vengeance dans ses *Mémoires*.
DRYANDER (E. von), *Der Kaiser*, Groitzsch, sans date. Le prédicateur préféré du Kaiser, qui lui rendra visite dans son exil.
TIRPITZ (A. von), *Erinnerungen*, Leipzig, 1919-1920 : il reproche au Kaiser d'avoir fait haïr l'Allemagne par l'Europe et le monde alors qu'elle n'était qu'un «mouton dans une peau de loup».
Sur Tirpitz : PERSIUS (capitaine), *Tirpitz, der Totengräber der deutschen Flotte*, Berlin, 1918.
VALENTINI (R. von), *Kaiser und Kabinetschef*, Oldenburg, 1931. Il succède, comme chef de cabinet du Kaiser, à l'incontournable Lucanus, avant d'être déchargé de ses fonctions par les chefs militaires.

— **Les relations plus lointaines du Kaiser... ou ses contradicteurs :**
RATHENAU (W.), *Der Kaiser*, Berlin, 1919.
Deux biographies de Rathenau : KESSLER (comte H.), *Walter Rathenau*, traduction française, Paris, 1933 ; LÉTOURNEAU (P.), *Walther Rathenau*, Strasbourg, 1995.
CHAMBERLAIN (H.S.), *Briefewerchsel mit Kaiser Wilhelm II*, Munich, 1928.
HARDEN (M.), *Köpfe*, t. III, Berlin, 1913 (porte, en particulier, sur l'affaire Eulenburg).

— **Les chanceliers successifs :**
BISMARCK (O. von), *Gedanken und Erinnerungen III*, Stuttgart 1921.
Et la biographie de GALL (Lothar), *Bismarck*, traduction française, Paris, 1984. Sur la rupture avec Guillaume II, p. 723-748.

HOHENLOHE (C. zu), *Denkwürdigkeiten*, 2 vol., Stuttgart, 1907. Les
Mémoires de l'ancien chancelier comportaient des informations
nouvelles sur le renvoi de Bismarck et sur les relations avec la Russie et
l'Autriche, ainsi que des jugements de Bismarck sur Guillaume II. Le
Kaiser en conçut une vive irritation et l'idée d'interdire aux ministres,
généraux et fonctionnaires de la cour la publication de *Mémoires* – idée
rapidement abandonnée devant les objections de Bülow.

BÜLOW (B. von), *Denkwürdigkeiten*, 4 vol., Berlin, 1930-1931 – traduction
française, *Mémoires*, 4 vol., Paris, 1930-1931. Un ouvrage très brillant,
riche de multiples anecdotes. On peut évidemment lui reprocher de très
vives critiques... a posteriori de la personnalité et de l'action du Kaiser.
Bülow reconnaît néanmoins les responsabilités de l'entourage impérial
dans l'affaire de Tanger, à l'encontre de la volonté du monarque.

BÜLOW (B. von), *Deutsche Politik*, Berlin, 1916 – traduction française par
M. Herbette, *La Politique allemande*, Paris, 1915.
Sur le chancelier Bülow, TARDIEU (A.), *Le prince de Bülow*, Paris, 1909,
et HALLER (J.), *Die Aera Bülow*, Stuttgart et Berlin, 1922.

BETHMANN HOLLWEG (T. von), *Betrachtungen zum Weltkriege*, 2 vol., Berlin,
1919-1921.

HERTLING (G. von), *Ein Jahr in der Reichskanzlei*, Freiburg in Breisgau,
1919.

BADEN (M. von), *Erinnerungen und Dokumente*, Berlin et Leipzig, 1927.

— Les chefs de guerre :

MOLTKE (H. von), *Erinnerungen*, Stuttgart, 1922.

FALKENHAYN (von), *Die oberste Heeresleitung*, Berlin, 1920.

HINDENBURG (von), *Aus meinem Leben* – traduction française : *Ma vie*,
Paris, 1921. Le commandant en chef et futur chef d'État reconnaît très
nettement l'effacement du Kaiser pendant le conflit mondial.

GROENER, *Die Liquidation des Weltkrieges*, Berlin, 1920.

LUDENDORFF (E.), *Meine Kriegserinnerungen*, Berlin, 1919.

— Essais sur Guillaume II :

LUDWIG (E.), *Wilhelm II*, Berlin, 1926 – traduction française, *Guillaume II*,
Paris 1930. Un portrait psychologique exceptionnel du Kaiser.

BARRIÈRE (M.), *Guillaume II et son temps*, Paris, 1934. Une série d'études
sur les six dernières années du règne du Kaiser – les crises du *Daily
Telegraph*, d'Agadir, de Saverne, nourries des revues de la presse
allemande de l'époque, dans un style encore très vindicatif...

BEYENS (baron), « Guillaume II », *Revue des Deux Mondes*, 1ᵉʳ mars 1915.

BÉRARD (V.), *La France et Guillaume II*, Paris, 1907. Une série d'études
parues dans la *Revue de Paris* sur la *Weltpolitik* de Guillaume II, les
offres et les menaces allemandes.

EPPINGHOVEN (comtesse d'), *Guillaume II inconnu*, Paris, 1905. Souvenirs
de l'ancienne dame d'honneur de l'impératrice.

EYCK (E.), *Die Monarchie Wilhelms II*, Berlin, 1924. Recueil de notes marginales du Kaiser sur ses livres ou autres documents et de témoignages de ses amis.

LIMAN (P.), *Der Kaiser, 1888-1909. Ein Charakterbild*, Leipzig, 1909.

LAMPRECHT (K.), *Der Kaiser*, Berlin, 1913. Lamprecht introduit le concept de l'Allemagne, «État tentaculaire».

PRINCE (M.), *La psychologie du Kaiser*, Paris, 1915.

ONCKEN (H.), *Der Kaiser und die Nation*, Heidelberg, 1913.

QUIDDE (L.), *Caligula*, Leipzig (sans date). Le plus violent pamphlet publié contre Guillaume II.

ROSNER (K.), *Der Koenig*, Stuttgart et Berlin, 1921.

SIMON (J.), *Guillaume II, empereur d'Allemagne*, Paris, 1896 – le Kaiser vu par l'un des pères fondateurs de la IIIe République.

WOLFF (T.), *Wilhelm II*, Zurich, 1903.

WIELANDT (P. R.), *Unser Kaiser und sein volk*, Berlin, 1916.

WHITE (A.), *Is the Kaiser insane ?*, Londres, 1915 – la question de la santé mentale du Kaiser reposée dans le climat virulent du premier conflit mondial.

Biographies plus récentes : COWLES, (V.) *The Kaiser*, Londres, 1963 – riche en anecdotes ; BALFOUR (M.), *The Kaiser and his Time*, Londres, 1964 ; MURET (M.), *Guillaume II*, Paris, 1940 – un ton très objectif, malgré la date de parution... ; BLANCPAIN (M.), *Guillaume II*, Paris, 1998 ; PALMER (A.), *The Kaiser, warlord of the second Reich*, Londres, 1978, traduction française, *Le Kaiser Guillaume II*, Paris, 1980 ; BAECHLER (C.), *Guillaume II d'Allemagne*, Paris, 2003.

Sur l'abdication et l'exil : BAUMONT (M.), *L'abdication de Guillaume II*, Paris, 1930 ; BENTINCK (N.), *The Ex-Kaiser in exile*, Londres, 1921 ; HERMINE (Empress), *An Empress in Exile*, New-York, 1928 (la princesse Schoenaich-Garolath a épousé le Kaiser en 1922, après le décès de Dona, malgré l'opposition des monarchistes traditionalistes et de plusieurs des enfants de Guillaume) ; SCHAEFER (D.), *Was ich beim Kaiser in Haus Doorn erlebte*, Berlin, 1925.

Sur la mise en accusation du Kaiser : ZORGBIBE (C.), *Wilson, un Croisé à la Maison-Blanche*, Paris, 1998, p. 339-348 ; et *Histoire des Relations internationales*, t. II, Paris, 1994, p. 60-77.

Sur la conspiration de «l'Orchestre noir» : CAVE BROWN (A.), *La Guerre secrète*, Paris, 2009, t. I, p. 231-390. Sur l'équipée d'Ewald von Kleist, p. 277-281. Et le témoignage d'Ian Colvin, *Master Spy*, New York, p. 55, 67 et 72.

Sur les ultimes entretiens du Kaiser : le *Daily Telegraph* des 8-10 décembre 1938 ; LOCKART (R.B), *Comes to Reckoning*, New York, 1947, p. 35-40.

Sur les derniers jours du Kaiser, le témoignage de sa fille, Victoria-Louise, duchesse de Brunswick : *Ein Leben als Tochter des Kaisers*, Hanovre, 1947, p. 293-294.

— Sur l'héritage des Hohenzollern :

BLED (J.-P.), *Histoire de la Prusse*, Paris, 2007.
NIPPERDEY (T.), *Réflexions sur l'Histoire allemande*, Paris, 1992.
LAVISSE (E.), *Études sur l'histoire de la Prusse*, Paris, 1890.
CLARK (C.), *Iron Kingdom*, Londres, 2006.
THADDEN (R. von), *Fragen an Preussen*, Munich, 1981 – traduction française : *La Prusse en question*, Actes Sud, 1985.

— Sur l'Allemagne de Guillaume II :

KURTZ (H.), *Le Deuxième Reich, L'Allemagne de Guillaume II*, traduction française, Lausanne, 1971.
BARTHÉLEMY (J.), *Les institutions politiques de l'Allemagne contemporaine*, Paris, 1915.
BEYENS (baron), *L'Allemagne avant la guerre*, Bruxelles, 1915.
FLANDIN (E.), *L'Allemagne en 1914*, Paris, 1915.
GERARD (J.G.), *Face to face with Kaiserism*, New York, 1918 – par l'ambassadeur des États-Unis à Berlin.
BERTAUX (P.), *La vie quotidienne en Allemagne au temps de Guillaume II*, Paris, 1962.
BERTAUX (F.), *Choses et gens d'Allemagne*, Paris, 1911.
NICHOLS (J.), *Germany after Bismarck*, Cambridge, Mass., 1958.

II – LA POLITIQUE MONDIALE DE GUILLAUME II

— Le jeu international et le réaménagement des alliances :

Les ouvrages généraux : DEBIDOUR (A.), *Histoire diplomatique de l'Europe 1878-1916*, 2 vol., Paris, 1919 ; BOURGEOIS (E.), *Manuel historique de politique étrangère*, t. IV, 1878-1919, Paris, 1925 ; HAUSER (H.) (sous la dir. de), *Histoire diplomatique de l'Europe 1871-1914*, Paris, 1929 ; RENOUVIN (P.), *Histoire des relations internationales*, t. VI-II, *1871-1914*, Paris, 1955. Cf. aussi : GIRAULT (R.), *Diplomatie européenne 1871-1914*, Paris, 1955 ; MILZA (P.), *Les relations internationales 1871-1914*, Paris, 1990 ; ZORGBIBE (C.), *Histoire des relations internationales*, t.1, *1871-1918*, Paris, 1994.
Sur les alliances : ROUBAUD (A.), *La Paix armée*, Paris, 1945 ; LANGER (W.), *European Alliances and Alignments*, New-York, 1931 ; SCHMITT (B.), *Triple-Entente and Triple Alliance*, New-York, 1934 ; GEISS (I.), *German Foreign Policy 1871-1914*, Londres, 1975 ; BAGDASARIAN (N. der), *The Austro-German Rapprochment*, Londres, 1976 ; BÉRENGER (J.), *L'Autriche-Hongrie 1815-1918*, Paris, 2005, p. 149-164 ; PRIBAM (A.), *England and the International Policy of the Great European Powers, 1871-1914*, Oxford, 1931 ; RENOUVIN (P.), « Les engagements de l'alliance franco-russe », *Revue d'histoire générale*, 1934 ; ANDREW (C.), *Delcassé and the Making of Entente Cordiale*,

Londres, 1968; ZORGBIBE (C.), *Delcassé, l'inconnu du Quai d'Orsay*, Paris, 2001; ZORGBIBE (C.), *Les Alliances dans le système mondial*, Paris, 1982.

— **La politique d'expansion navale de l'Allemagne:**
TIRPITZ (Alfred von), *Erinnerungen*, Leipzig, 1919-1920.

Pour un cadre théorique: COUTAU-BÉGARIE (H.), *La puissance maritime*, Paris, 1985 – sur la politique de Guillaume II et Tirpitz: p. 54-56, 121-131, 178-181; KENNEDY (P.), «Strategic aspects of the Anglo-German naval race», in *Strategy and Diplomacy 1870-1945*, Londres, 1983; STEINBERG (J.), *Yesterday's Deterrent, Tirpitz and the birth of the German Naval Battle Fleet*, New York, 1966; GEMZELL (C.A.), *Conflict, organisation and innovation. German Strategic naval planning*, Lund, 1973; LAMBI (I.N.), *The Navy and German power politics*, Londres, 1984.

Le colloque: *Marine und marinepolitik im Kaiserlichen Deutschland 1871-1914* (H. SCROTTELIUS et W. DEIST), Dusseldorf, 1972.

Un tableau de la flotte allemande: HERWIG (H.), «*Luxury Fleet*», *The Imperial Germany Navy 1888-1918*, Londres, 1980.

La réponse britannique: MARDER (A. J.), *The Royal Navy in the Fisher Era*, Oxford, 1961-1970; RANFT (B.) (sous la dir. de), *Technical change and British Naval Strategic Thought 1867-1914*, Londres, 1877.

Le débat autour de la stratégie allemande: GROOS (O.), *Seekriegslehren im lichte des Weltkriege*, Berlin, 1929; RUGE (Amiral F.), *Puissance maritime et sécurité*, traduction française, Paris, 1966; BIRD (K.), «The Tirpitz Legacy: the political ideology of German Sea Power», *Journal of Military History*, Juillet 2005, p. 821 et s.; KELLY (P. J.), *Tirpitz and the Imperial German Navy*, Bloomington, Indiana, 2011.

Une critique allemande: WEGENER (Amiral W.), *Die Seestrategie des Weltkrieges*, Berlin, 1929.

L'analyse des opérations de la Première Guerre mondiale: DAVELUY (R.), *Les enseignements maritimes de la guerre anti-germanique*, Paris, 1919; CASTEX (R.), *Synthèse de la guerre sous-marine*, Paris, 1920; HOUGH (R.), *The Great War at Sea 1914-1918*, Oxford, 1984; GOLDRICH (J.L.), *The King's ships were at sea: the war in the North Sea 1914-février 1915*, Annapolis, 1984; LAURENS (A.), *Histoire de la guerre sous-marine allemande*, Paris, 1930.

— **L'Allemagne au Proche-Orient:**
Sur Guillaume II et l'Empire ottoman: U. TRUMPENER, *Germany and the Ottoman Empire*, Princeton, 1968.

Sur le Congrès de Berlin de 1878, que Guillaume II critique dans ses *Mémoires* car il voit dans ce «Sommet» diplomatique la première déchirure de la relation germano-russe: OTMAR VON ARETIN (K.) et autres, *Bismarck Aussenpolitik und der Berliner Kongress*, Wiesbaden, 1978; MEDLICOTT (W.N.), *The Congress of Berlin and after*, Londres, 1948.

Sur l'évolution de l'Empire ottoman et le jeu des puissances: HUREWITZ (J.C.), *Diplomacy in the Near and Middle East*, New York,

1972; Mantran (R.) (sous la dir. de), *Histoire de l'Empire ottoman*, Paris, 1989 : Dumont (P.), *La période des Tanzimat*, p. 459-522, Georgeon (F.), *Le dernier sursaut*, p. 523-576; Ancel (J.), *Manuel historique de la question d'Orient*, Paris, 1923; Davison (R.F.), *Reform in the Ottoman Empire*, New York, 1976; Findley (C.V.), *Bureaucratic Reform in the Ottoman Empire*, Princeton, 1980; Lewis (B.), *The Emergence of Modern Turkey*, *Oxford 1968; S. Pamuk, The Ottoman Empire and European Capitalism 1820-1913*, Cambridge, 1987; Shaw (S.J. et E.), *History of the Ottoman Empire and Modern Turkey*, t. II, *The Rise of Modern Turkey 1808-1975*, Cambridge, 1977; Quataert (D.), *Social Disintegration and Popular Resistance in the Ottoman Empire 1881-1908*, New York, 1983.

La tentation sioniste : Friedman (I.), *Germany, Turkey and Zionism*, Oxford, 1977; Lichtheim (R.), *Geschichte des Deutschen Zionismus*, Jérusalem, 1954; Boehm (A.), *Die Zionistische Bewegung*, Berlin, 1925; Herzl (Theodor), *Journal 1895-1904*, Paris, 1990 – sur la rencontre avec Guillaume II en Palestine, p. 189-238; Bach (H.I.), *The German Jew*, Oxford, 1985; Thon (Y.), *Theodor Herzl*, Berlin, 1914; Pawel (E.), *Theodor Herzl ou le labyrinthe de l'exil*, traduction française, Paris, 1992; Zorgbibe (C.), *Theodor Herzl, l'aventurier de la Terre promise*, Paris, 2000; S. Zweig, *Die Welt von Gestern*, Stockholm, 1944, traduction française *Le Monde d'hier*, Paris, 1986. Un recueil de documents : *Correspondance entre Herzl, Hechler, le grand-duc de Bade et l'empereur d'Allemagne*, Tel-Aviv, 1961. Cf aussi *Le grand-duc Frédéric de Bade et la politique du Reich*, documents édités par W.P Fuchs, Stuttgart, 2 vol., 1968-1975.

Un ouvrage fondamental : Kimche (J.), *Le second réveil arabe*, Paris, 1971. Une analyse des ambitions «sionistes» de Guillaume II à travers les archives du ministère allemand des Affaires étrangères.

— La politique coloniale de l'Allemagne :
Les premiers tableaux d'un empire colonial encore jeune : en France, le court essai d'H. Hauser, *Colonies allemandes impériales et spontanées*, Paris, 1900 (l'auteur traite non seulement de l'Afrique mais aussi du Pacifique-Sud, à travers la convention sur les Samoa); en Allemagne, le bilan très complet d'H. Hassert, *Deutschlands Kolonien*, Leipzig, 1910.

Une étude du statut juridique des protectorats allemands outre-mer par l'un des principaux juristes allemands de droit public : Laband (P.), *Le droit public de l'Empire allemand*, t. II, traduction française, Paris, 1901.

Le «manifeste» du premier secrétaire d'État allemand aux Colonies, B. Dernburg, *«Zielpunkte des Deutschen Kolonialwesens»*, Berlin, 1907. (L'avenir économique du peuple allemand dépend de ses colonies; «il faut transformer l'Empire, abandonné à des cliques d'exploitants incompétents ou malfaisants, en un patrimoine national bien géré».)

Des ouvrages de combat pendant le premier conflit mondial : Simonnot (L.), *Le pan-germanisme colonial sous Guillaume II*, Paris, 1916. Une publication du Comité pour l'Afrique française : *Les colonies allemandes d'Afrique d'après les rapports consulaires anglais*, Paris, 1916.

Une thèse de doctorat à la même époque : COUGET (B.), *Les colonies allemandes avant et pendant la guerre*, Faculté de droit de Toulouse, 1917.

Deux synthèses classiques, publiées après la Deuxième Guerre mondiale : CORNEVIN (R.), *Histoire de la colonisation allemande*, Paris, 1969 ; BRUNSCHWIG (H.), *L'expansion allemande outre-mer*, Paris, 1957.

Un renouveau d'intérêt récent pour la colonisation allemande : LUGAN (B.), *Cette Afrique qui était allemande*, Paris, 1990 ; WESSELING (H.), *Le partage de l'Afrique 1880-1914*, Paris, 1996 ; Porte (R.), *La conquête des colonies allemandes*, Paris, 2006. Une histoire générale de la colonisation allemande : GRÜNDER (H.), *Geschichte der Deutschen Kolonien*, Paderborn, 1991. Et une étude sur la présence allemande en Chine, à Kiao-Tchéou : HINZ (H.M.), *Tsingtau, Ein Kapitel Deutscher Kolonialgeschichte in China*, Berlin, 1998 (sous le patronage du Musée historique allemand). Une interprétation parfois agressivement « léniniste » par un universitaire de l'ancienne Allemagne de l'Est : STOECKER (H.), *German Imperialism in Africa*, Londres, 1985, et *Kamerun unter DeutscherKolonialherrschaft*, Berlin-Est, 1960 et 1968.

De nombreuses publications existent sur la persistance du rêve colonial allemand, sur le « colonialisme sans colonies » d'après-1918 : HILDEBRAND (K.), *Vom Reich zum Weltreich*, Munich, 1969 ; SCHNEE (H.), *Die Koloniale Schuldlüge* (« le mensonge de la culpabilité coloniale), Berlin, 1924 ; JOHANNSEN (G.K.) et KRAFT (H.), *Das Kolonialproblem Deutschlands*, Hambourg, 1937 (exposé le plus complet de la thèse allemande du retour des colonies) ; ROHRBACH (P.), *Deutschlands Koloniale Forderung*, Hambourg, 1941 (l'un des pionniers de la relance de l'idée coloniale) ; LEUTWEIN (P.), *Das Deutsche Afrika und seine Zukunft*, Berlin, 1938.

Toujours sur la persistance du rêve colonial allemand, la grande étude de C. METZGER, menée dans le cadre de la direction des archives du ministère français des Affaires étrangères : *L'Empire colonial français dans la stratégie du IIIe Reich*, 2 vol., Bruxelles, Berne, Berlin, 2002.

— L'Allemagne et l'extrême-Asie :
Guillaume II forge l'expression « péril jaune » (« *gelbe gefahr* ») pour fédérer les nations européennes contre le péril que représenterait, selon lui, le Japon. Il n'est suivi ni par Édouard VII ni par son propre chancelier Bülow. L'expression revient dans la correspondance du Kaiser avec Nicolas II, lors de la guerre russo-japonaise. E. THIRY, directeur de *L'Économiste européen*, lui consacre un ouvrage : *Le Péril jaune*, Paris, 1901, et suscite la contradiction d'A. de CROZE, *Le Péril jaune et le Japon*, Paris, 1904. Sur l'entrée du Japon dans le cercle des Grands : LEROY-BEAULIEU (P.), *La rénovation de l'Asie*, Paris, 1901 ; REISCHAUER (E.O.), *Histoire du Japon et des Japonais*, Paris, 1973 ; FAIRBANK (J.K.), REISCHAUER (E.O.), CRAIG (A.M.), *East Asia, the modern transformation*, Boston, 1965.

L'Allemagne participe à la « ruée internationale » sur la Chine – d'une part en étant présente sur une parcelle de la Chine, avec le bail sur Kiao Tchéou (cf. l'ouvrage déjà cité de H.M. HINZ sur le «comptoir» de Tsingtau), d'autre part en dirigeant l'expédition internationale des «nations civilisées» à Pékin, chargée de réprimer la révolte des Boxers (cf. *Les souvenirs de campagne du soldat Silbermann*, Paris, 1910). Sur la ruée des puissances: BIANCO (L.), *Les origines de la révolution chinoise*, Paris, 1967 – le chapitre premier correspond à notre période; FAIRBANK (J.K.), *La Grande Révolution chinoise* (traduction de la *Great Chinese Revolution* de l'historien et sinologue américain), Paris, 1989 – les deux premiers chapitres sur l'intrusion de l'Occident et la transformation de l'ordre impérial. Sur la situation diplomatique après l'expédition internationale: ZHANG LONG, *La Chine à l'aube du XXe siècle*, Paris, 1962.

— **Les rapports germano-américains:**
Sur l'entrée des États-Unis dans le cercle des principales puissances: SCHLESINGER (A.M.), *La Présidence impériale*, traduction française, Paris, 1976 – les quatre premiers chapitres; GILBERT (F.), *The Beginnings of American Foreign Policy*, New York, 1965; BENNIS (S.F.), *The Latin American Policy of the United States*, NewYork, 1943.

Sur le rôle international de Theodore Roosevelt: conférence d'Algésiras et paix russo-japonaise: ROOSEVELT (T.), *An Autobiography*, New York, 1913; DENNETT (T.), *Roosevelt and the Russo-Japanese War*, New York, 1925.

Sur l'affaire du Venezuela: BÉRARD (V.), *La France et Guillaume II*, Paris, 1907, p. 109-145; MOSSÉ (Y.), *Theodore Roosevelt – La Jeune Amérique*, Paris, 2012, p. 355-385; BEALE (H.K.), *Theodore Roosevelt and the Rise of America to World Power*, Baltimore, 1987, p. 7-35, 81-172 et 441-447; ZIMMERMANN (W.), *First Great Triumph*, New York, 2002, p. 419-452; GOULD (L.), *The presidency of Theodore Roosevelt*, Kansas-City, 1991, p. 55-98; PRINGLE (H.), *Theodore Roosevelt*, NewYork, 1931, p. 201-232.

Aspects politiques et juridiques de l'intervention: PENFIELD (W.L.), «The Anglo-German intervention in Venezuela», *The North-Aitmerican Review*, juillet 1903, p. 86; MITCHELL (N.), «The Height of the German Challenge: the Venezuela Blockade», *Diplomatic History*, 1996, p. 195; MAASS (M.), «Cataclyst for the Roosevelt Corollary: the 1902-1903 Venezuela Crisis», *Diplomacy and Statecraft*, 2009, p. 383-402; NGUYEN QUOC DINH, DAILLIER et PELLET, *Droit international public*, Paris, 1987, p. 762-763 et 808-809.

Sur les relations entre Guillaume II et Theodore Roosevelt: MOSSÉ (Y.), *op. cit.*, p. 416-422 (la paix russo-japonaise), 422-424 (la conférence d'Algésiras), 425 (la proposition d'alliance de Guillaume II), 478-479 (la visite de T. Roosevelt à Berlin).

L'administration Wilson et l'Allemagne: ZORGBIBE (C.), *Wilson, un croisé à la Maison-Blanche*, Paris, 1998, p. 193-276, les relations germano-américaines face à la guerre sous-marine puis l'entrée en guerre des États-Unis, et p. 116-123, l'entretien du colonel House avec Guillaume II en mai 1914. Cf. aussi les *Papiers intimes du colonel House*, traduction française,

Paris, 1926-1930, et les *Mémoires de l'ambassadeur américain à Berlin, James Gérard*, traduction française, Paris, 1922.

— Les crises marocaines, de Tanger à Agadir :
GANIAGE (J.), *Histoire contemporaine du Maghreb*, Paris, 1994, p. 373-396 ; EL MENEHBI, *Le Makhzen et l'administration de l'Empire chérifien au XIXᵉ siècle*, thèse 3ᵉ cycle, Aix-en-Provence, 1975 ; LE RÉVÉREND (A.), *Lyautey*, Paris, 1983.

La politique allemande : BOMPARD (M.), *La politique marocaine de l'Allemagne*, Paris, 1916 ; GUILLEN (P.), *L'Allemagne et le Maroc, de 1890 à 1905*, Paris, 1967 ; CLASS (H.), *Westmarokko Deutsch*, Munich, 1911.

Les crises : ANDERSON (E.), *The First Moroccan Crisis 1904-1906*, Londres et San Francisco, 1930, réédition 1966 ; LANDAU (R.), *Moroccan Drama 1900-1905*, Londres et San Francisco, 1956 ; TARDIEU (A.), *La Conférence d'Algésiras*, Paris, 1909 ; CAILLAUX (J.), *Agadir, ma politique extérieure*, Paris, 1929 ; CAILLAUX (J.), *Mes Mémoires*, t. II, *Mes audaces-Agadir*, Paris, 1943 ; TARDIEU (A.), *Le mystère d'Agadir*, Paris, 1912 ; BARLOW (P.), *Agadir Crisis*, New-York, 1940 ; ALLAIN (J.-C.), *Agadir, 1911*, Paris, 1976 ; ALLAIN (J.-C.), *Joseph Caillaux*, t. I, *Le défi victorieux*, Paris, 1981 ; BREDIN (J.-D.), *Joseph Caillaux*, Paris, 1980.

— La question d'Alsace-Lorraine :
BARRIÈRE (M.), *Guillaume II et son temps*, Paris, 1934, p. 144-163 (la constitution de 1911), p. 252-281 (l'affaire de Saverne).
DREYFUS (F.-G.), *Histoire de l'Alsace*, Paris, 1979, p. 247-286 (l'Alsace allemande).
POINCARÉ (R.), *Au service de la France* ; t. III, Paris, 1926, p. 185-200 (Guillaume II à Metz), p. 332-336 (l'incident de Saverne) ; t. IV, Paris, 1927, p. 38-43 (les confidences de l'amiral Tirpitz).
THADDEN (R. von), « Friedrich Curtius, Elsass Lothringen und das kaiserreich », *in Das Vergangene und die Geschichte*, Göttingen, 1977, p. 79-104.
DOISE (J.) et VAISSE (M.), *Diplomatie et outil militaire*, Paris, 1992, p. 191-192 (sur l'incident de Saverne).
Sur la « constitution » de l'Alsace-Lorraine (loi d'Empire du 31 mai 1911).

L'Alsace-Lorraine se distingue des autres pays confédérés au sein de l'Empire : elle est, comme tous les États de l'Empire, soumise aux lois de l'Empire pour les matières fédérales ; mais même pour les matières particulières à chaque État allemand, la puissance législative pour l'Alsace-Lorraine appartient, en dernier ressort, à l'Empire. Cf. CARRÉ DE MALBERG (R.), *Contribution à la théorie générale de l'État*, Paris, 1920, p. 163 et s. ; JELLINEK (G.), *L'État moderne et son droit*, trad. fr., Paris, 1904, t. II, p. 372 et s. ; HEITZ, « La loi constitutionnelle d'Alsace-Lorraine », *Revue du droit public*, 1911, p. 448 et s.

Sur la compétition culturelle franco-allemande : RULAND (H.), *Deutschtum und Franzosentum in Elsass-Lothringen*, Colmar, 1909.

Sur les visites impériales et leur rôle dans la re-germanisation de la terre d'Empire : RIEDERER (G.), *Feiern in Reichsland,*Trêves, 2004 ; BUSCOT (G.), «Livres et livrets sur les fêtes princières à l'époque du Reichsland», *Revue d'Alsace,* 2008, p. 291-305.

— De l'annexion de la Bosnie par l'Autriche aux guerres balkaniques : À l'origine de la crise bosniaque, la révolution jeune-turque : AHMAD (F.), *The Young Turks, Union and Progress,* Oxford, 1969 ; LEWIS (B.), *The Emergence of Modern Turkey,* Oxford, 1968.

La crise bosniaque : NINTCHITCH (M.), *La crise bosniaque et les puissances européennes,* Paris, 1936 ; SCHMITT (B.), *The Annexation of Bosnia,* Cambridge, Mass., 1937 ; HASELSTEINER (H.), *Bosnien-Hercegovina. Orientkrise und Südslavische Frage,*Vienne, 1996 ; HOREL (C.) (sous la direction de), *La crise bosniaque de 1908, cent ans après,* colloque de l'IRICE-Paris I, 26-27 septembre 2008, Bruxelles, Berne, Berlin, 2011 ; Rapports de Soutou (G.-H.), AVDEEV (V.), LOUVIER (P.), GUIDA (F.), AFFLERBACH (H.), SUPPAN (A.), sur les positions de la France, de la Russie, du Royaume-Uni, de l'Italie, de l'Allemagne et sur Aehrenthal et l'action de l'Autriche.

Les guerres balkaniques : CASTELLAN (G.), *Histoire des Balkans,,* Paris, 1991 – sur les conflits des années 1912-1913, p. 370-379 ; Fondation Carnegie, rapport d'ESTOURNELLES DE CONSTANT, *Les causes et la conduite des guerres balkaniques,* Paris, février 1914 ; HELMREICH (C.), *The Diplomacy of the Balkan Wars,* Cambridge, Mass., 1938 ; JELAVICH (C. et B.), *The Establishment of the Balkan National States,* Seattle, 1977 ; DUMONT (P.) et GEORGEON (F.), «La mort d'un Empire», in MANTRAN (R.), *Histoire de l'Empire ottoman,* Paris, 1989, p. 577-618 ; HALL (R.C.), *The Balkan Wars, 1912-1913, Prelude to the First World War,* Londres et New York, 2000.

— La crise de l'été 1914 :
L'attentat de Sarajevo : BLED (J.-P.), *François-Ferdinand d'Autriche,* Paris, 2012, p. 291-322. Son écho en Allemagne : LUDWIG (E.), *Guillaume II,* Paris, 1930, p. 379-390. Son écho en France : POINCARÉ (R.), *Au service de la France,* Paris, 1927, t. IV, *L'union sacrée,* p. 173-192.

Les travaux de RENOUVIN (P.), *Les origines immédiates de la guerre,* Paris, 1925, et *La Paix armée et la Grande Guerre,* Paris, 1938 ; ISAAC (J.), *Un débat historique. Le problème des origines de la guerre,* Paris, 1933 ; POIDEVIN (R.), *Les origines de la première guerre mondiale,* Paris, 1975.

La littérature «révisionniste» : MORHARDT (M.), *Les preuves,* Paris, 1924 ; FABRE-LUCE (A.), *La victoire,* Paris, 1924.

Une analyse américaine : SCHMITT (B.), *The Coming of the War,* New York, 1930.

Le débat en Allemagne : KAUTSKY (K.), *Wie der Krieg entstand?,* Berlin, 1919 ; FABIAN (W.), *Die Kriegsschuldfrage,* Leipzig, 1925 ; WEGERER (A. von), *Des Ausbruch des Krieges,* Berlin, 1939. La relance du débat avec les écrits critiques de FISCHER (F.) : *Griff nach der Weltmacht,*

Düsseldorf, 1961, trad. fr. *Les buts de guerre de l'Allemagne impériale*, Paris, 1970 – un compte rendu de Renouvin (P.), *Revue historique*, octobre-décembre, 1962 ; *Krieg der Illusionen*, Düsseldorf, 1969, la guerre des illusions, par laquelle F. Fischer a continué d'appesantir la responsabilité de l'Allemagne. Ses thèses avaient suscité l'interrogation désenchantée de Rudolf Augstein, directeur du *Spiegel* : « L'Allemagne, inclinée au mal dès sa prime jeunesse ? »

INDEX

TABLE

CET OUVRAGE
A ÉTÉ ACHEVÉ D'IMPRIMER
SUR ROTO-PAGE
PAR L'IMPRIMERIE FLOCH À MAYENNE
EN JUILLET 2013

N° d'édition : 743.
N° d'impression : 85133.
Dépôt légal : juillet 2013.

Imprimé en France